MINISTÈRE DES COLONIES

2ᵉ Direction.

BUREAU DES SERVICES PÉNITENTIAIRES

LOIS, DÉCRETS ET RÈGLEMENTS

RELATIFS A LA

TRANSPORTATION, A LA DÉPORTATION

ET A LA RELÉGATION

MELUN

IMPRIMERIE ADMINISTRATIVE

MCMIV

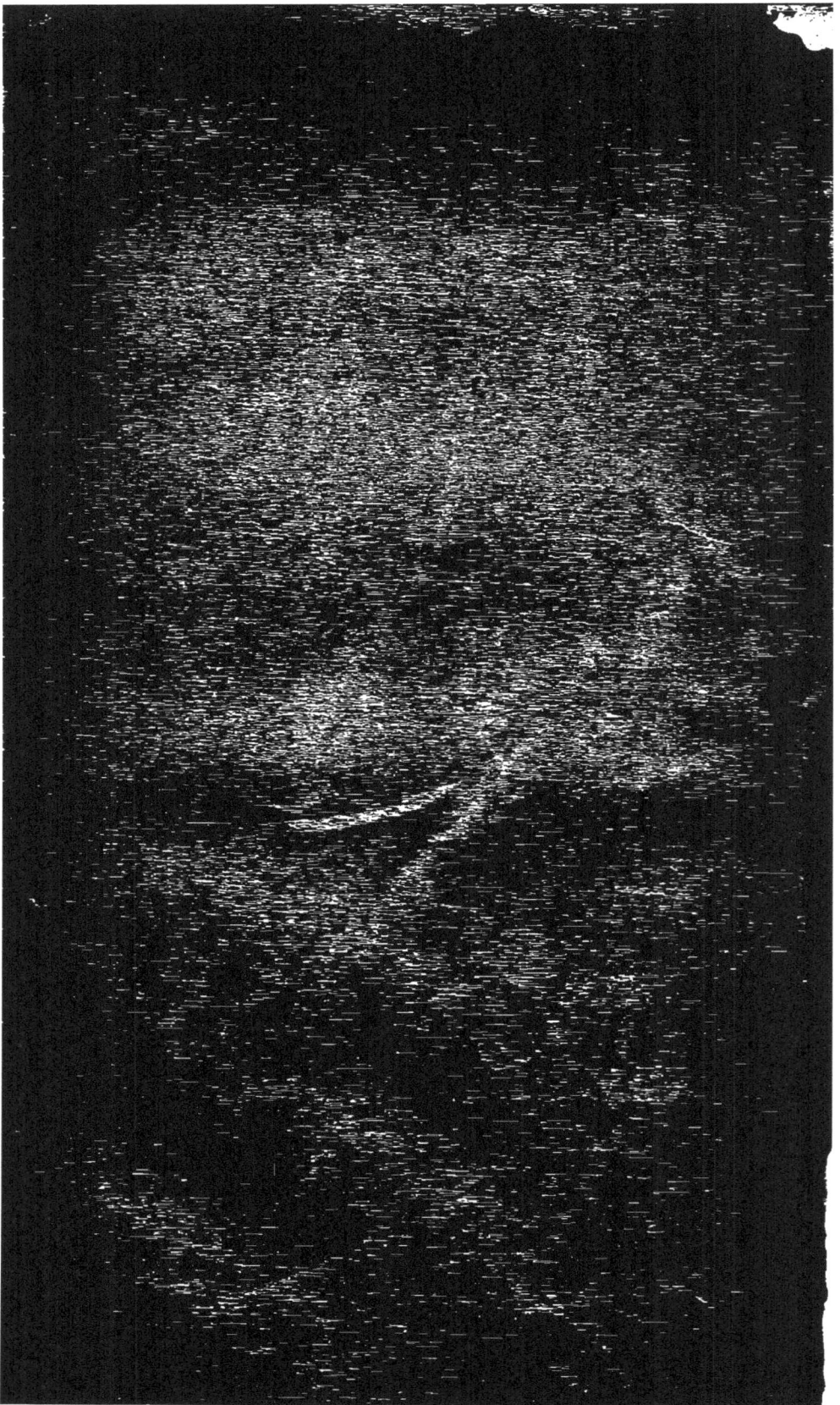

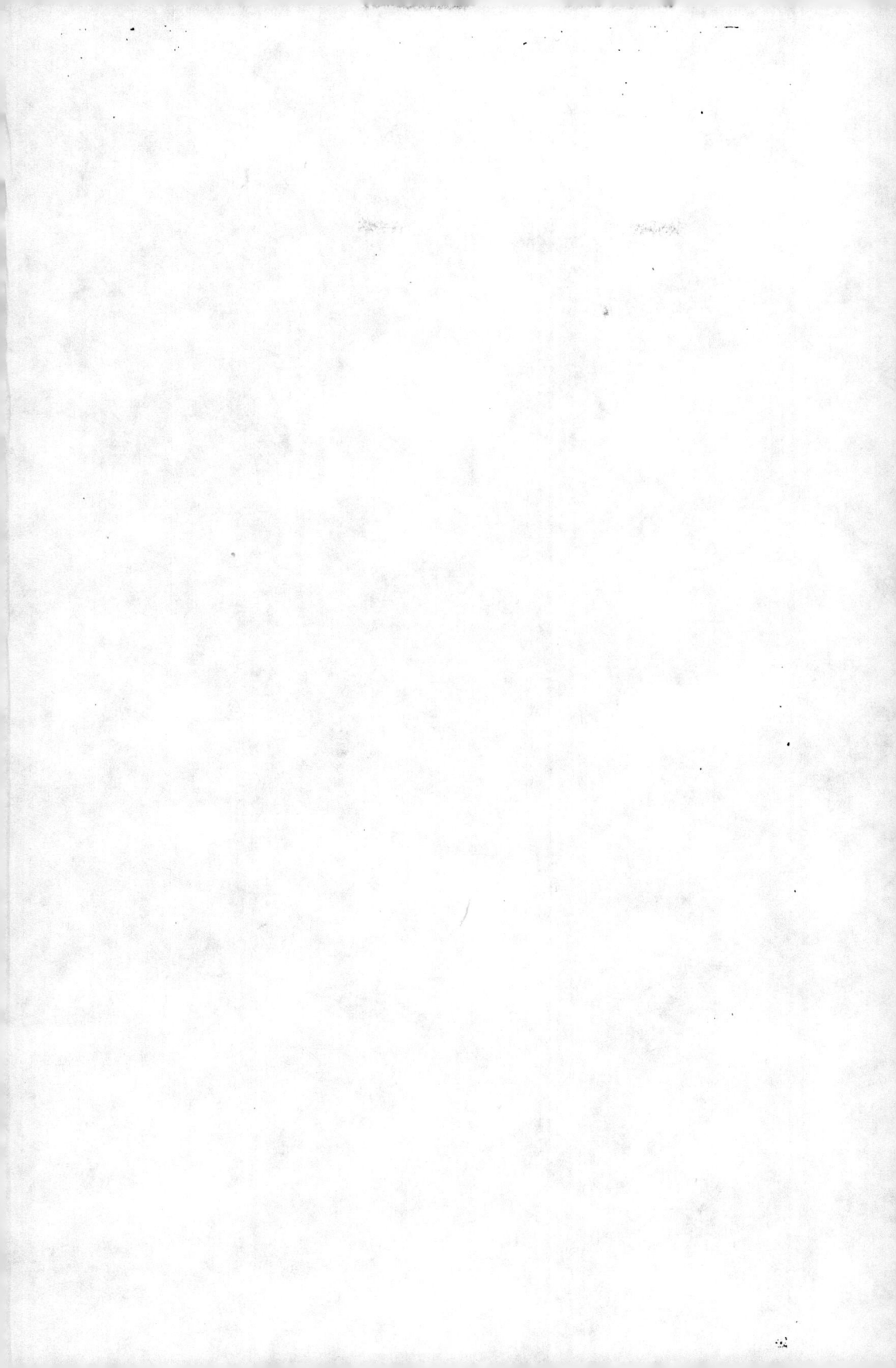

LOIS, DÉCRETS ET RÈGLEMENTS

RELATIFS A LA

TRANSPORTATION, A LA DÉPORTATION

ET A LA RELÉGATION

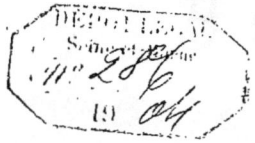

MINISTÈRE DES COLONIES

2e *Direction*.
BUREAU DES SERVICES PÉNITENTIAIRES

LOIS, DÉCRETS ET RÈGLEMENTS

RELATIFS A LA

TRANSPORTATION, A LA DÉPORTATION

ET A LA RELÉGATION

MELUN
IMPRIMERIE ADMINISTRATIVE

M CM IV

LOIS, DÉCRETS ET RÈGLEMENTS

RELATIFS A

LA TRANSPORTATION

LOIS, DÉCRETS ET RÈGLEMENTS

A LA TRANSPORTATION

DÉCRET (1) *concernant les condamnés aux travaux forcés, actuellement détenus dans les bagnes et qui seront envoyés à la Guyane française pour y subir leur peine.*

(Du 27 mars 1852.)

LOUIS-NAPOLÉON, Président de la République française,

Sur le rapport du Ministre de la marine et des colonies;

Considérant que, sans attendre la loi qui doit modifier le Code pénal, quant au mode d'application des travaux forcés pour l'avenir, le Gouvernement est, dès à présent, en mesure de faire passer à la Guyane française, pour y subir leur peine, un certain nombre de condamnés détenus dans les bagnes.

DÉCRÈTE :

ARTICLE PREMIER

Les condamnés aux travaux forcés, actuellement détenus dans les bagnes et qui seront envoyés à la Guyane française pour y subir leur peine, y seront employés aux travaux de la colonisation, de la culture, de l'exploitation des forêts et à tous autres travaux d'utilité publique.

ART. 2

Ils ne pourront être enchaînés deux à deux ou assujettis à traîner le boulet qu'à titre de punition disciplinaire ou par mesure de sûreté.

ART. 3

Les femmes condamnées aux travaux forcés pourront être conduites à la Guyane française et placées sur un établissement créé dans la colonie. Elles seront employées à des travaux en rapport avec leur âge et avec leur sexe.

---

(1) Ce décret, qui a été le premier acte relatif à la transportation aux colonies, a été remplacé par la loi du 30 mai 1854, mais c'est en vertu de son article premier, qui reste en vigueur, que les condamnés aux travaux forcés sont dirigés sur la Guyane.

Art. 4

Les condamnés des deux sexes qui auront subi deux années au moins de leur peine, tant en France que dans la colonie et qui se seront rendus dignes d'indulgence par leur bonne conduite et leur repentir, pourront obtenir :

1° L'autorisation de travailler, aux conditions déterminées par l'Administration, soit pour les habitants de la colonie, soit pour les administrations locales;

2° L'autorisation de contracter mariage;

3° La concession d'un terrain et la faculté de le cultiver pour leur propre compte.

Cette concession ne pourra devenir définitive qu'après dix années de possession.

Un règlement déterminera : 1° les conditions sous lesquelles ces concessions pourront être faites, soit à titre provisoire, soit à titre définitif; 2° l'étendue des droits des tiers, de l'époux survivant ou des héritiers du concessionnaire sur les terrains concédés.

Art. 5

La famille du condamné pourra être autorisée à le rejoindre dans la colonie et à vivre avec lui, lorsqu'il aura été placé dans la condition prévue par l'article 4.

Art. 6

Tout condamné dont la peine sera inférieure à huit années de travaux forcés sera tenu, à l'expiration de ce terme, de résider dans la colonie pendant un temps égal à la durée de sa condamnation.

Si la peine est de huit années et au delà, il sera tenu de résider à la Guyane française toute sa vie.

En cas de grâce, le libéré ne pourra être dispensé de l'obligation de résidence que par une disposition spéciale des lettres de grâce. Toutefois, le libéré pourra quitter momentanément la colonie, en vertu d'une autorisation expresse du Gouverneur, mais sans pouvoir être autorisé à se rendre en France.

Art. 7

Des concessions provisoires ou définitives de terrain pourront être faites aux individus qui, ayant subi leur peine, resteront dans la colonie, conformément à ce qui est prévu par l'article 6.

Art. 8

Les condamnés libérés en France pourront obtenir d'être transportés à la Guyane, à la condition d'y être soumis au régime établi par les articles 1, 3, 4, 5, 6 et 7 du présent décret, sans préjudice de l'application de l'article 44 du Code pénal, relatif à la surveillance de la haute police.

Art. 9

Les condamnés pourront obtenir, partiellement ou intégralement, l'exercice des droits civils dans la colonie. Ils pourront être autorisés à jouir ou à disposer de tout ou partie de leurs biens.

Les actes faits par les condamnés dans la colonie jusqu'à leur libération ne pourront engager les biens qu'ils possédaient au jour de leur condamnation, ou ceux qui leur seront échus par succession, donation ou testament, à l'exception des biens dont la remise a été autorisée.

Art. 10

Tout condamné à temps qui se sera rendu coupable d'évasion sera puni de deux à cinq ans de travaux forcés. Cette peine ne se confondra pas avec celle antérieurement prononcée.

La peine, pour le condamné à perpétuité, sera l'application à la double chaîne pendant deux ans au moins et cinq ans au plus.

Art. 11

Tout libéré astreint à résider à la Guyane, conformément à l'article 6, et qui aura quitté la colonie sans autorisation, sera renvoyé aux travaux forcés pendant une durée d'un à trois ans.

Art. 12

Les infractions prévues par les articles 10 et 11 et tous crimes et délits commis par les condamnés seront jugés par le premier conseil de guerre de la colonie, faisant fonction de tribunal maritime spécial, et auquel seront adjoints deux officiers du commissariat de la marine.

Art. 13

Un arrêté du Gouverneur déterminera, jusqu'à ce qu'il y soit pourvu par un décret, le régime disciplinaire des établissements qui seront créés à la Guyane, en exécution des dispositions qui précèdent.

Art. 14

Le Ministre de la marine et des colonies est chargé de l'exécution du présent décret, qui sera inséré au *Bulletin des Lois*.

Fait au palais des Tuileries, le 27 mars 1852.

LOUIS-NAPOLÉON.

Le Ministre de la marine et des colonies,
Th. Ducos.

DÉCRET *portant que les individus des deux sexes, d'origine africaine ou asiatique, condamnés aux travaux forcés ou à la réclusion par les tribunaux de la Guyane, de la Martinique, de la Guadeloupe et de la Réunion, peuvent être envoyés dans les établissements pénitentiaires de la Guyane.*

(Du 20 août 1853.)

NAPOLÉON, par la grâce de Dieu et la volonté nationale, EMPEREUR DES FRANÇAIS, à tous présents et à venir, SALUT.

Vu les articles 15, 16 et 21 des ordonnances des 30 décembre 1827, 29 octobre 1828 et 15 février 1829, portant application du Code pénal aux colonies de la Martinique, de la Guadeloupe, de la Guyane française et de la Réunion, les dits articles déterminant pour ces colonies le mode d'exécution de la peine des travaux forcés et de celle de la réclusion;
Vu le décret du 27 mars 1852, portant création d'un établissement pénal à la Guyane française ;
Notre Conseil d'État entendu ;
Sur le rapport de notre Ministre, secrétaire d'État de la marine et des colonies,

AVONS DÉCRÉTÉ ET DÉCRÉTONS ce qui suit :

ARTICLE PREMIER

Peuvent être envoyés dans les établissements pénitentiaires de la Guyane française :

1° Les individus des deux sexes, d'origine africaine ou asiatique, condamnés aux travaux forcés par les tribunaux de la Guyane, de la Martinique, de la Guadeloupe et de la Réunion ;

2° Les individus des deux sexes, de même origine, condamnés à la réclusion dans ces colonies.

ART. 2

Les condamnés aux travaux forcés qui sont envoyés à la Guyane, conformément à l'article qui précède, sont soumis aux dispositions du décret du 27 mars 1852.

Néanmoins, les articles 6 et 11 de cet acte ne sont pas applicables aux individus condamnés pour crimes commis antérieurement à la promulgation du présent décret.

ART. 3

Le régime applicable dans les établissements pénitentiaires de la Guyane aux individus condamnés à la réclusion est ainsi réglé :

Les condamnés à la réclusion seront complètement séparés des condamnés aux travaux forcés.

Ils pourront être employés, hors des prisons, à des travaux d'utilité publique ; ces travaux seront distincts de ceux auxquels sont assujettis les condamnés aux travaux forcés.

La nature et la durée journalière de ces travaux seront l'objet d'un règlement local, qui devra être confirmé par décret.

ART. 4

Tout condamné à la réclusion qui se sera rendu coupable d'évasion sera puni de deux à cinq ans de prolongation de la même peine.

ART. 5

Sont applicables aux condamnés à la réclusion les articles 4, 5, 7 et 9 du décret du 27 mars 1852.

ART. 6

Notre Ministre secrétaire d'État au Département de la marine et des colonies est chargé de l'exécution du présent décret.

Fait au palais de Saint-Cloud, le 20 août 1853.

NAPOLÉON.

Par l'Empereur:

Le Ministre secrétaire d'État de la marine et des colonies,

TH. DUCOS.

RAPPORT *fait au nom de la Commission (1) chargée d'examiner le projet de loi relatif à l'exécution de la peine des travaux forcés, par* M. DU MIRAL, *député au Corps législatif.*

(Annexe au procès-verbal de la séance du 4 mai 1853.)

MESSIEURS,

C'est un important et difficile problème qu'une bonne législation pénale; pour le résoudre, il ne suffit pas d'être parvenu, après de longues controverses, à se fixer sur l'origine et l'étendue du droit de punir, sur le but que doit atteindre la peine.

Si, aujourd'hui, on est d'accord pour reconnaître que le châtiment a pour base et pour limite la justice et l'utilité sociale, qu'il doit procurer à la fois, l'expiation du crime, l'amendement du coupable, la préservation de la société. reste toujours, comme difficulté considérable, la recherche des moyens les plus efficaces pour assurer ce triple résultat.

Cette difficulté de nos jours, en France, a pour cause principale l'état avancé de notre civilisation et le caractère particulier de nos mœurs.

---

(1) Cette Commission est composée de MM. le vicomte Lemercier, président : Évariste Bavoux, secrétaire; le vicomte de Kervéguen, du Miral, Roques Salvaza, le baron de Montreuil, Desmaroux de Gaulmin.
Les conseillers d'État, commissaires du Gouvernement, chargés de soutenir la discussion du projet de loi, sont: MM. Rouher, vice-président du Conseil d'État, Lacaze et Mestro.

Sur notre terre, la brutalité de certains châtiments corporels, pratiqués encore dans le reste de l'Europe, est impossible; elle est repoussée plus encore par le respect de la dignité humaine qui nous distingue que par la douceur de nos habitudes.

Il nous faut donc trouver l'intimidation en dehors de la dureté de la peine, ou renoncer à opposer au développement des appétits coupables une barrière suffisante.

Lorsqu'en 1810, l'immortel auteur de nos Codes réorganisa notre législation criminelle, antérieurement si imparfaite et si confuse, il voulut rendre le châtiment plus exemplaire en augmentant son infamie; l'exposition, la marque, le carcan, la mort civile, eurent pour but d'imprimer aux condamnés les plus dangereux une flétrissure indélébile. On ne se préoccupa alors assez ni du contact des condamnés pendant l'accomplissement de leur peine, ni de leur situation dans la société après la peine subie.

Cette imprévoyance n'a pas tardé à porter ses fruits.

L'augmentation croissante du nombre des récidivistes, les crimes graves et répétés commis par des bandes dirigées par des repris de justice, sont venus prouver d'une façon éclatante que nos prisons, nos maisons centrales, nos bagnes, étaient des foyers de corruption dans lesquels s'organisaient pour le mal les associations les plus dangereuses. Devant ce spectacle notre société a été prise d'effroi, elle a repoussé avec horreur les condamnés libérés, moins à cause des faits qui avaient motivé leur condamnation, de la flétrissure qui leur était imprimée, qu'à cause de leur corruption notoire.

Quelle a été, devant cette répulsion énergique, unanime, la situation des libérés ? Placés par les précautions de la surveillance dans l'impossibilité de dissimuler leur infamie, ils ont traîné partout avec eux le poids humiliant de leur passé; le travail honnête leur a été refusé; lorsqu'ils ont cherché à éviter le mal, ils y ont été presque fatalement replongés; sans espoir de reconquérir jamais l'estime et la confiance de leurs semblables, ils ont fini par n'avoir plus conscience de leur propre dégradation. Avilis, désespérés, ils ont juré une guerre à mort à cette société dans laquelle on semblait ne leur avoir laissé reprendre place que pour le crime et pour la honte; et, pendant que ces dangers s'accumulaient, les mœurs, plus fortes que les lois, faisaient successivement disparaître les sévérités et les flétrissures inscrites au Code de 1810.

On abolissait le carcan et la marque, l'exposition devenait facultative. Dans les bagnes, dont nous devons plus spécialement nous entretenir, le boulet et l'accouplement tombaient en désuétude, les travaux n'avaient plus de force et de pénible que le nom; la tâche facile du forçat s'acquittait en plein air, au milieu des ouvriers des ports, dans une espèce de quasi-liberté; le bagne perdait à ce point son intimidation, qu'on en était venu à commettre des crimes dans les maisons centrales pour être condamnés à la douceur relative des travaux forcés.

L'intimidation s'affaiblissait donc sensiblement, en présence du progrès de la corruption des condamnés et du péril inhérent à la situation faite par les lois et par les mœurs aux repris de justice.

Déjà, en 1821, le mal était devenu assez patent, assez considérable pour que le Gouvernement de cette époque résolût la suppression des bagnes et projetât de substituer à la peine des travaux forcés celle de la transportation. En 1827, quarante-deux conseils généraux, consultés sur ce projet, lui donnaient leur assentiment.

Le Gouvernement de Juillet s'est aussi, à diverses reprises, préoccupé des réformes que réclamait notre système pénal.

Nous n'avons pas à juger ici les modifications apportées par la loi de 1832 au Code de 1810; leur but principal fut d'arriver, en diminuant la sévérité du châtiment, à obtenir dans la répression plus de certitude. Cette loi laissait d'ailleurs intactes toutes les graves questions qui naissent du service des prisons et du retour du condamné dans la société.

En 1846 et 1847, deux projets de loi sur les prisons et sur les bagnes furent successivement présentés par M. Duchâtel. Tous deux étaient inspirés par la préférence accordée au système de l'emprisonnement individuel sur l'emprisonnement en commun.

D'après le premier de ces projets, l'isolement du condamné devait cesser après douze ans, en cas de peine supérieure ou perpétuelle: la Chambre des députés modifia cette disposition par un amendement et décida qu'après ce laps de douze ans le condamné serait soumis à la transportation.

L'idée de la transportation reparaissait ainsi pour la seconde fois dans les Chambres françaises, mais elle ne reçut pas du Gouvernement un accueil favorable.

Ce projet fut retiré; il avait le double tort de décréter, sauf la durée, l'uniformité de la peine pour tous les crimes et de laisser subsister les inconvénients de la rentrée dans le sein de la société des condamnés dangereux.

Il est aussi permis de penser qu'il donnait des proportions exagérées à la durée de l'isolement.

Enfin, il soulevait, au point de vue de la dépense, qui ne devait pas s'élever à moins de 120 millions, les plus graves objections financières.

Le projet de 1847 différait du précédent en ce que la peine des travaux forcés y conservait un caractère distinct; elle devait être subie dans un établissement spécial créé en Algérie; la transportation n'y avait pas trouvé place; on semblait craindre qu'elle fût considérée comme un adoucissement de la peine. Ce dernier projet n'était pas encore venu en discussion lorsque éclata la révolution de février.

Les grandes secousses publiques ont toujours pour résultats une modification dans les institutions pénales, elles sont aussi une douloureuse occasion de voir, de toucher de plus près les périls sociaux et de réfléchir à leurs causes.

Si, après février, une première concession fut faite à l'esprit révolutionnaire en élevant la majorité du jury, l'Assemblée constituante, elle-même, ne tarda pas à demander dans le sens du conservateur, la réforme de notre législation pénale. A partir de ce moment, la question fut sérieusement mise à l'étude. Bientôt après, sous la Législative, on comblait, en ce qui concerne la déportation, la lacune laissée dans nos Codes, et une proposition de MM. Bouvilliers et Dupetit-Thouars, dans laquelle apparaissait de nouveau l'idée de la transportation, était prise en considération par cette Assemblée.

Tel était l'état des choses lors du grand acte du 2 décembre.

Déjà dans son message du 22 novembre 1850, Louis-Napoléon avait dit, comme Président de la République :

« Six mille condamnés renfermés dans nos bagnes grèvent le budget d'une
« charge énorme, se dépravent de plus en plus et menacent incessamment la
« société. Il me semble possible de rendre la peine des travaux forcés plus
« efficace, plus moralisatrice, moins dispendieuse et plus humaine, en l'uti-
« lisant au progrès de la colonisation française. »

Un rapport inséré au *Moniteur*, le 21 février 1852, fut le premier acte d'exécution de cette pensée ; ce rapport annonça la prochaine évacuation des bagnes ;
elle était confirmée par le décret du 27 mars et l'envoi à la Guyane de près de
deux mille forçats. La loi dont vous êtes saisis en est la réalisation
définitive.

Si elle est la plus importante et la plus efficace qui vous ait été jusqu'à ce
moment proposée dans l'intérêt de la conservation sociale, il est juste, il est
vrai de dire que plusieurs autres d'une utilité réelle sont également venues
témoigner de la sollicitude éclairée qui anime le Chef de l'État pour l'amélioration de notre législation criminelle.

Il nous suffit de citer le décret sur la rupture de ban des condamnés à
la surveillance ;

La loi sur les crimes commis à l'étranger par des Français ;

Celle sur les individus dangereux, et enfin les lois récemment présentées
sur la majorité et la composition du jury.

Tous ces projets émanent d'une pensée commune, tous ont pour la société
un caractère éminemment préservateur.

Celui qui est soumis à votre examen ne se compose que d'un petit nombre
d'articles.

Deux idées principales le dominent : l'accomplissement des travaux forcés
hors du territoire continental ; l'obligation d'un séjour perpétuel dans les
colonies pénales, même après la peine subie, pour tous les condamnés au-
dessus de huit ans, et pour ceux au-dessous de huit ans, d'un séjour égal à la
durée de leur peine.

Cette obligation de séjour est la disposition véritablement nouvelle du projet :
elle est sans précédent dans notre législation et nous n'en connaissons pas
d'exemple dans les législations étrangères.

La peine des travaux forcés se trouve ainsi associée à une transportation au
delà des mers, à une relégation habituellement perpétuelle dans le lieu où
la transportation s'est opérée.

La peine nouvelle est une peine mixte qui, sans perdre le caractère primitif
des travaux forcés, tient à la fois de la déportation française et de la transportation britannique.

Les adversaires du projet l'accusent d'être un emprunt inopportun fait à
l'Angleterre ; c'est dans les exemples et dans les faits fournis par la longue
histoire de la transportation anglaise qu'ils puisent leurs principales attaques ;
nous y trouvons, nous, d'utiles renseignements, des arguments considérables.
Avant de vous rendre compte des délibérations de votre Commission et des
discussions qui se sont agitées dans son sein, il nous semble utile de vous présenter un résumé concis et fidèle de ce qui s'est passé chez nos voisins.

Il faut d'abord savoir que, dans la Grande-Bretagne, la transportation est le plus élevé des châtiments après la peine de mort, et qu'il n'existe pas d'autre intermédiaire entre le dernier des supplices et un emprisonnement de quelques années ; la transportation est donc chez eux la plus habituelle et la plus importante des peines.

Avant 1718, l'emprisonnement avait lieu sur les pontons.

C'est dans le cours de cette année qu'un *bill* du Parlement anglais adopta, pour la première fois, le principe de la transportation ; tous les condamnés à plus de trois ans de détention furent soumis à cette mesure. Elle n'avait alors rien de bien rigoureux ; les *convicts* (c'est le nom qu'en Angleterre on donne aux transportés) étaient habituellement dirigés en Amérique sur la province de Maryland ; ceux qui pouvaient payer leur passage se trouvaient libres en mettant le pied sur le sol américain ; les autres étaient loués à des planteurs par les capitaines des navires, qui se couvraient ainsi des frais de la traversée. On ne se préoccupait alors ni de l'amélioration, ni de la répression des condamnés ; la transportation était, pour l'Angleterre, un moyen commode et économique de ne pas avoir de prisons et de se débarrasser de ses criminels. Pendant près d'un siècle, l'Amérique les reçut avec moins de dégoût que de profit ; mais lorsque les colonies américaines eurent atteint le degré de prospérité qui leur permit un peu plus tard de se séparer de la mère patrie, elles se plaignirent d'être le réceptacle des condamnés de la métropole. Les *convicts*, à mesure qu'ils devinrent moins utiles, étaient trouvés plus dangereux. Une métaphore célèbre de Franklin les assimila aux serpents à sonnettes ; ce fut un des griefs sérieux invoqués par les promoteurs de l'émancipation.

Dès 1775, la guerre de l'indépendance força le Gouvernement anglais à suspendre l'envoi des condamnés ; on reprit l'ancien système de l'emprisonnement sur les pontons.

En 1787, après une interruption de douze années, la découverte de la Nouvelle-Hollande permit de revenir à la transportation. Botany-Bay, Norfolk, reçurent les premiers envois de *convicts*.

Un peu plus tard, d'autres expéditions de condamnés furent faites à Van-Diémen.

Vers 1808, des désordres graves s'étaient introduits dans la marche de ces colonies nouvelles ; l'indiscipline avait gagné jusqu'aux soldats, l'autorité d'un gouverneur fut méconnue, il fut embarqué et ramené de vive force en Angleterre.

Ces désordres avaient pour cause principale la trop grande proportion des condamnés dans la population de ces îles ; le progrès de l'émigration venue de la mère patrie ne tarda pas à faire disparaître cette cause et depuis 1820 jusqu'en 1834, les colonies de la Nouvelle-Hollande furent le théâtre d'une remarquable prospérité et d'un progrès soutenu.

Le système qui fut pratiqué envers les *convicts* pendant cette période mérite d'être signalé ; il est connu de l'autre côté du détroit sous le nom d'*assignation*. C'était, dans la réalité, pour les condamnés, une espèce de *domesticité obligatoire* ou d'esclavage mitigé ; on les plaçait chez des particuliers, qui profitaient sans rétribution de leur travail et ne leur donnaient en échange que la nourriture et le vêtement. Le colon qui les recevait ainsi avait sur eux l'autorité d'un maître ; le châtiment ne pouvait cependant leur être infligé qu'en vertu de l'ordre d'un magistrat. Ce système, défectueux au point de vue de l'insuffisance de l'intimidation, ne méritait peut-être pas toutes les critiques qui lui ont été adressées. On l'a beaucoup accusé d'inégalité et d'injustice, en prétendant que le sort du condamné dépendait du caractère du maître auquel il était livré. Il eût été plus juste de reconnaître qu'il dépendait surtout de sa propre conduite et de l'utilité des services qu'il rendait.

Quoi qu'il en soit, à partir de 1834, une vive attaque se produisit dans le Parlement contre le système d'assignation et contre la transportation elle-même. Des comités furent institués pour l'étude de la question. Rien ne saurait mieux prouver ces difficultés sérieuses que la contradiction et la variation des mesures qui furent alors successivement proposées, prises, abandonnées.

En 1837, un premier comité se prononça pour l'abolition de la transportation.

En 1838, un second comité conclut à son maintien, mais en condamnant l'assignation.

Bientôt après, il est décidé que les transportés, au lieu d'être placés, comme par le passé, chez des particuliers, demeureront sous la main du Gouvernement ; que la transportation sera restreinte à un nombre limité de convicts ; qu'ils ne seront plus envoyés qu'à Van-Diémen et à Norfolk.

Des ordres furent même donnés dans ce sens, au commencement de 1840, pour défendre la transportation à la Nouvelle-Galles ; mais à la suite d'un changement de ministère, ces ordres furent rapportés.

En 1842, on commença l'expérience d'un nouveau système qui reçut le nom de *probation*.

Voici en quoi il consistait :

Le transporté, à son arrivée dans la colonie, était renfermé dans des stations pénales où il était occupé à des travaux pour le compte du Gouvernement. Le temps de cette première période, considérée à la fois comme une punition et une épreuve, n'était pas limité.

En quittant la station pénale (1), le condamné recevait un laissez-passer pour entrer au service d'un colon. Un traité, fait sous l'autorité du Gouverneur, réglait les conditions de ce service, qui comportait un salaire et ne pouvait durer plus d'une année. Ce délai expiré, le transporté n'était plus tenu qu'à la résidence dans la colonie jusqu'à l'expiration de la peine.

Cette expérience fut peu satisfaisante ; elle donna lieu à des dépenses fort considérables et échoua surtout par l'effet de l'inexpérience et de l'inaptitude des fonctionnaires chargés de l'exécution.

Pendant qu'on se livrait à cette expérience assez mal conduite, l'idée de l'emprisonnement solitaire, fécondée par les exemples des États-Unis et de la Suisse, avait fait en Angleterre, comme en France à la même époque, un rapide chemin.

(1) Indépendamment des stations pénales dans lesquelles on essayait de classer les condamnés par ordre de moralité, il y avait des stations de punition pour ceux qui manquaient à la discipline dans les stations pénales, et des stations de dépôt pour ceux qui, après avoir obtenu un laissez-passer, ne trouvaient pas place chez des colons.

Dès 1838, le Parlement avait adopté, comme règle absolue en matière d'emprisonnement, la séparation de tous les prisonniers, prévenus ou condamnés.

En 1840, on commençait la construction du célèbre établissement de Pentonville, et, vers la fin de 1842, ses cellules étaient en partie habitées.

D'illustres hommes d'État, au premier rang desquels il faut citer lord Grey, ne dissimulaient plus la préférence qu'ils donnaient sur la transportation à la réclusion cellulaire.

On fut naturellement amené à la pensée d'associer ensemble les deux systèmes.

Une première combinaison fut tentée en 1847 ; les condamnés à la transportation étaient divisés en deux catégories basées sur la différence et la durée de la peine. Lorsqu'elle ne dépassait pas sept années, les condamnés restaient pendant dix-huit mois soumis au régime cellulaire. Après cette préparation, suivant que leur conduite avait été bonne ou médiocre, ils étaient transportés à Van-Diémen avec un billet de permis ou avec un certificat de *probation* ; si elle avait été mauvaise, on les envoyait dans la péninsule de Tasman ; ils étaient privés de liberté et astreints aux travaux publics.

Quant aux condamnés à un plus long terme, ils ne subissaient pas la préparation de l'emprisonnement solitaire ; ils étaient immédiatement dirigés sur Norfolk ou sur Van-Diémen, pour y traverser différents degrés d'épreuves et passer successivement par les *travaux publics*, le *certificat de probation* et le *billet de permis*.

Cette combinaison compliquée fut à peine expérimentée ; elle était subordonnée à la volonté des colons d'employer des *convicts* en *permis* ou en *probation*. Les demandes de ce genre diminuèrent inopinément dans une proportion sensible. Ce motif, joint au doute qu'on conservait encore sur le mérite de la combinaison nouvelle, détermina à suspendre la transportation pendant deux années.

C'est après ces essais divers que le Gouvernement anglais est enfin arrivé au système actuellement en vigueur. Il croyait avoir reconnu que l'organisation des travaux publics aux colonies présentait les difficultés les plus graves, et, depuis 1843, il s'était préoccupé de la possibilité de faire subir sur le territoire métropolitain la détention avec le travail en commun. Sous cette inspiration, un établissement avait été créé sur la presqu'île de *Portland*, dans des conditions exceptionnellement favorables, et les premières expériences avaient donné les résultats les plus satisfaisants. C'est de l'achèvement des constructions de Portland, en 1849, que date le dernier système. Il se résume dans une idée très simple ; l'association, dans un ordre successif, de l'emprisonnement séparé, du travail en commun et de la transportation. La peine se trouve ainsi divisée en trois périodes, dont les deux premières sont destinées à servir de préparation à la troisième.

Le condamné subit d'abord à Pentonville l'épreuve du régime cellulaire ; il est ensuite soumis à Portland à la discipline sévère du travail commun ; puis, cette double *probation* terminée dans la mère patrie, il est conduit dans une colonie avec un permis de séjour et y demeure jusqu'à l'expiration de sa peine. La durée des premières épreuves varie suivant la gravité de la condamnation encourue et surtout suivant le caractère et la conduite du condamné.

Les résultats obtenus de ce mode nouveau jusqu'à ce jour sont excellents. ils sont dus à une ingénieuse et habile combinaison des divers éléments dont l'humanité peut disposer avec le plus de succès pour l'amélioration des coupables: l'isolement, le travail, la discipline, l'éducation professionnelle et morale, et. par dessus tout, l'enseignement religieux.

Ce succès incontestable aurait jugé, d'une manière définitive pour l'Angleterre, la question de la transportation, si, indépendamment des difficultés pénales qui ont été heureusement résolues, elle ne soulevait aussi des difficultés économiques qui, dans une certaine mesure, subsistent encore.

Jusqu'à présent, toute colonie, pour laquelle le travail des *convicts* n'est pas nécessaire. les a repoussés avec dégoût ; le besoin seul les a fait admettre. On se rappelle l'énergie des protestations de l'Amérique ; la Nouvelle-Galles a suivi cet exemple, et elle est déjà exceptée des lieux de transportation. Aujourd'hui c'est le tour de Van-Diémen ; ses habitants insistent avec la plus grande énergie pour arriver au résultat obtenu par la Nouvelle-Galles, et leur insistance augmente à mesure que se développe leur prospérité. Mais, tandis que le Parlement retentit des pétitions de Van-Diémen, les colonies naissantes de l'Australie occidentale demandent des *convicts*, les reçoivent avec satisfaction, et dans une dernière dépêche au comte Grey, le Gouverneur de cette possession lointaine pouvait dire avec vérité: *Tout marche de la manière la plus satisfaisante ; il n'est aucun détenteur de billets de permis qui ne soit placé ; la conduite de tous les prisonniers est si régulière que la prison est close et que les anciennes appréhensions disparaissent.*

Il est probable qu'une amélioration si sensible dans la moralité des *convicts* aura pour résultat de dominer, sinon de faire disparaître, la répulsion que leur témoignent les colonies prospères. Mais fût-il vrai que le maintien de la transportation anglaise ne fût possible qu'avec des colonies naissantes, qu'il y eût périodiquement nécessité d'en changer les lieux et le théâtre, qui pourrait prévoir l'époque à laquelle l'œuvre de la civilisation étant consommée, s'élèverait au-devant de la colonisation une barrière infranchissable?

Tels sont les faits que nous révèle l'histoire de la transportation en Angleterre : nous aurons plus tard à en tirer les enseignements qu'ils comportent et à signaler la différence qui sépare l'institution anglaise du projet de loi qui vous est soumis.

Nous pouvons maintenant, sans plus de préambule, arriver à vous rendre compte des travaux de votre Commission.

Nommée, vous le savez, dans la session de 1852, elle aurait pu rigoureusement achever dans le cours de cette session, malgré les difficultés du sujet, l'examen qui lui avait été confié ; mais elle pensa, après un commencement sérieux d'études et d'investigations, qu'il y avait utilité à *ajourner* ses délibérations à la session suivante.

Le décret du 27 mars était déjà en cours d'exécution ; une première expérience se faisait qui pouvait nous fournir sur le climat de la Guyane, sur les dépenses de transport et de séjour, sur les conditions du travail, sur les chances de mortalité, des renseignements utiles et presque indispensables ; nous pensâmes unanimement qu'il y avait intérêt et avantage à les attendre.

Lorsque, au début de la présente session, votre Commission a repris ses travaux, le Gouvernement s'est empressé de mettre à sa disposition les divers documents qu'il possédait. Ces documents, s'ils n'ont pas complétement trompé notre attente, ne lui ont pas non plus donné une satisfaction complète. Ils renferment, il est vrai, sur le climat, sur les frais d'établissement et de transport, des détails d'un certain intérêt; mais les faits auxquels ils s'appliquent sont essentiellement transitoires et exceptionnels: ces documents ne préjugent pas sérieusement l'avenir; ils laissent intactes les difficultés du projet; c'est ailleurs qu'il faut en chercher la solution. Le principal enseignement qu'on peut y puiser, c'est l'importance qu'a pour le succès de toute entreprise, à son début surtout, le choix des fonctionnaires chargés de sa direction.

Ce préliminaire vidé, nos délibérations ont dû d'abord porter sur l'adoption ou le rejet du principe même de la loi.

Le projet constitue-t-il une transformation utile, heureuse, de la peine actuelle des travaux forcés?

Votre Commission a été unanime pour le reconnaître. La peine actuelle, de l'aveu de tous, est devenue inefficace; elle a perdu son caractère d'intimidation en conservant un caractère de flétrissure. Il est donc urgent de la remplacer. il l'est plus encore, peut-être, de préserver la société contre le contact des libérés. Ce contact impur, contagieux, est gros de périls; la proportion des crimes commis par les récidivistes le prouve jusqu'à l'évidence.

La loi nouvelle remédie à ce dernier danger, en ce qui concerne les forçats libérés, par un moyen radical que rien ne peut ni suppléer, ni égaler. La perpétuité de l'expatriation qu'elle prononce n'est pas seulement pour la société une préservation sans égale, elle est aussi un puissant moyen d'intimidation.

Tels qu'ils sont réglés par la nouvelle loi, les travaux forcés prennent un caractère plus exemplaire; ils constituent une répression plus énergique, parce qu'ils sont subis au delà des mers, parce que, le plus souvent, ils le sont sans possibilité de retour.

Si l'expiation du crime, si la protection de la société sont mieux garanties par la loi nouvelle, elle permet aussi d'espérer un amendement plus facile et plus probable des condamnés. Ainsi que nous avons eu déjà l'occasion de le dire, sur le sol métropolitain, et dans les conditions actuelles, le condamné, même après qu'il a subi sa peine, est presque forcément replongé dans le crime par le mépris, par la répulsion des honnêtes gens, par l'impossibilité de se procurer par le travail d'honnêtes moyens d'existence.

En France, il était fatalement voué au désespoir et au crime; aux colonies, au contraire, l'espérance lui est rendue; il y trouve l'intérêt à bien faire, les facilités du travail, les encouragements et les récompenses pour le bien. Dans cette société nouvelle, loin des lieux où sa faute fut commise, il devient un homme nouveau: propriété, famille, rapports sociaux, estime de lui-même, tout lui redevient possible. Dangereux dans la métropole, dans la colonie il est utile. Pour lui, à l'excitation irrésistible du mal succède l'excitation puissante du bien. La nouvelle peine est donc incontestablement plus moralisatrice.

Elle n'est pas non plus dépourvue de tout avantage au point de vue colonisateur. Ce n'est là, suivant nous, que son rôle accessoire; il ne doit jamais faire fléchir la sévérité de la discipline, ni diminuer l'exemplarité de la peine. mais il mérite pourtant d'être pris en considération. C'est une erreur de croire que, dans l'exécution de la loi, il y ait antagonisme entre l'intérêt pénal et l'intérêt colonisateur; si ces deux intérêts ne coexistent pas d'une manière complète, ils se succèdent avec avantage. Le libéré est un colon d'autant plus utile qu'il a mieux *expié* sa peine et acquitté le châtiment.

Pouvions-nous hésiter devant la réunion de tels avantages, à donner notre approbation au projet de loi, parce que la substitution de la peine nouvelle à la peine ancienne se traduira probablement en charges nouvelles pour nos finances ? Non, évidemment ; il s'agit ici d'un intérêt social trop élevé pour le subordonner à une économie de quelques millions.

Nous le pouvions d'autant moins que, si l'œuvre est bien conduite, l'excédent de dépenses qu'elle entraînera se renfermera dans un chiffre modéré, et que dans tous les cas, cette surcharge sera bien inférieure à celle qu'aurait causée toute autre réforme de nos bagnes (1).

Ce projet de loi a cependant rencontré chez plus d'un de nos collègues une vive et ardente opposition. L'un d'eux, membre de l'Institut, avec la verve et l'érudition qui le distinguent, a réuni dans un mémoire sur la transportation, récemment présenté à sa docte compagnie, les attaques générales dont le principe du projet de loi est susceptible.

La principale de ces attaques, celle qui était de nature à nous ébranler davantage, et qui devra être prise dans la considération la plus sérieuse lors du règlement à faire pour l'exécution de la loi nouvelle, consiste à dire qu'elle ne pourra conserver le caractère d'intimidation qu'on veut lui donner, que l'élément pénal de la loi disparaîtra bientôt devant l'élément colonisateur, que la peine, réduite et amoindrie de manière à ressembler à un exil plutôt qu'à un châtiment, perdra bientôt toute valeur exemplaire.

L'objection serait sérieuse si, en fait, elle était justifiée ; mais le projet n'a pas commis la faute de subordonner l'élément pénal à l'élément colonisateur : la peine d'abord, la colonisation ensuite, et sur le second plan seulement, telle est la pensée manifeste de la loi nouvelle, telle est aussi la conviction très énergique de votre Commission.

Qui empêcherait, dans l'exécution, de s'y conformer ? Pourquoi l'expiation, efficace, sévère au besoin, ne précéderait-elle pas l'époque de demi-liberté réservée au libéré ?

Qu'on soutienne que la répression est plus facile, moins coûteuse à administrer en France qu'aux colonies, cela est admissible et c'est un point que nous examinerons plus tard ; mais il nous semble de toute évidence que, sauf les différences dans la dépense, la répression peut être organisée aux colonies avec autant de sévérité que sur le continent.

Il ne faut pas, sur ce point, se laisser aller aux illusions que les faits anglais, mal compris, peuvent faire naître. Le système de la loi nouvelle n'a jamais été exécuté en Angleterre dans les mêmes conditions. L'agglomération des criminels les plus endurcis dans la petite île de Norfolk tenait plus du chaos et du désordre que d'une répression intelligente ; si, plus tard, les complications extrêmes des premiers essais de *probation*, jointes à l'inexpérience des agents et au trop grand nombre des condamnés, en ont compromis le succès, cela n'a tenu qu'à des circonstances accidentelles.

_____

(1) On prévoit que cette dépense sera de 600 francs environ par forçat et par an. Dans les bagnes, elle n'était que de 312 fr. 93, mais le produit du travail du forçat dans les bagnes était de 234 francs. Il est difficile de calculer à quel chiffre ce produit s'élèvera aux colonies.

Pourquoi ce qui est possible à Portland, dans une des îles de la Grande-Bretagne, ne le serait-il pas, avec les mêmes fonctionnaires et les mêmes règlements, en Amérique, en Australie ou à la Guyane?

Le système actuellement pratiqué en Angleterre n'a plus rien de défectueux sous le rapport de l'intimidation; celui de la loi nouvelle lui sera cependant, à cet égard, incontestablement supérieur, à raison de l'élément de perpétuité qu'il renferme et que la loi anglaise ne possède pas.

On critique ensuite le mérite du projet sous le rapport de son utilité colonisatrice; on soutient que le mal ne peut engendrer que le mal; que les criminels sont de détestables instruments de colonisation; que les colonies commencées avec leur concours ne tardent pas à les rejeter de leur sein, et que c'est là, à tout considérer, une entreprise impraticable pour la France.

Cette critique est peut-être moins fondée encore que la précédente. Fût-elle vraie, ce ne serait pas une raison pour renoncer à la loi, puisque, dans son esprit, le progrès de la colonisation n'est qu'un avantage accessoire; mais il est facile de prouver qu'elle est dépourvue d'exactitude; les faits parlent ici plus haut que toutes les théories.

Par où ont commencé plusieurs des colonies les plus florissantes du royaume anglais? Par la transportation. Le simple bon sens indique, d'ailleurs, que là où la population européenne est insuffisante pour créer l'œuvre civilisatrice, un accroissement de population est toujours plus utile que nuisible. On a pu dire, avec vérité, que, depuis le commencement du siècle dernier, les transportés avaient été les pionniers de la civilisation, on pourra le redire mieux encore, maintenant que le transporté ne sera plus livré à la colonisation qu'après une expiation moralisatrice.

Mais, le véritable grief, ou plutôt le véritable mobile des adversaires de la loi, c'est la préférence qu'ils accordent au régime cellulaire sur la transportation. Voyons si c'est pour eux une situation meilleure et un terrain plus solide.

S'il s'agissait d'organiser une peine unique pour tous les crimes, pour tous les délits, et si pour cela il fallait choisir entre la transportation ou l'emprisonnement cellulaire, nous concevrions l'hésitation, mais il s'agit seulement d'organiser la peine qui, sauf des cas infiniment rares, est la plus terrible et la plus élevée de nos Codes. N'en faire qu'une nuance de l'emprisonnement cellulaire, c'est effacer la distinction fondamentale des peines, quelle que soit leur gravité; c'est confondre en un même châtiment toutes les atteintes à l'ordre social; c'est retomber dans la faute commise en 1844 et qu'en 1847 on avait cherché à éviter; c'est renoncer au principal avantage procuré par la loi universelle, à l'*expurgation* de la mère patrie.

Avec les travaux forcés en cellule disparaît l'intimidation qui s'attache à la perpétuité de la peine et la différence essentielle apportée par le projet de loi dans la situation du libéré.

Que le régime cellulaire renfermé dans de justes limites ait des avantages certains, qu'il soit important d'en faire une étude définitive, possible de le combiner avec la transportation, que l'isolement des prévenus et des accusés soit une nécessité urgente digne de toute la sollicitude du Gouvernement, votre Commission est disposée à le penser et à le dire; mais elle n'a pu admettre que la cellule fût, en matière pénale, une panacée universelle et elle se croit sûre d'être restée dans le vrai en demeurant fidèle au grand principe de la distinction des peines.

Nous ne nous sommes pas non plus arrêtés à une autre critique, qui se fonde sur ce qu'il eût été plus rationnel de procéder à une revision générale de notre législation, avant que de commencer par modifier une de ses parties les plus importantes.

Cette revision générale aurait entraîné des lenteurs, des difficultés que le projet, restreint à l'objet dont il s'occupe, a pu éviter. Toutes les réformes possibles de nos Codes criminels ne sont pas également mûres; il y aurait plutôt péril qu'avantage à les précipiter. La réforme réalisée par la loi qui nous est proposée ne fera pas obstacle aux autres changements dont l'utilité se ferait ultérieurement sentir. Serait-il sage d'ajourner le bien sous le prétexte du mieux ?

Le principal de la loi étant ainsi adopté par votre Commission, il n'était pas possible qu'elle prît en considération deux amendements, dont l'un proposait l'ajournement de la loi, tandis que l'autre lui imprimait un caractère provisoire.

Une idée commune les animait évidemment l'un et l'autre : l'opinion qu'une *expérience* était ou indispensable ou utile, soit pour adopter la loi, soit pour lui conférer un caractère définitif. Or, comment une pensée pareille pourrait-elle trouver place dans une loi pénale? Comment concevoir une peine infligée par forme d'essai, une expérience provisoire appliquée à un châtiment perpétuel; le doute introduit dans les matières qui, par leur nature, semblent l'exclure davantage? La législation criminelle n'a pas, nous en convenons, le privilège d'échapper à la grande loi des choses humaines; l'expérience, elle seule, peut donner la certitude aux résultats les plus probables prévus par l'esprit humain; mais, pas plus pour les institutions pénales que pour les institutions politiques, le législateur ne peut procéder par voie d'expérimentation préalable. L'expérience a, d'ailleurs, été faite assez longtemps en Angleterre, et, à tout prendre, elle a réussi.

Pour nous, qui sommes appelés à profiter des fautes et des essais de nos devanciers, le succès doit être plus prompt et plus facile; il n'est pas probable qu'il nous échappe si nous ne négligeons rien de ce qui doit en assurer le bienfait.

Une discussion plus grave et plus délicate s'est engagée dans le sein de la Commission, à l'occasion d'amendements divers qui, différant dans leurs formes, se réunissaient dans une même pensée: introduire dans la loi, dont le texte suppose que la peine nouvelle devra toujours être subie en totalité hors du territoire continental, une disposition qui permette au Gouvernement de la faire subir en tout ou en partie sur le sol français.

On disait à l'appui de cette opinion, énergiquement soutenue par quelques-uns de vos commissaires :

« Il pourra se présenter fréquemment des cas dans lesquels l'exécution de la loi sera impossible : une guerre maritime; une épidémie dans la colonie pénale; l'absence de navires prêts à effectuer le transport. Si quelques-uns de ces empêchements se prolongent, que deviendront pendant leur durée les condamnés à la transportation? ils seront pour nos maisons d'arrêt, sans subir réellement leur peine, une cause d'encombrement et de contagion. Il est certain que des raisons de constitution ou de santé s'opposeront fréquemment à la transportation d'un assez grand nombre de condamnés. Il est donc indispensable de prévoir dans la loi les cas de nécessité qui rendront parfois son exécution impossible, et il faut considérer comme certain que, par la force des choses, la peine des travaux forcés, pour une partie quelconque des condamnés, continuera de s'exécuter dans la Métropole.

« L'accomplissement de la peine en France, quelquefois nécessaire, sera le plus souvent utile.

« Les établissements dans lesquels la nouvelle peine devra être exécutée ne sont encore qu'au début de leur création; jusqu'à leur achèvement et pendant la première période d'installation, il sera d'une souveraine importance que les condamnés ne soient pas transportés en trop grand nombre, qu'on n'excède jamais, sous ce rapport, les ressources et les possibilités de la colonie; l'avenir de la mesure, dit avec raison l'exposé des motifs, est dans cette conduite. Même plus tard, quand auront cessé les premiers embarras et les premières fautes inséparables d'un début, il pourra être utile de modérer ou de suspendre, suivant les circonstances, le chiffre de la transportation; il pourra être avantageux de nous approprier, dans une certaine mesure, préalablement à la translation des condamnés, la pratique anglaise de la préparation cellulaire dans la Métropole.

« La disposition qui introduirait dans la loi le principe de l'alternative de la peine continentale ou coloniale n'aurait donc que des avantages; elle serait la meilleure garantie du succès des nouvelles mesures, en laissant pour leur application une latitude sans limite.

« Sans doute, elle donnerait à l'Administration un pouvoir discrétionnaire dont notre droit criminel offre peu d'exemples; mais ce pouvoir discrétionnaire est déjà inscrit dans le projet de loi presque à chacun de ses articles. C'est le Gouvernement qui désigne le lieu de la transportation, qui est chargé de faire le règlement pour l'exécution de la peine, qui accorde ou refuse les concessions de terrain et les droits civils, qui, à son gré, envoie les femmes condamnées aux colonies ou les laisse sur le territoire de la Métropole. En Angleterre, l'Administration est investie, en ce qui concerne les transportés, d'un pouvoir non moins étendu, qui ne soulève aucune plainte.

« Le droit de grâce ne permet-il pas, d'ailleurs, au Gouvernement, de transformer, de modifier à son gré, en les adoucissant, toutes les peines?

« En admettant que l'introduction dans la loi de cette alternative pût entraîner quelques inconvénients, ils seraient moindres que ses avantages. Si, toute comparaison faite, il est démontré que la modification demandée est utile, elle doit être adoptée. »

A cela on a répondu :

Si l'on n'a pas prévu les cas de nécessité qui pourront s'opposer à l'exécution de la loi, c'est qu'il était inutile de les prévoir. L'Administration puisera dans le fait seul de cette nécessité le pouvoir qu'on propose de lui accorder; la pratique lui a toujours reconnu ce droit pour les autres peines, et la responsabilité ministérielle n'a jamais été compromise pour en avoir usé. On peut cependant introduire dans la loi sans inconvénients, pour ces cas exceptionnels, une disposition de la même nature, qui laissera toujours, suivant les situations, une peine rigoureusement déterminée; il n'y aura là ni alternative ni arbitraire.

En dehors de cela, la modification proposée est admissible. La raison, les principes, protestent contre l'alternative des peines, contre l'arbitraire du pouvoir en cette matière.

La peine doit être certaine, elle doit être égale. Quand elle a été prononcée par le juge, elle est acquise à la société, au condamné. Si le droit de grâce la diminue quelquefois ou l'adoucit en la commuant, ce droit personnel au souverain, qui ne s'exerce jamais que dans le cercle de la clémence, ne saurait être confondu avec l'arbitraire administratif.

L'alternative demandée aurait pour conséquence nécessaire, incertitude et inégalité dans la peine, confusion des pouvoirs administratifs et judiciaires.

La peine ainsi instituée serait *bicéphale*: la peine actuelle serait à la fois supprimée et maintenue. Il y aurait là une source d'abus, de faveurs sans règle, de réclamations et de sollicitations incessantes.

Cette alternative ne serait pas prohibée par les principes qu'il faudrait encore la rejeter.

Pour s'en convaincre, il suffit de se rendre compte des motifs qui ont fait décider par le projet que la peine serait subie sur le territoire colonial et non sur le sol français.

La France n'a pas à sa disposition, comme l'Angleterre, à Portland, une île dans sa métropole. Il n'est que trois moyens de faire exécuter les travaux forcés sur le sol français : le maintien des bagnes, le régime des maisons centrales, l'emprisonnement cellulaire.

Rien de tout cela n'est praticable : ce serait ou le maintien des abus actuels, ou la confusion des peines; ce serait aussi la suppression du principal bienfait de la loi : l'expatriation. Comment pourrait-on transporter un condamné aux colonies, après que, durant dix, quinze ou vingt ans, il aurait subi sa peine en France? Cette transportation tardive ne paraîtrait-elle pas alors empreinte de trop de dureté? Son âge ne serait-il pas trop avancé pour qu'on pût espérer qu'il s'acclimaterait dans une nouvelle patrie et qu'il y rendrait des services? Sa santé n'aurait-elle pas été usée par cette longue détention?

L'introduction d'une pareille alternative serait, en outre, pour la loi, une perpétuelle cause de destruction.

Au lieu d'être définitivement résolue, la suppression des bagnes deviendrait ainsi une question toujours pendante; le régime d'une peine de cette importance serait soumis à toutes les chances des variations du personnel administratif.

Ce germe de mort énerverait la loi et ne lui laisserait plus que le caractère d'une simple expérience; ce serait une porte toujours ouverte à toutes les résistances, à tous les mauvais vouloirs, à tous les abus.

L'exemple de l'Angleterre est mal à propos invoqué, ce sont des actes du parlement qui ont déterminé les périodes successives de la cellule, du travail en commun et de la transportation.

Les principes des législations des deux pays diffèrent d'ailleurs essentiellement.

Si, comme cela a été déjà reconnu, il peut être utile d'associer dans une mesure quelconque la préparation de l'emprisonnement cellulaire à la peine des travaux forcés, rien ne prouve encore que cette association ne puisse être pratiquée dans nos possessions maritimes. Ce sera là un des points importants à décider par le règlement d'administration publique confié à la sagesse du Gouvernement. Si, plus tard, il est démontré que le régime de la cellule aux colonies n'est pas praticable, ou qu'il est plus avantageux de le faire subir sur le continent, on avisera. Le système d'emprisonnement cellulaire est à l'étude ; nous ne devons pas le préjuger ; il sera temps lorsqu'on l'établira, d'introduire dans la loi qui en réglera le mode, une disposition spéciale pour sa combinaison avec les travaux forcés. Il est, du reste, bien entendu que le Gouvernement sera toujours juge de la possibilité de la transportation, et qu'on ne devra conduire les condamnés dans la colonie pénale qu'autant qu'elle sera en mesure de les recevoir.

Après de longues discussions, après deux conférences avec Messieurs du Conseil d'État, la majorité de votre Commission, tout en repoussant le système de l'alternative, a reconnu qu'il était utile de prévoir les cas d'empêchement que rencontrerait l'exécution de la loi. Un amendement à l'article premier a été rédigé, dans ce sens, d'accord avec le Conseil d'État ; nous en donnerons plus loin le texte.

Nos délibérations ont dû porter ensuite sur plusieurs points importants, quoique secondaires, dans l'ordre des articles du projet.

Maintiendrait-on la disposition de l'article premier qui confère au pouvoir exécutif le droit de désigner, par un décret, les lieux où sera subie la peine?

Cette désignation doit-elle, au contraire, être faite par une loi ultérieure ou par la loi actuelle?

Y a-t-il inconvénient à excepter l'Algérie?

Telles sont les questions diverses dont, à l'occasion de l'article premier, votre Commission a été saisie.

Que le lieu dans lequel la peine est subie ait pour résultat de la faire considérer, comme plus sévère ou plus douce, qu'il soit, par suite, un des éléments d'appréciation de sa gravité, cela paraît incontestable ; le lieu n'est cependant pas la peine elle-même ; les inconvénients de l'arbitraire dans sa désignation sont limités ; le pouvoir exécutif a pour cette désignation des facilités et des avantages qui n'appartiennent au même degré ni au pouvoir législatif ni au pouvoir judiciaire. Si le lieu de la transportation pouvait et devait être perpétuel et unique, il y aurait, il est vrai, convenance à ce qu'il fût désigné ou par une loi ultérieure, comme le demandait M. Millet, ou mieux encore, dans la loi actuelle ; mais telle n'est pas la situation. Il peut devenir nécessaire, pour la meilleure exécution de la peine, qu'elle soit divisée en diverses phases, que ces phases soient subies dans des lieux différents ; ces divisions, ces destinations sont susceptibles d'être changées.

Suivant les époques, dans les mêmes colonies, le *convict* a été tour à tour recherché, toléré, repoussé. L'affectation de certains lieux à la déportation est par la force des choses plutôt variable que perpétuelle. Ces considérations ont déterminé votre Commission à conserver au pouvoir exécutif l'attribution qui lui a été conférée par l'article premier. Il y a là une raison d'utilité qui domine les habitudes législatives.

L'exception faite en faveur de l'Algérie nous a paru justifiée par de nombreux motifs; la proximité de la France, l'évasion plus facile, l'intimidation diminuée et surtout la situation militaire de cette colonie exceptionnelle par son importance autant que par sa situation.

Tout en reconnaissant que la désignation des lieux de déportation devait être laissée au pouvoir exécutif, votre Commission s'est cependant naturellement préoccupée du choix qui a été fait de la Guyane française pour l'exécution du décret du 27 mars.

Ce choix manifeste assez l'intention du Gouvernement pour que nous ayons dû être convaincus que ce serait là, au moins immédiatement, le théâtre d'exécution de la loi nouvelle; elle est, suivant eux, de toutes nos possessions maritimes, celle qui réunit le plus d'avantages pour un établissement de cette nature. Ils ont dit qu'elle était assez éloignée pour que cet éloignement contribuât à l'effet d'intimidation; assez vaste et assez fertile pour que la colonisation y trouvât pendant de longues années, toutes les conditions de développement. Ils ont ajouté que Cayenne offrirait des ressources précieuses pour le commencement de la colonie pénale et pour le placement des libérés; que les îlots dépendant de la Guyane étaient aussi appelés, par leur proximité, leur peu d'étendue, leur isolement et leur salubrité particulière, à rendre à l'œuvre d'importants services.

S'ils reconnaissent que le climat de cette colonie exige des précautions spéciales et doit être pris en grande considération pour le règlement du travail et l'hygiène des condamnés, ils se fondent sur les relevés de mortalité de la garnison de Cayenne et sur les autres documents qui nous ont été communiqués, pour penser que la salubrité de la Guyane n'est pas inférieure à celle de nos autres colonies et que les chances de mortalité dans notre nouvel établissement ne seront pas plus considérables qu'elles ne l'étaient dans les bagnes jusqu'à ce jour.

La majorité de votre Commission, sans contredire aucune de ces appréciations ou de ces espérances, a pensé que nous devions nous renfermer dans une réserve plus grande; que nous n'étions pas saisis de la question et qu'il serait inopportun de donner, sans qu'il nous fût demandé, un avis aussi affirmatif.

Les articles 2, 3, 4, 5, 8, 9, 10, 11, 12, 13 et 14 du projet n'ont soulevé, pour ainsi dire, ni discussion ni observation: il en a été autrement des articles 6, 7, 15 et 16.

L'article 6 décide que la peine des travaux forcés n'emportera plus la mort civile et que, pour les condamnés à cette peine, elle sera remplacée par la dégradation civique et l'état d'interdiction légale.

M. de la Tour avait présenté sur cet article un amendement qui généralisait la suppression de la mort civile et l'étendait à tous les cas où elle est encore prononcée. La majorité de votre Commission, après un examen fort attentif, s'est associée à la pensée de cet amendement et elle avait fait, dans ce sens, au projet de loi, toutes les modifications qui en étaient la conséquence. Cette partie des amendements de votre Commission, après avoir d'abord paru favorablement accueillie par le Conseil d'État, a fini par être rejetée. Mais nous conservons le vif espoir que ce rejet est loin de préjuger, de la part du Gouvernement, l'intention de maintenir la mort civile. Elle ne s'appliquerait plus désormais, sauf peut-être quelque délit militaire, qu'à un cas unique, celui d'une condamnation à mort par coutumace. Cette immorale fiction est pour nos Codés. une tache que le Gouvernement, nous devons le croire. n'hésitera pas à faire disparaître prochainement.

Notre honorable collègue. M. Guyare-Delalain, avait présenté sur l'article 7 un amendement qui avait pour but de faire fixer par l'arrêt de condamnation le temps pendant lequel le condamné serait tenu de résider dans la colonie après l'expiration de sa peine ; cet amendement enlevait à la peine le caractère habituel de perpétuité, qui est dans notre pensée, un de ces principaux avantages : nous avons dû le repousser. Nous n'avons pas pensé, non plus, devoir accueillir un autre amendement du même auteur. destiné à constater que la loi sur la réhabilitation serait applicable aux individus qui auraient subi la peine de la nouvelle loi. Il nous a semblé utile de déterminer les rapports que peut avoir la loi qui nous est soumise avec celle que vous avez votée sur la réhabilitation dans la session précédente. Les dispositions de cette dernière loi ne reçoivent du projet actuel ni dérogation, ni atteinte.

Une omission s'était glissée dans l'article 16 ; les prescriptions de la loi, à l'exception des articles 7 et 9, n'y étaient déclarées applicables qu'aux condamnations antérieurement prononcées ; cette application devait évidemment s'étendre aussi aux crimes commis antérieurement ; le Conseil d'État a été d'accord avec nous pour reconnaître l'utilité de cette rectification.

Un membre a considéré la disposition de l'article 16 comme entachée de rétroactivité ; la majorité de la Commission n'a pas partagé ce scrupule. C'est aujourd'hui un principe certain de droit criminel, consacré par la jurisprudence et la doctrine, que la différence dans le mode d'exécution de la peine ne constitue pas une rétroactivité ; cela fut reconnu sans difficulté lors de l'examen fait, en 1846, par les Cours de France, du projet de loi sur la réforme des prisons. Le Code pénal ne dit pas même en quel lieu la peine des travaux forcés sera subie. Il est d'ailleurs évident, en fait, que l'aggravation qui résulte de la loi nouvelle est tout entière dans les articles 7 et 8, qui n'atteignent pas les condamnations antérieures.

Il nous reste à parler de l'article 15 : quoiqu'il n'ait pas soulevé parmi nous de divergences, et que le pouvoir qu'il confère au Gouvernement n'ait rencontré dans la Commission que des approbations, nous devons néanmoins vous signaler son extrême importance.

D'après cet article, la situation des condamnés pendant et après leur peine, le régime disciplinaire des établissements où cette peine sera subie ; les concessions de terrains aux condamnés ou aux libérés, en un mot, tout ce qui, châtiment ou récompense, concerne l'exécution de la peine nouvelle, sera l'objet d'un règlement d'administration publique.

Le projet de loi ne détermine que deux choses principales : la durée de la peine ou plutôt ses conséquences. et d'une manière générale, par exclusion de la Métropole, les lieux où elle devra s'accomplir.

Le mode d'exécution ou, en d'autres termes, la réalité de la peine, c'est le règlement qui le fixera.

La loi se borne, pour ainsi dire, à poser le principe : l'application du principe est réservée au règlement ; il est le complément fécond et indispensable de la loi.

La nature des choses commandait cette distinction : votre Commission s'en félicite au lieu de s'en plaindre. Elle est d'ailleurs convaincue que ce règlement, qui sera *la loi vivante*, en sera aussi, par sa perfection, l'utile et digne couronnement.

Qu'il nous soit permis cependant, tout en exprimant notre confiance dans la maturité et l'expérience qui présideront à l'enfantement difficile de cette œuvre capitale, de consigner ici quelques réflexions qui pourront servir à en assurer les bases.

Ce sera tout à la fois le résumé le plus fidèle et le plus utile des travaux de votre Commission.

Le but de toute peine, nous l'avons déjà dit, doit être : l'expiation du crime, l'amendement du coupable, la préservation de la société ; et c'est parce que la peine nouvelle nous semble mieux garantir que la peine ancienne ce résultat multiple, que nous n'avons pas hésité à lui donner la préférence.

Il n'y a pas à se préoccuper de l'importance relative de ces trois termes d'un même but, de cette triple forme de ce qui, au fond, n'est qu'une seule et même unité ; ces trois parties d'un même tout s'entr'aident mutuellement, et leur isolement est impossible.

Il n'y a pas d'expiation intelligente du crime sans amendement du coupable ; il n'y a pas d'amendement sérieux et sûr sans expiation ; il n'y a pas de préservation complète sans l'amendement du coupable et sans l'expiation exemplaire du crime.

L'intérêt de la société n'est jamais autre que celui de la justice ; ils se confondent toujours.

Le but est donc certain et les dissentiments ne peuvent s'élever que sur les moyens de l'atteindre.

Ce serait une grave erreur de croire que, dans les conditions spéciales de la loi qui nous occupe, et à raison de l'expatriation perpétuelle qui en est le caractère principal, la préservation sociale fut assurée en dehors de l'expiation du crime ou de la réforme du coupable, et qu'il fût, par suite, moins important que d'habitude d'obtenir cette expiation.

C'est le contraire qu'il faut penser.

Deux intérêts sont engagés dans l'exécution de la loi : l'intérêt de la métropole et celui des colonies. Tous les deux sont sacrés. Il y aurait pour la mère patrie égoïsme coupable à concentrer, sans précaution, sans prévoyance, sur quelques points des possessions maritimes, le mal dont elle veut se délivrer.

Les colonies sont aussi la patrie et la nation : ce serait un singulier moyen de garantir la société que d'en sacrifier une partie pour protéger le reste ; le mal serait ainsi déplacé et ne serait pas guéri.

Nous ne pouvons songer à créer une colonie qui ne serait exclusivement composée que de nos forçats ; ce serait une entreprise condamnée par la raison et par l'expérience.

Le projet ne le suppose pas ; il prévoit, au contraire, le placement de l'établissement pénitentiaire dans une colonie déjà existante, et le mélange des libérés, avant ou après leur peine accomplie, avec une population différente.

Pour que ce mélange, au lieu d'être désastreux pour la colonie à laquelle on l'imposera, puisse lui devenir profitable, il est indispensable que le condamné, pendant sa peine, ait été réformé autant que les ressources humaines le permettent. Le succès de la colonie et de la loi est à ce prix.

Cet amendement dans le système de la nouvelle loi est d'autant plus impérieux, que la société particulière dans laquelle on place le libéré est moins nombreuse. S'il ne se produisait pas, la mère patrie ne tarderait pas, elle-même, à en souffrir; l'intimidation diminuerait sur le sol français, ou, l'exécution de la loi devenant impossible, il faudrait retomber dans les abus qu'on a voulu supprimer et guérir. Les précédents de l'Angleterre ne laissent sur ce point aucun doute.

C'est donc à cet amendement que le règlement d'administration publique devra tendre par tous les moyens.

Après un siècle et demi d'expérimentation, les Anglais sont arrivés à considérer comme le moyen d'amendement le plus énergique, le plus prompt et le plus sûr, l'emprisonnement solitaire au début, le travail en commun ensuite. Sont-ce là des moyens d'une efficacité particulière à la race britannique? Il est permis d'en douter; la nature humaine, dans des conditions de civilisation à peu près égales, obéit, pour le mal et pour le bien, aux mêmes mobiles.

La réflexion vient, d'ailleurs, en cela confirmer les enseignements de l'expérience. Il est facile de comprendre que l'isolement, en mettant l'homme en face de sa propre conscience, en éloignant de lui les influences mauvaises, en ne laissant pénétrer dans son esprit et dans son cœur que les semences du bien et de la vertu, facilite, au début, plus que tout autre moyen, le repentir et le progrès de l'éducation morale.

Supérieure à tous les autres pour l'amendement, la réclusion cellulaire paraît être aussi un des moyens les plus énergiques de l'expiation. Il n'en est peut-être aucun qui, sans cruauté, soit aussi *exemplaire*. Ses adversaires ne trouvent à lui reprocher qu'un excès de sévérité. Mais il est un terme au delà duquel la solitude, si elle ajoute encore au châtiment, ne sert plus à l'amélioration morale. Passé ce terme, le repentir peut se changer en abattement ou en désespoir.

La régénération du coupable ne saurait, d'ailleurs, être assurée tant qu'il n'a pas été exposé au contact de la vie commune; le travail en commun, sous une discipline à la fois prévoyante, sévère et toujours moralisatrice, est donc un moyen nécessaire d'achever l'œuvre commencée par l'isolement, de s'assurer que l'amélioration obtenue dans la première période n'était pas fugitive et temporaire.

Cette seconde période, indispensable pour l'amendement, l'est aussi comme complément de l'expiation.

Le Gouvernement aura à décider si la combinaison de ces deux moyens, d'une efficacité déjà éprouvée, ne doit pas, à un degré quelconque, trouver place dans le règlement qui assurera l'exécution de la loi qui nous est soumise : il appréciera ainsi, dans le cas où il ne se prononcerait pas pour l'épreuve cellulaire, dans quels lieux il conviendra davantage de la faire subir. La métropole et les colonies offrent pour cela à la fois des inconvénients et des avantages : une étude attentive permettra seule de faire le choix préférable.

D'autres moyens encore peuvent être pratiqués avec succès pour compléter l'amendement des condamnés ou pour s'en assurer davantage, avant de les livrer à la liberté de la colonie.

Cette liberté définitive peut être précédée d'une liberté provisoire plus ou moins complète. Le danger de la vie libre pour les hommes qui, pendant longtemps, furent soumis à la discipline sévère et uniforme du châtiment, c'est d'avoir perdu en quelque sorte l'habitude de se gouverner eux-mêmes. Sous l'empire de cette longue contrainte, le sentiment de la responsabilité de ses actes s'affaiblit ou s'émousse chez le condamné. Il n'est pas impossible d'organiser, entre le châtiment complet et la libération, une situation intermédiaire, dans laquelle le forçat aurait, dans une certaine mesure, la liberté et la responsabilité de sa conduite, le gouvernement de ses intérêts. L'article 11 du projet prévoit cette situation.

Cette période intermédiaire serait, par rapport à la législation anglaise en matière de transportation, une amélioration véritable.

Mais il ne suffira pas d'avoir livré le libéré à la société coloniale dans des conditions telles qu'au lieu d'être pour elle un légitime sujet d'effroi, il puisse lui rendre d'utiles services; il faudra le suivre encore dans cette situation nouvelle, l'y protéger, le surveiller, lui assurer pour le travail et pour le bien tous les encouragements, tous les secours ; il faudra aussi qu'il soit bien sûr que, si, malgré ces précautions, malgré cette bienveillance, il venait à retomber dans le crime, sa récidive le plongerait dans les sévérités terribles d'un châtiment inexorable.

A mesure que nous avons avancé davantage dans l'examen du projet, que nous avons mieux pénétré son esprit, reconnu les conditions essentielles de sa mise en œuvre, pressenti ses résultats, nous sommes demeurés plus convaincus que l'amélioration morale des condamnés était la pierre angulaire de la loi.

Avons-nous besoin d'ajouter que la religion doit être et sera le principal moyen de cette amélioration? Elle seule, en effet, peut la rendre et possible et durable.

Elle seule, féconde le repentir, fait comprendre la vertu, la nécessité de l'expiation, inspire aux condamnés la résignation et l'espérance et, à ceux qui les dirigent, le dévouement et la charité.

Le chapelain anglais a fait plus encore dans ce pays pour l'amélioration des condamnés que la perfection des règlements de Pentonville ou de Portland; il a été l'âme et le bon génie de la cellule et de l'atelier; il y a fait pénétrer les rayons bienfaisants du ciel. C'est un point hors de doute, chez tous nos voisins, que l'éducation religieuse est la base de toute réforme pénitentiaire. Pourrait-il en être autrement avec le clergé catholique ?

Notre civilisation est l'œuvre du christianisme : c'est de lui, c'est de ses principes, de son influence manifeste que procède l'idée générale de transformation pénale à laquelle se rattache intimement le projet actuel ; après avoir inspiré le changement de la peine, il doit aussi inspirer son exécution.

Tel est, dans son ensemble et dans ses principaux détails, le projet de loi dont l'examen nous avait été confié. Nous vous en proposons l'adoption avec les légères modifications que nous avons déjà signalées.

Cette loi sera pour notre législation pénale une notable et précieuse amélioration, elle deviendra prochainement le point de départ de réformes de la même nature.

Le succès de la grande innovation qu'elle consacre dépendra cependant, non seulement de la perfection du règlement d'administration publique sur lequel nous venons d'appeler votre attention, mais aussi du choix des hommes qui seront chargés de son exécution.

Que le Gouvernement avise donc. Ni l'armée, ni l'administration, ni le clergé ne lui feront défaut, si, comme nous devons l'espérer, il veut et il sait choisir ; c'est une œuvre à conduire avec prudence et habileté, avec dévouement et avec persévérance.

Le présent et l'avenir de notre société, non moins que l'honneur national, y sont désormais engagés ; il ne faudrait pas se laisser décourager au début par des difficultés passagères et transitoires : le but est grand et noble, la reconnaissance du pays est acquise aux hommes éminents et utiles dont le concours et les efforts auront permis de l'atteindre.

PROJET DE LOI

(Nouvelle rédaction adoptée par la Commission et le Conseil d'État.)

ARTICLE PREMIER

La peine des travaux forcés sera subie, à l'avenir, dans des établissements créés par décrets du pouvoir exécutif sur le territoire d'une ou de plusieurs possessions françaises autres que l'Algérie.

Néanmoins, en cas d'empêchement à la translation des condamnés et jusqu'à ce que cet empêchement ait cessé, la peine sera subie provisoirement en France.

ART. 2

Les condamnés seront employés aux travaux les plus pénibles de la colonisation et à tous autres travaux d'utilité publique.

ART. 3

Ils pourront être enchaînés deux à deux ou assujettis à traîner le boulet à titre de punition disciplinaire ou par mesure de sûreté.

ART. 4

Les femmes condamnées aux travaux forcés pourront être conduites dans un des établissements créés aux colonies ; elles seront séparées des hommes et employées à des travaux en rapport avec leur âge et avec leur sexe.

ART. 5

Les peines des travaux forcés à perpétuité et des travaux forcés à temps ne seront prononcées contre aucun individu âgé de soixante ans accomplis au moment du jugement ; elles seront remplacées par celles de la réclusion, soit à perpétuité, soit à temps, selon la durée de la peine qu'elle remplacera.

Art 6

La condamnation aux travaux forcés à perpétuité n'emportera plus la mort civile. Elle entrainera la dégradation civique.

Les condamnés aux travaux forcés à perpétuité seront en état d'interdiction légale, conformément aux articles 29 et 31 du Code pénal.

Art. 7

Tout individu condamné à moins de huit années de travaux forcés sera tenu, à l'expiration de sa peine, de résider dans la colonie pendant un temps égal à la durée de sa condamnation. Si la peine est de huit années, il sera tenu d'y résider pendant toute sa vie.

Toutefois, le libéré pourra quitter momentanément la colonie en vertu d'une autorisation expresse du Gouverneur. Il ne pourra, en aucun cas, être autorisé à se rendre en France.

En cas de grâce, le libéré ne pourra être dispensé de l'obligation de la résidence que par une disposition spéciale des lettres de grâce.

Art. 8

Tout condamné à temps qui, à dater de son embarquement, se sera rendu coupable d'évasion, sera puni de deux à cinq ans de travaux forcés.

Cette peine ne se confondra pas avec celle antérieurement prononcée.

La peine des condamnés à perpétuité sera l'application à la double chaine pendant deux ans au moins et cinq ans au plus.

Art. 9

Tout libéré coupable d'avoir, contrairement à l'article 7 de la présente loi, quitté la colonie sans autorisation, ou d'avoir dépassé le délai fixé par l'autorisation, sera puni de la peine d'un an à trois ans de travaux forcés.

Art. 10

La reconnaissance de l'identité de l'individu évadé, ou en état d'infraction aux dispositions de l'article 7, sera faite soit par le tribunal désigné dans l'article suivant, soit par la Cour qui aura prononcé la condamnation.

Art. 11

Les infractions prévues par les articles 8 et 9 et tous les crimes ou délits commis par les condamnés, seront jugés par un tribunal maritime spécial établi dans la colonie.

Jusqu'à l'établissement de ce tribunal, le jugement appartiendra au premier conseil de guerre de la colonie, auquel seront adjoints deux officiers du commissariat de la marine.

Les lois concernant les crimes et délits commis par les forçats et les peines qui leur seront applicables, continueront à être exécutées.

Art. 12

Les condamnés des deux sexes qui se seront rendus dignes d'indulgence par leur bonne conduite, leur travail et leur repentir, pourront obtenir :

1º L'autorisation de travailler aux conditions déterminées par l'Administration, soit pour les habitants de la colonie, soit pour les administrations locales;

2º Une concession de terrain et la faculté de le cultiver pour leur propre compte.

Cette concession ne pourra devenir définitive qu'après la libération du condamné.

Art. 13

Le Gouvernement pourra accorder aux condamnés l'exercice, dans la colonie, des droits civils ou de quelques-uns de ces droits dont ils ont été privés par leur état d'interdiction légale.

Il pourra autoriser les condamnés à jouir ou à disposer de tout ou partie de leurs biens.

Les actes faits par les condamnés dans la colonie, jusqu'à leur libération, ne pourront engager les biens qu'ils possédaient au jour de leur condamnation, ou ceux qui leur seront échus par succession, donation ou testament, à l'exception des biens dont la remise a été autorisée.

Le Gouvernement pourra accorder aussi aux libérés l'exercice dans la colonie des droits dont ils sont privés par les paragraphes 3 et 4 de l'article 34 du Code pénal.

Art. 14

Des concessions provisoires ou définitives de terrains pourront être faites aux individus qui ont subi leur peine et qui restent dans la colonie.

Art. 15

Un règlement d'administration publique déterminera tout ce qui concerne l'exécution de la présente loi et, notamment: 1º le régime disciplinaire des établissements de travaux forcés; 2º les conditions sous lesquelles des concessions de terrains, provisoires ou définitives, pourront être faites aux condamnés ou libérés, eu égard à la durée de la peine prononcée contre eux, à leur travail et à leur repentir; 3º l'étendue du droit des tiers, de l'époux survivant et des héritiers du concessionnaire sur les terrains concédés.

Art. 16

Les dispositions de la présente loi, à l'exception de celles prescrites par les articles 7 et 9, sont applicables aux condamnations antérieurement prononcées *et aux crimes antérieurement commis.* Les effets de la mort civile cesseront pour l'avenir, à l'égard des individus actuellement condamnés à la peine des travaux forcés à perpétuité, à partir de la promulgation de la présente loi, sauf les droits acquis aux tiers.

DÉCRET *portant organisation d'un corps militaire de surveillants pour les établissements pénitentiaires de la Guyane.*

(22 avril 1854.) (1)

NAPOLÉON, par la grâce de Dieu et la volonté nationale, EMPEREUR DES FRANÇAIS, à tous présents et à venir, SALUT.

Vu le règlement du 16 juin 1820 sur les agents des chiourmes ;

Vu l'arrêté ministériel du 28 février 1852 qui a organisé provisoirement le personnel préposé à la surveillance des condamnés transportés à la Guyane française ;

Considérant qu'il y a lieu de donner à ce personnel une organisation militaire ;

Sur le rapport de notre Ministre secrétaire d'État au Département de la marine et des colonies:

Le Conseil d'amirauté entendu,

AVONS DÉCRÉTÉ ET DÉCRÉTONS ce qui suit :

ARTICLE PREMIER

Les agents entretenus à la Guyane française pour être employés à la garde, surveillance et direction des condamnés transportés dans cette colonie, formeront un corps militaire, et ils seront désignés par les dénominations suivantes d'après lesquelles la subordination sera réglée entre eux.

Surveillants de 1er classe,
— 2e —
— 3e —

ART. 2

Ces agents seront placés sous l'autorité supérieure du Directeur des établissements pénitentiaires. Ils recevront de lui, d'après les instructions du Gouverneur, leur destination pour les divers établissements, où ils seront soumis aux ordres des commandants particuliers.

ART. 3

Les surveillants seront choisis parmi les sous-officiers des armées de terre et de mer, les seconds maîtres compris, et, à défaut, parmi les militaires libérés du service, les marins ayant trois années au moins de service à l'État, parmi les adjudants, sous-adjudants et sous-officiers des compagnies de gardes-chiourmes. Ils devront s'engager à servir pour quatre ans au moins; les rengagements seront de deux ans.

La nomination sera soumise à l'approbation de notre Ministre secrétaire d'État de la marine et des colonies. Quant aux rengagements, ils devront être approuvés par le Gouverneur.

ART. 4

Nul ne pourra être nommé surveillant s'il ne sait lire et écrire, s'il n'est âgé de vingt-cinq ans au moins et de quarante ans au plus, et s'il ne produit un certificat de bonne conduite du corps où il a servi en dernier lieu.

ART. 5

L'avancement aura lieu au choix. Il sera accordé par le Gouverneur sur la proposition du Directeur des établissements pénitentiaires.

(1) Modifié par le décret du 20 novembre 1867.

ART. 6

Le nombre des surveillants est fixé au maximum à cinq pour cent condamnés.

Dans chaque établissement le Gouverneur, sur la proposition du Directeur des établissements pénitentiaires, désignera un surveillant de 1re ou de 2e classe qui aura sous ses ordres les autres surveillants et qui sera chargé de la tenue du contrôle des condamnés.

Le nombre des surveillants de 2e classe est fixé à la moitié de ceux de troisième.

ART. 7

Le traitement est fixé ainsi qu'il suit :

	SUR LE PIED	
	D'EUROPE	COLONIAL
	fr.	fr.
Surveillant de 1er classe	1.800	2.100 à 2.500
— de 2e classe	1.200	1.600 à 1.800
— de 3e classe	800	1.500

ART. 8

Il est accordé à chaque surveillant, au moment de son premier engagement, une première mise de 200 francs.

Une somme de 50 francs est allouée à l'époque du rengagement.

Au moyen de ces allocations et de leur solde, les surveillants pourvoient eux-mêmes à leur habillement et à leur équipement.

ART. 9 (1)

L'habillement se compose des objets ci-après :

Képi en drap bleu foncé avec bandeau en drap bleu de ciel et galon d'argent ;

Tunique bleue et boutonnant par sept gros boutons timbrés d'une ancre avec collet bleu de ciel ;

Cravate noire ;

Gilet et pantalon en drap bleu, avec une bande de 40 millimètres en drap bleu de ciel pour la grande tenue, ou en toile blanche ou bleue pour la petite. Le pantalon blanc pourra être porté avec la grande tenue.

Ils pourront porter, sur les travaux, une veste en toile bleue et le chapeau de paille.

La veste portera les marques distinctives du grade.

(1) Modifié par l'arrêté ministériel du 7 septembre 1891.

ART. 10

Les marques distinctives sont :

Pour les 1ers surveillants, deux galons en argent sur la manche et au collet ;

Pour les 2e surveillants, un galon en argent sur la manche et au collet ;

Pour les surveillants de 3e classe, un galon d'argent sur la manche seulement ;

Les galons sont à lézarde et auront 22 millimètres de largeur.

ART. 11

Chaque surveillant sera tenu d'avoir, outre la grande tenue, deux pantalons blancs, deux pantalons de toile bleue et six chemises blanches.

ART. 12

L'armement consiste :

Pour les surveillants de 1re classe, en une épée du modèle en usage dans la marine, portée avec un ceinturon de cuir noir verni ;

Pour les surveillants de 2e et de 3e classes, en un sabre d'infanterie suspendu à un ceinturon en cuir noir ;

Chaque surveillant sera, en outre, armé d'un pistolet et, si les besoins du service l'exigent, d'un mousqueton avec baïonnette.

Les armes leur seront délivrées des magasins de la colonie, et devront y rentrer en cas de congé ou de sortie du corps.

ART. 13

Les surveillants de 1re et de 2e classes seront placés à bord à la table des maîtres.

ART. 14

Les surveillants seront logés dans la colonie aux frais de l'État et selon les ressources existantes dans chaque localité.

Ils recevront la ration de vivres.

ART. 15

Ils sont traités à l'hôpital comme les sous-officiers des corps des troupes de la marine.

ART. 16

Pour toutes les parties du service, le surveillant de 1re ou de 2e classe, chargé, aux termes de l'article 6, de diriger le personnel dans chaque localité, recevra directement les ordres du commandant particulier et sera responsable de leur exécution.

ART. 17

Sont applicables aux agents de la surveillance de la Guyane, les dispositions des lois, ordonnances et instructions relatives aux troupes de la marine, en ce qui concerne la justice militaire et la discipline.

ART. 18

Les surveillants de toute classe pourront être punis de la salle de police, de la mise en demi-solde de huit jours à un mois, de la rétrogradation à une classe inférieure, enfin de la révocation.

La peine de la salle de police pourra être prononcée par les surveillants de 1re et de 2e classes chargés de diriger le personnel de la localité.

La mise en demi-solde de huit jours à un mois sera prononcée par le commandant particulier de chaque localité.

La rétrogradation à une classe inférieure et la révocation seront prononcées par le Gouverneur, sur le rapport du Directeur des établissements pénitentiaires.

ART. 19

La solde de retraite des surveillants, leurs indemnités de route et de séjour seront réglées d'après l'assimilation suivante :

Surveillants de 1re et de 2e classes aux maîtres entretenus ;

Surveillants de 3e classe aux seconds maîtres.

ART. 20

Sont applicables aux agents de surveillance de la Guyane les dispositions des règlements des 1er et 19 octobre 1851, sur les indemnités de route et de séjour et sur les allocations de solde dans le Département de la marine.

ART. 21

Les surveillants actuellement employés à la Guyane pourront être compris dans la première formation du nouveau corps.

Ils seront répartis dans les différentes classes selon leur aptitude, par décision du Gouverneur, prise sur le rapport du Directeur des établissements pénitentiaires et soumise à l'approbation de notre Ministre secrétaire d'État de la marine et des colonies.

Notre Ministre secrétaire d'État au Département de la marine et des colonies est chargé de l'exécution du présent décret, qui sera inséré au *Bulletin officiel de la marine*.

Fait au palais des Tuileries, le 22 avril 1854.

NAPOLÉON.

Par l'Empereur :

Le Ministre secrétaire d'État de la marine et des colonies,

Th. DUCOS.

Loi sur l'exécution de la peine des travaux forcés.

(Du 30 mai 1854.)

NAPOLÉON, par la grâce de Dieu et la volonté nationale, EMPEREUR DES FRANÇAIS, à tous présents et à venir, SALUT.

AVONS SANCTIONNÉ ET SANCTIONNONS, PROMULGUÉ ET PROMULGUONS ce qui suit:

LOI

(*Extrait du procès-verbal du Corps législatif.*)

LE CORPS LÉGISLATIF A ADOPTÉ LE PROJET DE LOI dont la teneur suit:

ARTICLE PREMIER

La peine des travaux forcés sera subie, à l'avenir, dans des établissements créés par décret de l'Empereur, sur le territoire d'une ou plusieurs possessions françaises autres que l'Algérie.

Néanmoins, en cas d'empêchement à la translation des condamnés et jusqu'à ce que cet empêchement ait cessé, la peine sera subie provisoirement en France.

ART. 2

Les condamnés seront employés aux travaux les plus pénibles de la colonisation et à tous autres travaux d'utilité publique.

ART. 3

Ils pourront être enchaînés deux à deux ou assujettis à traîner le boulet à titre de punition disciplinaire ou par mesure de sûreté.

ART. 4

Les femmes condamnées aux travaux forcés pourront être conduites dans un des établissements créés aux colonies; elles seront séparées des hommes et employées à des travaux en rapport avec leur âge et avec leur sexe.

ART. 5

Les peines des travaux forcés à perpétuité et des travaux forcés à temps ne seront prononcées contre aucun individu âgé de soixante ans accomplis au moment du jugement; elles seront remplacées par celle de la réclusion, soit à perpétuité, soit à temps, selon la durée de la peine qu'elle remplacera.

L'article 72 du Code pénal est abrogé.

ART. 6

Tout individu condamné à moins de huit années de travaux forcés sera tenu, à l'expiration de sa peine, de résider dans la colonie pendant un temps égal à la durée de sa condamnation.

Si sa peine est de huit années, il sera tenu d'y résider pendant toute sa vie.

Toutefois le libéré pourra quitter momentanément la colonie en vertu d'une autorisation expresse du Gouverneur. Il ne pourra, en aucun cas, être autorisé à se rendre en France.

En cas de grâce, le libéré ne pourra être dispensé de l'obligation de la résidence que par disposition spéciale des lettres de grâce.

ART. 7

Tout condamné à temps qui, à dater de son embarquement, se sera rendu coupable d'évasion, sera puni de deux ans à cinq ans de travaux forcés.

Cette peine ne se confondra pas avec celle antérieurement prononcée.

La peine pour les condamnés à perpétuité sera l'application de la double chaîne pendant deux ans au moins et cinq ans au plus.

ART. 8

Tout libéré coupable d'avoir, contrairement à l'article 6 de la présente loi, quitté la colonie sans autorisation, ou d'avoir dépassé le délai fixé par l'autorisation, sera puni de la peine d'un an à trois ans de travaux forcés.

ART. 9

La reconnaissance de l'identité de l'individu évadé, ou en état d'infraction aux dispositions de l'article 6, sera faite soit par le tribunal désigné dans l'article suivant, soit par la cour qui aura prononcé la condamnation.

ART. 10

Les infractions prévues par les articles 7 et 8 et tous crimes ou délits commis par les condamnés seront jugés par un tribunal maritime spécial établi dans la colonie.

Jusqu'à l'établissement de ce tribunal, le jugement appartiendra au premier conseil de guerre de la colonie, auquel seront adjoints deux officiers du commissariat de la marine.

Les lois concernant les crimes et délits commis par les forçats et les peines qui leur sont applicables continueront à être appliquées.

ART. 11

Les condamnés des deux sexes qui se sont rendus dignes d'indulgence par leur bonne conduite, leur travail et leur repentir, pourront obtenir :

1° L'autorisation de travailler aux conditions déterminées par l'Administration, soit pour les habitants de la colonie, soit pour les administrations locales ;

2° Une concession de terrain et la faculté de le cultiver pour leur propre compte.

Cette concession ne pourra devenir définitive qu'après la libération du condamné.

ART. 12

Le Gouvernement pourra accorder aux condamnés aux travaux forcés à temps l'exercice, dans la colonie, des droits civils, ou de quelques-uns de ces droits, dont ils sont privés par leur état d'interdiction légale.

Il pourra autoriser ces condamnés à jouir ou disposer de tout ou partie de leurs biens.

Les actes faits par les condamnés dans la colonie, jusqu'à leur libération, ne pourront engager les biens qu'ils possédaient au jour de leur condamnation, ou ceux qui leur seront échus par succession, donation ou testament, à l'exception des biens dont la remise aura été autorisée.

Le Gouvernement pourra accorder aux libérés l'exercice, dans la colonie, de ces droits dont ils sont privés par les paragraphes 3 et 4 de l'article 34 du Code pénal.

ART. 13

Des concessions provisoires ou définitives de terrains pourront être faites aux individus qui ont subi leur peine et qui restent dans la colonie.

ART. 14

Un règlement d'administration publique déterminera tout ce qui concerne l'exécution de la présente loi, et notamment :

1° Le régime disciplinaire des établissements des travaux forcés ;

2° Les conditions sous lesquelles des concessions de terrains, provisoires ou définitives, pourront être faites aux condamnés ou libérés, en égard à la durée de la peine prononcée contre eux, à leur bonne conduite, à leur travail et à leur repentir ;

3° L'étendue du droit des tiers, de l'époux survivant et des héritiers du concessionnaire sur les terrains concédés.

ART. 15

Les dispositions de la présente loi, à l'exception de celles prescrites par les articles 6 et 8, sont applicables aux condamnations antérieurement prononcées et aux crimes antérieurement commis.

Délibéré en séance publique, à Paris, le 3 mai 1854.

Le Président,

BILLAULT.

Les Secrétaires,

Joachim MURAT, Ed. DALLOZ, baron ESCHASSÉRIAUX.

(Extrait du procès-verbal du Sénat.)

Le Sénat ne s'oppose pas à la promulgation de la loi relative à l'exécution de la peine des travaux forcés.

Délibéré en séance, au palais du Sénat, le 20 mai 1854.

Le *Président*,

TROPLONG.

Les Secrétaires,

comte DE LA RIBOISIÈRE, Am. THAYER,
Baron T. DE LACROSSE.

Vu et scellé du sceau du Sénat
Baron T. DE LACROSSE.

MANDONS ET ORDONNONS que les présentes, revêtues du sceau de l'État et insérées au *Bulletin des Lois*, soient adressées aux cours, aux tribunaux et aux autorités administratives, pour qu'ils les inscrivent sur leurs registres, les observent, et les fassent observer, et notre Ministre secrétaire d'État au Département de la justice est chargé d'en surveiller la publication.

Fait au palais de Saint-Cloud, le 30 mai 1854.

NAPOLÉON.

Par l'Empereur :

Le Ministre d'État,
Achille FOULD.

Vu et scellé du grand sceau :

Le Garde des sceaux, Ministre secrétaire d'État
au Département de la justice,

ABBATUCCI.

SÉNATUS-CONSULTE *qui rend exécutoire à la Martinique, à la Guadeloupe et à la Réunion la loi du 30 mai 1854, sur l'exécution de la peine des travaux forcés.*

(Du 24 février 1855.)

NAPOLÉON, par la grâce de Dieu et la volonté nationale, EMPEREUR DES FRANÇAIS, à tous présents et à venir, SALUT.

AVONS SANCTIONNÉ ET SANCTIONNONS, PROMULGUÉ ET PROMULGUONS ce qui suit :

SÉNATUS-CONSULTE

Extrait du procès-verbal du Sénat.)

Le Sénat a délibéré et voté, conformément à l'article 27, § 1er, de la Constitution du 14 janvier 1852, et au sénatus-consulte organique du 3 mai 1854. (art. 3 § 7,) le sénatus-consulte dont la teneur suit :

ARTICLE UNIQUE

La loi du 30 mai 1854, sur l'exécution de la peine des travaux forcés, est rendue exécutoire à la Martinique, à la Guadeloupe et à la Réunion sous les modifications suivantes :

Dans le cas prévu au deuxième paragraphe de l'article premier de la loi, la peine sera provisoirement subie dans la colonie où la condamnation aura été prononcée ;

Dans le cas prévu au troisième paragraphe de l'article 6, le libéré ne pourra être autorisé à se rendre en France, ni dans la colonie où il aura commis le crime, ni dans celle où il aura été condamné ;

Le séjour dans les colonies éloignées de moins de 400 kilomètres des colonies énoncées dans le paragraphe précédent est également interdit.

Fait au palais du Sénat, le 16 janvier 1855.

Le Président,
TROPLONG.

Les Secrétaires,
F. DE BEAUMONT, CÉCILLE, baron T. DE LACROSSE.

Vu et scellé du sceau du Sénat;
Baron T. DE LACROSSE.

MANDONS ET ORDONNONS que les présentes, revêtues du sceau de l'État et insérées au *Bulletin des Lois*, soient adressées aux cours et tribunaux et aux autorités administratives, pour qu'ils les inscrivent sur leurs registres. les observent et les fassent observer, et notre Ministre secrétaire d'État au Département de la justice est chargé d'en surveiller la publication.

Fait au palais des Tuileries, le 24 février 1855.

NAPOLÉON.

Par l'Empereur:

Le Ministre d'État

Achille FOULD.

Vu et SCELLÉ du grand sceau:

Le Garde des sceaux, Ministre secrétaire d'État
au Département de la justice,

ABBATUCCI.

———

DÉCRET IMPÉRIAL *qui rend exécutoires dans les colonies régies par décrets impériaux les lois des 30 et 31 mai 1854, sur l'exécution de la peine des travaux forcés et sur l'abolition de la mort civile.*

(Du 10 mars 1855.)

NAPOLÉON, par la grâce de Dieu et la volonté nationale, EMPEREUR DES FRANÇAIS, à tous présents et à venir, SALUT.

Sur le rapport de notre Ministre secrétaire d'État au Département de la marine et des colonies
Vu les deux sénatus-consultes du 24 février 1855, qui portent:
Le premier, promulgation dans les colonies de la Martinique, de la Guadeloupe et de la Réunion de la loi du 31 mai 1854, abolissant la mort civile;
Le second, promulgation et modification de la loi du 30 mai 1854 sur l'exécution de la peine des travaux forcés, en ce qui concerne les mêmes colonies;
Vu l'article 18 du sénatus-consulte du 3 mai 1854, portant: « Les colonies autres que la Martinique, la Guadeloupe et la Réunion, seront régies par décret de l'Empereur jusqu'à ce qu'il ait été statué à leur égard par un sénatus-consulte. »

AVONS DÉCRÉTÉ ET DÉCRÉTONS ce qui suit:

ARTICLE PREMIER

La loi du 31 mai 1854, portant suppression de la mort civile, est rendue exécutoire à la Guyane française, dans les établissements français de l'Inde, au Sénégal, à Gorée et dépendances, aux îles Saint-Pierre et Miquelon, dans les établissements français de l'Océanie, à Mayotte et dépendances, à Sainte-Marie de Madagascar.

ART. 2

La loi du 30 mai 1854, sur l'exécution de la peine des travaux forcés, est rendue exécutoire dans les mêmes colonies, sous les modifications suivantes :

1° La peine pourra, selon la décision de l'autorité locale, être subie soit dans la colonie où la condamnation aura été prononcée, soit dans un des établissements pénitentiaires spécialement prévus au premier paragraphe de l'article premier de la loi ;

2° Quand le libéré sera autorisé à s'absenter momentanément de la colonie, il ne pourra se rendre en France, ni dans les autres colonies françaises ;

3° Les peines prévues contre les évasions seront applicables à dater de la mise à exécution de la peine.

ART. 3

Notre Ministre secrétaire d'État de la marine et des colonies est chargé de l'exécution du présent décret, qui sera inséré au *Bulletin des Lois.*

Fait au palais des Tuileries, le 10 mars 1855.

NAPOLÉON.

Par l'Empereur :

Le Ministre secrétaire d'État
de la marine et des colonies,

Th. DUCOS.

RAPPORT A L'EMPEREUR, *suivi d'un* DÉCRET *conforme qui règle le régime pénal et disciplinaire des individus subissant la transportation dans les colonies d'outre-mer.*

(Du 29 août 1855.)

SIRE,

Indépendamment des condamnés aux travaux forcés, dont le régime dans les établissements pénitentiaires de la Guyane est déterminé par la loi du 30 mai 1854, il se trouve dans cette colonie des individus, en assez grand nombre, atteints à divers titres de la mesure de transportation. La peine que subissent ces transportés tire sa source directement ou indirectement, soit du décret du 8 décembre 1851, rendu à la suite des actes qui ont, à cette époque, assuré le salut de la France, soit des décrets subséquents des 5 mars et 31 mai 1852, soit même de la loi du 25 janvier 1850, rendue pour les insurgés de juin 1848 transportés en Algérie.

Le régime pénal et disciplinaire des *transportés*, quoique résultant des actes que je viens de citer, ne s'y trouve pas déterminé dans des termes assez généraux et assez explicites pour avoir prévu toute incertitude sur les juridictions et la législation répressive qui leur sont applicables, sur l'obligation du travail qui leur est imposée, et sur l'action disciplinaire à laquelle ils sont soumis.

Il y a de plus, à la Guyane, une catégorie d'individus dont le nombre, déjà grand, ira en croissant de plus en plus: c'est la catégorie des libérés qui, soit par suite de leur transport dans la colonie, soit à raison de l'expiration de leur peine à la Guyane même, y tiennent résidence, sans qu'aucune disposition spéciale permette de leur appliquer le même régime pénal et la même juridiction qu'aux autres transportés auxquels il est cependant nécessaire de les assimiler sous ce rapport.

Il importe de faire cesser les incertitudes dont les lacunes pourraient se faire sentir, même en Algérie, si les établissements de transportation ne s'y trouvaient pas englobés dans le régime des zones militaires.

C'est dans ce but que, après concert préalable entre les Départements de la justice, de la guerre et de la marine, Votre Majesté, sur la proposition de mon prédécesseur, a saisi le Conseil d'État d'un projet que cette assemblée a discuté et adopté.

D'après l'avis du Conseil, je propose à Votre Majesté d'approuver que les dispositions, dont l'adoption est jugée nécessaire, soient consacrées par voie de décret par l'application de l'article 18 du sénatus-consulte du 3 mai 1854, et, attendu que les établissements coloniaux, autres que la Martinique, la Guadeloupe et la Réunion doivent être exclusivement régis par les décrets de l'Empereur.

Cet acte applique à tous les *transportés*, indistinctement, qui ont été envoyés dans les établissements pénitentiaires autrement que comme forçats, le régime indiqué par la loi du 24 janvier 1850 et par le décret du 8 décembre 1851, c'est-à-dire l'obligation du travail combiné avec la juridiction, les lois, la subordination et la discipline militaires.

Quant aux *forçats libérés* et aux *repris de justice*, ils sont soumis au même régime, moins l'obligation du travail, qui ne pourrait leur être imposée sans modifier la loi du 30 mai 1854, relative au mode d'exécution de la peine des travaux forcés; mais cette exemption du travail obligatoire ne déroge pas à la disposition générale du Code pénal qui soumet les libérés à la surveillance et cette surveillance leur est applicable telle que l'a définie le décret du 8 décembre 1851.

Au moyen de cet acte, qui arme les autorités et la justice coloniale d'attributions maintenant bien définies, l'action coercitive et répressive dans les pénitenciers sera désormais à l'abri des hésitations qui ont pu, dans certains moments, l'affaiblir, la ralentir, et j'ajoute que cette situation doit tourner à l'avantage des transportés eux-mêmes, au sort desquels il ne s'agit pas d'apporter des aggravations, mais qui ont tout intérêt à voir tracer nettement leurs devoirs, leurs obligations, et à bien connaître d'avance les conséquences de leurs manquements.

J'ai l'honneur de proposer à Votre Majesté de revêtir ce projet de décret de sa sanction.

Je suis, etc.

L'amiral, Ministre secrétaire d'État
de la marine et des colonies,
HAMELIN.

DÉCRET (1)

(Du 29 août 1855.)

NAPOLÉON, par la grâce de Dieu et la volonté nationale, EMPEREUR DES FRANÇAIS, à tous présents et à venir, SALUT.

Sur le rapport de notre Ministre secrétaire d'État au Département de la marine et des colonies

Vu l'article 18 du sénatus-consulte du 3 mai 1854;

Vu le décret du 27 juin 1848, la loi du 24 janvier 1850, les décrets du 31 janvier de la même année, des 8 décembre 1851, 5 mars et 31 mai 1852, concernant les individus soumis à la transportation dans les colonies pénitentiaires;

Vu les décrets des 26 mars 1852 et 20 août 1853, concernant les condamnés et libérés des colonies, transférés dans les mêmes établissements;

Vu le sénatus-consulte du 21 février et le décret du 10 mars 1855 qui rendent applicable à toutes les colonies la loi du 30 mai 1854, sur l'exécution de la peine des travaux forcés.

Notre Conseil d'État entendu,

AVONS DÉCRÉTÉ ET DÉCRÉTONS ce qui suit :

ARTICLE PREMIER

Tous les individus subissant, à quelque titre que ce soit, la transportation dans les colonies pénitentiaires d'outre-mer sont assujettis au travail, et soumis à la subordination et à la discipline militaire.

Ils sont justiciables des conseils de guerre; les lois militaires leur sont applicables.

ART. 2

Les dispositions du second paragraphe de l'article précédent sont applicables aux libérés et repris de justice tenus de résider dans la colonie.

ART. 3

Les dispositions de la loi du 30 mai 1854 continueront de régir les condamnés aux travaux forcés qui subiront la peine dans une colonie pénitentiaire.

ART. 4

Nos Ministres secrétaires d'État au Département de la marine et des colonies, et au Département de la guerre, sont chargés, chacun en ce qui le concerne, de l'exécution du présent décret, qui sera inséré au *Bulletin des Lois.*

Fait au palais des Tuileries, le 29 août 1855.

NAPOLÉON.

Par l'Empereur :

L'amiral, Ministre secrétaire d'État
de la marine et des colonies,
HAMELIN.

(1 Ce décret se trouve rapporté en ce qui concerne les condamnés en cours de peine par deux décrets en date des 4 et 5 octobre 1889, et en ce qui a trait aux libérés par les décrets des 13 janvier 1888 et 29 septembre 1890.

DÉCRET IMPÉRIAL *qui autorise la création à la Nouvelle-Calédonie d'établis-sements pour l'exécution de la peine des travaux forcés.*

(Du 2 septembre 1863.)

NAPOLÉON, par la grâce de Dieu et la volonté nationale, EMPEREUR DES FRANÇAIS, à tous présents et à venir, SALUT.

Vu l'article premier de la loi du 30 mai 1854;

Sur le rapport de notre Ministre secrétaire d'État au Département de la marine et des colonies,

AVONS DÉCRÉTÉ ET DÉCRÉTONS ce qui suit:

ARTICLE PREMIER

Il pourra être créé sur le territoire de la Nouvelle-Calédonie des établissements pour l'exécution de la peine des travaux forcés.

ART. 2

Sont rendues exécutoires dans cette colonie les dispositions de la loi du 30 mai 1854 et du décret du 29 août 1855.

ART. 3

Notre Ministre secrétaire d'État au Département de la marine et des colonies est chargé de l'exécution du présent décret, qui sera inséré au *Bulletin des Lois*.

Fait au palais de Saint-Cloud, le 2 septembre 1863.

NAPOLÉON.

Par l'Empereur:

Le Ministre secrétaire d'État de la marine et des colonies.

Comte P. DE CHASSELOUP-LAUBAT.

DÉCRET *réglant les formalités à remplir pour le mariage des condamnés transportés dans les colonies françaises.*

(Du 24 mars 1866.)

NAPOLÉON, par la grâce de Dieu et la volonté nationale, EMPEREUR DES FRANÇAIS, à tous présents et à venir, SALUT.

Sur le rapport de notre Ministre secrétaire d'État au Département de la marine et des colonies;
Vu l'article 18 du sénatus-consulte du 3 mai 1854;
Vu l'avis de notre Garde des sceaux, Ministre secrétaire d'État au Département de la justice et des cultes, en date du 20 mars 1866,

AVONS DÉCRÉTÉ ET DÉCRÉTONS ce qui suit:

ARTICLE PREMIER

Les individus condamnés aux travaux forcés et transportés dans les établissements pénitentiaires créés dans les colonies françaises, en vertu de la loi du 30 mai 1854, et les personnes condamnées subissant leur peine dans les maisons centrales de France qui auront demandé à être transférées dans ces colonies, sont, s'ils veulent y contracter mariage, dispensés des obligations imposées par les articles 151, 152 et 153 du Code Napoléon.

ART. 2

Les publications faites dans la colonie seront suffisantes pour la régularité du mariage, même dans le cas où le domicile des parties ne serait pas établi par un séjour de six mois.

ART. 3

Les actes de l'état civil exigés par le Code Napoléon pour pouvoir contracter mariage pourront être remplacés, soit par un certificat délivré par l'autorité judiciaire du lieu de condamnation, soit, à défaut, par un acte de notoriété.

ART. 4

Notre Ministre secrétaire d'État au Département de la marine et des colonies est chargé de l'exécution du présent décret, qui sera inséré au *Bulletin des Lois* et au *Bulletin officiel de la marine*.

Fait au palais des Tuileries, le 24 mars 1866.

NAPOLÉON.

Par l'Empereur:

Le Ministre secrétaire d'État de la marine
et des colonies,

Comte P. DE CHASSELOUP-LAUBAT.

RAPPORT A L'EMPEREUR, *suivi d'un* DÉCRET *ayant pour objet la réorganisation du corps militaire des surveillants des établissements pénitentiaires aux colonies.*

(Du 20 novembre 1867.)

SIRE,

Le corps militaire des surveillants des établissements pénitentiaires aux colonies, organisé par un décret du 22 avril 1854, ne présentait plus assez d'avantages aux sous-officiers de l'armée qui seuls y sont admis, et, dans ces derniers temps, le recrutement s'est trouvé compromis.

J'ai dû étudier les moyens de remédier à cet état de choses, et j'ai préparé, à cet effet, un projet de réorganisation du corps des surveillants.

Après avoir pris, à ce sujet, l'avis du Conseil d'amirauté, j'ai l'honneur de présenter à la signature de Votre Majesté le projet de décret ci-joint, d'après lequel les conditions d'avancement, la solde, les retraites, la position hiérarchique des surveillants militaires seront notablement améliorées.

La mise à exécution de ces dispositions ne doit entraîner aucune augmentation des dépenses déjà prévues au budget. J'espère même qu'en la combinant avec la réduction projetée de l'effectif de la gendarmerie à la Guyane, il sera possible de réaliser quelques économies.

Je n'hésite donc pas à proposer à Votre Majesté de vouloir bien signer le projet de décret ci-joint.

Je suis, avec le plus profond respect, Sire, de Votre Majesté, le très humble, très obéissant serviteur et fidèle sujet.

L'amiral, Ministre secrétaire d'État
au Département de la marine et des colonies,
RIGAULT DE GENOUILLY.

DÉCRET

(Du 20 novembre 1867.)

NAPOLÉON, par la grâce de Dieu et la volonté nationale, EMPEREUR DES FRANÇAIS, à tous présents et à venir, SALUT.

Vu le décret du 22 avril 1854, portant organisation d'un corps militaire de surveillants pour les établissements pénitentiaires de la Guyane;

Vu la décision impériale du 30 janvier 1867, portant que ce corps prendra désormais la dénomination de corps militaire des surveillants des établissements pénitentiaires aux colonies.

Sur le rapport de notre Ministre secrétaire d'État au Département de la marine et des colonies;

Le Conseil d'amirauté entendu,

Avons décrété et décrétons ce qui suit :

ARTICLE PREMIER

Les agents militaires employés à la garde, surveillance et direction des condamnés transportés aux colonies seront désignés par les dénominations suivantes, d'après lesquelles la subordination sera réglée entre eux, savoir :

Surveillants principaux.		Surveillants de 1re classe	
— chefs de 1re classe		— — 2e —	
— — 2e —		— — 3e —	

ART. 2

Les surveillants sont choisis parmi les sous-officiers des armées de terre et de mer en activité de service, appartenant à la réserve ou libérés définitivement et, à défaut, parmi les militaires et marins ayant au moins trois années de service à l'État.

ART. 3

Les autres conditions d'admission dans les corps des surveillants sont les suivantes :

1° Être âgé de vingt-cinq ans au moins et de quarante ans au plus et réunir, suivant l'âge, le temps de service nécessaire pour obtenir à cinquante-six ans, une pension de retraite ;

2° Savoir lire et écrire correctement ;

3° Justifier, par des attestations légales, d'une bonne conduite soutenue.

ART. 4

Les surveillants sont nommés par le Ministre sur la proposition soit des Inspecteurs généraux, soit des Préfets maritimes ou des Gouverneurs des colonies, soit des généraux commandant les divisions territoriales ou des commandants en chef.

ART. 5

Tout mémoire de proposition doit porter les indications suivantes :

1° La position du militaire proposé ;

2° Les services militaires antérieurs ;

3° La position civile, s'il a quitté le service (célibataire, marié ou veuf, le nombre et l'âge des enfants s'il en a).

On doit y joindre :

1° Une demande écrite de sa main, en présence d'une autorité militaire ou maritime qui légalise cette pièce. Elle doit contenir la promesse de contracter l'engagement de quatre ans dont il est question ci-après ;

2° L'acte de naissance légalisé ;

3° Le relevé des punitions établi à son dernier corps ;

4° Le congé provisoire ou définitif et le certificat de bonne conduite ;

5° Le certificat de bonnes vie et mœurs, s'il est rentré dans ses foyers depuis six mois;

6° Un certificat de visite établi par l'officier de santé de l'hôpital militaire ou civil le plus voisin de sa résidence.

ART. 6

Les surveillants nouvellement admis, liés ou non au service militaire proprement dit, devront s'engager à servir, pendant quatre ans au moins, aux colonies.

ART. 7

Les surveillants qui, étant encore liés au service militaire, ne réuniraient pas les conditions d'aptitude nécessaires pour être employés comme surveillants, pourront être réintégrés comme soldats dans un corps de troupe désigné par le Ministre.

Ils peuvent également être congédiés ou réformés lorsqu'ils ont accompli le temps de service voulu par la loi.

ART. 8

Les surveillants qui ne sont plus liés au service et qui ont terminé quatre années de service comme surveillants, peuvent offrir leur démission. Il est statué à cet égard par le Ministre, qui peut leur accorder des certificats de bonne conduite.

ART. 9

L'avancement en grade, dans le corps des surveillants, sera accordé par le Ministre.

L'avancement en classe sera conféré par le Gouverneur, un tiers à l'ancienneté, deux tiers au choix.

Les avancements en grade auront lieu au choix du Ministre sur la proposition du Gouverneur ou de l'Inspecteur général.

Nul ne pourra être avancé en classe, s'il n'a une année de service dans la première classe du grade inférieur.

ART. 10

Les surveillants ont autorité, selon leur classe et leur grade, sur les surveillants de classe et de grade inférieurs.

Ils sont placés, dans chaque colonie pénitentiaire, sous l'autorité supérieure du Directeur des pénitenciers.

Dans chaque établissement ils sont soumis aux ordres du commandant particulier.

ART. 11

Les surveillants sont répartis dans les divers établissements par le Gouverneur, sur la proposition du Directeur des pénitenciers.

Les changements de résidence sont proposés au Gouverneur par le Directeur des pénitenciers, soit dans l'intérêt du service, soit par mesure de discipline, soit sur la demande des surveillants eux-mêmes, lorsque ces demandes peuvent être accueillies sans nuire au bien du service. Autant que possible, les charges provenant de ces destinations doivent être réparties également entre tous les surveillants.

Il est rendu compte spécialement au Ministre, lors des inspections générales, de l'exécution de ces dispositions.

Art. 12

Les propositions ou demandes de changement de colonie pour les mêmes motifs, sont directement adressées au Ministre par le Gouverneur de la colonie ou par les Inspecteurs généraux.

Art. 13

Après six années de séjour consécutif à la Nouvelle-Calédonie, ou quatre années à la Guyane, les surveillants ont droit à un congé à solde d'Europe, pour venir en France, pendant six mois. Il leur est accordé des passages gratuits sur les bâtiments de l'État pour eux et pour leurs familles.

Art. 14

Le nombre des surveillants est fixé, au minimum, à quatre pour cent condamnés, à la Guyane française et à la Nouvelle-Calédonie, déduction faite des femmes, des concessionnaires, des libérés et des transportés placés chez les engagistes.

Le nombre des surveillants de chaque grade et de chaque classe sera établi dans la proportion suivante :

GRADES	SUR 100 SURVEILLANTS	SUR 50 SURVEILLANTS	SUR 25 SURVEILLANTS	SUR 12 SURVEILLANTS
Surveillants principaux	2	»	»	»
— chefs de 1re classe	3	1	»	»
— de 2e classe	3	2	1	»
— de 1re classe	16	8	4	2
— de 2e classe	26	14	7	4
— de 3e classe	50	25	13	6
	100	50	25	12

ART. 15

Les traitements sont fixés conformément au tableau annexé sous le n° 1. Les règlements des 1er et 19 octobre 1851, sur les allocations de solde et sur les indemnités de route ou de séjour dans le Département de la marine, sont applicables aux surveillants. Toutefois, il leur est accordé des frais de route dans toutes les positions de première destination, de congé, etc., ainsi qu'à leurs veuves et aux orphelins, conformément au tarif ci-annexé sous le n° 2.

ART. 16

Il est alloué à chaque surveillant nouvellement admis dans le corps, à chaque surveillant de 1re classe nommé surveillant-chef et à chaque surveillant-chef nommé surveillant principal, une première mise d'équipement fixée par le tarif n° 3.

Au moyen de ces allocations et de leur solde, les surveillants pourvoient à leur habillement et à leur équipement, conformément aux dispositions qui seront arrêtées par notre Ministre de la marine et des colonies.

ART. 17

L'habillement, l'équipement et l'armement des surveillants, ainsi que les marques distinctives sont déterminés par notre Ministre secrétaire d'État de la marine et des colonies. (Voir le tableau n° 4 ci-annexé).

ART. 18

Les surveillants seront logés, dans chaque colonie, aux frais de l'État et selon les ressources existant dans chaque localité.

Chaque surveillant aura droit au moins à une chambre séparée.

Les surveillants mariés auront droit à deux pièces au moins.

ART. 19

Les surveillants ne peuvent se marier sans avoir obtenu l'autorisation, en France, du Ministre de la marine et des colonies ; aux colonies, du Gouverneur. Indépendamment des garanties de moralité exigées en pareil cas, le surveillant devra produire la preuve que la future possède des ressources suffisantes pour ne pas être à la charge du militaire qui désire l'épouser.

Dans le cas où le Gouverneur refuse son autorisation, il doit en rendre compte au Ministre.

ART. 20

Chaque surveillant a droit, dans la colonie et à bord, à la ration de vivres accordée aux troupes de la marine.

ART. 21

Au point de vue hiérarchique, les surveillants principaux sont assimilés aux gardes principaux d'artillerie :

Les surveillants-chefs aux gardes d'artillerie ;

Les surveillants de 1re classe, aux sergents-majors ;

Les surveillants de 2e et 3e classes, aux sergents ;

Ils sont traités comme tels à bord et à l'hôpital.

ART. 22

Les surveillants peuvent subir les mêmes punitions que les militaires aux grades desquels ils sont assimilés.

Ils peuvent, de plus, être suspendus par le Gouverneur pendant un temps qui n'excède pas six mois.

Les surveillants suspendus n'ont droit qu'à la solde de la classe ou du grade immédiatement inférieur. La rétrogradation, la cassation ou la révocation sont prononcées par le Ministre. Dans ce dernier cas, la proposition du Gouverneur sera accompagnée de l'avis d'un conseil d'enquête, composé d'un officier supérieur, de deux officiers inférieurs et d'un surveillant principal ou d'un surveillant-chef.

ART. 23

Sont applicables aux surveillants les dispositions des lois, ordonnances et instructions relatives aux troupes de la marine, en ce qui concerne la justice militaire et la discipline.

ART. 24

Les pensions de retraite des surveillants sont fixées ainsi qu'il suit :

Les surveillants principaux et les surveillants-chefs sont assimilés, par application des tarifs annexés à la loi du 26 juin 1861, savoir : les premiers aux conducteurs ou maîtres principaux ; les seconds aux maîtres entretenus à 1.500 francs et au-dessus.

Les surveillants de 1re, 2e et 3e classes conservent la pension fixée dans le tarif de la loi du 18 avril 1831, combinée avec celle du 21 juin 1856.

ART. 25

Sont abrogées toutes les dispositions contraires au présent décret.

Fait à Saint-Cloud, le 20 novembre 1867.

NAPOLÉON.

Par l'Empereur :

L'amiral, Ministre secrétaire d'État
au Département de la marine et des colonies,
RIGAULT DE GENOUILLY.

TARIF N° 1

Solde des surveillants militaires des établissements pénitentiaires aux colonies.

(Art. 15 du décret du 20 novembre 1867.)

GRADES	SOLDE DE PRÉSENCE	
	SUR LE PIED d'Europe — Par an.	SUR LE PIED colonial — Par an.
	fr.	fr.
Surveillant principal......................	2.000	4.000
— chef de 1re classe....................	1.800	3.500
— — de 2e classe....................	1.500	3.500
— de 1re classe......................	1.400	2.400
— de 2e classe......................	1.300	2.000
— de 3e classe......................	1.200	1.600

TARIF N° 2

Indemnités de route et de séjour à allouer en France aux surveillants militaires des établissements pénitentiaires aux colonies, dans les cas prévus par l'article 15 du décret du 20 novembre 1867.

GRADES	SOMMES A PAYER		
	INDEMNITÉ de transport par kilomètre		INDEMNITÉ par journée passée en route ou par journée de séjour.
	sur les voies ordinaires	sur les voies ferrées.	
	fr. c.	fr. c.	fr. c.
Surveillants principaux..................	0 14	0 035	2 50
— chefs de 1re classe	0 12	0 025	1 50
— de 1re, 2e et 3e classes	0 12	0 025	1 25
La veuve ou à son défaut l'enfant unique ou aîné du surveillant décédé.............	La même indemnité que celle du grade du surveillant décédé.		
Les autres orphelins	0 12	0 025	1 »

TARIF N° 3

*Gratification de première mise d'équipement des surveillants militaires
des établissements pénitentiaires aux colonies.*

(Art. 16 du décret du 20 novembre 1867.)

	fr. c.
Surveillant nouvellement admis	200 »
— nommé surveillant-chef	100 »
— — — principal	200 »

TABLEAU N° 4

*Habillement, équipement et armement des surveillants militaires
des établissements pénitentiaires aux colonies.*

(Art. 17 du décret du 20 novembre 1867 [1].)

NOTIFICATION d'un DÉCRET du 20 novembre 1867 ayant pour objet la *réorganisation du corps militaire des surveillants des établissements pénitentiaires
aux colonies.*

(2ᵉ Direction : Personnel ; — 3ᵉ Bureau : Troupes de la marine.)

LE MINISTRE DE LA MARINE ET DES COLONIES à *Messieurs les Préfets
maritimes, Gouverneurs et Commandants des colonies.*

(Du 3 décembre 1867.)

Messieurs, par un décret impérial en date du 20 novembre 1867, dont vous
trouverez ci-joints des exemplaires, il a été procédé à une nouvelle organisation
du corps militaire des surveillants des établissements pénitentiaires aux
colonies.

Cette organisation, qui a pour but de donner au corps de notables avantages,
tant sous le rapport de la hiérarchie des grades que sous celui de la solde et
du taux de la pension de retraite, permettra, je l'espère, d'assurer le recrutement, et de ne composer le corps, ainsi qu'il doit l'être, que de sous-officiers
d'élite.

Pour entrer dans l'exécution du nouveau décret, MM. les Gouverneurs de la
Guyane et de la Nouvelle-Calédonie auront à me proposer immédiatement,
pour l'emploi de surveillant-chef de 2ᵉ classe, un nombre de candidats double
de celui qui est attribué à chaque colonie par l'article 11, afin que je sois en
mesure de choisir ceux auxquels sera donné ce premier avancement.

---

(1) Abrogé et remplacé par l'arrêté du 7 septembre 1891.

Il m'a paru utile de régulariser le mode de présentation des candidats. Vous aurez à donner des ordres pour que, dorénavant, leurs dossiers contiennent toutes les pièces énumérées à l'article 5.

L'engagement de quatre ans spécifié à l'article 6 devra être contracté, dans la forme administrative, devant le commissaire aux revues, ou, dans les divisions militaires, devant le fonctionnaire de l'intendance.

Je me réserve d'examiner plus tard s'il ne sera pas nécessaire d'exiger que tout surveillant, pour être admis, soit astreint à contracter un engagement ou un rengagement militaire d'une certaine durée.

Le renvoi dans un corps de troupe, prévu par l'article 7, des surveillants liés au service militaire, qui seraient reconnus ne pas réunir les conditions d'aptitude, ne devra se faire qu'après une constatation suffisante. Le renvoi comme soldat sera de droit; mais il est bien entendu que je serai toujours, au préalable, mis en mesure de statuer, afin que, le cas échéant, je puisse faire réserver, à ceux qui en seraient dignes par leur conduite, des emplois de sous-officier.

Les certificats de bonne conduite prévus à l'article 8 seront des modèles nos 1 et 2. L'effet du certificat no 2 sera de fermer l'accès du corps des surveillants ou de ceux des gendarmeries maritime et coloniale au surveillant qui en sera porteur. MM. les Gouverneurs de la Guyane et de la Nouvelle-Calédonie devront toujours, en proposant d'accepter une démission, faire connaitre, d'après la conduite du surveillant, quel est le modèle du certificat qui doit lui être délivré.

Les avancements en grade seront dorénavant conférés par le Ministre. Il sera toujours nécessaire, en me proposant de conférer des avancements, d'indiquer les vacances qu'il s'agit de combler, et de joindre à l'envoi des propositions une liste récapitulative portant les numéros de préférence donnés aux candidats par le Gouverneur.

Quant aux avancements en classe, lesquels sont conférés par les Gouverneurs, soit au choix, soit à l'ancienneté, dans les limites indiquées à l'article 9, il devra toujours m'en être rendu compte.

L'avancement roulera entre tous les surveillants portés sur les contrôles dans chaque colonie, qu'ils soient présents ou absents, d'après les bases indiquées à l'article 14. J'aurai soin, lorsque j'ordonnerai des changements de colonie à colonie, de tenir compte, autant que possible, des droits acquis. Je joins ici, d'ailleurs, des exemplaires des commissions qui devront être dorénavant délivrées aux surveillants avancés en grade. Mention y sera faite des avancements en classe.

J'appelle l'attention particulière de MM. les Gouverneurs sur les dispositions de l'article 11. Tout en leur laissant le soin de répartir les surveillants suivant les besoins du service, j'insiste pour que les charges, les déplacements, les corvées, soient répartis avec équité sur l'ensemble du personnel. Mon intention est d'inviter MM. les Inspecteurs généraux à examiner particulièrement cette partie du service dont ils devront me rendre un compte spécial.

Les demandes de changement de colonie, dans le cas où elles viendraient à se produire de la part des surveillants présents en France, me seront transmises par MM. les Préfets maritimes ou par les généraux divisionnaires, sous les ordres desquels ils sont placés dans les départements comme les autres militaires des troupes de la marine: mais je ne statuerai à leur égard qu'après avoir pris, autant que possible, l'avis du Gouverneur.

Les surveillants devront donc avoir soin de faire, en temps utile, leur demande au Gouverneur de la colonie dans laquelle ils sont employés.

La nécessité de donner aux surveillants les moyens de revenir en France pour retremper leurs forces, par un séjour de quelque durée, m'a fait juger nécessaire de proposer à Sa Majesté de prendre, à leur égard, une décision exceptionnelle en ce qui regarde les concessions de congé et de passage.

Cette faveur ne pourra, d'ailleurs, être accordée simultanément à un trop grand nombre de surveillants, et la concession sera toujours subordonnée aux besoins du service. Les surveillants qui seront disposés à demander leur changement de colonie devront le faire en temps utile, et notamment à l'époque des inspections générales ; MM. les Gouverneurs statueront ensuite selon qu'il y aura lieu.

Les surveillants, à l'expiration de leurs congés, devront toujours rejoindre le port de Toulon. A compter de leur arrivée dans ce port, ils seront administrés par les soins de la 5ᵉ compagnie de gendarmerie maritime. Ils y seront placés sous les ordres du commandant de cette compagnie, à qui il sera donné avis de leur arrivée en France et des décisions prises à leur égard. Des états de situation mensuels me seront adressés par cet officier supérieur comme pour les gendarmes coloniaux (1).

La fixation du nombre de surveillants, au maximum de quatre pour cent condamnés, doit suffire pour assurer les besoins du service. MM. les Gouverneurs devront avoir le soin de faire relater, au titre de chacun des états de situation mensuels du corps des surveillants, l'effectif des condamnés, en tenant compte de la déduction prévue par l'article 14.

Quant à la proportion entre les grades et les classes, elle ne pourra s'opérer que progressivement, puisqu'il faut observer les conditions de temps de service indiquées à l'article 9.

Il sera nécessaire, du reste, de tenir compte, dans les propositions qui me seront faites ultérieurement, de la réduction probable du nombre des condamnés à la Guyane française et de leur augmentation future à la Nouvelle-Calédonie. Des mouvements de la première à la seconde de ces colonies seront nécessaires pour équilibrer l'avancement. Ils devront m'être proposés par MM. les Gouverneurs en temps utile.

Les améliorations de traitement, prévues par le décret, seront, d'après la règle en vigueur dans le service colonial, acquises à partir de la date du décret. Les surveillants actuels de 1ʳᵉ classe, qui auraient été portés à la solde de 2.500 francs, prévue par le décret du 22 avril 1854, conserveront transitoirement la jouissance de cette solde jusqu'à ce qu'ils aient été promus au grade supérieur.

Pour régulariser l'habillement des surveillants, un traité sera passé avec un fournisseur à Toulon, par l'intermédiaire du conseil d'administration de la 5ᵉ compagnie de gendarmerie maritime. Il sera établi, par ce fournisseur, des

---

(1) Cette disposition est abrogée ; les surveillants militaires sont administrés par le bureau des services pénitentiaires du Ministère des colonies.

modèles types des différents effets compris dans l'habillement des surveillants. Le conseil fera ensuite dresser un devis estimatif du prix auquel les surveillants pourront acheter leurs différents effets chez ce fournisseur. Une collection de modèles sera envoyée dans chacune des deux colonies de la Guyane et de la Nouvelle-Calédonie; une autre sera conservée au port de Toulon; une quatrième, enfin, sera adressée à mon Département. La dépense relative à ces modèles sera imputée, par parties égales, sur les fonds du service pénitentiaire à la Guyane et à la Nouvelle-Calédonie.

L'article 18 du décret accorde aux surveillants un logement convenable. Il devient, dès lors, indispensable que ce logement soit partout assuré. MM. les Gouverneurs de la Guyane et de la Nouvelle-Calédonie devront, si ce n'est chose faite, donner immédiatement des ordres à cet effet. Mon intention est, en outre, que, à l'habitation de chaque surveillant, soit autant que possible ajouté un espace de terre suffisant pour qu'il puisse, avec l'aide de sa famille, le convertir en jardin. Le choix des logements et jardins qui leur sont affectés aura lieu dans chaque localité, entre surveillants par rang d'ancienneté. Mais quelle que soit l'ancienneté du surveillant arrivant pour remplir une vacance si les surveillants restants désirent ne pas changer de logement, il n'aura droit qu'à celui qui est libre.

La mise à exécution de ces dispositions permettra dorénavant de diriger les familles des surveillants sur les colonies où ils sont appelés à servir, sans attendre l'avis de MM. les Gouverneurs, puisque ces familles seront toujours certaines de trouver un asile assuré. Il me paraît utile de favoriser ainsi l'introduction, dans les deux colonies, de familles honnêtes et courageuses. Aussi, suis-je disposé, lorsqu'après un certain temps de services, un surveillant aura manifesté l'intention de s'établir définitivement dans la colonie avec sa famille, à lui donner toutes facilités à cet égard. J'accueillerai avec intérêt les propositions que MM. les Gouverneurs des deux colonies auront à m'adresser à ce sujet.

Il ne m'a pas paru possible de préciser la quotité des ressources que devrait posséder la personne qu'un surveillant demanderait l'autorisation d'épouser. Les conditions à exiger, pour garantir le bien-être d'un ménage, varient suivant les localités. Il se peut que le surveillant ait, par lui-même ou par sa famille, des ressources qui lui permettent une union moins avantageuse au point de vue pécuniaire, enfin, la future, bien que ne faisant aucun apport immédiat, peut justifier d'espérances qui assurent l'avenir.

Dans ces différents cas, l'apport d'une somme d'argent ne doit pas être exigé comme condition absolue. Il faut surtout que l'alliance ne puisse pas nuire à la considération personnelle du surveillant, ni le mettre dans l'obligation de contracter des dettes.

L'assimilation hiérarchique, donnée aux surveillants principaux et aux surveillants-chefs, va les mettre, en beaucoup de cas, en contact avec les officiers des autres corps de l'armée de terre et de mer.

Cette conséquence doit prouver à MM. les Gouverneurs, comme à MM. les Inspecteurs généraux le soin scrupuleux avec lequel devront être étudiées les propositions à faire pour ces emplois.

Il est bien entendu que les honneurs militaires sont dus aux surveillants, conformément à la position hiérarchique qui leur est assignée.

Outre les punitions militaires en usage dans l'armée, il m'a paru utile d'appliquer au corps militaire des surveillants les punitions spéciales en vigueur dans le corps de la gendarmerie. Mais ces dernières ne pourront être infligées par le Gouverneur qu'après l'avis d'un conseil d'enquête dans lequel le corps des surveillants sera représenté. Je pense que les surveillants verront dans cette innovation une garantie d'équité, en même temps qu'une preuve de confiance dans le bon esprit dont je les sais animés.

Ainsi que cela a lieu à l'égard des officiers, en vertu du paragraphe 3 de l'article 13 de la loi sur l'état des officiers, l'avis du conseil d'enquête ne pourra être modifié qu'en faveur du surveillant inculpé.

Quant aux membres du conseil d'enquête, ils seront désignés, sans distinction d'arme, par rang d'ancienneté, sur l'ensemble des officiers présents dans la colonie, ainsi que cela a lieu pour les conseils d'enquête de division.

Le surveillant principal ou surveillant-chef, appelé à faire partie du conseil, devra être le plus élevé en grade et en classe, et en grade ou classe égaux, le plus ancien.

Telles sont, Messieurs, les principales dispositions que me paraît devoir comporter l'exécution du décret du 20 novembre 1867. Vous aurez à donner des ordres pour qu'elles soient portées à la connaissance de qui de droit.

Recevez, etc.

L'amiral, Ministre secrétaire d'État de la marine
et des colonies

RIGAULT DE GENOUILLY.

RAPPORT A L'EMPEREUR *sur le rapatriement des transportés libérés.*

(Du 28 septembre 1868.)

SIRE,

J'ai eu l'honneur de faire connaître à Votre Majesté que je venais de soumettre à l'appréciation de mon collègue, M. le Garde des sceaux, la question de rapatriement des transportés libérés, et que je serais prochainement en mesure de prendre les ordres de l'Empereur sur la marche à adopter, en vue de concilier le respect de la loi avec l'intérêt de la sécurité métropolitaine.

Dans sa réponse en date du 31 août dernier, mon collègue n'hésite pas à exprimer l'opinion qu'aucun texte ne place au nombre des devoirs de l'Administration l'obligation de ramener à ses frais les libérés sur le sol français.

Aussi, au point de vue du droit, le rapatriement ne lui semble légalement dû à aucune catégorie de transportés, et, pour remplir le vœu de la loi envers ceux qui ne sont pas astreints à rester dans la colonie, il suffit de leur rendre la liberté.

Mais au point de vue de la pratique, mon collègue est d'avis qu'il y a des distinctions à faire, et il ne peut qu'approuver l'usage qui s'est établi de ramener aux frais de l'État ceux qui avaient été transportés en vertu du décret-loi du 8 décembre 1851, ainsi qu'aux libérés condamnés pour des faits d'une date antérieure à la loi du 30 mai 1854. « Il était bon, dit M. le Garde des sceaux, de marquer par des mesures non équivoques la différence entre ces catégories de transportés et celle des forçats assujettis à la résidence. Il ne fallait pas donner un prétexte à des récriminations contre le Gouvernement, qu'on aurait accusé de prolonger indirectement un séjour qu'il avait imposé en dehors des conditions ordinaires du régime répressif. »

Mon collègue ajoute que les libérés appelés à profiter désormais de cet usage sont si peu nombreux qu'il n'y a pas d'intérêt appréciable à leur en refuser le bénéfice. Il est, en conséquence, d'avis qu'il ne soit rien changé au système suivi jusqu'à ce jour.

Mais, en ce qui concerne les forçats condamnés depuis 1854, des conditions différentes permettent et commandent même, dans l'intérêt de la société, de limiter le rapatriement par l'État aux cas exceptionnels où l'humanité prescrirait une faveur que la loi n'a pas prévue : ce qui n'est pas reconnu comme un droit peut exceptionnellement être accordé à titre d'encouragement à ceux qui mériteraient l'appui de l'Administration. Des liens de famille, des intérêts pécuniaires peuvent rendre profitable, même au point de vue de la paix publique et de la régénération personnelle, le retour du forçat libéré qui n'a pas fait assez d'économies pour payer son passage. Mais hors de ces cas particuliers et nécessairement rares, le passage gratuit semble à M. le Garde des sceaux devoir être refusé.

En résumé, les appréciations de mon collègue, auxquelles je me rallie, conduisent aux résolutions suivantes :

Continuer le rapatriement des transportés libérés, condamnés pour crimes antérieurs à la loi de 1854, ainsi que des individus transportés par mesure administrative ;

Décider en principe que le rapatriement gratuit n'est pas dû aux forçats libérés condamnés sous l'empire de la loi de 1854 ;

En fait, et en ce qui concerne ces derniers, autoriser le Département de la marine à accorder à titre exceptionnel et par décision spéciale concertée avec la Chancellerie, des passages gratuits à ceux qui auront acquis des titres réels à cette faveur.

Si Votre Majesté daignait approuver ces conclusions, je donnerais des instructions dans ce sens aux Gouverneurs de nos colonies pénitentiaires.

Je me concerterais d'ailleurs avec mon collègue de l'intérieur pour qu'il fût pris à l'égard de ceux qui profiteront encore du rapatriement, toutes mesures de police que comporte la prudence.

J'ai l'honneur d'être, etc.

L'amiral, Ministre secrétaire d'État de la marine
et des colonies,

RIGAULT DE GENOUILLY.

Approuvé :

NAPOLÉON.

Loi du 28-30 janvier 1871, relative à la surveillance
de la haute police.

Les articles 44, 46, 47 et 48 du Code pénal sont modifiés ainsi qu'il suit :

« *Art. 44.* — L'effet du renvoi sous la surveillance de la haute police sera de donner au Gouvernement le droit de déterminer certains lieux dans lesquels il sera interdit au condamné de paraître après qu'il aura subi sa peine. Le condamné devra déclarer, au moins quinze jours avant sa mise en liberté, le lieu où il veut fixer sa résidence; à défaut de cette déclaration, le Gouvernement la fixera lui-même. Le condamné à la surveillance ne pourra quitter la résidence qu'il aura choisie ou qui lui aura été assignée, avant l'expiration d'un délai de six mois, sans l'autorisation du Ministre de l'intérieur. Néanmoins des préfets pourront donner cette autorisation : 1° dans les cas de simples déplacements dans les limites mêmes de leur département; 2° dans les cas d'urgence, mais à titre provisoire seulement. Après l'expiration du délai de six mois, ou avant même l'expiration de ce délai, si l'autorisation nécessaire a été obtenue, le condamné pourra se transporter dans toute résidence non interdite, à la charge de prévenir le maire huit jours à l'avance.

Le séjour de six mois est obligatoire pour le condamné dans chacune des résidences qu'il choisira successivement pendant tout le temps qu'il sera soumis à la surveillance, à moins d'autorisation spéciale, donnée conformément aux dispositions précédentes, soit par le Ministre de l'intérieur, soit par les préfets. Tout condamné qui se rendra à sa résidence recevra une feuille de route réglant l'itinéraire dont il ne pourra s'écarter et la durée de son séjour dans chaque lieu de passage. Il sera tenu de se présenter, dans les vingt-quatre heures de son arrivée, devant le maire de la commune qu'il devra habiter.

Art. 46. — En aucun cas, la durée de la surveillance ne pourra excéder vingt années. Les coupables condamnés aux travaux forcés à temps, à la détention et à la réclusion seront de plein droit, après qu'ils auront subi leur peine, pendant vingt années sous la surveillance de la haute police. Néanmoins l'arrêt ou le jugement de condamnation pourra réduire la durée de la surveillance ou même déclarer que les condamnés n'y seront pas soumis. Tout condamné à des peines perpétuelles qui obtiendra commutation ou remise de sa peine, sera, s'il n'en est autrement disposé par la décision gracieuse, de plein droit sous la surveillance de la haute police pendant vingt ans.

Art. 47. — Les coupables condamnés au bannissement seront de plein droit sous la même surveillance pendant un temps égal à la durée de la peine qu'ils auront subie, à moins qu'il n'en ait été disposé autrement par l'arrêt ou le jugement de condamnation. Dans les cas prévus par le présent article et par les paragraphes 2 et 3 de l'article précédent, si l'arrêt ou le jugement ne contient pas dispense ou réduction de la surveillance, mention sera faite, à peine de nullité, qu'il en a été délibéré.

Art. 48. — La surveillance pourra être remise ou réduite par voie de grâce. Elle pourra être suspendue par mesure administrative. La prescription de la peine ne relève pas le condamné de la surveillance à laquelle il est soumis. En cas de prescription d'une peine perpétuelle, le condamné sera de plein droit sous la surveillance de la haute police pendant vingt années. La surveillance ne produit son effet que du jour où la prescription est accomplie.

DÉCRET *concernant la curatelle d'office des successions et biens vacants des déportés et transportés en cours de peine.*

(Du 4 septembre 1879.)

LE PRÉSIDENT DE LA RÉPUBLIQUE FRANÇAISE,

Sur le rapport du Ministre de la marine et des colonies;
Vu l'article 18 du sénatus-consulte du 3 mai 1854;
Vu le décret du 28 janvier 1855, portant règlement d'administration publique sur les curatelles aux successions et biens vacants à la Martinique, à la Guadeloupe et à la Reunion;
Vu la loi du 30 mai 1854 sur l'exécution de la peine des travaux forcés;
Vu la loi du 25 mars 1873 sur la déportation,

DÉCRÈTE :

ARTICLE PREMIER

Dans les colonies de la Guyane et de la Nouvelle-Calédonie, l'Administration pénitentiaire est chargée de la curatelle d'office, pour la gestion des successions et biens vacants des déportés et des transportés en cours de peine.

Les fonctions de curateur sont remplies, sous le contrôle du Directeur de l'Administration pénitentiaire, par l'un des fonctionnaires de cette Administration, désigné par arrêté du Gouverneur.

ART. 2

Le curateur pénitentiaire gère ces successions et biens suivant les règles spéciales qui seront déterminées par arrêté du Ministre de la marine et des colonies. Il se conformera d'une manière générale pour les inventaires, les ventes, les poursuites, le payement des dettes, etc; aux dispositions du Code civil et du Code de procédure civile et du décret du 27 janvier 1855, portant règlement d'administration publique sur les curatelles aux successions et biens vacants.

ART. 3

Il est dispensé de la formalité de l'apposition des scellés. Toutefois, lorsque le décès aura lieu hors d'un établissement pénitentiaire, il devra requérir le juge de paix de la résidence, ou tout autre fonctionnaire en tenant lieu, de procéder à cette apposition.

ART. 4

Il poursuivra, par toutes les voies de droit, la rentrée des sommes dues aux successions; mais il ne pourra engager d'action en justice qu'avec l'approbation du Gouverneur en Conseil privé.

ART. 5

Le produit de ces successions et biens est versé, au fur et à mesure de leur réalisation, dans la caisse d'épargne pénitentiaire ou dans la caisse de la transportation, où il reste déposé jusqu'à la remise aux ayants droit ou au Domaine.

Art. 6

Les successions et biens vacants qui comprendront des immeubles, ou parai-tront donner lieu à des instances ou des poursuites judiciaires, seront remis au receveur de l'enregistrement, chargé de la curatelle.

Art. 7

Le Ministre de la marine et des colonies est chargé de l'exécution du pré-sent décret, qui sera inséré au *Bulletin des Lois* et au *Bulletin officiel de la marine*.

Fait à Paris, le 8 septembre 1879.

JULES GRÉVY.

Par le Président de la République:

Le Ministre de la marine et des colonies,

JAURÉGUIBERRY.

———

ARRÊTÉ MINISTÉRIEL *réglant le mode suivant lequel doivent être gérées les successions des déportés et des transportés en cours de peine.*

(Du 4 septembre 1879.)

LE MINISTRE DE LA MARINE ET DES COLONIES,

Vu le décret du 4 septembre 1879 sur le mode de liquidation des successions des déportés et des transportés;

Vu l'arrêté et l'instruction ministériels du 20 juin 1864 sur la comptabilité de la curatelle,

ARRÊTE :

ARTICLE PREMIER

La gestion des successions et biens vacants de déportés et transportés en cours de peine comprend les opérations ci-après:

1° Inventaire après décès;

2° Conservation et vente des biens meubles et immeubles des successions;

3° Encaissement des sommes trouvées après décès ou provenant de ventes;

4° Paiement des dettes;

5° Remise du reliquat aux ayants droit et au Domaine.

Art. 2

Dès que le curateur pénitentiaire a connaissance d'un décès, il fait procéder par le chef du service administratif ou tout autre officier ou agent désigné à cet effet, et assisté de deux témoins, à l'inventaire des biens de toute nature laissés par le défunt.

Les sommes. titres et bijoux sont immédiatement versés dans la caisse d'épargne pénitentiaire ou dans celle de la transportation suivant la colonie.

Sont mis en magasin les objets mobiliers, linge et effets divers, en attendant les ordres du Directeur de l'Administration pénitentiaire, qui en prescrit l'envoi et la recette dans le lieu le plus convenable.

Les bijoux et autres objets qui pourraient être précieux pour les familles sont conservés et renvoyés en France par les bâtiments de l'État.

ART. 3

Les ventes mobilières sont opérées par le curateur pénitentiaire ou son délégué, assisté de deux témoins, dans les formes usitées pour les ventes publiques de marchandises, aux lieu. jour et heure indiqués par un avis qui doit être affiché ou publié à son de trompe ou inséré dans un journal huit jours au moins avant la vente.

Il en est dressé procès-verbal détaillé et circonstancié.

Ces ventes sont dispensées de la formalité de la déclaration préalable à l'enregistrement.

ART. 4

Quand les successions comprennent des immeubles, ceux-ci sont provisoirement donnés en location, ou surveillés ou exploités, s'il y a lieu, par les soins de l'Administration pénitentiaire. Il en est fait états des lieux, pour être joints à l'inventaire.

Si le curateur pénitentiaire n'use pas de la faculté qui lui est laissée de remettre les successions qui comprennent des immeubles à la curatelle, les dits immeubles ne pourront être par lui vendus que dans les formes et avec les délais prévus par la loi.

Toutefois, les immeubles d'une valeur inférieure à 500 francs et libérés d'hypothèques peuvent être vendus à bref délai, sans cahier des charges et à la criée, comme les meubles.

ART. 5

Les acquéreurs des objets vendus en versent le montant dans la caisse d'épargne pénitentiaire ou dans la caisse de la transportation suivant la colonie. Ces versements doivent être appuyés du bulletin indicatif de l'objet adjugé et de sa valeur, avec abondement de 5 p. 100 pour droits d'enregistrement.

Les objets adjugés ne sont livrés que sur le vu du récépissé de la caisse.

Dans les huit jours qui suivent l'opération, le Directeur de l'Administration pénitentiaire fait remettre à la caisse une copie du procès-verbal de recette, laquelle, réunie aux bulletins de versements, sert de justification pour la recette effective.

ART. 6

Les sommes provenant des ventes, comme celles trouvées après décès, sont portées au crédit du compte courant du décédé dans les écritures de la caisse; si le décédé n'a pas de compte. il lui en est ouvert un à partir du premier versement.

Les comptes des décédés seront frappés, en tête, d'un timbre à l'encre noire portant le mot: *succession*.

ART. 7

Le curateur pénitentiaire se conforme, pour le paiement des dettes de la succession, aux formalités prescrites par le décret du 27 janvier 1855 et l'arrêté du 20 juin 1854 sur les successions vacantes.

ART. 8

Chaque mois l'Administration pénitentiaire fait établir et transmet au Ministre un état des successions ouvertes dans le mois précédent, avec indication de l'actif et du passif connus.

Les successions définitivement liquidées font l'objet d'un état spécial joint au précédent qui indique la somme revenant aux héritiers ou ayants droit.

ART. 9

Lorsqu'il y a lieu de remettre en France le reliquat d'une succession, le Directeur de l'Administration pénitentiaire en fait opérer le versement à la caisse des gens de mer, après entente avec l'ordonnateur.

Si les réclamations se produisent dans la colonie, le reliquat disponible est mandaté directement au profit des héritiers ou ayants droit. L'Administration pénitentiaire a soin de s'assurer préalablement de leur identité et qualité, soit par elle-même, soit par des pièces produites, lesquelles doivent être relatées et analysées sur le mandat.

En cas de doute, il en est référé au Ministre de la marine et des colonies.

ART. 10

Il est ouvert dans la comptabilité de la caisse d'épargne pénitentiaire et dans la caisse de la transportation un compte collectif intitulé: *Produit des successions*, pour centraliser les comptes individuels des décédés et présenter le montant des fonds de l'espèce. Il se créditera au débit du compte: *Divers LL CC de dépôts ou de versements*, pour les sommes qui existeraient en caisse au moment du décès, et au débit de caisse, pour celles reçues postérieurement. Son débit se formera des paiements faits aux créanciers ou aux ayants droit des successions.

ART. 11

Lorsqu'il s'est écoulé trente ans sans réclamations de la part des héritiers ou ayants droit, depuis l'ouverture des successions, leurs reliquats non réclamés sont versés au domaine local.

Ce versement doit être appuyé d'une décision du Gouverneur en Conseil privé.

Fait à Paris, le 4 septembre 1879.

Le Ministre de la marine et des colonies,

JAURÉGUIBERRY.

DÉCRET *portant création de la commune pénitentiaire du Maroni.*

(Du 16 mars 1880.)

LE PRÉSIDENT DE LA RÉPUBLIQUE FRANÇAISE,

Sur le rapport du Ministre de la marine et des colonies,

DÉCRÈTE :

ARTICLE PREMIER

Le territoire pénitentiaire du Maroni est érigé en commune sous le nom de *commune pénitentiaire* du Maroni.

La circonscription de cette commune est déterminée conformément aux limites établies pour les besoins de la transportation par le décret du 30 mai 1860.

ART. 2

La commune pénitentiaire du Maroni est personne civile. Elle exerce à ce titre tous les droits, prérogatives ou actions dont les communes de plein exercice sont investies par la loi.

ART. 3

La commune pénitentiaire du Maroni est administrée par une commission municipale composée : du commandant supérieur du Maroni, président, de l'officier d'administration, du juge de paix et de quatre membres nommés par arrêté du Gouverneur.

Ces derniers seront pris parmi les officiers et fonctionnaires des différents corps détachés sur l'établissement du Maroni.

Deux adjoints sont nommés par le Gouverneur parmi les membres de la commission municipale.

ART. 4

Les fonctions des membres de la commission sont gratuites.

ART. 5

Le fonctionnement de la commission municipale est réglé par des arrêtés du Gouverneur en Conseil privé, soumis à l'approbation du Ministre de la marine et des colonies.

ART. 6

Le président de la commission municipale prend le titre de maire.

Il est chargé, sous l'autorité du Directeur de l'Administration pénitentiaire :

1° De la conservation et de l'administration des biens de la commune pénitentiaire;

2° De la gestion des revenus, de la surveillance des établissements communaux et de la comptabilité communale;

3° De la proposition du budget et de l'ordonnancement des dépenses, sans toutefois qu'il puisse, de sa propre autorité, engager des dépenses au delà de 100 francs ;

4° Des propositions relatives à l'établissement, l'entretien, la conservation des édifices communaux, cimetières, promenades, places, rues et voies publiques ne dépendant pas du domaine de la colonie ou de l'État, à l'établissement ou la réparation des fontaines, pompes, aqueducs et égouts lorsque ces travaux sont à la charge du budget communal ;

5° Des fonctions de l'état civil ;

6° De la fixation des mercuriales ;

7° Des adjudications, marchés et baux ;

8° De la surveillance des travaux communaux ;

9° De la représentation de la commune en justice, soit en demandant, soit en défendant ;

10° De l'établissement des rôles annuels de recouvrement.

ART. 7

Il est chargé du régime des concessions. Il reçoit toutes les demandes ou réclamations quelconques qui les concernent, les soumet à l'Administration pénitentiaire, applique, quand il y a lieu, les conditions du cahier des charges et notifie aux concessionnaires les décisions du Conseil supérieur.

ART. 8

Le maire rend des arrêtés à l'effet :

1° D'ordonner les mesures locales sur les objets confiés par les lois et règlements à sa vigilance et à son autorité ;

2° De publier de nouveau les lois et règlements de police et de rappeler les habitants à leur observation.

Les arrêtés pris par le maire sont immédiatement soumis à l'approbation du Gouverneur qui peut les annuler ou en suspendre l'exécution. Ceux de ces arrêtés, qui portent règlement permanent, ne seront exécutoires qu'un mois après la remise de l'ampliation constatée par les récépissés donnés par le Directeur de l'Administration pénitentiaire.

ART. 9

Le maire propose la nomination aux emplois communaux ; il propose la suspension ou la révocation des titulaires de ces emplois.

ART. 10

Le maire est chargé seul de l'administration, mais il peut déléguer une partie de ses fonctions à ses adjoints et, en l'absence des adjoints, à des membres de la commission municipale.

ART. 11

Lorsque le maire procède à une adjudication publique, au compte de la commune, il est assisté de deux membres de la commission municipale désignés d'avance par la commission ou, à défaut, appelés dans l'ordre du tableau.

Le receveur municipal est appelé à toutes les adjudications.

Toutes les difficultés qui peuvent s'élever sur les opérations préparatoires de l'adjudication sont résolues, séance tenante, par le maire et les deux assesseurs à la majorité des voix, sauf le recours de droit.

ART. 12

La commission municipale délibère sur les objets suivants :

1° Le mode d'administration des biens communaux ;

2° Les conditions des baux à ferme et à loyer des biens communaux ;

3° Les assurances des biens communaux ;

4° Le budget de la commune et, en général, toutes les recettes et dépenses soit ordinaires, soit extraordinaires ;

5° Le mode d'assiette, les tarifs et les modes de perception de tous les revenus communaux ;

6° Les acquisitions, aliénations et échanges de propriétés communales, leur affectation aux différents services publics et, en général, tout ce qui intéresse leur conservation et leur amélioration ;

7° Les projets, plans et devis de construction, de grosses réparations et de démolitions et, en général, de tous les travaux à entreprendre ;

8° L'ouverture des rues et places publiques et les projets d'alignement, d'éclairage et de voierie municipale ;

9° Le parcours et la vaine pàture ;

10° L'acceptation des dons et legs faits à la commune et aux établissements communaux ;

11° Les décisions judiciaires et transactions, et tous autres objets sur lesquels les lois et règlements appellent la commission municipale à délibérer et pour lesquels le Gouverneur peut la consulter.

ART. 13

Les délibérations de la commission municipale sur les objets énoncés en l'article précédent sont adressées par le maire au Directeur de l'Administration pénitentiaire. Elles sont exécutoires sur l'approbation du Gouverneur, sauf les cas où l'approbation par l'autorité métropolitaine est prescrite par les lois et règlements.

ART. 14

La commission municipale délibère sur les comptes présentés annuellement par le maire ; elle entend, débat et arrête les comptes en deniers du receveur municipal, sauf règlement définitif, selon les règles de la comptabilité publique.

Art. 15

La commission municipale peut exprimer son vœu sur tous les objets d'intérêt local. Elle ne peut faire publier aucune protestation, proclamation ou adresse.

Art. 16

Les dépenses de la commune pénitentiaire sont obligatoires ou facultatives. Sont obligatoires les dépenses suivantes :

1° L'entretien du local affecté à la mairie ;

2° Les frais de bureau et d'impression pour le service de la commune ;

3° Les frais de recensement de la commune ;

4° Les frais des registres de l'état civil et la portion des tables décennales à la charge de la commune ;

5° Le traitement du receveur municipal, du secrétaire de la mairie et les frais de perception des recettes municipales ;

6° Le traitement des gardes de police, gardes champêtres et gardes des bois ;

7° Les dépenses de l'instruction publique conformément aux règlements ;

8° L'indemnité de logement aux curés et desservants et autres ministres des cultes salariés par l'État ou la colonie ;

9° Les grosses réparations aux édifices communaux et aux édifices consacrés aux cultes ;

10° La clôture des cimetières, leur entretien et leur translation dans les cas déterminés par les lois et règlements ;

11° Le contingent assigné à la commune conformément au règlement dans la dépense des enfants assistés ;

12° Les frais des plans d'alignement ;

13° Les contributions et prélèvements établis par l'Administration péniteniaire sur les biens et revenus communaux ;

14° Les dépenses de construction, d'entretien, d'exploitation et autres de l'usine à sucre de Saint-Maurice-du-Maroni ;

15° L'acquittement des dettes exigibles et, généralement, toutes les autres dépenses qui pourront être mises à la charge de la commune par une disposition spéciale.

Toutes dépenses autres que les précédentes sont facultatives.

Art. 17

Les recettes de la commune pénitentiaire sont ordinaires ou extraordinaires. Les recettes ordinaires se composent :

1° Des revenus de l'usine à sucre de Saint-Maurice-du-Maroni et, en général, de tous les biens dont les habitants n'ont pas la jouissance directe en nature ;

2° Des cotisations imposées annuellement sur les ayants droit aux fruits qui se perçoivent en nature;

3° Du produit des centimes ordinaires affectés aux communes par les règlements et arrêtés locaux;

4° Du produit des patentes, des droits d'octroi, de consommation et autres, d'après les tarifs dûment autorisés, à l'exception des droits de douanes, d'enregistrement, de timbre et d'hypothèques qui sont acquis au budget local de la Guyane;

5° Du produit des droits de place perçus dans les halles, foires, marchés, abattoirs, d'après les tarifs dûment autorisés;

6° Du produit des permis de stationnement, et des locations sur la voie publique, sur les ports et autres lieux publics;

7° Du produit des péages communaux, des droits de péage, mesurage et jaugeage, des droits de voirie et autres légalement établis;

8° Du prix des concessions dans les cimetières;

9° Du produit des concessions d'eau, de l'enlèvement des boues et immondices sur la voie publique et autres concessions autorisées pour les services communaux;

10° Du produit des expéditions des actes administratifs et des actes de l'état civil;

11° De la portion que les lois et règlements accordent aux communes dans le produit des amendes prononcées par les tribunaux, et généralement du produit de toutes les taxes de ville et de police dont la perception est autorisée par les lois et règlements;

12° De la subvention qui pourra être allouée à la commune sur le budget pénitentiaire.

Art. 18

Les recettes extraordinaires se composent:

1° Des contributions extraordinaires dûment autorisées;

2° Du prix des biens aliénés;

3° Des dons et legs;

4° Du produit des concessions provisoires ou définitives qui, pour les causes spécifiées dans le cahier des charges sur les concessions, font retour au domaine de la commune;

5° Du remboursement des capitaux exigibles et des rentes rachetées;

6° Du produit des emprunts et de toutes autres recettes accidentelles.

Art. 19

Le budget de la commune pénitentiaire proposé par le maire et voté par la commission municipale est définitivement approuvé et rendu exécutoire par un arrêté du Gouverneur, en Conseil privé, sur la présentation du Directeur de l'Administration pénitentiaire.

Art. 20

Les crédits qui pourraient être reconnus nécessaires après le règlement du budget sont délibérés conformément aux articles précédents et autorisés dans la même forme.

Art. 21

Dans le cas où, pour une cause quelconque, le budget de la commune pénitentiaire n'aurait pas été approuvé avant le commencement de l'exercice, les recettes et les dépenses ordinaires continueront, jusqu'à l'approbation de ce budget, à être faites conformément à celui de l'année précédente.

Art. 22

Les dépenses proposées au budget de la commune pénitentiaire pourront être rejetées ou réduites par l'arrêté du Gouverneur qui règle ce budget.

Si la commission municipale n'allouait pas les fonds nécessaires pour une dépense obligatoire ou n'allouait qu'une somme insuffisante, l'allocation serait inscrite au budget par arrêté du Gouverneur pris en Conseil privé.

Art. 23

Les tarifs des droits de voirie sont réglés par arrêté du Gouverneur en Conseil privé.

Art. 24

Aucune construction nouvelle ou reconstruction entière ou partielle ne pourra être autorisée que sur la production des projets, plans et devis. Ces projets et devis seront soumis à l'approbation préalable du Gouverneur par le Directeur de l'Administration pénitentiaire.

Art. 25

Les contributions extraordinaires et les emprunts sont autorisés par arrêté du Gouverneur en Conseil privé sur la proposition du Directeur de l'Administration pénitentiaire. Toutefois, ils devront être soumis, au préalable, aux délibérations de la commission municipale.

Les arrêtés locaux relatifs aux emprunts sont soumis à l'approbation du Ministre de la marine et des colonies.

Art. 26

La commune pénitentiaire du Maroni ne peut introduire une action en justice, sans être autorisée par le Conseil privé jugeant au contentieux.

Après tout jugement intervenu, la commune ne peut se pourvoir devant un autre degré de juridiction qu'en vertu d'une nouvelle autorisation du Conseil privé jugeant au contentieux.

On ne pourra se pourvoir contre cette décision devant le Conseil d'État.

Art. 27

Quiconque voudra intenter une action contre la commune pénitentiaire sera tenu d'adresser préalablement au Gouverneur un mémoire exposant les motifs de sa réclamation. Il lui en sera donné récépissé. La présentation du mémoire interrompra la prescription et toutes déchéances.

Le Gouverneur transmettra le mémoire au maire avec l'autorisation de convoquer immédiatement la commission municipale pour en délibérer.

Art. 28

La délibération de la commission municipale sera, dans tous les cas, transmise au Conseil privé jugeant au contentieux. qui décidera si la commune pénitentiaire doit être autorisée à ester en jugement.

La décision du Conseil privé devra être rendue dans le délai de deux mois à partir de la date du récépissé énoncé à l'article précédent.

Art. 29

Toute décision du Conseil privé portant refus d'autorisation devra être motivée.

Art. 30

L'action ne pourra être intentée qu'après la décision du Conseil privé. et, à défaut de décision dans le délai fixé par l'article 28, qu'après l'expiration du délai.

En aucun cas, la commune pénitentiaire ne pourra défendre à l'action qu'autant qu'elle y aura été expressément autorisée.

Art. 31

Le maire peut, toutefois, sur autorisation préalable du Directeur de l'Administration pénitentiaire. intenter toute action possessoire ou y défendre, et faire tous autres actes conservatoires ou interruptifs de déchéances.

Art. 32

Toute transaction consentie par la commission municipale ne peut être exécutée qu'après l'homologation par arrêté du Gouverneur en Conseil privé.

Art. 33

Les comptes du maire pour l'exercice clos sont présentés à la commission municipale avant la délibération du budget. Ils sont définitivement approuvés par le Gouverneur en Conseil privé, sur la proposition du Directeur de l'Administration pénitentiaire.

ART. 34

Le maire peut délivrer des mandats. S'il refusait d'ordonnancer une dépense régulièrement autorisée et liquidée, il serait prononcé par le Gouverneur en Conseil privé.

L'arrêté du Gouverneur tiendra lieu du mandat du maire.

ART. 35

Le budget et les comptes de la commune pénitentiaire restent déposés à la mairie, où toute personne imposée au rôle de cette commune a droit d'en prendre connaissance.

Ils sont rendus publics par la voie de l'impression, quand la commission municipale en a voté la dépense.

ART. 36

Les dispositions du décret du 26 septembre 1865, sur le régime financier des colonies, continueront d'être appliquées à la comptabilité communale et aux receveurs municipaux, en tout ce qui n'est pas contraire au présent décret.

ART. 37

Des avances de fonds dont la quotité sera déterminée par un arrêté du Gouverneur sur la proposition du Directeur de l'Administration pénitentiaire, seront constituées au caissier de la transportation à Cayenne pour les paiements qu'il aura à faire pour le compte de la commune pénitentiaire du Maroni. Le caissier de la transportation devra fournir dans le délai d'un mois les justifications des dépenses par lui effectuées pour le compte de la commune, et ses opérations seront régularisées au Maroni dans la forme ordinaire par des mandats émis par le maire.

ART. 38

Lorsque la commune pénitentiaire du Maroni aura des intérêts à débattre avec les autres communes de la Guyane, elle sera représentée par le Directeur de l'Administration pénitentiaire.

ART. 39

Le Ministre de la marine et des colonies est chargé de l'exécution du présent décret qui sera inséré au *Bulletin des lois* et au *Bulletin officiel de la marine*.

Fait à Paris, le 16 mars 1880.

JULES GRÉVY.

Par le Président de la République :

Le Ministre de la marine et des colonies,

JAURÉGUIBERRY.

RAPPORT AU PRÉSIDENT DE LA RÉPUBLIQUE FRANÇAISE, *suivi d'un* DÉCRET *modifiant les statuts de la caisse d'épargne pénitentiaire de la Nouvelle-Calédonie.*

(Du 13 juin 1887.)

(Administration des colonies : 2ᵉ Direction. — 4ᵉ Bureau: *Administration pénitentiaire, colonisation pénale.*)

La suppression de l'ordonnateur et du chef du service des Domaines à la Nouvelle-Calédonie a eu pour résultat de modifier la composition de la Commission de surveillance de la caisse d'épargne pénitentiaire dont les statuts ont été approuvés par le décret du 4 janvier 1878.

Par suite, l'administration des colonies avait prescrit de prendre les dispositions nécessaires en vue de pourvoir au remplacement de ces deux fonctionnaires et d'apporter, à cet effet, les modifications indispensables dans l'économie de l'article 8 des statuts susvisés. Le Gouverneur de la Nouvelle-Calédonie a pensé qu'il ne suffisait pas de s'en tenir à cette réforme, et il a émis l'avis qu'il serait opportun de procéder en outre à une refonte générale de ce règlement, afin de faire bénéficier la caisse d'épargne pénitentiaire des améliorations réalisées actuellement dans le régime intérieur des institutions analogues de la métropole.

Dans ce but, et conformément aux prescriptions de l'article 22 réglant la procédure à suivre pour introduire les modifications dans les statuts de la caisse, ce haut fonctionnaire a soumis aux délibérations du Conseil privé un projet combinant les principales dispositions du règlement du 4 janvier 1878 avec quelques-unes des innovations prévues par la loi du 9 avril 1881 qui a institué en France la caisse d'épargne postale.

Tout en rendant justice aux intentions qui ont présidé aux propositions du Gouverneur de la Nouvelle-Calédonie, il ne m'a pas paru possible de les accueillir entièrement. J'ai donc dû introduire des modifications dans le projet de la colonie, mais, pour me conformer aux dispositions susvisées de l'article 22 des statuts annexés au décret du 4 janvier 1878, il eût été nécessaire de renvoyer à l'examen du Conseil privé de la colonie le nouveau projet des statuts.

Afin d'éviter les lenteurs qu'occasionnerait ce mode de procéder, il m'a paru plus rationnel de soumettre à la haute sanction du Chef de l'État les statuts modifiés de la caisse d'épargne pénitentiaire en tenant compte, autant que possible, toutefois, des indications fournies par le Gouverneur de la Nouvelle-Calédonie.

Les principales modifications introduites dans la réglementation intérieure de cet établissement sont les suivantes, savoir:

1º *Article premier.* — Admission des versements effectués par les sociétés de secours mutuels, de bienfaisance, les institutions coopératives, etc., etc., établies parmi la population pénale.

Faculté laissée aux femmes et aux enfants du personnel libre et condamné d'effectuer directement des versements à la caisse.

Pour justifier le premier de ces amendements, il suffira de faire observer qu'aux termes des statuts actuellement en vigueur, les syndicats formés par les concessionnaires de Bourail et de Pouembout n'ont pu être admis à opérer le dépôt de leurs fonds.

Dans ces conditions, les sommes appartenant à ces sociétés demeurent complètement improductives, et ce n'est qu'à titre purement gracieux que l'officier d'administration du pénitencier consent à en opérer la garde dans sa caisse.

Quant à la deuxième modification apportée dans l'économie de l'article premier, elle a pour but d'inciter à l'économie les femmes et les enfants des transportés en leur permettant de placer à l'abri de la convoitise de leur mari ou de leurs parents l'argent provenant de leurs épargnes.

2° *Art. 7.* — En vertu du décret du 26 octobre 1882 sur le personnel de l'Administration pénitentiaire, le Ministre a seul le droit de nomination et de révocation. Il a été nécessaire de mettre les statuts en harmonie avec l'acte organique qui régit les employés de la transportation.

3° *Art. 8.* — Nouvelle composition de la commission de surveillance.

4° *Art. 9.* — Il a paru nécessaire d'admettre la faculté pour la Commission d'opérer des vérifications inopinées en dehors des vérifications trimestrielles.

5° *Art. 10.* — Modification du dernier paragraphe relatif au décompte des intérêts.

6° *Art. 11.* — Élévation du montant du dépôt de 1.000 francs à 2.000 francs, pour les particuliers et à 6.000 francs pour les sociétés coopératives et de secours mutuels.

7° *Art. 11.* — Substitution du mode de décompte d'intérêts édicté par la loi du 9 avril 1881 à celui en vigueur.

« L'intérêt part du 1er ou du 16 de chaque mois après le jour du versement, et il cesse de courir à dater du 1er ou du 16 qui précède le jour du remboursement. »

Cette nouvelle rédaction aura pour effet de simplifier d'une manière sensible les opérations multiples nécessitées par le mode de décompte en usage jusqu'ici; elle diminuera en même temps les chances d'erreurs dans les calculs à effectuer.

En effet, le système inauguré par la loi qui a organisé la caisse d'épargne postale permet de trouver presque immédiatement l'intérêt de chaque somme, au moyen d'un barème dont l'établissement est des plus élémentaires.

8° *Art. 17.* — Fractionnement des remboursements dans les cas exceptionnels.

En présence de l'importance que prendront nécessairement les dépôts volontaires, tant par suite de l'élévation de 1.000 francs à 2.000 francs (art. 11) du chiffre maximum du compte de chaque déposant, que par l'autorisation de déposer directement, accordée aux femmes et aux enfants ainsi qu'aux sociétés, il a paru indispensable de permettre au Gouverneur en entourant, toutefois, l'exercice de cette faculté des garanties les plus sérieuses, de fractionner le remboursement total des sommes déposées. On évitera ainsi les embarras et les dangers qui pourraient résulter à un moment donné d'un concours de demandes de retrait excédant les fonds disponibles de la caisse.

Ces dispositions, qui, ainsi que je l'ai fait connaître plus haut, sont empruntées en grande partie à la loi qui régit la caisse d'épargne postale, m'ont paru pouvoir être appliquées avec avantage à la caisse d'épargne de la Nouvelle-Calédonie.

9° *Art 22*. — Enfin, j'ai jugé nécessaire, pour éviter toute difficulté dans le cas où il y aurait lieu de modifier à l'avenir les statuts de cet établissement, d'attribuer au Département le droit d'opérer directement, et sans avoir à consulter de nouveau le Conseil privé de la colonie, les changements qui lui sembleraient utiles au bon fonctionnement de cette institution.

Pour ces motifs, j'ai l'honneur de vous prier, M. le Président de la République, de vouloir bien revêtir de votre signature le projet de décret joint au présent rapport et qui a pour but de régulariser les modifications auxquelles il vient d'être fait allusion.

Le Ministre de la marine et des colonies,
BARBEY.

DÉCRET

(Du 13 juin 1887.)

LE PRÉSIDENT DE LA RÉPUBLIQUE FRANÇAISE,

Vu le décret du 4 janvier 1878;

Vu la loi du 9 avril 1881;

Vu l'avis du Conseil privé de la Nouvelle-Calédonie en date du 11 juillet 1885;

Sur le rapport du Ministre de la marine et des colonies,

DÉCRÈTE :

ARTICLE PREMIER

Sont approuvées telles qu'elles sont annexées au présent décret les modifications introduites dans les statuts de la caisse d'épargne pénitentiaire de la Nouvelle-Calédonie.

ART. 2

Le Ministre de la marine et des colonies est chargé de l'exécution du présent décret, qui sera inséré au *Journal officiel de la République française* et au *Bulletin officiel de l'administration des colonies*.

Fait à Paris, le 13 juin 1887.

JULES GRÉVY.

Par le Président de la République :

Le Ministre de la marine et des colonies,
E. BARBEY.

ANNEXE

Statuts de la caisse d'épargne pénitentiaire de la Nouvelle-Calédonie.

(Du 13 juin 1887.)

ARTICLE PREMIER

La caisse d'épargne pénitentiaire instituée en Nouvelle-Calédonie par le décret du 4 janvier 1878 est destinée à recevoir et à faire fructifier les pécules ainsi que les dépôts volontaires des condamnés ou libérés appartenant à la déportation, à la transportation et à la relégation.

Cette caisse reçoit par extension les épargnes du personnel libre entretenu au compte du service pénitentiaire.

Les sociétés de secours mutuels, les institutions de coopération, de bienfaisance et autres sociétés de même nature établies parmi la population pénale pourront être admises, après avoir obtenu l'autorisation du Gouverneur, à effectuer des versements à la caisse d'épargne pénitentiaire.

Les femmes et enfants du personnel libre, de la population pénale sont autorisés à effectuer des versements dans les conditions déterminées par les paragraphes 2 et 6 de la loi du 9 avril 1881, portant création de la caisse d'épargne postale.

ART. 2

A défaut des fonds de dotation, la caisse recevra de l'État une subvention annuelle à fixer par le budget.

ART. 3

Les recettes normales de la caisse se composent :

1° De la subvention susmentionnée ;

2° De la différence entre les intérêts servis par la caisse et le produit de ses placements.

ART. 4

Elle aura à sa charge les frais du personnel inférieur et tous autres relatifs à la tenue des écritures.

ART. 5

L'excédent normal des recettes sur les dépenses sera employé à la formation d'un fonds de réserve pour suppléer aux fonds de dotation.

ART. 6

La caisse est dirigée par le Directeur de l'Administration pénitentiaire, qui aura sous ses ordres un caissier et un sous-caissier pris dans le personnel de son administration.

Le caissier chargé de la gestion des fonds de la caisse d'épargne est pécuniairement responsable.

Le service de la caisse est soumis au contrôle d'une commission de surveillance.

ART. 7

Le personnel de la caisse d'épargne est régi conformément aux dispositions du décret du 26 octobre 1882, portant réorganisation du personnel de l'Administration pénitentiaire à la Nouvelle-Calédonie et à la Guyane.

Le directeur de la caisse d'épargne prend toutes les dispositions nécessaires pour le fonctionnement régulier de la caisse, assure l'exécution des lois, statuts, règlements et instructions qui s'y rapportent, agit au nom de la caisse et la représente, surveille les opérations de recettes et de dépenses, signe les pièces justificatives, vérifie les écritures, arrête les comptes.

ART. 8

La Commission se compose :

Du Directeur de l'intérieur, président ;

Du Trésorier payeur, vice-président ;

Du Sous-Directeur de l'Administration pénitentiaire ;

Du Chef du bureau des fonds du service administratif ;

D'un Conseiller privé ;

Ce dernier membre est désigné par le Gouverneur.

La Commission ne peut délibérer que lorsque trois de ses membres au moins sont présents.

En cas de partage des voix, celle du président entraîne la majorité.

Un des membres de la Commission, désigné par elle, remplit les fonctions de secrétaire.

La Commission se réunit dans un local qui sera désigné à cet effet par le Gouverneur.

ART. 9

La Commission de surveillance a pour devoir de vérifier trimestriellement, dans les quinze premiers jours de janvier, avril, juillet et octobre, les opérations de caisse, et de rendre compte annuellement, dans un rapport au Gouverneur, du résultat de ses vérifications.

Elle peut faire des rapports spéciaux en cours de gestion sur les faits qui lui paraîtraient de nature à être portés sans retard à la connaissance de l'autorité supérieure.

Elle peut, en outre, en dehors des vérifications trimestrielles, procéder à des vérifications inopinées, dont il est rendu compte au Gouverneur dans un rapport spécial.

Les vérifications sont faites, soit par la Commission tout entière, soit par les membres ou par le membre unique à qui elle donne mandat d'opérer pour elle ; mais les rapports doivent être délibérés et adoptés par la Commission. La présence de trois membres au moins est nécessaire pour que les délibérations soient valables.

Le président de la Commission de surveillance communique les rapports de la Commission au directeur de la caisse d'épargne pénitentiaire, et les présente ensuite au Gouverneur, en Conseil privé, avec les observations du directeur et les siennes propres.

Le rapport annuel et la délibération en Conseil privé y relative sont adressés au Ministre de la marine et des colonies dans les six premiers mois de chaque année. Les rapports spéciaux le sont également lorsque le Conseil privé le juge nécessaire.

Art. 10

La caisse reçoit toute somme, si minime ou si forte qu'elle soit, sans limitation de plus ou de moins. Toutefois, les fractions de franc ne produisent pas d'intérêt.

Art. 11

Lorsque le dépôt excède 2.000 francs, soit au moment du versement, soit par suite du règlement annuel des intérêts, la caisse achète dans les trois mois, au compte du déposant, la somme de rente nécessaire pour réduire le dépôt au-dessous de 2.000 francs.

Ces achats ont lieu dans les conditions déterminées par les lois des 21 mai, 18 et 30 juin 1851.

Les dispositions qui précèdent ne seront applicables aux sociétés mentionnées au paragraphe 3 de l'article premier que lorsque les versements atteindront la somme maxima de 6.000 francs.

Art. 12

La totalité des pécules, tant disponible que de réserve, est versée d'office dans la caisse par les soins de l'Administration pénitentiaire.

Il ne peut être opéré de retrait sur ces dépôts que jusqu'à concurrence du pécule disponible.

Toutefois, le pécule de réserve peut être retiré par le titulaire au moment de sa libération ou de son entrée en concession. A son décès, le pécule peut être retiré par les ayants droit, sur la production des pièces justificatives établissant leur qualité.

Art. 13

Le taux de l'intérêt à servir par la caisse aux déposants est fixé par le Ministre de la marine et des colonies. Ce taux ne peut être inférieur à 3 p. 100.

Art. 14

L'intérêt part du 1er ou du 16 de chaque mois, après le jour du versement. Il cesse de courir à dater du 1er ou du 16 qui précède le jour du remboursement.

Au 31 décembre de chaque année, l'intérêt acquis s'ajoute au capital et devient lui-même productif d'intérêt.

ART. 15

Les déposants libres ou libérés reçoivent un livret fourni par la caisse. Ces livrets sont numérotés et enregistrés sur un registre *ad hoc*. En cas de perte du livret, il en est délivré un autre par duplicata aux frais du déposant.

Les déposants en cours de peine n'ont pas de livret ; la caisse leur remet chaque année un bulletin de la situation de leur compte, telle qu'elle résulte du règlement des intérêts.

ART. 16

Le Gouverneur fixe, en Conseil privé, sur la proposition du directeur de la caisse d'épargne, la somme que la caisse doit conserver pour ses besoins courants. Tous les fonds excédant cette somme sont immédiatement versés entre les mains du Trésorier payeur, qui en prend charge au titre de la Caisse des dépôts et consignations.

ART. 17

La caisse d'épargne pénitentiaire peut employer, en achat de rentes sur l'État ou de toute autre valeur du Trésor, suivant qu'il sera décidé par le Ministre de la marine et des colonies, une partie des fonds qu'elle aura à la Caisse des dépôts et consignations. Les achats de rentes seront effectués par la Caisse des dépôts et consignations, sur la demande de la caisse d'épargne et les ordres du Trésorier payeur.

Le Trésorier payeur pourvoira, le cas échéant, aux réalisations dans les conditions de l'article 21 de l'ordonnance du 14 avril 1819.

Dans les cas exceptionnels, des arrêtés rendus par le Gouverneur en Conseil privé et soumis immédiatement à l'approbation du Ministre pourront autoriser la caisse d'épargne à n'opérer le remboursement que par acomptes de 50 francs au minimum et par quinzaine.

ART. 18

Le Ministre de la marine et des colonies règle l'emploi des fonds versés à la Caisse des dépôts et consignations et fixe, par suite, la somme à réserver pour le service des remboursements.

ART. 19

Les retraits à faire sur les fonds disponibles entre les mains du Trésorier payeur ne peuvent s'effectuer qu'en vertu d'un avis préalable du directeur de la caisse, déterminant la somme dont le remboursement est demandé. Le remboursement est ensuite opéré au caissier, sur sa quittance, dans le délai de trois jours.

ART. 20

En cas de dissolution de la caisse pour une cause quelconque, les sommes qui resteraient libres, après l'acquittement de toutes les dettes et charges de l'établissement, feraient retour au Trésor public.

ART. 21

Le règlement intérieur de la caisse d'épargne est arrêté par le Ministre de la marine et des colonies.

ART. 22

Les modifications aux présents statuts seront valables si elles ont été proposées par le directeur de la caisse d'épargne pénitentiaire ou par le président de la Commission de surveillance, délibérées en Conseil privé et approuvées par le Ministre de la marine et des colonies.

Toutefois, après avis du Gouverneur en Conseil privé, le Département pourra introduire directement dans les statuts de la caisse d'épargne pénitentiaire les modifications qui lui sembleraient utiles ou nécessaires au bon fonctionnement de cette institution.

Fait à Paris, le 13 juin 1887.

Le Ministre de la marine et des colonies,

E. BARBEY.

RAPPORT AU MINISTRE, *suivi d'un* ARRÊTÉ *déterminant le taux de l'intérêt, le mode de remploi du capital et le fonds de roulement de la caisse d'épargne pénitentiaire.*

(Du 1ᵉʳ juillet 1887.)

Par décret du 13 juin courant M. le Président de la République a approuvé les nouveaux statuts de la caisse d'épargne pénitentiaire de la Nouvelle-Calédonie. Il convient de déterminer aujourd'hui :

1° Le taux de l'intérêt à servir aux déposants ;

2° La somme qui doit rester disponible à la caisse ;

3° Le mode de remploi des sommes dont le versement est prescrit à la Caisse des dépôts et consignations.

Le règlement de ces différents points appartenant au Ministre, en vertu des dispositions des articles 13, 17 et 18 des statuts, j'ai l'honneur de soumettre à la signature de M. Barbey le projet d'arrêté ci-contre, qui est destiné à remplacer la décision ministérielle du 5 janvier 1878, prise en exécution des anciens statuts de la caisse d'épargne pénitentiaire.

La conversion de la rente 5 p. 100 a rendu, tout d'abord, nécessaire l'adoption de la rente 3 p. 100 comme valeur de remploi et, enfin, il a paru opportun, en vue de la constitution du fonds de réserve prévu par l'article 5 des statuts, de réduire le taux de l'intérêt servi aux déposants. En effet, ce taux fixé, par l'arrêté ministériel du 5 janvier 1878, à 3 fr. 60 p. 100, n'est inférieur que de 0 fr. 05 à 0 fr. 06 au taux de l'intérêt servi par l'État et l'écart n'est pas assez considérable, surtout en présence de la plus-value constante des fonds publics. Dans ces conditions, j'ai l'honneur de proposer au Ministre d'abaisser le taux de l'intérêt à servir aux déposants, à 3 fr. 40 p. 100.

D'un autre côté, par suite de l'admission des versements du personnel libre et condamné de la relégation, ainsi que des sociétés coopératives et syndicales, et en raison de l'élévation de 1.000 à 2.000 francs du montant de la valeur maxima des dépôts à effectuer à la caisse d'épargne pénitentiaire, il m'a paru indispensable de porter de 50.000 à 80.000 francs la quotité de la somme qui doit rester disponible à la caisse, de manière à permettre à cet établissement de faire face à toute éventualité.

Si le Ministre veut bien partager ma manière de voir à cet égard, je le prierai de revêtir de sa signature le projet d'arrêté qui accompagne le présent rapport.

Le Sous-Secrétaire d'État
au Ministère de la marine et des colonies,
EUG. ÉTIENNE.

ARRÊTÉ

(Du 1er juillet 1887.)

LE MINISTRE DE LA MARINE ET DES COLONIES,

Vu le décret du 4 janvier 1878, autorisant la création d'une caisse d'épargne pénitentiaire en Nouvelle-Calédonie;

Vu l'avis du Conseil privé de cette colonie en date du 11 juillet 1885;

Vu le décret du 13 juin 1887, approuvant les modifications des statuts de la caisse d'épargne pénitentiaire;

Vu les articles 13, 17 et 18 des nouveaux statuts;

Sur le rapport du Sous-Secrétaire d'État au Ministère de la marine et des colonies,

ARRÊTE:

ARTICLE PREMIER

Le taux de l'intérêt à servir par la caisse d'épargne pénitentiaire de la Nouvelle-Calédonie à ses déposants de toute catégorie est fixé à 3 fr. 40 p. 100 l'an.

ART. 2

La somme qui doit rester disponible sur celles versées à la Caisse des dépôts et consignations est fixée à 80.000 francs. Le surplus sera employé en rente 3 p. 100 de la dette inscrite.

ART. 3

Les dispositions de la décision ministérielle du 5 janvier 1878 sont abrogées.

Fait à Paris, le 1er juillet 1887.

E. BARBEY.

RAPPORT AU PRÉSIDENT DE LA RÉPUBLIQUE FRANÇAISE, *suivi d'un* DÉCRET *réglant le mode de constatation de la présence des libérés tenus de résider dans les colonies pénitentiaires.*

(Du 13 janvier 1888.)

(Administration des colonies; 1re division; — 2e bureau; *colonies pénitentiaires; Nouvelle-Calédonie, Guyane.*)

MONSIEUR LE PRÉSIDENT,

L'article 6 de la loi du 30 mai 1854, relative à l'exécution de la peine des travaux forcés, astreint les libérés à l'obligation de résider dans la colonie pénitentiaire où ils ont purgé leur condamnation :

Le même article a déterminé :

1° L'étendue de cette obligation qui est temporaire ou perpétuelle, suivant que la peine encourue est inférieure ou supérieure à huit années (art. 6, §§ 1er et 2);

2° Les atténuations dont cette peine est susceptible (art. 6, § 3);

3° La forme et la nature de ces décisions gracieuses qui peuvent en faire remise (art. 6, § 4);

4° Les pénalités dont sont frappés les libérés qui cherchent à se soustraire à l'obligation que la loi leur impose (art. 8).

Mais en dehors de cette peine accessoire, aucune restriction n'est apportée à la liberté individuelle des transportés parvenus à l'expiration de leur peine; ils ont la faculté pleine et entière de se mouvoir dans toute l'étendue de la colonie, et le droit aussi bien que le devoir de l'Administration se borne à s'assurer de leur présence dans les limites du lieu de leur internement.

Or, ce contrôle, si simple en apparence, présente les plus sérieuses difficultés dans la pratique, en raison de l'extrême mobilité de la population des libérés.

En effet, ils parcourent sans cesse et en tous sens la colonie, vivant la plupart du temps en état de vagabondage ou à la charge de quelques libérés qui ont accepté de travailler chez les colons de l'intérieur.

Dans de pareilles conditions, la constatation de la présence de ces individus devient pour ainsi dire impossible et la vigilance de l'Administration, qui a pour mission de faire exécuter les prescriptions de la loi relatives à l'obligation de résidence, est bien souvent mise en défaut.

Le Département s'est vivement préoccupé de cette situation que le nombre toujours croissant des libérés rend des plus dangereuses pour la sécurité des colonies pénitentiaires.

Afin de remédier à un état de choses aussi fâcheux et afin d'assurer, en même temps, aux dispositions de la loi du 30 mai 1854, concernant cette catégorie de transportés, leur plein et entier effet, j'ai pensé qu'il conviendrait de faire procéder à des appels assez fréquents pour ne pas perdre dorénavant la trace d'aucun des libérés sur lesquels l'Administration doit exercer sa surveillance.

La légalité de cette mesure ne me parait pas constestable, puisque le Garde des sceaux en a, d'une part, recommandé l'emploi dans une lettre en date du 4 juillet 1882 et que, d'un autre côté, les lois militaires soumettent à des appels périodiques les hommes de la disponibilité et de la réserve de l'armée active ainsi que ceux de l'armée territoriale.

En effet, une obligation à laquelle sont astreints les citoyens honnêtes peut, *a fortiori*, être prescrite, sans aucun inconvénient à mon avis, pour des forçats libérés qui doivent être, en raison de leurs antécédents, l'objet d'une surveillance toute particulière.

J'ajouterai que ce mode de contrôle, irréprochable dans la forme, me parait aussi le plus simple dans son fonctionnement, le plus sûr dans ses résultats et, en même temps, le moins vexatoire dans son application.

En conséquence, j'ai préparé le décret ci-joint, qui détermine dans quelles conditions la présence des libérés dans les colonies pénitentiaires sera constatée désormais, et fixe les pénalités qu'ils encourront lorsqu'ils ne se conformeront pas aux dispositions de cet acte.

D'un autre côté, il m'a paru nécessaire de soustraire les libérés à la juridiction des conseils de guerre et de les rendre désormais justiciables des tribunaux de droit commun.

Aux termes des dispositions de l'article 10 de la loi du 30 mai 1854, les libérés astreints à l'obligation de la résidence, soit perpétuelle, soit temporaire, sont justiciables des conseils de guerre maritimes au point de vue de la répression des infractions spécialement prévues par l'article 8 de la même loi.

Dans la pratique, cette procédure exceptionnelle a été même étendue à tous les crimes et délits commis par les transportés de cette catégorie, et le décret du 21 juin 1858 les a complètement soumis à la juridiction militaire. On a, en effet, considéré les libérés astreints à l'obligation de la résidence comme étant encore en quelque sorte *sub pœna*, et cette jurisprudence a paru nécessiter, ou plutôt, justifier le régime adopté jusqu'ici à leur égard.

Une communication du Ministre de la justice, en date du 24 février 1885, est venue jeter un jour nouveau sur cette question et modifier la manière de voir, adoptée jusque-là par l'administration des colonies de concert avec la Chancellerie.

A propos du mode de gestion applicable aux successions laissées par les libérés astreints à la résidence, le Garde des sceaux a fait observer d'une manière générale, qu'en dehors des obligations auxquelles ces individus sont soumis en vertu de l'article 6 de la loi du 30 mai 1854, leur condition n'est pas subordonnée à une autre clause restrictive, et il a ajouté que les règles du droit commun leur devenaient de nouveau applicables à partir de l'expiration de la peine des travaux forcés qu'ils avaient à subir.

Pour ces motifs, il ne m'a pas paru équitable de maintenir plus longtemps le régime d'exception sous lequel les libérés de la 4e catégorie, 1re section, ont été placés jusqu'ici au point de vue de la juridiction dont ils relèvent, d'autant plus que l'article 2 de la loi du 27 mai 1885, sur les récidivistes, ayant refusé aux diverses juridictions maritimes le droit de prononcer contre qui que ce soit la relégation, les libérés échappaient ainsi aux conséquences de cette nouvelle loi pénale.

L'article 7 du projet de décret ci-joint, relatif aux libérés, attribue aux tribunaux de droit commun la connaissance des crimes et délits commis par les libérés, à l'exception, toutefois, des infractions qui doivent être jugées par les conseils de guerre maritimes, conformément à l'article 10 de la loi du 30 mai 1854.

En conséquence, j'ai l'honneur de vous prier, Monsieur le Président, de vouloir bien revêtir de votre signature le projet de décret ci-joint, qui a déjà reçu la sanction du Conseil d'État.

Je vous prie d'agréer, Monsieur le Président, l'hommage de mon profond respect.

Le Ministre de la marine et des colonies,
KRANTZ.

DÉCRET

(Du 13 janvier 1888.)

LE PRÉSIDENT DE LA RÉPUBLIQUE FRANÇAISE,

Vu la loi du 30 mai 1854, concernant l'exécution de la peine des travaux forcés;

Vu l'article 2 du décret du 29 août 1855, réglant le régime pénal et disciplinaire des individus subissant la transportation dans les colonies d'outre-mer;

Vu l'article 12 du décret du 12 juin 1858, portant règlement d'administration publique pour l'application aux colonies du Code de justice militaire pour l'armée de mer;

Vu l'article 18 du sénatus-consulte du 3 mai 1854;

Sur le rapport du Ministre de la marine et des colonies et du Garde des sceaux, Ministre de la justice;

Le Conseil d'État entendu,

DÉCRÈTE:

ARTICLE PREMIER

Les libérés des travaux forcés tenus à résider dans les colonies pénitentiaires sont astreints, pendant la durée de cette résidence, à répondre à deux appels annuels, à l'effet de constater leur présence dans la colonie.

Les dates des appels sont déterminées chaque année par arrêté du Gouverneur; les libérés ont un mois pour y répondre.

ART. 2

Pendant ce délai, les libérés soumis à l'obligation de la résidence, soit temporaire, soit perpétuelle, doivent se présenter aux autorités désignées par des arrêtés du Gouverneur publiés au *Journal officiel de la colonie* et affichés partout où besoin est, un mois au moins avant l'ouverture de chaque période d'appel.

ART. 3

Le Gouverneur peut, par une décision individuelle toujours révocable, exempter de l'obligation de l'appel les libérés suffisamment connus et offrant des garanties.

ART. 4

Lorsque des troubles, des évasions collectives ou tout autre événement grave nécessitent un recensement de la population transportée, le Gouverneur, sur la proposition du Directeur de l'Administration pénitentiaire, peut prescrire un nouvel appel auquel il est procédé dans les formes et sous les conditions applicables aux appels périodiques.

ART. 5

Celui qui, sans motif légitime, n'a pas répondu à un appel périodique ou exceptionnel, est puni d'un emprisonnement de deux mois à un an; en cas de nouvelle infraction, dans un délai de cinq ans, aux prescriptions des articles 1 et 4 ci-dessus, le libéré qui l'a commise est puni d'un emprisonnement de quatre mois à deux ans.

L'article 463 du Code pénal est applicable à ces condamnations, même en cas de récidive.

ART. 6

La connaissance des infractions à l'obligation de l'appel, ainsi que de tous les crimes et délits commis par les libérés tenus de résider dans la colonie pénitentiaire, est de la compétence des tribunaux de droit commun, à l'exception, toutefois, des infractions spéciales déterminées par l'article 8 de la loi du 30 mai 1854, justiciables des conseils de guerre, en vertu de l'article 10 de cette loi.

ART. 7

Les dispositions de l'article 2 du décret du 29 août 1855 et de l'article 12 du décret du 21 juin 1858 sont abrogées en ce qu'elles ont de contraire aux prescriptions du présent décret.

ART. 8

Des arrêtés du Gouverneur en Conseil privé déterminent :

1° Les circonscriptions d'appel ;

2° Les autorités chargées de constater la présence des libérés ;

3° Les formalités à remplir par les libérés qui se trouvent dans l'impossibilité de répondre aux appels ;

4° La forme du certificat à délivrer aux libérés pour leur permettre, le cas échéant, de justifier qu'ils ont satisfait aux obligations résultant du présent décret, ou qu'ils en sont dispensés, conformément aux dispositions de l'article 3 ci-dessus.

ART. 9

Le Ministre de la marine et des colonies et le Garde des sceaux, Ministre de la justice, sont chargés, chacun en ce qui le concerne, de l'exécution du présent décret, qui sera inséré au *Journal officiel de la République française*, au *Bulletin des Lois* et au *Bulletin officiel de l'administration des colonies.*

Fait à Paris, le 13 janvier 1888.

CARNOT.

Par le Président de la République :

Le Garde des sceaux,
Ministre de la justice,
FALLIÈRES.

Le Ministre de la marine et des colonies,
KRANTZ.

RAPPORT AU SOUS-SECRÉTAIRE D'ÉTAT, *concernant la proposition de nommer une commission chargée d'examiner les réformes qu'il y a lieu d'introduire dans le régime pénitentiaire aux colonies.*

Paris, le 15 mai 1889.

La loi du 27 mai 1885 sur la relégation des récidivistes me paraît devoir entraîner certaines modifications dans l'exécution de la peine de la transportation substituée au régime des bagnes par la loi du 30 mai 1854.

La transportation a eu pour conséquence inévitable de modifier profondément le régime disciplinaire des forçats. Celui des anciens bagnes ne pouvait se prêter aux exigences d'une sorte d'éducation coloniale et c'est sous l'empire de cette nécessité que fut promulgué le décret du 18 juin 1880. Cet acte, il faut le reconnaître, est d'une application difficile; il restreint outre mesure l'autorité du personnel de surveillance; dans certains cas, la répression des fautes disciplinaires commises par les condamnés aux travaux forcés est à peu près illusoire et, devant ces gens dominés par la paresse et les appétits brutaux, l'Administration, après avoir épuisé toutes les rigueurs du règlement, se trouve à peu près désarmée. Il en est de même de la justice. Souvent l'on voit des forçats condamnés plusieurs fois à perpétuité accumuler sur leur tête cent, cent cinquante ou deux cents ans de travaux forcés.

Dans de pareilles conditions, il est aisé de comprendre que les établissements pénitentiaires qui devraient contribuer à la prospérité des colonies puissent, à un moment donné, devenir au contraire pour elles une cause d'inquiétude.

Si l'on considère que cette situation va s'aggravant chaque année par l'accroissement de l'élément pénal, on doit être, à bon droit, effrayé des embarras qu'elle peut occasionner au Gouvernement dans un avenir rapproché.

Il est donc du devoir de l'Administration des colonies de se préoccuper de cette éventualité et d'étudier les moyens de remédier à cet état de choses par une refonte des règlements d'administration publique rendus en exécution de la loi de 1854 et par l'élaboration des règlements prévus par la loi du 27 mai 1885.

Je n'ignore pas que la Commission de revision du Code pénal composée de membres du Parlement et de la Magistrature et de représentants du Conseil d'État et de l'Administration s'est longuement occupée des peines coloniales et a modifié profondément les deux lois de 1854 et de 1885; mais la réforme du Code pénal préparée par la Commission est encore à l'état de projet, et l'examen d'une aussi grave question par le Parlement nécessitera certainement de longs délais; nous ne devons donc pas attendre qu'elle soit résolue pour apporter dans le régime de nos établissements pénitentiaires coloniaux les modifications qui paraissent indiquées par l'expérience.

Seulement, l'étude de toutes les questions qui se rattachent à l'exécution des peines de la transportation et de la relégation ainsi qu'à l'utilisation de la main-d'œuvre pénale est délicate, et je pense qu'il y a lieu de confier à une Commission permanente, composée exclusivement d'administrateurs, le soin de préparer les actes qui doivent servir de base à la réorganisation du service pénitentiaire.

Si Monsieur le Sous-Secrétaire d'État partage ma manière de voir à cet égard, je lui proposerais de composer ainsi cette Commission :

MM. Paul DISLÈRE, conseiller d'État, membre de la Commission de revision du Code pénal. *Président*.

LÉVEILLÉ, professeur à la Faculté de droit, membre de la Commission de revision du Code pénal. *Vice-Président*.

YVERNÈS, chef de division au Ministère de la justice, vice-président de la Commission de classement des récidivistes. Membre

Un représentant de l'Administration pénitentiaire métropolitaine non encore désigné par le Ministre de l'Intérieur. Membre.

MM. DE LAVAISSIÈRE DE LAVERGNE, chef du bureau de l'Administration pénitentiaire au sous-secrétariat des colonies. Membre.

DANEL, inspecteur des colonies. Membre.

WILHELM, sous-chef de bureau chargé de la Justice maritime au Ministère de la marine et des colonies. Membre.

SCHMIDT, sous-chef du bureau de l'Administration pénitentiaire au sous-secrétariat d'État des colonies. Membre.

PAULIAN, secrétaire rédacteur des procès-verbaux de la Chambre des députés. Secrétaire avec voix délibérative.

M. GERDRET, commis rédacteur, remplirait les fonctions de Secrétaire-adjoint.

En outre, je proposerais d'appeler, à titre temporaire dans la même Commission les fonctionnaires du service colonial, actuellement en congé en France, dont les noms suivent :

MM. VÉRIGNON, directeur de l'Administration pénitentiaire à la Guyane.

GANBARON, secrétaire général de la direction de l'Intérieur en Nouvelle-Calédonie.

CERISIER, secrétaire général de la direction de l'Intérieur à la Guyane.

Si Monsieur Étienne veut bien accueillir favorablement ces diverses propositions, je le prierai de revêtir de sa signature le présent rapport.

Approuvé :   *Le Chef de la 1re Division,*

Le Sous-Secrétaire d'État,   M. HOUSEY.

Eug. ÉTIENNE.

---

(1) Cette commission est actuellement composée comme suit :

MM. JACQUIN, ancien conseiller d'État, président.
  LÉVEILLÉ, professeur à la Faculté de droit de Paris, vice-président.
  BOULLOCHE (A.), conseiller à la cour de cassation.
  DUBARD, inspecteur général des colonies, directeur du contrôle au Ministère des colonies.
  VASSELLE, directeur chargé des services pénitentiaires.
  DE LAVERGNE, directeur honoraire au Ministère des colonies.
  DALMAS, sous-directeur chargé du bureau de la justice au Ministère des colonies.
  SCHMIDT (G.), sous-directeur chargé du bureau des services pénitentiaires au Ministère des colonies.
  LOCARD, chef de bureau au Ministère de la Justice.
  DE LESCAN, chef de bureau au Ministère de l'Intérieur.
  MADRE, premier président honoraire de cour d'appel.
  RIVIÈRE (A.), secrétaire général de la Société générale des prisons.
  PAULIAN, secrétaire rédacteur à la Chambre des députés, membre.
  SONNET (Henri), rédacteur principal au Ministère des colonies, secrétaire.

Rapport au Président de la République française, *suivi d'un* décret *concernant les cafés, cabarets, débits de boissons, hôtels, etc., dans les colonies pénitentiaires de la Guyane et de la Nouvelle-Calédonie.*

(Du 30 août 1889.)

(Sous-Secrétariat d'État des colonies : 1re Division ; — 3e Bureau
Administration pénitentiaire, Colonisation pénale.)

Monsieur le Président,

MM. les Gouverneurs de nos colonies pénitentiaires ont fréquemment appelé l'attention de l'administration centrale sur les graves inconvénients qui résultent de la présence, sur le territoire pénitentiaire ou dans ses environs, de marchands ambulants, colporteurs, ou même sédentaires, qui fournissent aux transportés et aux relégués, soit du vin ou des liqueurs alcooliques, soit des marchandises que les condamnés ne peuvent payer et pour le paiement desquelles des saisies sont pratiquées sur les concessions.

La législation actuelle ne permet pas de prévenir les désordres auxquels cette situation peut donner naissance. En ce qui concerne la vente du vin ou des spiritueux, les dispositions en vigueur s'appliquent uniquement aux établissements où l'on consomme sur place et ne permettent pas d'atteindre ceux où l'on vend des liquides de ce genre à emporter. De plus, aucune prescription légale ne précise le droit qui appartient incontestablement à l'Administration pénitentiaire d'interdire sur son territoire ou sur ses établissements tout commerce qui lui paraîtrait nuisible au bon ordre.

Le projet de décret que j'ai l'honneur de soumettre à votre signature répond à cette préoccupation. S'inspirant de dispositions que vous avez bien voulu approuver le 22 juin dernier, il interdit d'une manière absolue et sur tout le territoire des colonies la vente ou du vin ou des spiritueux aux condamnés aux travaux forcés et aux relégués; enfin, il interdit l'accès des camps et territoires de la transportation à tous commerçants non munis d'une autorisation spéciale et révocable délivrée par le Gouverneur en Conseil privé.

Je vous prie d'agréer, Monsieur le Président, l'hommage de mon profond respect.

Le Président du Conseil,
Ministre du commerce, de l'industrie et des colonies,
P. TIRARD.

DÉCRET
(Du 30 août 1889.)

Le Président de la République française,

Sur le rapport du Ministre du commerce, de l'industrie et des colonies;
Vu l'article 17 du sénatus-consulte du 3 mai 1854 :

Vu les lois du 30 mai 1854 sur l'exécution de la peine des travaux forcés et du 27 mai 1885 sur les récidivistes, ensemble le décret du 26 novembre 1885 portant règlement d'administration publique pour l'application de la loi précitée du 27 mai 1885 ;

Vu le décret du 20 août 1852 ;

Vu les ordonnances des 27 août 1828 et 20 août 1832 concernant le gouvernement de la Guyane et le décret du 12 novembre 1871 sur le Gouvernement de la Nouvelle-Calédonie,

DÉCRÈTE :

ARTICLE PREMIER

La vente aux condamnés aux travaux forcés et aux réclusionnaires en cours de peine, ainsi qu'aux relégués collectifs, du vin ou de boissons alcooliques quelconques est interdite sur tout le territoire de la Nouvelle-Calédonie et de la Guyane, sous les peines prévues ci-après.

Toutefois, cette disposition n'est pas applicable à la vente du vin ou de boissons alcooliques aux concessionnaires en cours de peine qui seraient munis d'une autorisation délivrée par l'Administration pénitentiaire.

ART. 2

Dans toute l'étendue des territoires pénitentiaires des colonies de la Guyane et de la Nouvelle-Calédonie, les marchands, débitants et colporteurs ne pourront vendre, échanger ou procurer des marchandises quelconques aux individus désignés à l'article premier, sans être munis d'une autorisation spéciale et révocable délivrée par le Gouverneur en Conseil privé.

ART. 3

Les contraventions aux dispositions édictées aux articles premier et 2 ci-dessus seront constatées par tous les agents de la force publique, y compris les surveillants militaires ; elles seront punies d'une amende de 25 à 200 francs et d'un emprisonnement de six à quinze jours. Toutefois, l'article 463 du Code pénal est applicable.

ART. 4

La fermeture des établissements désignés à l'article premier du présent décret pourra, en outre, être ordonnée par arrêté du Gouverneur pris en Conseil privé après une condamnation prononcée dans les conditions prévues à l'article 3.

Cette fermeture ne pourra être prononcée que pendant le mois qui suivra la condamnation.

ART. 5

La procédure pour l'instruction des demandes d'ouverture des établissements désignés à l'article premier sera déterminée par un arrêté du Gouverneur pris en Conseil privé.

ART. 6

Le présent décret ne recevra son application que six mois après la date de sa promulgation dans les colonies de la Guyane et de la Nouvelle-Calédonie.

Durant le délai imparti ci-dessus, les propriétaires ou gérants d'établissements énumérés à l'article 2, qui désireraient continuer leur commerce, devront se mettre en instance en vue d'obtenir les autorisations exigées.

ART. 7

Le Ministre du commerce, de l'industrie et des colonies est chargé de l'exécution du présent décret, qui sera inséré au *Journal officiel de la République française*, au *Bulletin des Lois* et au *Bulletin officiel de l'administration des colonies*.

Fait à Fontainebleau, le 30 août 1889.

CARNOT.

Par le Président de la République :

Le Président du Conseil,

Ministre du commerce, de l'industrie et des colonies,

P. TIRARD.

1° DÉCRET *constituant les tribunaux maritimes spéciaux dans les colonies affectées à la transportation des individus condamnés aux travaux forcés.*

(Du 1 octobre 1889.)

(Marine. — Commerce, industrie et colonies. — Justice et cultes.)

LE PRÉSIDENT DE LA RÉPUBLIQUE FRANÇAISE,

Vu les articles 10 et 14 de la loi du 30 mai 1854 sur l'exécution de la peine des travaux forcés;

Vu les articles 12 et 13 du décret du 21 juin 1858, portant règlement d'administration publique pour l'application aux colonies du Code de justice militaire pour l'armée de mer;

Vu l'article 18 du sénatus-consulte du 3 mai 1854;

Sur le rapport du Ministre de la marine, du Ministre du commerce, de l'industrie et des colonies et du Garde des sceaux, Ministre de la justice;

Le Conseil d'État entendu,

DÉCRÈTE :

ARTICLE PREMIER

Les condamnés aux travaux forcés sont justiciables, pour tous crimes ou délits commis dans les colonies pénitentiaires, de tribunaux maritimes spéciaux établis dans ces colonies.

Sont justiciables des mêmes tribunaux :

1° Les condamnés aux travaux forcés poursuivis en exécution de l'article 7 de la loi du 30 mai 1854;

2° Les libérés des travaux forcés qui se rendent coupables du crime d'évasion prévu par l'article 8 de la dite loi.

ART. 2

Lorsque la poursuite d'un crime ou d'un délit comprend des individus non justiciables des tribunaux maritimes spéciaux et des individus justiciables de ces tribunaux, tous les prévenus indistinctement sont traduits devant les tribunaux ordinaires, sauf les cas exceptés par les paragraphes suivants ou par toute autre disposition de la loi.

Sont justiciables des tribunaux maritimes spéciaux tous les individus prévenus de complicité dans l'évasion ou la tentative d'évasion des condamnés aux travaux et des libérés.

En cas de crimes ou de délits commis de complicité par des individus justiciables de conseils de guerre et des condamnés aux travaux forcés, le conseil de guerre est seul compétent.

Devant quelque juridiction que soient traduits les condamnés aux travaux forcés, ils restent passibles des peines qui leur sont spécialement applicables.

ART. 3

Le tribunal maritime est composé de :

Un officier supérieur du corps de la marine ou des troupes de la marine ou, à défaut, du commissariat de la marine, président, et de quatre juges savoir :

Un magistrat de première instance ;

Un officier du grade de capitaine ou de lieutenant ;

Un fonctionnaire de l'Administration pénitentiaire ayant au moins le rang de sous-chef de bureau ;

Un sous-officier ;

Un fonctionnaire de l'Administration pénitentiaire ayant au moins le rang de sous-chef de bureau est nommé commissaire-rapporteur ; en cette qualité, il est chargé de l'instruction et remplit, près le tribunal, les fonctions de ministère public ;

Un commis de l'Administration pénitentiaire ou un surveillant militaire occupe l'emploi de greffier ;

Le siège et le ressort des tribunaux maritimes spéciaux sont désignés par arrêté du Gouverneur de la colonie.

ART. 4

S'il ne se trouve pas sur les lieux un nombre suffisant d'officiers ou de fonctionnaires du grade requis, la présidence des tribunaux maritimes spéciaux peut être confiée à un officier du grade de capitaine appartenant au corps de la marine, ou aux troupes de la marine ou, à défaut, au commissariat de la marine. L'officier du grade de capitaine ou de lieutenant, juge, peut être remplacé par un sous-lieutenant.

Dans les colonies pénitentiaires autres que la Guyane ou la Nouvelle-Calédonie, les tribunaux maritimes spéciaux, s'ils ne peuvent être constitués conformément à l'article 3, sont composés de trois juges, savoir:

Un officier du grade de capitaine, ou, à défaut, un sous-commissaire de la marine, président ;

Un magistrat ou fonctionnaire chargé de rendre la justice en premier ressort ;

Un officier ou assimilé du grade de lieutenant ou de sous-lieutenant ;

Un fonctionnaire de l'Administration pénitentiaire ou un surveillant militaire occupe l'emploi de greffier.

ART. 5

Les membres du tribunal maritime spécial sont nommés et remplacés par décision du Gouverneur.

Si les circonstances l'exigent, il peut être adjoint au commissaire-rapporteur un ou plusieurs substituts pris dans les rangs de l'Administration pénitentiaire ; il peut également être affecté au greffe un ou plusieurs commis-greffiers,

ART. 6

La procédure applicable devant le tribunal maritime spécial est celle qui est prescrite par les articles 197 et suivants du Code de justice militaire pour l'armée de mer (loi du 4 juin 1858) ; toutefois les attributions dévolues au préfet maritime sont exercées par le Gouverneur.

Les attributions prévues aux articles 113 et suivants du Code précité sont exercées, concurremment avec tous les autres officiers de la police judiciaire, par les agents de tous grades préposés à la surveillance des établissements pénitentiaires.

Le Directeur de l'Administration pénitentiaire, les inspecteurs de la transportation et les commandants de pénitenciers sont investis des pouvoirs déterminés à l'article 113 du même Code.

ART. 7

Les jugements rendus par les tribunaux maritimes spéciaux peuvent être attaqués par la voie du recours en revision.

Ce recours est porté devant le conseil de revision permanent dans le ressort duquel se trouve la colonie et instruit conformément aux prescriptions des articles 183 et suivants du Code de justice maritime.

Aucun pourvoi en cassation ne peut être formé contre les sentences rendues à l'égard des condamnés aux travaux forcés si ce n'est dans l'intérêt de la loi, conformément aux articles 441 et 442 du Code d'instruction criminelle.

Les jugements des tribunaux maritimes spéciaux et des conseils de revision concernant tous autres individus que les condamnés aux travaux forcés peuvent être attaqués devant la Cour de cassation, mais pour cause d'incompétence seulement.

Le pourvoi en cassation ne peut être formé avant qu'il ait été statué sur le recours en revision ou avant l'expiration du délai fixé pour l'exercice de ce recours.

Art. 8

En cas d'annulation d'un jugement d'un tribunal maritime spécial pour tout autre motif que l'incompétence, l'affaire est renvoyée, sur l'ordre du Gouverneur, devant un tribunal maritime spécial de la colonie qui n'en a pas connu, ou, à défaut, devant le même tribunal composé d'autres juges ou même devant celui d'une autre colonie.

Art. 9

Sont et demeurent abrogés, les articles 12 et 13 du décret du 21 juin 1858, portant règlement d'administration publique pour l'application aux colonies du Code de justice maritime. Toutefois, les conseils de guerre demeureront compétents, à titre transitoire, pour connaître de tous les faits antérieurs à la mise en vigueur du présent décret dans chaque colonie pénitentiaire.

Art. 10

Le Ministre de la marine, le Ministre du commerce, de l'industrie et des colonies, et le Garde des sceaux, Ministre de la justice, sont chargés de l'exécution du présent décret, qui sera inséré au *Journal officiel de la République française*, au *Bulletin des Lois* et aux *Bulletins officiels de la marine et de l'administration des colonies*.

Fait à Paris, le 4 octobre 1889.

CARNOT.

Par le Président de la République:

Le Ministre de la marine,

KRANTZ.

Le Président du Conseil,
Ministre du commerce, de l'industrie et des colonies,

P. TIRARD.

Le Garde des sceaux,
Ministre de la justice et des cultes,

THÉVENET.

2° DÉCRET *déterminant les pénalités applicables aux condamnés aux travaux forcés.*

(Du 5 octobre 1889.)

(Commerce, industrie et colonies. — Cultes et justice. — Marine.)

LE PRÉSIDENT DE LA RÉPUBLIQUE FRANÇAISE,

Vu l'article 18 du sénatus-consulte du 3 mai 1854 sur la constitution;

Vu le décret du 10 mars 1855, rendant la loi du 30 mai 1854 applicable, sous certaines modifications aux colonies régies par décret;

Vu le décret du 6 mars 1877, portant application aux colonies du Code pénal métropolitain;

Sur le rapport du Ministre du commerce, de l'industrie et des colonies, du Garde des sceaux, Ministre de la justice, et du Ministre de la marine.

DÉCRÈTE :

ARTICLE PREMIER

Les dispositions des lois pénales en vigueur dans chaque colonie pénitentiaire sont applicables aux condamnés aux travaux forcés qui subissent leur peine sous les réserves spécifiées aux articles suivants.

ART. 2

Les peines applicables aux condamnés aux travaux forcés, sont :

La mort ;

La réclusion cellulaire pendant six mois au moins et cinq ans au plus ;

L'emprisonnement pour six mois au moins et cinq ans au plus.

ART. 3

Les condamnés à la réclusion cellulaire sont détenus séparément de jour et de nuit et privés de toute communication avec l'extérieur.

Ils sont astreints au travail.

ART. 4

Les condamnés à l'emprisonnement sont détenus dans un établissement fermé et astreints au travail en commun sous l'obligation du silence. Ils sont isolés la nuit.

ART. 5

Les condamnés à la réclusion cellulaire et à l'emprisonnement peuvent obtenir la faveur de la libération conditionnelle dans les conditions déterminées par la loi du 14 août 1885.

Dans ce cas, ils sont réintégrés sur les chantiers et ateliers de la transportation.

Les uns et les autres restent soumis à la même juridiction et aux mêmes pénalités que les condamnés aux travaux forcés.

ART. 6

Est puni de mort tout condamné aux travaux forcés en cours de peine ou subissant la réclusion cellulaire ou l'emprisonnement, qui se rend coupable de voie de fait sur la personne d'un fonctionnaire, employé, agent ou surveillant de l'Administration pénitentiaire.

Toutefois, si les circonstances paraissent atténuantes, les juges peuvent appliquer l'emprisonnement cellulaire pour la durée de deux ans au moins et cinq ans au plus.

ART. 7

Est puni de réclusion cellulaire, pour une durée de six mois à deux ans, tout condamné aux travaux forcés à perpétuité qui, après sommation, se refuse au travail.

La même peine est appliquée au condamné à temps, subissant déjà l'emprisonnement et qui se rend coupable du même fait.

La peine est de six mois à deux ans d'emprisonnement pour les condamnés à temps et en cours de peine.

Art. 8

Lorsque les condamnés aux travaux forcés auront commis des faits passibles aux termes de la loi pénale ordinaire, des peines autres que la mort, celles-ci seront remplacées ainsi qu'il suit, savoir:

Les peines afflictives et infamantes, par la réclusion cellulaire de six mois à cinq ans;

Le bannissement, la dégradation civique, en tant que peine principale, et les peines correctionnelles, par l'emprisonnement de six mois à cinq ans;

Les peines accessoires ne seront pas prononcées, à l'exception de la confiscation spéciale dans les cas où elle est édictée et des amendes encourues en vertu d'une loi fiscale.

Art. 9

Tout condamné aux travaux forcés qui est frappé de la réclusion cellulaire ou de l'emprisonnement subit cette peine dès que la sentence qui la prononce est devenue définitive.

Pour les condamnés à temps il y a interruption du cours de la peine des travaux forcés.

Art. 10

En cas de conviction de plusieurs crimes et délits et pour l'application de l'article 165 du Code de justice maritime, les peines prennent rang dans l'ordre déterminé à l'article 2 ci-dessus.

Art. 11

Tout condamné qui, subissant un emprisonnement se rendra coupable d'une nouvelle infraction ayant le caractère de crime ou de délit, encourra, pour ce fait, la réclusion cellulaire de six mois à cinq ans.

Art. 12

Les contraventions de simple police commises par des condamnés aux travaux forcés seront réprimées par voie disciplinaire, conformément à l'article 369 du Code de justice militaire pour l'armée de mer.

Art. 13

Les condamnations prononcées en vertu du présent acte contre les condamnés aux travaux forcés sont exécutées dans les établissements de l'Administration pénitentiaire.

ART. 14

Sont et demeurent abrogées toutes les ordonances relatives à la répression des crimes et délits commis par les forçats, ainsi que toutes les dispositions contraires au présent décret.

ART. 15

Les dispositions ci-dessus ne sont applicables qu'aux crimes, délits ou contraventions commis postérieurement à la mise en vigueur du présent décret dans chaque colonie pénitentiaire.

ART. 16

Le Président du Conseil, Ministre du commerce, de l'industrie et des colonies, le Garde des sceaux, Ministre de la justice et le Ministre de la marine sont chargés, chacun en ce qui le concerne, de l'exécution du présent décret qui sera inséré au *Journal officiel de la République française*, au *Bulletin des Lois* et aux *Bulletins officiels du Ministère de la justice, de l'administration des colonies et du Ministère de la marine*.

Fait à Paris, le 5 octobre 1889.

CARNOT.

Par le Président de la République:

Le Ministre de la marine,

KRANTZ.

Le Président du Conseil,

Ministre du commerce, de l'industrie et des colonies

Le Garde des sceaux,

P. TIRARD.

Ministre de la justice et des cultes,

THÉVENET.

RAPPORT AU PRÉSIDENT DE LA RÉPUBLIQUE FRANÇAISE, *accompagné d'un* DÉCRET *décidant que les lois pénales en rigueur dans chaque colonie pénitentiaire seront applicables aux condamnés aux travaux forcés subissant leur peine sous les réserves spécifiées au présent décret.*

(Du 5 octobre 1889.)

(Sous Secrétariat d'État des Colonies: 1re Division; — 3e Bureau; *Administration pénitentiaire, colonisation pénale.*)

MONSIEUR LE PRÉSIDENT,

La loi du 30 mai 1854, en ordonnant que la peine des travaux forcés serait désormais subie dans des établissements pénitentiaires coloniaux, a décidé, dans son article 10, que les lois concernant la répression des crimes et délits commis par les forçats continueraient à être exécutées.

Le législateur a ainsi sanctionné, une fois de plus, le principe de la spécialité du châtiment à l'égard de ces hommes.

Or, les lois antérieures ou, pour parler plus exactement, les ordonnances royales intervenues sur la police des chiourmes, n'admettaient guère que trois sortes de peines : la mort, la bastonnade et les mutilations corporelles. Placée en face de l'impossibilité morale de persister dans de semblables errements devenus incompatibles avec nos mœurs, l'Administration s'est efforcée de faire rentrer les forçats, par voie de jurisprudence et d'interprétation, sous l'empire de la pénalité de droit commun.

Les efforts persévérants effectués dans cette voie n'ont abouti qu'à démontrer, d'une manière évidente, l'insuffisance des peines ordinaires à l'encontre de cette catégorie perverse de justiciables.

Qu'importe, en effet, quelques années de travaux forcés de plus ou de moins à un individu déjà condamné à vingt, trente et quarante de la même peine? Que lui importe une pénalité quelconque, s'il est déjà condamné à perpétuité? Et si la crainte du châtiment ne le retient plus, quelle sécurité restera-t-il à ceux qui vivent à ses côtés? Aussi les crimes commis par les transportés se sont progressivement multipliés d'une façon inquiétante en face de l'Administration pénitentiaire désarmée, et l'œuvre de 1854 se trouve compromise.

Contre ces hommes il n'existe, à proprement parler, que deux moyens de répression; la mort et l'incarcération ; cette dernière pouvant elle-même comporter des différences de régime. Toute autre peine est inefficace. C'est ce qu'avaient parfaitement compris les rédacteurs de la loi de 1854 qui, au cours des travaux préparatoires, ont pris soin d'indiquer que, dans leur pensée, l'isolement cellulaire du condamné devait être combiné avec la transportation pour assurer au besoin l'amendement du coupable et corriger, s'il y avait lieu, les insuffisances répressives du régime nouveau. Le rapporteur de la loi a même exprimé cet avis: que le Gouvernement trouverait, dans cette combinaison, l'occasion d'expérimenter sur les grands criminels l'efficacité du régime cellulaire.

Le projet que j'ai l'honneur de soumettre à votre haute sanction, Monsieur le Président, d'ailleurs élaboré par la Commission permanente instituée en vue de la réforme des établissements pénitentiaires coloniaux, n'est donc que la consécration, malheureusement tardive, de ces vœux et le couronnement prévu de l'édifice de 1854. Les principales dispositions consistent à abroger les anciennes ordonnances et à soumettre, en principe, les forçats en cours de peine au Code pénal ordinaire, sauf à remplacer, suivant le cas, par la réclusion cellulaire ou par l'emprisonnement, les peines pour eux inapplicables qu'ils auraient encourues.

Deux incriminations spéciales sont toutefois prévues ; la voie de fait envers un surveillant ou agent de l'Administration pénitentiaire et le refus du travail.

La première est punie de mort, ainsi que cela a toujours existé; la seconde entraîne l'incarcération du coupable, et il est inutile d'insister sur la gravité toute particulière de ces faits.

Pour réaliser cette réforme, qui semble devoir entraîner la rénovation de nos établissements pénitentiaires coloniaux, il suffit d'un simple décret. En effet la réglementation de la police des chiourmes a toujours été laissée au pouvoir exécutif, et cette dévolution a été expressément confirmée par l'article 373 du Code de justice maritime ; en second lieu, la loi de 1854 a fait du condamné aux travaux forcés un colon et, à moins de lui accorder un privilège refusé aux colons libres par l'article 18 du sénatus-consulte du 3 mai 1854, on est conduit à admettre que, pour les actes commis dans la colonie, il est saisi par la loi territoriale, c'est-à-dire soumis, en matière pénale, aux prescriptions d'un simple décret.

Telle a été, au surplus, l'interprétation qui a prévalu sur ce point, dès le début, puisque la loi du 30 mai 1854 a été modifiée partiellement par le décret du 10 mars 1855, lors de sa promulgation dans les colonies autres que les Antilles et la Réunion.

Dans ces conditions, je vous serai obligé, Monsieur le Président, de vouloir bien revêtir de votre signature le projet de décret ci-annexé, lequel me paraît devoir apporter un notable progrès au fonctionnement du service et répond, d'ailleurs, à des vœux maintes fois exprimés par les pouvoirs locaux.

Ce projet de décret a reçu l'adhésion de M. le Garde des sceaux, Ministre de la justice, et de M. le Ministre de la marine.

Veuillez agréer, Monsieur le Président, l'hommage de mon profond respect.

Le Président du Conseil,
Ministre du commerce, de l'industrie et des colonies,

P. TIRARD.

RAPPORT AU PRÉSIDENT DE LA RÉPUBLIQUE FRANÇAISE *et présentation d'un projet de* DÉCRET *portant allocation de hautes payes d'ancienneté aux surveillants militaires de 1re, 2e et 3e classes.*

(Du 5 octobre 1889.)

(Ministère du commerce, de l'industrie et des colonies: — Sous-Secrétariat d'État des colonies: 1re Division; — 3e Bureau.)

MONSIEUR LE PRÉSIDENT,

Depuis 1867, époque à laquelle un décret, en date du 20 novembre, a réorganisé le corps militaire des surveillants des établissements pénitentiaires aux colonies, les tarifs de solde appliqués aux agents chargés de la garde des condamnés dans nos possessions d'outre-mer n'ont été l'objet d'aucune amélioration. Il a été reconnu cependant depuis longtemps déjà, que les traitements affectés aux surveillants étaient insuffisants eu égard aux difficultés de la vie matérielle dans les colonies. Cette insuffisance est surtout plus particulièrement constatée en ce qui concerne les employés des grades inférieurs.

Les ressources budgétaires ne permettent pas malheureusement de procéder, du moins pour le moment, à un relèvement général des tarifs de solde, car cette mesure occasionnerait une dépense trop élevée. Mais, comme les obligations imposées aux agents de la surveillance sont parfois difficiles et toujours très pénibles et que ces modestes et pourtant si utiles serviteurs sont dignes, à tous égards, du plus grand intérêt, j'ai pensé qu'il y avait lieu en vue de retenir au service et de récompenser ceux qui réunissent déjà un certain nombre d'années de présence dans le corps spécial auquel ils appartiennent de les encourager en accordant aux surveillants ordinaires des 1re, 2e et 3e classes, des allocations de hautes payes d'ancienneté pendant la durée de leur séjour aux colonies.

Telle est, Monsieur le Président de la République, l'économie du projet de décret ci-annexé que j'ai l'honneur de soumettre à votre haute sanction.

Il sera possible de pourvoir à l'acquittement des allocations de hautes payes sans recourir à une augmentation de crédits, au moyen des économies réalisées sur l'ensemble des services pénitentiaires, par suite des réductions apportées dans les cadres de certaines catégories du personnel.

Je vous prie d'agréer, Monsieur le Président, l'hommage de mon profond respect.

Le Président du Conseil,

Ministre du commerce, de l'industrie et des cultes,

P. TIRARD.

DÉCRET

(Du 5 octobre 1889.)

LE PRÉSIDENT DE LA RÉPUBLIQUE FRANÇAISE,

Vu le décret du 20 novembre 1867, portant réorganisation du corps militaire des surveillants des établissements pénitentiaires aux colonies;

Sur le rapport du Président du Conseil, Ministre du commerce, de l'industrie et des colonies,

DÉCRÈTE :

ARTICLE PREMIER

Des hautes payes journalières d'ancienneté fixées d'après le tarif ci-après sont accordées aux surveillants des 1re, 2e et 3e classes appartenant au corps militaire des surveillants des établissements pénitentiaires aux colonies.

HAUTES PAYES JOURNALIÈRES	DÉSIGNATION DES COLONIES	
	Guyane, Obock et Gabon.	Nouvelle-Calédonie.
	fr. c.	fr. c.
1re CATÉGORIE		
Après plus de cinq ans et moins de dix ans de service dans le corps des surveillants......................	0 50	0 40
2e CATÉGORIE		
Après plus de dix ans et moins de quinze ans de service dans le corps des surveillants......................	0 75	0 60
3e CATÉGORIE		
Après plus de quinze ans de service dans le corps des surveillants......................................	1 »	0 80

ART. 2

Les hautes payes journalières ne sont allouées aux surveillants que pendant la durée de leur service aux colonies.

Le droit à ces allocations court du jour de débarquement aux colonies et cesse le jour de l'embarquement.

ART. 3

Les surveillants qui se trouvent dans les situations suivantes cessent momentanément d'avoir droit aux allocations de hautes payes journalières :

1° En congé quelle qu'en soit la nature ;

2° Punis disciplinairement de prison ;

3° Suspendus de leurs fonctions.

ART. 4

Les allocations de hautes payes d'ancienneté sont décomptées par journées et payables mensuellement et à terme échu ; elles ne sont pas passibles des retenues prescrites par les lois sur les pensions de retraite de l'armée de mer.

ART. 5

Les dispositions du présent décret recevront leur application à compter du 1er janvier 1890.

ART. 6

Le Président du Conseil, Ministre du commerce, de l'industrie et des colonies est chargé de l'exécution du présent décret, qui sera inséré au *Journal officiel de la République française*, au *Bulletin des Lois* et du *Bulletin officiel de l'administration des colonies*.

Fait à Paris, le 5 octobre 1889.

CARNOT.

Par le Président de la République française:

Le Ministre du commerce,
de l'industrie et des colonies,

· P. TIRARD.

NOTIFICATION *d'un* DÉCRET *du 4 octobre 1889, constituant les tribunaux maritimes spéciaux dans les colonies affectées à la transportation des individus condamnés aux travaux forcés, et d'un* DÉCRET *du 5 du même mois, déterminant les pénalités à infliger à ces hommes.*

(Du 17 octobre 1889)

LE MINISTRE DE LA MARINE *à Messieurs les Gouverneurs de la Guyane et de la Nouvelle-Calédonie.*

(Direction du personnel: — 4ᵉ Bureau; — 2ᵉ Section: *Justice maritime*.)

MONSIEUR LE GOUVERNEUR, j'ai l'honneur de vous remettre, ci-joint, deux décret ayant pour objet de refondre le régime pénal des condamnés aux travaux forcés.

Le premier de ces actes, rendu sur l'avis du Conseil d'État, en conformité de l'article 10 de la loi du 30 mai 1854, a pour but d'instituer dans les colonies pénitentiaires des tribunaux maritimes spéciaux appelés à connaître des crimes et délits commis par des transportés.

Le second, promulgué en vertu de l'article 18 du sénatus-consulte du 3 mai 1854, organise sur des bases nouvelles la répression de ces mêmes crimes et délits. Les libérés sont laissés sous l'action des tribunaux et de la pénalité de droit commun, sauf pour le crime d'évasion tel qu'il est défini à l'article 8 de la loi précitée de 1854.

La création des tribunaux maritimes spéciaux, qui n'est d'ailleurs que la consécration d'une mesure prévue dès le principe, va avoir pour conséquence, dès que l'effet des dispositions transitoires se sera produit, de dessaisir les conseils de guerre permanents de la connaissance d'une criminalité spéciale, dont la répression constituait pour les juges d'épée un travail tout à la fois considérable et quelque peu en dehors de leur rôle normal. Au contraire, la juridiction nouvelle, par sa composition mixte, répond mieux, non seulement à une ancienne tradition, mais aux nécessités multiples des poursuites à diriger contre une catégorie exceptionnelle de justiciables.

Le deuxième décret, donnant satisfaction à un vœu maintes fois exprimé par les autorités locales, organise la pénalité de telle sorte qu'il soit mis fin à l'insuffisance de la répression jusqu'ici en usage.

Les prescriptions nouvelles tendent à ce que chacune des infractions commises soit immédiatement suivie d'un châtiment proportionné et efficace. Les juges devront donc bien se pénétrer de la nécessité qui s'impose à eux de modérer leurs sentences et de réserver aux malfaiteurs endurcis, dont une première incarcération n'aurait pas amené l'amendement, le maximum de sévérité inscrit dans le décret.

Au surplus, le sens et la portée du décret du 4 octobre 1889 vous apparaîtront clairement à la lecture de ce texte. J'appelle toutefois votre attention sur l'article 6 qui prévoit et punit la voie de fait envers un fonctionnaire, agent ou surveillant de l'Administration. L'esprit de cet article tend à protéger aussi complètement que possible le personnel que les nécessités même de l'organisation mettent en contact direct avec les transportés; mais j'ai tenu à faire introduire un paragraphe spécial, en vertu duquel les juges auront la faculté d'apprécier la nature des voies de fait commises et de discerner dans leur sentence celles qui, par leur gravité intrinsèque ou par les circonstances au milieu desquelles elles auront été perpétrées, pourraient motiver l'application de la peine capitale, ou celles qui, tout en constituant une atteinte à la discipline, seraient suffisamment punies par une privation de liberté. En d'autres termes de même que les rédacteurs du décret se sont appliqués à n'édicter que des pénalités susceptibles de réagir effectivement contre les tendances mauvaises du coupable, de même ils ont voulu que la peine capitale ne fût en quelque sorte prononcée que si elle doit être suivie d'exécution, afin que, par suite, les sentences des tribunaux maritimes spéciaux reprissent sur l'esprit des justiciables l'influence comminatoire qui doit leur être propre. Il appartiendra donc aux juges d'accorder des circonstances atténuantes toutes les fois que le crime ne leur paraîtra pas mériter la mort.

A cette occasion, j'ai l'honneur de vous faire connaître que, sur le rapport spécial que je lui ai présenté, M. le Président de la République a bien voulu, à la date du 4 octobre 1889, m'autoriser à rapporter, en ce qui concerne les condamnés aux travaux forcés en cours de peine, la circulaire du 1er avril 1889, vous enjoignant de surseoir désormais, sans distinction, à l'exécution de toute sentence capitale.

En conséquence, vous devrez vous considérer désormais comme remis à l'égard de cette catégorie de justiciables, en possession des pouvoirs inscrits dans les actes organiques et dans la décision impériale du 28 octobre 1868. Par suite, toutes les fois qu'un transporté de la première catégorie aura été condamné à la peine de mort et que la sentence sera passée en force de chose jugée, vous aurez à saisir dans le plus bref délai le Conseil privé de l'affaire, et vous surseoirez obligatoirement à l'exécution de la peine lorsque deux voix au moins se seront prononcées en ce sens. Dans le cas contraire, vous pourrez, sous votre responsabilité et si vous le jugez convenable, laisser un libre cours à la justice, à charge de me rendre compte, sous le présent timbre, des motifs de votre détermination.

Il me suffira de vous signaler les articles 9 et 14 des deux décrets, lesquels disposent, à titre transitoire, que les faits commis avant la mise en vigueur des nouveaux actes dans la colonie resteront, aussi bien au point de vue de la juridiction qu'à celui de la pénalité, soumis aux dispositions antérieures.

Je crois inutile d'insister, Monsieur le Gouverneur, sur l'intérêt qui s'attache à la mise en vigueur des décrets dont il s'agit. Vous remarquerez qu'à un régime répressif dont les insuffisances étaient devenues évidentes, succède un système pénal réellement efficace. L'Administration va se trouver armée de moyens sérieux de coercition; elle pourra, mieux que par le passé, exiger des transportés un travail assidu et une discipline rigoureuse; le personnel de surveillance se sentira plus protégé et la répression légale succédera à la défense individuelle. Vous-même aurez à exercer sur l'Administration pénitentiaire, à ces divers points de vue, une action pondératrice de manière à faire produire au nouveau régime tous les résultats qu'on est en droit d'en attendre.

Vous voudrez bien prendre un arrêté spécial en vue de la publication des décrets ci-annexés, dont la teneur devra être affichée dans les pénitenciers et dans les camps et communiquée par la voie de l'ordre à tous les transportés. Vous veillerez à ce que les formules imprimées nécessaires au fonctionnement des tribunaux maritimes spéciaux soient cédées à la nouvelle juridiction par le service des conseils de guerre.

Vous recevrez ultérieurement, par les soins de M. le Sous-Secrétaire d'État des colonies, les instructions sur la manière dont vous devrez procéder pour l'exécution des peines de la réclusion cellulaire et de l'emprisonnement, dont l'application demeurera confiée à l'Administration pénitentiaire.

Recevez, etc.

KRANTZ.

RAPPORT AU PRÉSIDENT DE LA RÉPUBLIQUE FRANÇAISE, *suivi d'un* DÉCRET *complétant le décret du 13 janvier 1888, relatif au régime des libérés astreints à résider dans les colonies françaises.*

(Du 9 septembre 1890.)

(Sous-Secrétariat d'État des colonies : — 2ᵉ Division; — 5ᵉ Bureau;
Administration pénitentiaire, colonisation pénale.)

MONSIEUR LE PRÉSIDENT,

La situation des libérés de la peine des travaux forcés dans nos établissements d'outre-mer préoccupe depuis longtemps l'administration des colonies. En effet, cette catégorie de transportés a donné lieu à de nombreuses plaintes de la part des autorités coloniales, qui n'ont pas hésité à signaler la libération

avec résidence obligatoire, telle qu'elle est pratiquée, comme une des conséquences les plus défectueuses de la transportation.

Sans méconnaître en aucune façon la justesse des reproches adressés à l'état
de choses actuel, j'ai pensé qu'il était possible de puiser dans l'esprit de la loi
du 30 mai 1854, tel qu'il se dégage des travaux préparatoires, les bases d'une
réglementation tout à la fois plus étroite et plus efficace.

I. — Si l'on se reporte aux articles 6, 8 et 12, § 4, de la loi précitée, on
reconnaît que la situation du transporté de la 4ᵉ catégorie, 1ʳᵉ section, se compose
de deux éléments: d'une part, il est libéré de la peine des travaux forcés;
d'autre part, il est astreint à une résidence obligatoire dans la colonie. De cette
double constatation découlent diverses conséquences; en premier lieu, il y a
impossibilité légale de l'assujettir à un travail pénal proprement dit, qui aurait
pour résultat de prolonger, pour ainsi dire, le cours d'une peine dont il est
libéré; en second lieu, il est possible et il convient d'instituer à son égard une
discipline spéciale qui caractérise l'état *sui generis* dans lequel il est placé
par la loi de la transportation.

En consultant le rapport fait par M. du Miral à la Chambre des députés, lors
de l'élaboration de la loi de 1854, on voit que l'obligation de résidence y est
qualifiée expressément « d'époque de demi-liberté ».

« La peine nouvelle, dit le rapporteur, est une peine mixte qui, sans perdre
le caractère primitif des travaux forcés, tient à la fois de la déportation française
et de la transportation britannique. » Le libéré est signalé comme devant être
suivi dans sa situation nouvelle, protégé et surveillé, mais en même temps
menacé, s'il refuse de s'amender, « d'un châtiment inexorable ».

Telle était, en 1854, l'interprétation évidente de la loi nouvelle, et le décret
du 29 août 1855, ainsi qu'en témoigne le rapport annexé à cet acte, a consacré
purement et simplement la même doctrine, en soumettant les libérés à l'action
des conseils de guerre et des lois militaires, tout en les dispensant du travail
pénal. Le recours à la subordination militaire correspondait aux idées de
l'époque, mais n'en caractérisait pas moins un état de choses conforme à la
vraie doctrine de 1854. Malheureusement, au bout d'un certain nombre d'années, la saine tradition de la loi de 1854 s'est perdue et, de même que l'Administration avait interprété d'une manière défectueuse le texte formel du décret
du 29 août 1855, en ce qui touche les forçats en cours de peine, de même, on
crut devoir affranchir de toute discipline les forçats libérés astreints à la résidence. Cette nouvelle manière de procéder fut notamment consacrée par une
dépêche ministérielle du 22 août 1874, à la suite de laquelle tout lien de
subordination se trouve définitivement rompu entre l'Administration pénitentiaire et le libéré. Seule la compétence des conseils de guerre avait été
maintenue à l'encontre de ces hommes; mais le décret du 13 janvier 1888
les renvoya devant les tribunaux de droit commun, afin de permettre leur
condamnation à la relégation, que les conseils de guerre ne pouvaient prononcer et qui apparaissait alors comme le seul frein opposable à la perversion
des libérés.

II. — Les inconvénients de cette politique sont devenus évidents; les libérés,
de jour en jour plus nombreux par la force des choses, sont le plus souvent
oisifs; leur seule occupation consiste à servir d'intermédiaire aux condamnés

en cours de peine pour les crimes et délits qu'ils veulent commettre; ne possédant aucune ressource avouable et n'épargnant jamais, ils deviennent rapidement une charge pour l'État, obligé de les recueillir dans ses dépôts; en un mot, les libérés qui devraient être la ressource de la colonisation en sont devenus le fléau. Le remède à une situation si regrettable consiste à revenir hardiment aux principes de la loi de 1854, c'est-à-dire à faire du libéré un homme jouissant d'une demi-liberté et astreint, en ce qui concerne sa conduite et ses moyens d'existence, à une surveillance particulière qui assure son amendement ou, tout au moins, le mette hors d'état de nuire.

Dans cet ordre d'idées, il faut entrer résolument dans la voie indiquée d'ailleurs par le règlement d'administration publique du 13 janvier 1888 qui, afin de mettre un terme aux pérégrinations incessantes et aux évasions des libérés, n'a pas hésité à les soumettre à des appels périodiques ou extraordinaires. L'Administration pénitentiaire ne peut plus demander au libéré qu'il travaille sur un chantier pénal; mais elle a le droit d'exiger qu'il justifie de moyens d'existence réguliers.

Or, ces moyens ne peuvent être qu'au nombre de quatre :

1° La possession légitime des biens suffisants venus au libéré d'une source qu'on puisse contrôler;

2° L'exploitation effective d'une concession régulièrement obtenue;

3° L'exercice d'un négoce non interdit aux individus de cette catégorie;

4° Un engagement de travail d'une durée déterminée.

Faute de justifier de ces ressources, le libéré sera considéré comme vagabond et puni des peines portées à l'article 271 du Code pénal, sauf à ajouter à cette pénalité celle de la relégation lorsqu'elle sera légalement encourue.

III. — Ce principe étant admis, je n'avais qu'à me reporter aux précédents tirés de la législation coloniale elle-même; les actes qui régissent actuellement encore le travail des immigrants pouvaient en partie servir de modèle, en y empruntant les dispositions consacrées par l'expérience. Dès lors, j'ai pensé qu'il y avait lieu d'obliger les libérés au port d'un livret spécial, dont la représentation pourrait être exigée par diverses autorités et dont la tenue régulière sera assurée par des pénalités modérées, mais suffisantes.

Des dispositions spéciales tendent à réprimer la complaisance coupable par laquelle des colons ou d'autres libérés couvriraient de leur signature des engagements de travail purement fictifs. Il a paru bon également d'autoriser les Gouverneurs à interdire aux libérés, par des arrêtés soumis à l'approbation ministérielle, l'exercice de certaines professions qui pourraient, dans la main de ces hommes, soit constituer un danger, soit couvrir la recherche de profits inavouables.

Ainsi réorganisée, la résidence obligatoire reprendra la place normale qu'elle occupait dans les prévisions du législateur de 1854. Le forçat susceptible de quelque amendement pourra, après avoir, pendant un certain temps, expié son crime par le travail pénal et donné des preuves de repentir, s'accoutumer au travail libre par l'assignation, puis trouver dans le régime tutélaire du libéré la dernière transition qui lui permettra de se reclasser dans la vie coloniale par voie de grâce et de réhabilitation.

Le projet de décret qui consacre ces mesures a été soumis au Conseil d'État qui l'a adopté sous réserves de quelques modifications qui me paraissent devoir être acceptées. M. le Garde des sceaux, Ministre de la justice, l'a revêtu de son contreseing.

J'ai l'honneur, en conséquence, Monsieur le Président, de soumettre à votre haute sanction cet acte qui constituera un réel progrès sur la situation actuelle et qui atténuera, dans une notable proportion, les inconvénients de la libération tels qu'ils ont été maintes fois signalés par les colons.

Veuillez agréer, Monsieur le Président, l'hommage de mon profond respect.

Le Ministre du commerce, de l'industrie et des colonies,
JULES ROCHE.

DÉCRET

(Du 29 septembre 1890.)

LE PRÉSIDENT DE LA RÉPUBLIQUE FRANÇAISE,

Sur le rapport du Ministre du commerce, de l'industrie et des colonies et du Garde des sceaux, Ministre de la justice ;

Vu la loi du 30 mai 1854 concernant l'exécution de la peine des travaux forcés ;

Vu le décret du 13 janvier 1888 relatif au régime des libérés astreints à résider dans les colonies pénitentiaires ;

Vu l'article 18 du sénatus-consulte du 3 mai 1854 ;

Le Conseil d'État entendu,

DÉCRÈTE :

ARTICLE PREMIER

Les libérés des travaux forcés, tenus de résider dans les colonies pénitentiaires, sont soumis, pendant la durée de cette résidence obligatoire aux règles de discipline établies par le présent décret.

ART. 2

Tout libéré des travaux forcés, astreint à la résidence, reçoit, au moment de sa libération, un livret destiné à l'inscription des appels prévus au décret du 13 janvier 1888, ainsi qu'au contrôle de ses moyens d'existence. Il doit représenter ce livret à toute réquisition des agents de l'Administration pénitentiaire, ou de tous les officiers de police judiciaire.

ART. 3

Le libéré qui change de résidence est tenu d'en faire la déclaration dans la localité qu'il quitte, et dans celle où il transporte sa résidence auprès de l'autorité désignée par le Gouverneur, dans les conditions prévues à l'article 13 du présent décret ; la première déclaration doit être effectuée avant le départ, la seconde, dans les trois jours de l'arrivée.

ART. 4

Le libéré qui a perdu son livret est tenu d'en faire la déclaration à l'autorité compétente du lieu où il réside.

ART. 5

Le libéré doit justifier des moyens d'existence consistant soit dans la possession légitime des biens suffisants, soit de la mise en valeur de l'exploitation effective d'une concession régulière, soit dans l'exercice d'une profession ou d'un négoce non interdit aux libérés, soit dans un engagement de travail.

ART. 6

Les engagements de travail doivent être contractés pour une durée d'un mois au moins. Ils sont constatés au livret du libéré par la signature de l'engagiste et le visa de l'autorité compétente.

ART. 7

Le libéré qui ne justifie pas d'un des moyens d'existence prévus à l'article 5 ci-dessus, ou qui se prévaut d'un engagement fictif de travail, est puni des peines portées à l'article 271 du Code pénal.

Toutefois n'est point passible de ces peines le libéré qui a été rendu à la liberté, ou dont le contrat d'engagement a pris fin depuis moins de dix jours.

ART. 8

Est réputé fictif tout engagement dont, par suite d'accord frauduleux entre les parties contractantes, les conditions ne seront pas remplies, particulièrement en ce qui concerne l'emploi effectif de l'engagé par l'engagiste.

La nullité de l'engagement est prononcée par le tribunal saisi de la poursuite.

ART. 9

Toute infraction aux articles 2, 3 et 4 du présent décret est punie d'un emprisonnement de six jours à un mois ou d'une amende de 16 à 100 francs et, en cas de récidive dans l'année, d'un emprisonnement de quinze jours à trois mois.

ART. 10

Est puni d'un emprisonnement d'un mois à un an et d'une amende de 100 à 500 francs tout individu qui constate sur le livret l'existence d'un engagement fictif de travail qu'il aurait passé avec un libéré.

Si le fait a été commis par un libéré, la peine est de six mois à cinq ans de prison et l'amende peut être élevée à 1.000 francs.

ART. 11

L'article 463 du Code pénal est applicable aux condamnations prononcées en vertu du présent décret, même en cas de récidive.

Art. 12

Les condamnations à l'emprisonnement prononcées contre des libérés en vertu du présent décret ou de toute autre disposition pénale sont exécutées, à la diligence de l'Administration pénitentiaire, sur des ateliers de travail distincts de ceux des forçats ou des relégués collectifs et dont l'organisation est réglée, par des arrêtés des Gouverneurs approuvés par le Ministre chargé des colonies.

Art. 13

Des arrêtés des Gouverneurs, approuvés par le Ministre chargé des colonies, déterminent les professions interdites aux libérés, ainsi que la forme des livrets et désignent les autorités appelées à donner les visas et à recevoir les déclarations prévues au présent décret.

Art. 14

Le Ministre du commerce, de l'industrie et des colonies et le Garde des sceaux, Ministre de la justice, sont chargés, chacun en ce qui le concerne, d'assurer l'exécution du présent décret, qui sera inséré au *Journal officiel de la République française*, au *Bulletin des Lois* et au *Bulletin officiel de l'administration des colonies*.

Fait à Fontainebleau, le 29 septembre 1890.

CARNOT.

Par le Président de la République :

Le Ministre du commerce,   *Le Garde des sceaux,*
de l'industrie et des colonies,   *Ministre de la justice et des cultes,*
JULES ROCHE.   A. FALLIÈRES.

RAPPORT AU PRÉSIDENT DE LA RÉPUBLIQUE FRANÇAISE, *suivi d'un* DÉCRET *fixant les éléments constitutifs du délit d'évasion commis par les réclusionnaires coloniaux.*

(Du 30 juin 1891.)

(Sous-Secrétariat d'État des colonies: 1re Division; — 4e Bureau : *Justice, instruction publique, cultes.*)

MONSIEUR LE PRÉSIDENT,

Le décret du 4 octobre 1889, constituant les tribunaux maritimes spéciaux dans les colonies pénitentiaires, a abrogé les articles 12 et 13 du décret du 21 juin 1858, déclarant justiciables des conseils de guerre tous les individus subissant, à quelque titre que ce soit, la transportation.

Parmi ces transportés se trouvent des individus condamnés dans les colonies à la réclusion, qui, n'ayant pas été déclarés justiciables des tribunaux maritimes spéciaux, relèvent aujourd'hui de la juridiction des tribunaux de droit commun.

Les réclusionnaires coloniaux peuvent, à mon avis, rester justiciables des tribunaux ordinaires; mais j'estime qu'il y a lieu, en raison des conditions spéciales dans lesquelles ces condamnés subissent leur peine, de fixer à leur égard les éléments constitutifs du délit d'évasion, qui ne résulte pas le plus souvent pour eux de bris de prison ou de violence.

Dans cet ordre d'idées, j'ai consulté la commission permanente du régime pénitentiaire, qui a pensé, comme moi, que les réclusionnaires coloniaux étant astreints au même régime que les condamnés aux travaux forcés, il est important de caractériser les circonstances constitutives du délit d'évasion, qui diffèrent essentiellement de celles qui sont énoncées à l'article 245 du Code pénal.

Le projet de décret que je soumets à votre haute sanction, Monsieur le Président, a donc pour objet de compléter cet article, dans le but de réprimer les tentatives d'évasion des réclusionnaires coloniaux transportés dans les colonies pénitentiaires, en exécution du décret du 20 août 1853.

J'ai l'honneur, après entente avec M. le Garde des sceaux, Ministre de la justice, de vous prier de vouloir bien revêtir de votre contreseing le projet de règlement ci-joint.

Je vous prie d'agréer, Monsieur le Président, l'hommage de mon profond respect.

Le Ministre du commerce, de l'industrie et des colonies,

JULES ROCHE.

DÉCRET

(Du 30 juin 1891.)

LE PRÉSIDENT DE LA RÉPUBLIQUE FRANÇAISE,

Sur le rapport du Ministre du commerce, de l'industrie et des colonies et du Garde des sceaux, Ministre de la justice et des cultes;

Vu l'article 18 du sénatus-consulte du 3 mai 1854;

Vu le décret du 20 août 1853, sur le mode d'exécution de la peine des travaux forcés, et de celle de la réclusion dans les établissements pénitentiaires de la Guyane;

Vu le décret du 10 mars 1855, rendant applicable aux colonies régies par décret, sous certaines modifications, la loi du 30 mai 1854, sur l'exécution de la peine des travaux forcés;

Vu le décret du 21 juin 1858, portant règlement d'administration publique pour l'application aux colonies du Code de justice militaire pour l'armée de mer;

Vu la loi du 8 janvier 1877 et le décret du 6 mars 1877, rendant applicable aux colonies le Code pénal métropolitain;

Vu le décret du 4 octobre 1889 qui a modifié celui du 21 juin 1858 et constitué des tribunaux maritimes spéciaux dans les colonies affectées à la transportation des individus condamnés aux travaux forcés,

DÉCRÈTE :

ARTICLE PREMIER

L'article 245 du Code pénal est complété ainsi qu'il suit :

« Seront, en outre, réputés en état d'évasion, les individus transportés dans les colonies pénitentiaires pour y subir la peine de la réclusion, conformément au décret du 20 août 1853, qui seront restés pendant douze heures éloignés du lieu où ils seront détenus ou employés, ou seront parvenus à se soustraire à la surveillance des agents préposés à leur garde. »

ART. 2

Sont abrogées toutes dispositions contraires au présent décret.

ART. 3

Le Ministre du commerce, de l'industrie et des colonies, et le Garde des sceaux, Ministre de la justice et des cultes, sont chargés, chacun en ce qui le concerne, de l'exécution du présent décret, qui sera inséré au *Journal officiel de la République française*, au *Bulletin des Lois* et au *Bulletin officiel du Sous-Secrétariat d'État des colonies*.

Fait à Paris, le 30 juin 1891.

CARNOT.

Par le Président de la République ;

Le Ministre du commerce,   Le Garde des sceaux,
de l'industrie et des colonies,   Ministre de la justice et des cultes,

JULES ROCHE.   A. FALLIÈRES.

———————

RAPPORT AU PRÉSIDENT DE LA RÉPUBLIQUE FRANÇAISE, *suivi d'un* DÉCRET *relatif au régime disciplinaire des établissements de travaux forcés aux colonies.*

(Du 4 septembre 1891.)

(Sous-Secrétariat d'État des colonies; — 2ᵉ Division; — 5ᵉ Bureau : *Administration pénitentiaire, colonisation pénale.*)

MONSIEUR LE PRÉSIDENT,

Depuis deux ans l'administration des colonies se préoccupe d'introduire des modifications profondes dans le régime de nos établissements pénitentiaires, en vue de rendre à la peine de la transportation, édictée par la loi du 30 mai 1854, son véritable caractère d'intimidation et d'exemplarité.

Une commission spéciale a été chargée de préparer la refonte des règlements d'administration publique rendus en exécution de la dite loi. Plusieurs décrets, adoptés par le Conseil d'État, ont été promulgués et leur application a déjà produit un effet salutaire sur les condamnés aux travaux forcés internés tant à la Guyane qu'à la Nouvelle-Calédonie.

Je citerai, notamment, les décrets du 4 octobre 1889, organisant la juridiction maritime spéciale, du 5 du même mois déterminant les pénalités à appliquer aux condamnés aux travaux forcés qui commettent dans les colonies pénitentiaires de nouveaux crimes ou délits; la décision présidentielle du 4 octobre 1889, qui a rendu aux Gouverneurs de ces colonies le droit de faire exécuter les sentences capitales à l'égard des forçats, lorsque deux voix au Conseil privé n'ont pas demandé le sursis; le décret du 30 août 1889 réglementant l'ouverture des cabarets et débits de boissons sur les centres pénitentiaires; le décret du 16 novembre 1889 sur le classement des condamnés; enfin le décret du 29 septembre 1890, qui a complété celui du 13 janvier 1888, en ce qui concerne le régime des libérés.

Comme complément de l'œuvre entreprise par l'administration des colonies, il restait à examiner les modifications que devaient subir les règlements du 31 août 1878, sur les concessions à accorder aux transportés de bonne conduite, en vertu de l'article 11 de la loi de 1854, et du 18 juin 1880, sur le régime disciplinaire.

En ce qui concerne les concessions, un projet de décret élaboré par la commission du régime pénitentiaire va être incessamment examiné par le Conseil d'État, et j'ai l'honneur de soumettre à votre haute sanction le règlement sur le régime disciplinaire adopté par cette assemblée dans ses séances des 19 et 25 mars dernier.

Il a été reconnu que le décret du 18 juin 1880 ne répondait pas suffisamment aux nécessités de la situation. Préparé sous l'influence des idées philanthropiques de l'époque et de théories très élevées sans doute, mais parfois dangereuses dans leurs conséquences, ce décret, dont les auteurs semblent n'avoir envisagé que le côté moralisateur de la peine, a fait une part trop large à l'indulgence, en n'édictant contre les transportés d'autres peines que celles en vigueur dans la marine. Il en résulte que l'élément malsain, qui forme la grande majorité de la population pénale, n'étant plus tenu en échec par la crainte des châtiments peut-être un peu excessifs que prévoyaient les règlements antérieurs, a pu laisser impunément un libre cours à ses mauvais instincts.

Les règlements disciplinaires concernant les condamnés aux travaux forcés doivent être à la fois coercitifs et moralisateurs, car le but principal de la peine est non seulement l'expiation du crime, mais aussi l'amendement du coupable; et ceux qui n'ont pas perdu toute notion du bien doivent être mis à même de s'amender et de se créer, par le travail, une existence nouvelle; d'autre part, l'Administration doit puiser dans ces mêmes règlements les moyens de contenir ceux des transportés qui, réfractaires à tout sentiment de repentir, s'exposent volontairement aux rigueurs de la loi pénale.

C'est dans cet ordre d'idées qu'a été préparé le projet de décret ci-joint. Divisé en quatre titres, il comprend deux parties bien distinctes. La première a trait aux différentes mesures qui ont pour objet la moralisation de l'homme, son classement et les encouragements à donner à ceux qui tiennent une bonne conduite. La seconde est relative au système répressif.

Sans entrer dans l'examen détaillé du décret, il m'a paru nécessaire d'en tracer ici les grandes lignes.

Le décret du 18 juin 1880 répartissait les condamnés en cinq classes. Le décret actuel n'en admet que trois. Cette division répond mieux aux nécessités de la répression et à l'organisation du travail dans nos colonies pénitentiaires.

La première classe comprend les concessionnaires, les hommes admis au bénéfice de l'assignation et les condamnés qui n'ont pu être ni assignés ni mis en concession et qui sont employés, soit par l'Administration, soit par des particuliers comme chefs d'ateliers ou de chantiers; c'est l'application stricte de l'article 11 de la loi de 1854.

Les hommes compris dans la première classe pourront seuls désormais être recommandés, chaque année, à la clémence du Chef de l'État ou être admis au bénéfice de la libération conditionnelle. Il n'est fait d'exception à cette règle qu'en faveur des condamnés de deuxième et de troisième classes qui auraient accompli des actes de courage et de dévouement.

La deuxième classe comprend les condamnés qui n'ont pas d'antécédents judiciaires et ceux qui n'ont pas été jugés dignes de passer à la première classe.

La troisième classe est celle des malfaiteurs signalés comme dangereux et des récidivistes contre lesquels a été prononcée, non seulement la peine des travaux forcés, mais encore celle de la relégation. La troisième classe comprendra, de plus, les transportés de première et de deuxième classes qui seraient rétrogradés, soit pour inconduite, soit à la suite d'une nouvelle condamnation.

Enfin, les incorrigibles de la troisième classe forment une section à part, dont le régime, plus particulièrement rigoureux, est prévu au titre IV.

En outre, l'accession à la première classe a été rendue plus difficile, afin que le condamné aux travaux forcés ne puisse, par des faveurs anticipées échapper aux conséquences de la condamnation qui l'a frappé.

Le projet de décret supprime la nomenclature des infractions que peuvent commettre les transportés, telle qu'elle figurait au décret de 1880 et qui était de nature à entraver, dans certains cas, l'action disciplinaire de l'administration. Trois punitions ont été prévues: la prison de nuit, la cellule et le cachot.

Le décret prévoit, par contre, la création d'une commission disciplinaire, afin d'entourer de toutes les garanties nécessaires la répression des fautes commises par les transportés et de rendre cette répression immédiate.

Après avoir indiqué le classement des condamnés, le décret détermine le régime qui doit leur être appliqué. Sous l'empire de l'ancien règlement, les condamnés recevaient une ration normale, suivant la classe à laquelle ils appartenaient, et un salaire, sauf ceux de la quatrième et de la cinquième classes.

Il est hors de doute que le principe qui domine l'exécution de la peine des travaux forcés, c'est l'obligation du travail, obligation puisant sa source et ses sanctions dans la loi qui l'impose comme une expiation et aussi comme un moyen de moralisation. Le transporté qui se refuse au travail est donc un rebelle qu'il faut punir. La conséquence de ce principe est que à l'inverse de la société civile, où le travail accompli exige un salaire, afin de reconnaître à l'artisan l'effort qu'il a donné, le travail du bagne ne doit pas être rémunéré, puisqu'il est obligatoire et qu'il est la raison même de la peine. On ne saurait admettre, en effet, que la société paye au transporté le prix d'un travail qui constitue sa peine.

Mais il était nécessaire de trouver un moyen de contraindre à une tâche journalière les condamnés qui voudraient opposer à l'Administration la force d'inertie et sur lesquels les punitions disciplinaires n'auraient plus d'effets.

Dans l'ancien droit et jusqu'en 1854, le refus de travail était réprimé par des châtiments corporels. A cette époque, le forçat, marqué du sceau de l'infamie, repoussé de la société, n'était pour ainsi dire plus un homme aux yeux de la loi qui ne voyait en lui qu'un instrument de travail.

La transformation du système pénal, modifiant la situation des condamnés, a fait disparaître ces châtiments. Il ne pouvait être question de revenir sur cette mesure, mais on devait rechercher une sanction plus efficace à l'obligation du travail, sans avoir recours à cet expédient des salaires, qui dénature la peine en énervant son application. L'article 13 du projet de décret résolut cette grave question.

Après avoir admis, en principe, que l'homme condamné au travail forcé ne doit recevoir aucun salaire, mais seulement des gratifications en nature, l'article 13 décide que le condamné valide n'a droit qu'au pain et à l'eau ; au transporté, il appartiendra de mériter, par son travail, les compléments de ration qui lui sont nécessaires pour améliorer sa ration normale. Celui qui n'aura pas accompli la tâche qui lui est imposée sera donc réduit au pain sec et à l'eau jusqu'au jour où il se sera plié aux exigences de sa situation.

Une légende, accréditée dans le monde des malfaiteurs, fait des établissements pénitentiaires une sorte d'Eldorado, où le transporté, assuré de la satisfaction de tous ses besoins, est soumis à un régime sensiblement moins dur que celui des maisons centrales. Il paraît possible d'affirmer que le nouveau décret sur le régime disciplinaire, strictement exécuté, détruira rapidement cette légende ; mais s'il fait une large part à la répression, il laisse en même temps la porte ouverte à toutes les bonnes volontés et à tous les repentirs, ainsi que l'a entendu le législateur de 1854.

J'ai l'honneur de vous prier, Monsieur le Président, de vouloir bien, si vous partagez les vues d'ensemble que j'ai l'honneur d'exposer dans le présent rapport, revêtir de votre signature ce décret, qui a été adopté par le Conseil d'État et revêtu du contreseing de Monsieur le Garde des sceaux, Ministre de la justice.

Veuillez agréer, Monsieur le Président, l'hommage de mon profond respect.

Le Ministre du commerce, de l'industrie et des colonies,
JULES ROCHE.

DÉCRET

(Du 1 septembre 1891.)

LE PRÉSIDENT DE LA RÉPUBLIQUE FRANÇAISE,

Sur le rapport du Ministre du commerce, de l'industrie et des colonies, et du Garde des sceaux, Ministre de la justice;
Vu la loi du 30 mai 1854 sur l'exécution de la peine des travaux forcés;
Le Conseil d'État entendu,

DÉCRÈTE:

TITRE PREMIER

Du classement des condamnés dans les colonies pénitentiaires.

ARTICLE PREMIER

Les condamnés aux travaux forcés qui subissent leur peine dans les colonies pénitentiaires sont divisés en trois classes, déterminées d'après la situation pénale, la conduite et l'assiduité au travail des condamnés.

Il est établi, pour chaque condamné, une notice individuelle faisant connaître son état civil, son signalement, sa situation de famille et sur laquelle est reproduit l'extrait du casier judiciaire en ce qui le concerne.

Il est inscrit chaque mois, sur cette notice, des renseignements relatifs à la conduite et au travail du condamné, ainsi que les récompenses ou les punitions dont il a été l'objet.

ART. 2

La première classe comprend les transportés des mieux notés.
Les condamnés de cette classe peuvent seuls:

1° Obtenir une concession urbaine ou rurale, dans les conditions prévues par l'article 11 de la loi du 30 mai 1854 et les règlements d'administration publique;

2° Être employés chez les habitants de la colonie, dans des conditions à déterminer par un décret ultérieur.

ART. 3

Les condamnés de la première classe qui n'auraient pu obtenir ni une concession, ni le bénéfice de l'assignation, peuvent être employés soit sur un établissement agricole pour y être soumis à un stage en vue de l'obtention d'une concession rurale, soit dans des chantiers ou ateliers de l'Administration pénitentiaire et des services publics.

Ils peuvent, en outre, être employés chez des particuliers, mais seulement comme chefs de chantiers ou d'ateliers.

Art. 4

Les condamnés placés à la première classe peuvent seuls être compris dans les propositions de remise, de réduction de peine ou de libération conditionnelle transmises par le Gouverneur de la colonie.

Toutefois, des propositions exceptionnelles peuvent être faites en faveur des condamnés de deuxième et de troisième classe qui auraient accompli des actes de courage et de dévouement.

Art. 5

Les condamnés de la deuxième classe sont employés aux travaux de colonisation et d'utilité publique pour le compte de l'État, de la colonie, des municipalités ou des particuliers, dans les conditions prévues par le règlement d'administration publique sur l'emploi aux colonies de la main-d'œuvre des condamnés aux travaux forcés.

Art. 6

Les condamnés de la troisième classe sont affectés aux travaux les plus particulièrement pénibles. En outre, ils sont entièrement séparés des condamnés des autres classes. Si les locaux le permettent, ils sont isolés la nuit ; ils couchent sur un lit de camp et peuvent être mis à la boucle simple. Ils sont enfermés dans les cases pendant tout le temps qu'ils ne passent pas sur les travaux. Ils sont astreints au silence de jour et de nuit, pendant le travail comme pendant le repos.

Sont exceptées de la règle du silence les communications indispensables à l'occasion des travaux ou du service.

Art. 7

L'affectation des condamnés aux différentes colonies pénitentiaires est faite par le Ministre chargé des colonies, et leur répartition dans la deuxième ou la troisième classe par le Ministre de la justice avant le départ de chaque convoi, sur la proposition d'une commission composée de représentants des départements intéressés.

Art. 8

Le groupement des condamnés, d'après leurs antécédents judiciaires et leurs aptitudes, est effectué, à leur arrivée dans la colonie, par le Directeur de l'Administration pénitentiaire.

Art. 9

Le passage des condamnés à la classe supérieure a lieu par décision du Directeur de l'Administration pénitentiaire, sur l'avis de la commission disciplinaire instituée au titre III du présent décret.

Les condamnés de la troisième classe ne peuvent être proposés pour la deuxième classe s'ils n'ont été effectivement employés pendant deux ans aux travaux de leur classe dans la colonie.

Aucun condamné à temps de la deuxième classe ne peut être proposé pour la première classe s'il n'a pas accompli la moitié de sa peine. Pour le condamné à perpétuité ou à plus de vingt ans de travaux forcés, le délai minimum est de dix ans.

Toutefois, en cas de circonstances exceptionnelles, le passage à la première classe pourra être accordé, par décision spéciale du Ministre chargé des colonies, aux condamnés de la deuxième classe qui auront accompli soit le quart de la peine, en cas de condamnation temporaire, soit au moins cinq ans, si la peine dépasse vingt ans.

Art. 10

Le renvoi d'un condamné à une classe inférieure peut être prononcé par le Directeur de l'Administration pénitentiaire, après avis de la commission disciplinaire, pour toute punition de cellule ou de cachot.

Art. 11

Tout transporté qui est condamné dans la colonie à la réclusion cellulaire ou à l'emprisonnement, pour crime ou délit est placé à la troisième classe à l'expiration de cette nouvelle peine et y est maintenu pendant une période au moins égale à la durée de la peine prononcée, sans qu'elle puisse être inférieure à deux ans.

Si le condamné à la peine de la réclusion cellulaire ou de l'emprisonnement bénéficie des dispositions de la loi du 14 août 1885, sur la libération conditionnelle, il est également, lors de sa réintégration sur un établissement de transportation, placé à la troisième classe et y est maintenu au moins pendant un an.

Tout transporté à temps condamné à une nouvelle peine des travaux forcés par application des dispositions de l'article 7 de la loi du 30 mai 1854, sur l'exécution de la peine des travaux forcés, est placé à la troisième classe et y est maintenu pendant une durée au moins égale à celle de la nouvelle condamnation prononcée contre lui, sans qu'elle puisse être inférieure à deux ans.

Tout transporté à perpétuité condamné à la double chaîne, par application des dispositions de l'article de la loi relatée au paragraphe précédent, est placé dans des quartiers ou camps disciplinaires prévus au titre IV du présent décret et y est maintenu pendant au moins un an. Il est maintenu à la troisième classe au moins pendant toute la durée de sa peine de double chaîne.

Art. 12

Le condamné valide, qui n'a pas accompli le travail qui lui est imposé, n'a droit qu'au pain et à l'eau.

Tout condamné ayant effectué le travail qui lui est imposé obtient, pour la journée du lendemain, un bon de cantine donnant droit à la ration normale déterminée par un arrêté du Ministre chargé des colonies.

Tout détenu qui aura obtenu, dans la semaine, quatre fois la ration normale, aura droit, le dimanche, à la ration normale.

Les condamnés peuvent, par leur travail et leur conduite, obtenir un ou plusieurs bons supplémentaires dont la valeur est fixée par un arrêté ministériel.

Si ces bons ne sont pas consommés le jour même, la valeur en est versée au pécule.

Le pécule peut être employé soit en menus achats, autorisés par arrêtés locaux, soit en envoi de fonds aux familles.

ART. 13

Les condamnés, à l'exception de ceux placés sous le régime de l'assignation ou en concession, ne peuvent détenir aucune somme d'argent ou valeur quelconque.

TITRE II

Des peines disciplinaires.

ART. 14

Les punitions disciplinaires qui peuvent être infligées aux condamnés, suivant la gravité des cas, sont les suivantes :

1° La prison de nuit ;
2° La cellule ;
3° Le cachot.

Pendant la durée des punitions qu'ils encourent les condamnés qui travaillent ne reçoivent aucun bon supplémentaire.

Dans aucun cas, les punitions disciplinaires prévues au présent article ne peuvent se cumuler avec les peines prononcées, pour le même fait, par les tribunaux maritimes spéciaux.

ART. 15

Les condamnés punis de prison de nuit couchent sur un lit de camp et sont mis à la boucle simple. Ils sont, enfermés après le repas du soir et sortent de prison le matin au lever. Ils sont dans la journée, astreints au travail de leur classe.

La prison de nuit est infligée pour un mois au plus.

ART. 16

Les condamnés punis de cellule sont enfermés isolément ; ils couchent sur un lit de camp et sont mis à la boucle simple pendant la nuit. Ils sont astreints au travail d'après une tâche déterminée.

Ils ne peuvent recevoir aucune visite ni écrire, si ce n'est au Directeur de l'Administration pénitentiaire, au Gouverneur et aux Ministres. Ils sont réunis dans un préau pendant une heure chaque jour et obligés de marcher à la file, en silence, sous la conduite de surveillants. Ils sont mis au pain sec un jour sur trois, sans préjudice de l'application du paragraphe 1er de l'article 12.

La cellule est infligée pour deux mois au plus.

ART. 17

Les condamnés punis de cachot sont enfermés isolément ; ils couchent sur un lit de camp et sont mis à la double boucle pendant la nuit ; toutefois, en cas de révolte ou violence, ils peuvent être mis, par l'agent chargé de la surveillance des locaux disciplinaires, à la double boucle de jour et de nuit pendant un temps qui ne peut excéder trois jours. Il est rendu compte immédiatement de cette mesure à l'autorité supérieure.

Les condamnés punis de cachot ne peuvent, en outre, recevoir aucune visite ni écrire, si ce n'est au Directeur de l'Administration pénitentiaire, au Gouverneur ou aux Ministres. Ils sont mis au pain sec deux jours sur trois.

Le cachot se subit dans un local obscur. Il est infligé pour un mois au plus.

S'il a été prononcé contre un transporté plusieurs punitions de cachot devant être subies consécutivement et dont le total excède la durée d'un mois, les huit premiers jours qui suivent l'expiration de chaque mois en cachot obscur sont subis dans un local clair.

ART. 18

Tout cachot doit être visité tous les huit jours au moins par le médecin de l'établissement, qui rend compte de cette inspection par un rapport adressé au commandant du pénitencier.

ART. 19

Les condamnés qui, punis de cellule ou de cachot, se disent malades, sont visités par le médecin.

ART. 20

Les surveillants peuvent prononcer la punition de prison pour deux nuits. Pour les cas plus graves, ils doivent se borner à faire un rapport au chef de l'établissement ou de camp. Ils peuvent toutefois, dans l'intérêt de l'ordre et de la discipline, faire arrêter et mettre provisoirement en prison ou isoler le délinquant, à la condition d'en rendre compte immédiatement à l'autorité supérieure.

ART. 21

Les punitions disciplinaires de la prison de nuit et de la cellule, prononcées contre les condamnés en cours de peine placés en concession, pour des fautes dont la gravité ne serait pas de nature à entraîner le retrait de la concession, peuvent, par une disposition spéciale de la décision disciplinaire, être converties en journées gratuites de travail pour l'exécution de travaux d'intérêt général ou d'utilité publique sur les centres de colonisation.

Le nombre des journées gratuites de travail ainsi imposées aux transportés concessionnaires est déterminé par la décision disciplinaire et ne peut excéder quinze, pour une peine de prison de nuit, et trente pour une peine de cellule.

Des arrêtés des Gouverneurs, pris en Conseil privé et soumis à l'approbation du Ministre chargé des colonies, déterminent dans quelles conditions a lieu la conversion des punitions.

TITRE III

De la commission disciplinaire et du prononcé des punitions.

ART. 22

Dans chaque pénitencier, il est créé une commission disciplinaire devant laquelle sont traduits les condamnés tombant sous l'application de l'article 14, à l'exception de ceux qui peuvent être punis par les surveillants dans les termes de l'article 20.

ART. 23

La commission est présidée par le fonctionnaire chargé du commandement de l'établissement, assisté de deux fonctionnaires, employés ou agents de l'Administration pénitentiaire désignés par le Directeur.

ART. 24

Le Directeur ou le Sous-Directeur en tournée peut présider la commission. Dans ce cas, le fonctionnaire le moins élevé en grade se retire.

L'Inspecteur de la transportation en mission ou de passage dans un pénitencier assiste de droit aux séances, mais sans voix délibérative.

ART. 25

Un surveillant militaire désigné par le chef de l'établissement remplit les fonctions de greffier de la commission. Il inscrit sur un registre spécial toutes les punitions prononcées.

ART. 26

La police des séances de la commission appartient au président.

ART. 27

Le président fait connaître à chaque condamné les motifs de sa comparution devant la commission. Il interroge le délinquant sur les faits qui lui sont reprochés et entend les personnes qui peuvent fournir des renseignements utiles.

La décision est prise à la majorité des voix, hors la présence de l'intéressé, et lui est notifiée par le greffier.

Toutes les punitions prononcées par la commission sont portées, par voie de l'ordre, à la connaissance du pénitencier.

ART. 28

Les condamnés ayant des réclamations à formuler sont admis, à des époques déterminées, à les présenter devant la commission, qui les examine et les transmet, avec son avis, au Directeur de l'Administration pénitentiaire.

Les lettres adressées sous plis cachetés par les transportés, soit au Directeur de l'Administration pénitentiaire, soit au Gouverneur de la colonie, soit au Ministre chargé des colonies et au Ministre de la justice et remises aux fonctionnaires et agents des services de la transportation, sont, par leurs soins, transmises sans retard à destination.

Art. 29

Toutes les propositions du commandant du pénitencier pour le changement de classe des condamnés, le classement et le déclassement dans la catégorie des incorrigibles, etc., sont accompagnées de l'avis de la commission disciplinaire.

Art. 30

Des relevés, certifiés conformes, de toutes les punitions prononcées par la commission disciplinaire dans le cours de chaque mois sont transmis au Directeur de l'Administration pénitentiaire, par les soins des commandants des établissements.

Ces relevés indiquent le nom des condamnés qui sont en cellule ou au cachot depuis plus de deux mois.

Art. 31

Lorsque les centres ou camps annexes dépendant d'un pénitencier en sont trop éloignés, le chef de centre ou de camp est investi, par décision spéciale du Directeur de l'Administration pénitentiaire, du pouvoir de prononcer la punition de la prison de nuit. Les punitions de cellule et de cachot sont infligées par la commission disciplinaire de l'établissement.

Art. 32

Dans les centres ou camps non rattachés à un pénitencier, la punition de la prison de nuit est prononcée par le chef de centre ou de camp.

Les autres punitions sont infligées par le Directeur de l'Administration pénitentiaire, au vu des rapports qui lui sont adressés à cet effet.

Art. 33

Les chefs de centre ou de camp rendent compte, chaque mois, suivant le cas, au Directeur de l'Administration pénitentiaire ou au commandant du pénitencier, des punitions infligées par eux. Ils tiennent un registre spécial sur lequel sont inscrites toutes les punitions qu'ils prononcent et où sont portées aussi les punitions infligées, sur leur rapport, soit par le Directeur de l'Administration pénitentiaire, soit par la commission disciplinaire de l'établissement.

Art. 34

Les punitions infligées aux condamnés ne peuvent être remises par voie de mesure générale.

Toute punition peut être augmentée, réduite ou remise par le Directeur de l'Administration pénitentiaire.

TITRE IV

Des quartiers et camps disciplinaires pour l'internement des incorrigibles.

ART. 35

Les condamnés de 3e classe reconnus incorrigibles sont entièrement séparés des autres transportés et soumis à un régime spécial.

ART. 36

Les condamnés placés dans la catégorie des incorrigibles sont placés, soit dans des quartiers disciplinaires situés sur les pénitenciers spéciaux de répression, soit dans des camps disciplinaires établis à cet effet pour l'exécution des travaux publics au compte de l'État ou de la colonie.

ART. 37

La désignation de pénitenciers spéciaux, en vue de l'internement des incorrigibles, et la création de quartiers et de camps disciplinaires sont faites par arrêté du Gouverneur, pris sur la proposition du Directeur de l'Administration pénitentiaire et soumis à l'approbation préalable du Ministre chargé des colonies.

ART. 38

La désignation des condamnés qui doivent être placés dans les quartiers ou camps disciplinaires est faite par le Directeur de l'Administration pénitentiaire, sur la proposition des commandants de pénitencier, après avis de la commission disciplinaire, ou sur la proposition des chefs de centres ou de camps non attachés à un pénitencier.

La notice individuelle prévue à l'article premier est jointe aux propositions.

ART. 39

La durée de séjour aux quartiers ou camps disciplinaires n'est pas limitée ; elle est entièrement subordonnée à la conduite et au travail des condamnés, ainsi qu'à leurs fautes antérieures. Elle ne peut être inférieure à six mois.

ART. 40

Tous les trois mois, des notes individuelles sont données sur chacun des condamnés classés dans la catégorie des incorrigibles par la commission disciplinaire de l'établissement ou, à défaut, par une commission spéciale désignée à cet effet par le Directeur de l'Administration pénitentiaire.

ART. 41

La commission disciplinaire ou la commission spéciale prévue à l'article précédent formule des propositions en faveur des condamnés qui n'ont encouru aucune punition depuis trois mois au moins, et qui lui paraissent avoir mérité leur renvoi du quartier au camp disciplinaire. Ce renvoi est prononcé par le Directeur de l'Administration pénitentiaire.

ART. 42

La ration des hommes placés dans la catégorie des incorrigibles est celle des condamnés de 3ᵉ classe.

Ils ne peuvent recevoir aucun bon supplémentaire.

ART. 43

Les condamnés des quartiers et camps disciplinaires sont, comme les autres condamnés de la 3ᵉ classe, employés aux travaux les plus particulièrement pénibles. Ils sont placés sur des chantiers spéciaux, où ils ne doivent avoir aucun contact avec les autres transportés.

Ils sont astreints à toutes les obligations imposées aux condamnés de la 3ᵉ classe par l'article 6 du présent décret et, lorsqu'ils ne sont pas isolés la nuit, ils couchent sur un lit de camp avec la double boucle.

ART. 44

Les punitions qui peuvent être infligées aux condamnés, dans les quartiers et camps disciplinaires, suivant la gravité des cas, sont les suivantes :

1° La salle de discipline ;

2° La cellule ;

3° Le cachot.

ART. 45

Les condamnés punis de « salle de discipline » sont réunis, sous la garde permanente d'un ou plusieurs surveillants, dans un local où ils sont tenus de marcher au pas et à la file, depuis le lever jusqu'au coucher du soleil ; la marche est interrompue toutes les demi-heures par un repos d'un quart d'heure durant lequel les condamnés sont assis sur des dés en pierre ou en bois suffisamment espacés.

Les repas sont pris sur place, pendant l'une des interruptions de marche. Le silence le plus absolu doit être observé.

La salle de discipline est prononcée pour un mois au plus.

ART. 46

Les punitions de cellule et de cachot sont subies dans les conditions déterminées aux articles 16 et 17 du présent décret.

La cellule est infligée pour quatre mois au plus ; le cachot, pour une durée maxima de deux mois ; à l'expiration du premier mois et au cas de plusieurs peines de cachot devant être subies consécutivement, les huit premiers jours à la suite de chaque mois en cachot obscur, sont subis dans un local clair.

ART. 47

Les punitions sont infligées aux incorrigibles, dans la forme tracée pour les autres condamnés. Les surveillants peuvent prononcer la punition de la salle de discipline pour deux jours.

Dans les centres ou camps trop éloignés d'un pénitencier, les chefs de centre et de camp investis de ce pouvoir par décision spéciale du Directeur de l'Administration pénitentiaire et, dans ceux non rattachés à un pénitencier, tous chefs de centres ou de camps peuvent prononcer la punition de la salle de discipline pour huit jours ou la cellule pour deux mois ; les autres punitions sont infligées par le Directeur de l'Administration pénitentiaire.

TITRE V

Dispositions transitoires et dispositions diverses.

ART. 48

La répartition des condamnés, présents au moment de la promulgation du présent décret dans les colonies pénitentiaires, entre les trois classes prévues à l'article premier, sera faite par le Gouverneur, sur la proposition du Directeur de l'Administration pénitentiaire.

ART. 49

Sont abrogées toutes les dispositions antérieures concernant le régime disciplinaires des établissements des travaux forcés aux colonies et, notamment, le décret du 18 juin 1880.

ART. 50

Le Ministre du commerce, de l'industrie et des colonies et le Garde des sceaux Ministre de la justice, sont chargés, chacun en ce qui le concerne, de l'exécution du présent décret, qui sera inséré au *Journal officiel de l'Administration des colonies*.

Fait à Paris, le 4 septembre 1891.

CARNOT.

Par le Président de la République :

Le Garde des sceaux,
Ministre de la justice et des cultes,
A. FALLIÈRES.

Le Ministre du commerce,
de l'industrie et des colonies,
JULES ROCHE.

ARRÊTÉ *modifiant la tenue des surveillants militaires des établissements pénitentiaires des colonies.*

(Du 7 septembre 1891.)

LE SOUS-SECRÉTAIRE D'ÉTAT DES COLONIES,

Vu l'article 17 du décret du 20 novembre 1867, portant réorganisation du corps des surveillants des établissements pénitentiaires aux colonies,

ARRÊTE :

ARTICLE PREMIER

Le costume des surveillants militaires des établissements pénitentiaires aux colonies, sauf celui des surveillants employés hors cadre qui peuvent porter la tenue du service auquel ils sont attachés et dont ils relèvent directement, est déterminé ainsi qu'il suit :

KÉPI. — *Surveillants principaux.* — Képi en drap bleu foncé avec bandeau en drap bleu de ciel, galon d'argent d'un centimètre de hauteur. Le turban à quatre pièces avec galon montant en argent de 0 m. 003. Sur le devant est brodé un faisceau de licteur en argent. Chef du képi orné d'un trèfle simple en argent. Visière en cuir verni noir piqué. Jugulaire en argent.

Surveillants chefs de 1re et de 2e classes. — Les insignes du képi sont en argent entremêlé de fils de soie bleu clair. Jugulaire en argent.

Surveillants de 1re, 2e et 3e classes. — Le bandeau du képi est surmonté d'une torsade en argent et soie bleu clair. Les passepoils du turban et le trèfle du chef sont seulement en soie bleu clair. Jugulaire en argent.

CASQUE. — Le casque en liège couvert de toile adopté pour les troupes aux colonies, avec faisceau de licteur en métal blanc.

DOLMAN. — Dolman en drap ou flanelle, bleu national, sans brandebourg ni appliques sur les épaules. Un seul rang de boutons argentés écussonnés des faisceaux républicains entourés de la devise : « Surveillants militaires des colonies. » Col droit fond bleu clair.

VESTE. — En toile blanche, semblable au dolman, col droit en toile.

PANTALON. — Drap ou flanelle comme le dolman, bande bleu clair, ou en toile blanche.

CHAUSSURES. — *Ad libitum* pour la tenue ordinaire ; bottines pour la grande tenue.

ART. 2

Les marques distinctives sont :

1° Pour les *surveillants principaux.* Circulaire sur la manche, seulement une crête de 0 m. 01, composée d'un câble en argent sans paillette sur lequel s'appuie une dent de scie simple également en argent.

Dans l'angle antérieur du collet et brodé en argent un faisceau de licteur commun à tous les agents;

2° Pour les *surveillants chefs de 1re et de 2e classes*, même broderie que pour les principaux, mais entremêlée de fils de soie bleu clair.

3° Pour les *surveillants de 1re classe*. 1° Deux galons à lézardes en argent de 0 m. 022 de largeur posés en chevrons sur la manche; 2° Autour du parement, un petit galon circulaire en argent du modèle de celui en usage pour les sous-officiers rengagés et entremêlé de soie bleu clair;

4° Pour les *surveillants de 2e classe*. Un galon à lézardes en argent et un petit galon circulaire sur le parement, comme les surveillants de 1re classe;

5° Pour les *surveillants de 3e classe*. Un galon simple.

Sur le veston de toile blanche les broderies ou les galons distinctifs sont portés sur une bande mobile de toile bleu clair ajustée sur la manche. Ils peuvent être simples pour les surveillants de 1re, 2e et 3e classes comme les signes distinctifs de l'infanterie.

Art. 3

L'armement est ainsi fixé:

Les surveillants principaux portent l'épée du modèle de celle adopté pour les aides-commissaires du service colonial, mais écussonnée à la coquille d'un faisceau de licteur.

Les surveillants chefs et les surveillants de 1re, 2e et 3e classes portent l'épée du modèle des sous-officiers rengagés.

L'équipement est ainsi réglé:

Pour les surveillants principaux et chefs: un ceinturon en poil de chèvre de 0 m. 04 porté au moyen d'une boucle simple sous le dolman avec porte-épée du même tissu.

Les surveillants de 1re, 2e et 3e classes portent le ceinturon en cuir fauve.

Lorsque le service l'exigera, les surveillants pourront être armés du mousqueton et de l'épée-baïonnette.

Le revolver pour les surveillants principaux sera porté avec ceinturon, courroies et étui noirs, et fauves pour les surveillants chefs ainsi que pour ceux de 1re, 2e et 3e classes.

Art. 4

Sauf pour les agents nouveaux promus, les modifications prescrites par le présent arrêté seront obligatoires à dater du 1er juillet 1893.

Fait à Paris, le 7 septembre 1891.

EUG. ÉTIENNE.

RAPPORT AU PRÉSIDENT DE LA RÉPUBLIQUE FRANÇAISE, *suivi d'un* DÉCRET *approuvant les pénalités prévues par un arrêté du Gouverneur de la Guyane, relatif au régime des transportés libérés astreints à la résidence.*

(Du 4 avril 1892.)

(Sous-Secrétariat d'État des colonies: 1re Division ; — 1r Bureau: *Justice, instruction publique et cultes.*)

MONSIEUR LE PRÉSIDENT,

Aux termes des décrets en date des 13 janvier 1888 et 26 novembre 1890, relatifs au régime des libérés astreints à résider dans les colonies françaises, des arrêtés locaux doivent réglementer l'application en détail des obligations imposées aux individus soumis à la résidence obligatoire en vertu de la loi du 30 mai 1854.

Dans ce but, M. le Gouverneur de la Guyane française a pris, d'accord avec le Conseil privé, le 7 décembre 1891, un arrêté qui détermine les conditions dans lesquelles les appels doivent avoir lieu, spécifie les professions interdites, et qui stipule, en un mot, toutes les mesures susceptibles d'assurer efficacement la surveillance des libérés. A cet effet il édicte pour les infractions à ces dispositions des pénalités supérieures à celles de simple police qui doivent, conformément à loi du 8 janvier 1877, être approuvées par un décret.

J'ai, en conséquence, l'honneur de soumettre à votre signature le projet de règlement ci-joint.

Veuillez agréer, Monsieur le Président, l'hommage de mon profond respect.

Le Ministre de la marine et des colonies,

CAVAIGNAC.

DÉCRET

(Du 4 avril 1892.)

LE PRÉSIDENT DE LA RÉPUBLIQUE FRANÇAISE,

Sur le rapport du Ministre de la marine et des colonies;

Vu l'article 18 du sénatus-consulte du 3 mai 1854;

Vu le décret du 6 mars 1876 qui rend applicable à la Guyane la loi du 8 janvier 1877, ayant pour objet de substituer le Code pénal métropolitain au Code pénal colonial;

Vu l'arrêté du Gouverneur de la Guyane, en date du 9 décembre 1891, relatif au régime des transportés astreints à la résidence,

DÉCRÈTE :

ARTICLE PREMIER

Sont approuvées les pénalités édictées à l'arrêté susvisé du Gouverneur de la Guyane en date du 7 décembre 1891, et dont la teneur est ci-annexée, et pris en conformité des décrets des 18 janvier 1888 et 29 septembre 1890 sur le régime des libérés tenus à résider dans les colonies pénitentiaires.

ART. 2

Le Ministre de la marine et des colonies est chargé de l'exécution du présent décret, qui sera inséré au *Journal officiel de la République française*, au *Bulletin des lois* et au *Bulletin officiel du Sous-Secrétariat d'État des colonies*.

Fait à Paris, le 4 avril 1892.

CARNOT.

Par le Président de la République :

Le Ministre de la marine et des colonies,

G. CAVAIGNAC.

ARRÊTÉ *du Gouverneur de la Guyane, relatif au régime des transportés astreints à la résidence.*

(Du 7 décembre 1891.)

LE GOUVERNEUR DE 1re CLASSE CHARGÉ DES FONCTIONS DE GOUVERNEUR DE LA GUYANE FRANÇAISE,

Vu l'article 66 de l'ordonnance organique de la Guyane en date du 6 août 1828 ;

Vu la loi du 30 mai 1854 sur l'exécution de la peine des travaux forcés ;

Vu les décrets des 13 janvier 1888 et 29 septembre 1890, relatifs au régime des libérés tenus à résider dans les colonies pénitentiaires ;

Vu les arrêtés en date des 8 mars 1888 et 6 décembre 1890, promulgant les décrets précités dans la colonie ;

Vu l'arrêté du 28 janvier 1889, relatif à l'appel des libérés ;

Vu le décret du 6 mars 1877, rendant applicable à la Guyane la loi du 8 janvier 1877, ayant pour objet de substituer le Code pénal métropolitain au Code pénal colonial ;

Vu le décret du 16 février 1878, portant création d'une direction d'Administration pénitentiaire à la Guyane ;

Sur la proposition concertée du Directeur de l'intérieur, du Chef du service judiciaire et du Directeur de l'Administration pénitentiaire ;

Le Conseil privé entendu,

ARRÊTE :

ARTICLE PREMIER

Les circonscriptions d'appel comprenant les localités où les libérés soumis à l'obligation de la résidence, soit perpétuelle, soit temporaire, devront se présenter pour faire constater leur présence dans la colonie, sont les suivantes :

Ville de Cayenne.

Matoury.... ... ...
{ Matoury.
{ Cabassou.
{ Crique Fouillée.

Rémire.
Montsinéry.
Tonégrande.
Roura et dépendances.
Kaw.
Approuague et bourg de Guizambourg.
Oyapock et Ouanary.
Macouria (bourg et pointe).

Kourou... ... ...
{ Les Roches
{ Kourou (bourg).
{ Karouabo.
{ Guatimala.
{ Passoura.
{ Trois-Carbets.

Sinnamari et Malmanoury.
Iracoubo et Organabo.
Mana et dépendances.

Saint-Laurent du Maroni... ...
{ Hattes.
{ Nouveau-Chantier.
{ Saint-Laurent.
{ Saint Maurice.
{ Saint-Louis.

Saint-Jean du Maroni ... ...
{ Saint-Jean.
{ Tollinche.
{ Haut-Maroni.

Les libérés devront se rendre dans la localité la plus voisine du lieu de leur résidence ; ils pourront, toutefois, en raison des voies de communication, aller dans telle localité de préférence à telle autre.

Art. 2

Les autorités chargées de procéder à l'appel des libérés sont :

A Cayenne, le commandant de gendarmerie de la Guyane ;

A Matoury et dans les localités qui en dépendent, l'administrateur de Matoury ;

A Rémire, à Montsinéry, à Tonégrande, à Roura et dépendances, à Kaw, l'administrateur ;

A Approuague, le commandant de la brigade de gendarmerie résidant à Guizambourg ;

A Oyapock et à Ouanary, l'administrateur de l'Oyapock ;

A Macouria (pointe et bourg), le commandant de la brigade de gendarmerie ;

A Kourou (bourg), le commandant de la brigade de gendarmerie ;

A Kourou (pénitencier), le commandant du pénitencier, et dans chacune des annexes de la circonscription de Kourou, le surveillant militaire chef de camp ;

A Sinnamari et la dépendance de Malmanoury, le commandant de la brigade de gendarmerie ;

A Iracoubo et la dépendance d'Organabo, l'administrateur d'Iracoubo ;

A Mana et dépendances, l'administrateur ;

A Saint-Laurent du Maroni, le commandant du pénitencier ; dans les annexes, les chefs de camp ;

A Saint-Jean du Maroni, le commandant des brigades de gendarmerie ; à défaut, le commissaire de police ou le chef de dépôt ;

Sur les placers, la présence du libéré est constatée par l'employeur ou son représentant.

ART. 3

Les listes d'appel sont adressées, dans le plus bref délai possible au Directeur de l'Administration pénitentiaire chargé de les centraliser.

ART. 4

Les libérés qui, pour cause de maladie, d'éloignement ou pour tout autre motif, sont dans l'impossibilité de se rendre aux appels, doivent en faire la déclaration écrite à l'autorité compétente et fournir en même temps, selon le cas l'attestation d'un médecin ou de toute autre personne notable.

Faute par eux de se conformer à ces formalités, ils seront passibles des peines prévues à l'article 5 du décret du 13 janvier 1888.

ART. 5

Les libérés qui désirent changer de résidence doivent, dans les délais fixés par l'article 3 du décret du 29 septembre 1890, en faire la déclaration dans la localité qu'ils quittent et dans celle où ils se transportent.

Ces déclarations sont reçues :

A Cayenne, par le chef du service de la police ; dans les autres localités, par les autorités chargées de l'appel et désignées par l'article 2 ; sur les placers, par l'employeur ou son représentant.

ART. 6

En cas de disparition d'un libéré employé chez un habitant, celui-ci doit en informer, dès qu'il en aura connaissance, l'autorité la plus rapprochée.

ART. 7

Tout libéré astreint à la résidence recevra, par les soins de l'Administration pénitentiaire, un livret sur lequel seront portés ses nom, prénoms et surnom, la date et le lieu de sa naissance, son numéro matricule, la durée de la résidence, son signalement. Il sera, de plus, mentionné sur ce document les dates auxquelles le libéré aura satisfait aux obligations du décret du 13 janvier 1888, ainsi qu'à celles résultant du décret du 29 septembre 1890 (engagement de travail, déclaration de changement de résidence, contrôle des moyens d'existence).

Seront également insérés dans le livret :

Les articles 28, 29, 30 et 83 du Code pénal ;

Les articles 6, 8 et 12, § 4, de la loi du 30 mai 1854 ;

Les paragraphes 2 et 4 de l'article 19 de la loi du 27 mai 1885, suivis de l'article 45 du Code pénal ;

L'article 10 de la loi du 14 août 1885 ;

L'article premier du décret du 4 octobre 1889 ;

Les décrets des 13 janvier 1888 et 29 septembre 1890 ;

Un extrait de la loi du 27 mai 1885 ;

Le présent arrêté.

ART. 8

Les engagements de travail des libérés, passés dans les conditions stipulées à l'article 6 du décret du 29 septembre 1890, sont constatés au livret : à Cayenne, par le Directeur de l'intérieur et le maire ; dans les autres localités par les autorités désignées à l'article 2 ; et, sur les placers, par l'employeur ou son représentant.

ART. 9

En cas de perte du livret, le libéré doit en faire immédiatement la déclaration aux autorités chargées de l'appel, qui lui en donnent récépissé, transmettent la déclaration au Directeur de l'Administration pénitentiaire, reçoivent de lui un nouveau livret et en effectuent la remise sans frais à l'intéressé, en échange du récépissé de la déclaration.

Sur les placers, ces formalités seront remplies par l'employeur ou son représentant.

ART. 10

Toute infraction commise par les employeurs ou leurs représentants aux obligations qui leur sont imposées par les articles 5, 6, 8 et 9 du présent arrêté est punie des peines prévues aux articles 471, § 15, et 474 du Code pénal.

ART. 11

Les professions interdites aux libérés sont les suivantes : débitant de boissons, restaurateur, logeur, bijoutier, entrepreneur de cabotage et brocanteur.

Toute infraction au présent article est punie d'une amende de 25 à 100 francs et d'un emprisonnement de six à quinze jours.

ART. 12

Sont et demeurent abrogées toutes les dispositions contraires au présent arrêté, notamment les arrêtés des 28 janvier 1889 et 1er mars 1890, relatifs à l'appel des libérés.

ART. 13

Le Directeur de l'intérieur, le Chef du service judiciaire et le Directeur de l'Administration pénitentiaire sont chargés, chacun en ce qui le concerne, de l'exécution du présent arrêté, qui sera communiqué et enregistré partout où besoin sera et inséré au *Bulletin officiel de la République française*, ainsi qu'aux *Bulletins officiels de la colonie et de l'Administration pénitentiaire.*

Cayenne, le 7 décembre 1891.

ALBERT GRODET.

Par le Gouverneur :

Le Directeur de l'intérieur,   *Le Chef du service judiciaire,*

D'INGREMARD.   M. LIONTEL.

Le Directeur de l'Administration pénitentiaire,

VÉRIGNON.

Vu pour être annexé au décret du 4 avril 1892.

Le Ministre de la marine et des colonies,

G. CAVAIGNAC.

Loi qui impute la détention préventive sur la durée des peines prononcées.

(Du 15 novembre 1892.)

Le SÉNAT et la CHAMBRE DES DÉPUTÉS ont adopté,

Le PRÉSIDENT DE LA RÉPUBLIQUE promulgue la loi dont la teneur suit :

ARTICLE PREMIER

Les articles 23 et 24 du Code pénal sont abrogés et remplacés par les dispositions suivantes :

Art. 23. — La durée de toute peine privative de la liberté compte du jour où le condamné est détenu en vertu de la condamnation devenue irrévocable qui prononce la peine.

Art. 24. — Quand il y aura eu détention préventive, cette détention sera intégralement déduite de la durée de la peine qu'aura prononcé le jugement ou l'arrêt de condamnation, à moins que le juge n'ait ordonné, par disposition spéciale et motivée, que cette imputation n'aura pas lieu ou n'aura lieu que pour partie.

En ce qui concerne la détention préventive comprise entre la date du jugement ou de l'arrêt et le moment où la condamnation devient irrévocable, elle sera toujours imputée dans les deux cas suivants :

1° Si le condamné n'a point exercé de recours contre le jugement ou l'arrêt ;

2° Si, ayant exercé un recours, sa peine a été réduite sur son appel ou à la suite de son pourvoi.

ART. 2

La présente loi n'aura pas d'effet rétroactif.

ART. 3

Elle sera applicable à l'Algérie et aux colonies.

La présente loi délibérée et adoptée par le Sénat et la Chambre des députés sera exécutée comme loi de l'État.

Fait à Paris, le 15 novembre 1892.

CARNOT.

Le Garde des sceaux,
Ministre de la justice et des cultes,

L. RICARD.

RAPPORT AU PRÉSIDENT DE LA RÉPUBLIQUE FRANÇAISE, *suivi d'un* DÉCRET *approuvant les pénalités prévues par un arrêté du Gouverneur de la Guyane relatif au régime des transportés libérés astreints à la résidence.*

(Du 7 décembre 1892.)

(Sous-Secrétariat d'État des colonies — 1er Division; — 1er Bureau: *Justice, instruction publique et cultes.*)

MONSIEUR LE PRÉSIDENT,

Un arrêté du Gouverneur de la Guyane du 7 décembre 1891 a réglé le régime auquel sont soumis les libérés des travaux forcés astreints à la résidence obligatoire dans notre colonie pénitentiaire et leur a interdit l'accès d'un certain nombre de professions dont la nomenclature a été complétée par un nouvel arrêté du 8 août dernier. Celui-ci édicte en même temps des pénalités supérieures à celles de simple police contre les auteurs d'infractions à ces dispositions.

J'ai l'honneur de soumettre à votre haute sanction le projet de décret ci-joint, approuvant les dites pénalités.

Je vous prie d'agréer, Monsieur le Président, l'hommage de mon profond respect.

Le Ministre de la marine et des colonies,
A. BURDEAU.

DÉCRET

(Du 7 décembre 1892.)

LE PRÉSIDENT DE LA RÉPUBLIQUE FRANÇAISE,

Sur le rapport du Ministre de la Marine et des colonies,

Vu l'article 18 du sénatus-consulte du 3 mai 1854;

Vu le décret du 6 mars 1877, rendant applicable à la Guyane la loi du 8 janvier 1877, qui a substitué le Code pénal métropolitain au Code pénal colonial;

Vu le décret du 4 avril 1892, approuvant les pénalités prévues par un arrêté du Gouverneur de la Guyane du 7 décembre 1891, relatif au régime des libérés transportés astreints à résidence;

Vu l'arrêté du Gouverneur de la Guyane, en date du 8 août 1892, modifiant l'article 11 de l'arrêté susvisé du 7 décembre 1891;

DÉCRÈTE:

ARTICLE PREMIER

Sont approuvées les pénalités édictées à l'arrêté susvisé du Gouverneur de la Guyane, en date du 8 août 1892, dont la teneur est ci-annexée et pris en conformité des décrets des 13 janvier 1888 et 29 septembre 1890, sur le régime des libérés tenus de résider dans les colonies pénitentiaires.

ART. 2

. Le Ministre de la marine et des colonies est chargé de l'exécution du présent décret qui sera inséré au *Bulletin des lois* et au *Bulletin officiel du Sous-Secrétariat d'État des colonies.*

Fait à Paris, le 7 décembre 1892.

CARNOT.

Par le Président de la République:

Le Ministre de la marine et des colonies,

A. BURDEAU.

ARRÊTÉ DU GOUVERNEUR DE LA GUYANE *portant modification de l'article 11 de l'arrêté du 7 décembre 1891 sur le régime des libérés.*

LE GOUVERNEUR DE 1re CLASSE, CHARGÉ DES FONCTIONS DE GOUVERNEUR DE LA GUYANE FRANÇAISE,

Vu l'article 66 de l'ordonnance organique de la Guyane en date du 27 août 1828;

Vu la loi du 30 mai 1854 sur l'exécution de la peine des travaux forcés;

Vu les décrets des 13 janvier 1888 et 29 septembre 1890, relatifs au régime des libérés tenus de résider dans les colonies pénitentiaires;

Vu les arrêtés en date des 8 mars 1888 et 6 décembre 1890, promulguant dans la colonie les décrets dont il s'agit;

Vu le décret du 6 mars 1877, rendant applicable à la Guyane la loi du 8 janvier 1877; ayant pour objet de substituer le Code pénal métropolitain au Code pénal colonial;

Vu l'arrêté du 7 décembre 1891, relatif au régime des libérés astreints à la résidence;

Vu le décret du 4 avril 1892, approuvant les pénalités prévues par l'arrêté ci-dessus cité du 7 décembre 1891;

Vu la dépêche ministérielle du 30 mai 1892, transmissive du décret précité du 4 avril 1892;

Vu le décret du 16 février 1878, portant création d'une Direction de l'Administration pénitentiaire à la Guyane;

Sur la proposition concertée du Directeur de l'intérieur, du Chef du service judiciaire et du Directeur de l'Administration pénitentiaire;

Le Conseil privé entendu,

ARRÈTE:

ARTICLE PREMIER

L'article 11 de l'arrêté du 7 décembre 1891, sur le régime des libérés astreints à la résidence dans la colonie, est remplacé par le texte ci-dessous:

« Les professions interdites aux libérés sont les suivantes: débitant de boissons, restaurateur, logeur, bijoutier, entrepreneur de cabotage, brocanteur, exploiteur de concessions aurifères.

« Toute infraction au présent article est punie d'une amende de 25 à 100 francs et d'un emprisonnement de six à quinze jours. »

ART. 2

Le Directeur de l'intérieur, le Chef du service judiciaire et le Directeur de l'Administration pénitentiaire sont chargés, chacun en ce qui le concerne, de l'exécution du présent arrêté qui sera publié et enregistré partout où besoin sera.

Cayenne, le 8 août 1891.

ALBERT GRODET.

Par le Gouverneur:

Le Chef du service judiciaire,

LIONTEL.

Le Directeur de l'intérieur,

FAWTIER.

Le Directeur de l'Administration pénitentiaire, p. i.,

GUÉGAN.

Vu pour être annexé au décret du 7 décembre 1891.

Le Ministre de la marine et des colonies,

A. BURDEAU.

Rapport au Président de la République française *suivi d'un* décret *portant réorganisation du personnel de l'Administration pénitentiaire aux colonies.*

(Du 20 décembre 1892.)

(Sous-Secrétariat d'État des colonies: 5ᵉ Division; — 5ᵉ Bureau :Administration pénitentiaire, colonisation pénale.)

Monsieur le Président,

Les réductions importantes que les Chambres ont apportées, depuis plusieurs années, aux crédits de la transportation et de la relégation m'ont paru nécessiter une revision du décret du 26 octobre 1882, concernant le personnel de l'Administration pénitentiaire aux colonies,

En vue de réaliser les économies rendues indispensables, j'ai préparé le projet de décret ci-joint, que j'ai l'honneur de soumettre à votre haute sanction.

Cet acte, divisé en quatre titres, détermine :

1° Les attributions du personnel de l'Administration pénitentiaire qui n'avaient été qu'incomplètement réglées par les décrets des 27 avril et 6 décembre 1878 et celui du 26 octobre 1882;

2° Les conditions de recrutement de ce personnel, et prévoit l'admission des employés de l'administration centrale des colonies et des élèves de l'École coloniale à certains emplois qui assurent aux uns et aux autres une situation en rapport avec leurs services ou leur instruction spéciale ;

3° Les mesures disciplinaires qui pourront être appliquées ;

4° La solde et les indemnités ainsi que la correspondance hiérarchique pour la fixation de la pension de retraite.

Afin d'assurer la marche régulière du service, les fonctionnaires, employés et agents des administrations pénitentiaires ont été constitués en un corps unique et seront appelés à servir à tour de rôle dans nos deux colonies de la Guyane et de la Nouvelle-Calédonie, tout en pouvant être détachés, le cas échéant, dans les colonies où il existerait, soit à titre temporaire, soit à titre permanent, des établissements de travaux forcés, ou de relégation créés en vertu des lois de 1854 et de 1885.

Les emplois d'inspecteurs principaux, d'inspecteurs, d'agents généraux de cultures et d'agents de colonisation prévus au décret du 26 octobre 1882 ne figurent plus dans la nomenclature du personnel de l'Administration pénitentiaire. Par mesure d'économie budgétaire, ces emplois sont supprimés. Toutefois, ils ont été compris dans le tableau n° 2 pour la fixation de la pension de retraite, un certain nombre de fonctionnaires devant être maintenus en service jusqu'au jour où ils auront acquis des droits à la retraite.

En outre, en vue de réduire les dépenses du personnel, le nombre des bureaux de l'Administration pénitentiaire à la Nouvelle-Calédonie, fixé à quatre par le décret de 1882, a été ramené à trois comme à la Guyane, ce qui permettra de diminuer également l'effectif des commis.

Enfin pour faciliter l'accession de tous les commis ordinaires des trois classes aux emplois de commis principaux, la limite de trente-cinq ans au delà de laquelle ils ne pouvaient plus, en vertu du décret de 1882, passer l'examen prescrit par l'article 6, § 2, a été supprimée.

Telles sont, brièvement résumées, Monsieur le Président, les dispositions du projet de décret destiné à remplacer le règlement du 26 octobre 1882.

Veuillez agréer, Monsieur le Président, l'hommage de mon profond respect.

Le Ministre de la marine et des colonies

A. BURDEAU.

DÉCRET

(Du 20 décembre 1892.)

LE PRÉSIDENT DE LA RÉPUBLIQUE FRANÇAISE,

Sur le rapport du Ministre de la marine et des colonies ;

Vu l'article 18 du sénatus-consulte du 3 mai 1854 ;

Vu l'ordonnance du 27 août 1828, concernant le Gouvernement de la Guyane française ;

Vu le décret du 12 décembre 1874, concernant le Gouvernement de la Nouvelle-Calédonie ;

Vu le décret du 16 février 1878, portant création d'une administration pénitentiaire à la Guyane ;

Vu les décrets des 27 avril et 6 décembre 1878, portant organisation de l'Administration pénitentiaire à la Nouvelle-Calédonie et à la Guyane ;

Vu le décret du 21 mai 1880, portant fixation des pensions de retraite des fonctionnaires employés et agents du service colonial ;

Vu le décret du 13 juillet 1880, concernant les pensions de retraite des fonctionnaires et agents coloniaux ayant une parité d'office dans les services métropolitains ;

Vu le décret du 26 octobre 1882, portant organisation du personnel de l'Administration pénitentiaire aux colonies ;

Vu le décret du 20 novembre 1882, sur le régime financier des colonies ;

Vu les décrets des 17 mai 1884 et 11 mai 1885, portant modification du paragraphe 3 de l'article 7 du décret du 27 avril 1878 et du paragraphe 2 de l'article 7 du décret du 6 décembre 1878 concernant l'organisation pénitentiaire à la Guyane et à la Nouvelle-Calédonie ;

Vu le décret du 25 juin 1887, portant réorganisation du corps des comptables coloniaux ;

Vu les décrets des 13 juin 1889 et 22 mai 1890, portant règlement d'administration publique sur l'organisation de l'administration centrale des colonies ;

Vu le décret du 12 décembre 1889, portant règlement sur les indemnités de route et de séjour ;

Vu le décret du 28 janvier 1890, portant règlement sur la solde et les accessoires de solde ;

Vu le décret du 10 novembre 1892, modifiant divers articles du décret du 23 novembre 1889, relatif au fonctionnement de l'École coloniale.

DÉCRÈTE :

TITRE PREMIER

Des attributions du personnel de l'Administration pénitentiaire.

ARTICLE PREMIER

L'Administration pénitentiaire comprend, dans chacune des colonies de la Guyane et de la Nouvelle-Calédonie :

1° Un Directeur ;

2° Un Sous-Directeur ;

3° Le personnel des bureaux de la caisse et des services administratifs sur les pénitenciers ;

4° Les commandants supérieurs et les commandants de pénitencier ;

5° Les surveillants des établissements pénitentiaires aux colonies, dont la situation est réglée par les décrets des 20 novembre 1867 et 5 octobre 1889 ;

6° Le personnel de la police de l'Administration pénitentiaire ;

Les fonctionnaires, employés et agents de l'Administration pénitentiaire sont appelés à tour de rôle à servir dans les colonies pénitentiaires ;

L'Administration pénitentiaire entretient en outre ;

7° Le personnel du service des travaux et du service topographique ;

8° Le personnel des interprètes principaux et ordinaires ;

9° Le personnel de l'instruction publique et des cultes ;

10° Le personnel chargé de la garde et de la surveillance des femmes détenues ;

11° Les agents du service télégraphique.

Art. 2

Le service de santé sur les pénitenciers est assuré par le personnel du corps de santé des colonies et pays de protectorat.

Art. 3

Le service des vivres et du matériel est assuré par des agents du corps des comptables des colonies.

Art. 4

Des fonctionnaires ou agents appartenant à l'Administration pénitentiaire peuvent être détachés, s'il y a lieu, dans les colonies où sont organisés des établissements de transportation ou de relégation en vertu de la loi.

Art. 5

Le Directeur de l'Administration pénitentiaire est nommé par le Président de la République.

Il est investi des fonctions déterminées par les décrets des 12 décembre 1874 pour la Nouvelle-Calédonie et 16 février 1878 pour la Guyane française, modifiés par le décret du 20 novembre 1882.

Art. 6

Le Sous-Directeur assiste le Chef d'administration et le remplace lorsqu'il est momentanément empêché ou absent.

Art. 7

En dehors des missions spéciales dont est chargé le service de l'inspection aux colonies, conformément aux ordres du Ministre, la surveillance et le contrôle du service général sont exercés, sous la haute direction du Chef de l'Administration pénitentiaire, par le Sous-Directeur

Le Sous-Directeur veille, conformément aux ordres du Directeur, à la régularité du fonctionnement de toutes les parties des services de l'Administration pénitentiaire.

A moins d'instructions spéciales et écrites du Chef de l'Administration, le Sous-Directeur en tournée ne peut diriger, empêcher ou suspendre aucune opération.

Chaque tournée du Sous-Directeur donne lieu à l'établissement d'un rapport daté, numéroté et enregistré. L'original de ce rapport est envoyé au Ministre chargé des colonies dans le mois qui suit son dépôt à la direction, après avoir été annoté par le Chef de l'Administration et le Gouverneur.

Art. 8

Les bureaux de l'Administration pénitentiaire à la Guyane et à la Nouvelle-Calédonie sont organisés ainsi qu'il suit :

1er Bureau : Secrétariat et finances ;

2e Bureau : Personnel des surveillants; personnel condamné ;

3e Bureau : Matériel, vivres et hôpitaux.

Les attributions des bureaux sont réglées par arrêtés du Ministre chargé des colonies, sur la proposition du Gouverneur.

Art. 9

Le service des caisses pénitentiaires est dirigé par des caissiers ou des sous-caissiers.

Les fonctions de caissier sont confiées à des employés de l'Administration pénitentiaire ayant au moins l'assimilation de sous-chef de bureau.

Les fonctions de sous-caissier ne peuvent être remplies que par des employés ayant au moins le grade de commis principal.

Art. 10

Le commandement des pénitenciers est confié soit à des commandants supérieurs, soit à des commandants.

Les commandants de pénitencier ont autorité sur tout le personnel de l'établissement compris aux articles premier et 3. Ils sont responsables de la marche des différents détails du service.

Leurs rapports avec la troupe sont réglés par les décrets en date du 17 mai 1884 et 14 mai 1885.

Le personnel du service de santé reste soumis à l'autorité du médecin en chef pour ce qui a rapport au côté professionnel de ses fonctions.

Tout le personnel de l'établissement, y compris les officiers du corps de santé, est tenu de se conformer au régime intérieur des pénitenciers, camps, dépôts de la transportation et de la relégation.

Toute la correspondance, tant à l'arrivée qu'au départ, est reçue ou adressée par les commandants de pénitencier ; celle émanant du chef-lieu est signée par le Directeur ou, par ordre, par le Sous-Directeur, et celle émanant du pénitencier est signée par le commandant du pénitencier.

ART. 11

Le service administratif sur chaque pénitencier est exercé, selon l'importance du pénitencier, soit par un sous-chef de bureau, soit par un commis principal ; il prend le titre d'officier d'administration.

Le nombre de ces emplois est fixé par le Ministre chargé des colonies, sur la proposition des Gouverneurs.

Indépendamment de son service propre, l'officier d'administration est gérant de caisse et délégué de l'administration de la marine pour ce qui concerne les successions militaires et l'inscription maritime.

ART. 12

La hiérarchie et la correspondance hiérarchique, en ce qui concerne le personnel de l'Administration pénitentiaire, sont réglées par le tableau n° 1 annexé au présent décret

Le cadre du personnel de l'Administration pénitentiaire à la Guyane et à la Nouvelle-Calédonie est fixé par arrêtés du Ministre chargé des colonies, sur la proposition des Gouverneurs.

Des changements de fonctions peuvent avoir lieu entre les fonctionnaires, employés ou agents d'une même catégorie faisant partie du personnel proprement dit de l'Administration pénitentiaire.

Tout fonctionnaire, employé ou agent du personnel proprement dit de l'Administration pénitentiaire peut, s'il réunit les conditions, obtenir de l'avancement dans un des autres services de cette Administration.

Toutefois, le personnel civil ne peut être admis, dans aucun cas, dans le corps des surveillants militaires ; mais les surveillants principaux peuvent être admis à exercer certains emplois civils dans les conditions prévues à l'article 21 ci-après.

Ces mutations doivent être autorisées par le Ministre chargé des colonies.

Les fonctionnaires, employés ou agents de l'Administration pénitentiaire sont répartis, selon les besoins du service, par le Chef de cette Administration.

TITRE II
Du recrutement.

ART. 13

Nul ne peut être admis dans les emplois de l'Administration pénitentiaire s'il a dépassé l'âge de trente ans, à moins qu'il ne réunisse le temps de service nécessaire pour obtenir à cinquante-cinq ans une pension de retraite.

Les services exigés pour bénéficier des exceptions prévues aux articles 19, 20, 21 et 24 ci-après doivent être de nature à être admis dans la liquidation de la pension de retraite, à laquelle peuvent prétendre les fonctionnaires et employés de l'Administration pénitentiaire.

ART. 14

Les Sous-Directeurs sont choisis parmi les fonctionnaires de l'Administration pénitentiaire jouissant d'un traitement colonial de 9.000 francs et comptant au moins dix ans de service dans cette Administration, soit parmi les officiers supérieurs de terre ou de mer en activité ou en retraite, ou fonctionnaires militaires assimilés, soit parmi les fonctionnaires civils comptant au moins vingt ans de service dans l'administration métropolitaine ou coloniale et n'ayant par dépassé l'âge de quarante-cinq ans.

ART. 15

Les nominations à tous emplois dans le personnel de l'Administration pénitentiaire sont réservées au Ministre chargé des colonies.

Les avancements en grade et en classe sont également accordés par le Ministre chargé des colonies, sur la proposition du Gouverneur

Les avancements en grade sont accordés au choix. Les avancements en classe sont donnés, trois quarts au choix et un quart à l'ancienneté. Les avancements en classe qui suivront la promulgation du présent décret seront donnés au choix pour les trois premiers tours.

Les fonctionnaires et employés classés dans une même catégorie et compris dans les colonnes 1 et 2 du tableau n° 1 concourent entre eux pour l'avancement.

Nul ne peut être avancé en grade s'il ne compte au moins deux ans de service dans la première classe du grade inférieur, et en classe, s'il ne compte au moins un an de service dans la classe inférieure.

ART. 16

Nul ne peut être admis qu'à la dernière classe de chaque grade, sauf les exceptions prévues aux articles 19, 20, 24 et 25 ci-après.

Les commis principaux de 1re classe, pour être nommés à l'emploi de sous-chef de bureau, devront avoir fait un stage d'au moins un an comme officier d'administration.

Ce stage devra être constaté par un certificat du Directeur de l'Administration pénitentiaire faisant connaître la manière de servir et les aptitudes de l'employé.

ART. 17

Les commis de 3e classe sont recrutés parmi les candidats qui ont subi avec succès un examen dont les conditions, tant au point de vue militaire qu'au point de vue des connaissances exigées, sont déterminées par arrêté du Ministre chargé des colonies.

Les commis principaux de 2ᵉ classe sont recrutés parmi les employés et agents de l'Administration pénitentiaire qui ont une année de service dans cette Administration et un traitement colonial minimum de 3.000 francs et qui ont satisfait aux épreuves d'un examen dont les conditions sont déterminées par arrêté du Ministre chargé des colonies.

Art. 18

Les sous-officiers rengagés peuvent être nommés à l'emploi de commis de 3ᵉ classe dans les conditions prévues par la loi.

Art. 19

Peuvent être nommés sans examen :

1° Commis de 3ᵉ classe, les commis titulaires d'une administration métropolitaine ou coloniale comptant au moins trois ans de service dans cette administration ;

2° Commis de 2ᵉ classe, les bacheliers ès lettres ou ès sciences et les bacheliers de l'enseignement moderne ;

3° Commis de 1ʳᵉ classe, les candidats pourvus des diplômes prévus au paragraphe précédent et comptant au moins six ans de service comme commis titulaires dans une administration métropolitaine ou coloniale.

Art. 20

Peuvent être nommés commis principaux de 2ᵉ classe, sans examen, les candidats pourvus du diplôme de licencié en droit, ès lettres ou ès sciences, ou d'un brevet d'officier des armées actives de terre ou de mer.

Peuvent être nommés commis principaux de 1ʳᵉ classe, les candidats désignés au paragraphe précédent, qui comptent au moins quatre ans de service dans une administration métropolitaine ou coloniale, ou dans les armées de terre ou de mer.

Art. 21

Peuvent être nommés sous-chef de bureau de 3ᵉ classe ou aux emplois de la même catégorie :

1° Les élèves de l'École coloniale ayant subi avec succès les examens de sortie portant sur les cours spéciaux pour les emplois dans l'Administration pénitentiaire ;

2° Les candidats pourvus de l'un des diplômes de bachelier ès lettres, ès sciences ou de l'enseignement moderne et comptant au moins dix ans de service comme commis titulaires d'une administration métropolitaine ou coloniale. Le temps de service est réduit à six ans pour les licenciés en droit, ès lettres ou ès sciences ;

3° Les officiers des armées de terre ou de mer en activité ou démissionnaires comptant cinq ans de grade, au moins, en qualité d'officier ;

4° Les surveillants principaux ayant trois années de grade. Ces agents militaires doivent donner leur démission.

ART. 22

La moitié des places de sous-chef de bureau de 3° classe de l'Administration pénitentiaire est réservée aux élèves de l'École coloniale dans les conditions fixées par le paragraphe 1er de l'article 21, et un quart au personnel en service dans l'Administration pénitentiaire.

Pour les nominations aux emplois de sous-chef de bureau ou aux emplois de même catégorie, les deux premiers tours sont attribués aux élèves brevetés de l'École coloniale, le troisième au personnel en service dans l'établissement pénitentiaire et le quatrième aux candidats réunissant les conditions prévues à l'article 20 et à l'article 25 ci-après, en donnant toutefois la préférence aux fonctionnaires provenant de l'administration centrale des colonies.

Les places de sous-chef de bureau qui n'auront pu être remplies soit par les élèves de l'École coloniale, soit par les candidats prévus aux articles 20 et 25 reviennent au personnel en service dans l'Administration pénitentiaire.

ART. 23

Peuvent être nommés chefs de bureau de 3° classe ou aux emplois de la même catégorie :

1° Les candidats pourvus de l'un des diplômes de bachelier ès lettres, ès sciences ou de l'enseignement moderne, et comptant, au moins, quinze ans de service comme commis titulaires d'une administration métropolitaine ou coloniale. Le temps de service est réduit à dix ans pour les licenciés en droit, ès lettres ou ès sciences ;

2° Les officiers de terre ou de mer et les assimilés en activité ou démissionnaires du grade de capitaine et comptant au moins dix ans de service à l'État, dont cinq comme officiers.

ART. 24

Tout candidat qui réunit les conditions pour être nommé à un grade supérieur peut, à défaut d'emploi vacant, être nommé à la 1re classe du grade immédiatement inférieur.

Les trois quarts des emplois vacants de chef de bureau ou des emplois de même catégorie, sont réservés au personnel en service dans l'Administration pénitentiaire.

Pour les nominations aux emplois de chef de bureau ou aux emplois de même catégorie les trois premiers tours sont attribués au personnel en service dans l'Administration pénitentiaire, et le quatrième aux candidats réunissant les conditions prévues aux articles 23 et 25, en donnant toutefois la préférence aux fonctionnaires provenant de l'Administration centrale des colonies.

Les places de chef de bureau qui n'auront pu être remplies par l'une ou l'autre de ces catégories reviennent au personnel en service dans l'Administration pénitentiaire.

ART. 25

Le personnel de l'Administration pénitentiaire peut, en outre, se recruter dans le personnel de l'administration centrale des colonies, sous les conditions fixées dans le tableau ci-après :

EMPLOIS dans L'ADMINISTRATION CENTRALE.	EMPLOIS auxquels peut être nommé LE PERSONNEL de l'administration centrale des colonies.	CONDITIONS DE SERVICE dans L'ADMINISTRATION CENTRALE des colonies à remplir par les candidats.
Commis expédition. de 5e cl.	Commis de 1re classe......	»
— — de 4e cl.	Commis principal de 2e cl.	»
— — de 3e cl.		
— — de 2e cl.	Commis principal de 1re cl.	»
— — de 1re cl.		
Commis expédition. principal	Sous-chef de bureau de 3e cl.	8 ans de service et l'un des diplômes prévus à l'article 20.
Commis rédacteur de 4e classe.	Sous-chef de bureau de 2e cl.	6 ans de service.
— de 3e classe.	— — de 1re cl.	8 — —
— de 2e classe.	Chef de bureau de 3e classe.	10 — —
— de 1re classe.	— — de 2e classe.	12 — —
Rédacteur principal de 2e cl.	— — de 1re classe	12 — —
— — de 1re cl.	Sous-directeur	15 — — ou 12 ans de service et licencié en droit.

TITRE III

Discipline.

ART. 26

Les mesures disciplinaires comportent les peines suivantes :

1° La réprimande ;

2° Le blâme ;

3° La suspension de fonctions ;

4° La rétrogradation ;

5° La révocation.

ART. 27

La réprimande et le blâme peuvent être infligés par le Directeur de l'Administration pénitentiaire.

ART. 28

La suspension de fonctions est prononcée d'après les règles fixées par l'article 106 du décret sur la solde du 28 janvier 1890.

ART. 29

La rétrogradation est prononcée par le Ministre chargé des colonies, sur la proposition du Gouverneur, en Conseil privé, et sur le rapport motivé du Directeur de l'Administration pénitentiaire.

Le fonctionnaire, l'employé ou l'agent rétrogradé est replacé dans le grade ou la classe immédiatement inférieure. Il prend rang dans son nouvel emploi du jour de la décision et ne peut être proposé pour l'avancement qu'un an après la date de la notification de la décision.

Le commis principal de 2ᵉ classe rétrogradé commis de 1ʳᵉ classe peut être nommé par avancement dans les conditions ci-dessus indiquées sans avoir à subir de nouveau l'examen prescrit par l'article 17.

ART. 30

La révocation est prononcée par le Ministre chargé des colonies.

Le fonctionnaire, dont la révocation est demandée, est suspendu de ses fonctions le lendemain du jour où il reçoit notification de l'envoi au Ministre chargé des colonies de la demande de révocation dont il est l'objet.

ART. 31

La peine de la révocation est prononcée par le Ministre chargé des colonies sur la proposition du Gouverneur, en Conseil privé, et sur le rapport motivé du Directeur de l'Administration pénitentiaire.

Elle ne peut être prononcée qu'après avis d'une Commission d'enquête composée conformément au tableau n° 3 annexé au présent décret et dans laquelle l'agent est entendu dans ses moyens de défense; il peut les présenter soit verbalement, soit par écrit.

L'arrêté du Ministre est motivé et vise l'avis de la Commission d'enquête.

ART. 32

Tout fonctionnaire, employé ou agent qui, dans l'espace de moins de trois ans, a encouru un blâme, une suspension et une rétrogradation peut être révoqué par le Ministre, sans avis préalable du Conseil d'enquête prévu à l'article précédent.

ART. 33

Nul fonctionnaire, employé ou agent, autre que le Directeur, ne peut, en aucun cas, être envoyé à la disposition du Ministre chargé des colonies.

TITRE IV
Solde. — Indemnités. — Retraites.

ART. 34

La solde et la correspondance hiérarchique pour la fixation de la retraite du personnel de l'Administration pénitentiaire sont déterminées conformément au tableau n° 2 annexé au présent décret.

ART. 35

Les commis rédacteurs de 3e classe, supprimés par le présent décret, ne seront portés à la 2e classe des commis principaux que par avancement dans les conditions de l'article 15 et dans la limite des crédits disponibles. Ils ne jouiront de l'amélioration au point de vue de la retraite qu'à partir du jour où ils auront obtenu cet avancement.

Les commis rédacteurs de 3e classe qui n'auront pas été promus commis principaux de 2e classe avant leur mise à la retraite seront retraités en qualité de commis.

Il ne sera fait aucune nomination au grade de commis principal de 2e classe, dans les conditions spécifiées aux articles 17 et 20, avant que tous les commis rédacteurs de 3e classe actuellement en fonctions aient pu être nommés commis principaux de 2e classe.

Par suite, tous les candidats qui réuniraient les conditions pour être nommés commis principaux de 2e classe seront placés à la suite des commis rédacteurs de 3e classe, ancienne formation, et jouiront du même traitement, mais ils concourront à l'avancement dans les conditions de l'article 15.

Les commis de 1re classe, dont la solde doit être portée de 3.000 francs à 3.500 francs et les commis de 2e classe, de 2.700 à 3.000 francs, n'entreront en jouissance de cette nouvelle solde que par avancement dans les conditions de l'article 15 et dans la limite des crédits disponibles.

ART. 36

Des indemnités de logement sont accordées, dans la colonie seulement, aux fonctionnaires, employés et agents de l'Administration pénitentiaire qui ne peuvent pas être logés dans les bâtiments de l'État.

Fonctionnaires ayant un traitement de 9.000 francs et au-dessus : 1.500 francs ;
— — 7.000 — à 9.000 1.290 —
— — 5.000 — à 7.000 900 —
— — 3.000 — à 5.000 600 —
— — inférieur à 3.000 480 —

Les fonctionnaires, employés et agents de l'Administration pénitentiaire qui sont logés et non meublés dans les bâtiments de l'État, reçoivent dans la colonie une indemnité d'ameublement qui est fixée au tiers de l'indemnité du logement (tableau n° 3 du décret du 28 janvier 1890).

A la Nouvelle-Calédonie, a droit à la ration de vivres : tout le personnel de l'Administration pénitentiaire employé sur des établissements extérieurs. Au chef-lieu, la ration n'est accordée qu'aux employés touchant un traitement de 4.500 francs et au-dessous.

A la Guyane, tout le personnel de l'Administration pénitentiaire, soit détaché sur les établissements extérieurs, soit employés au chef-lieu, recevra la ration de vivres.

La ration ne peut être délivrée qu'en nature.

ART. 37

Les indemnités de caisse, les suppléments de fonctions et les frais de service qui peuvent être alloués, dans les cas spéciaux, aux divers employés et agents de l'Administration pénitentiaire, sont fixés par arrêtés du Ministre chargé des colonies, sur la proposition du Gouverneur.

ART. 38

Le costume est obligatoire dans les cérémonies publiques et en service pour le Directeur de l'Administration pénitentiaire, le Sous-Directeur, les commandants supérieurs et les commandants de pénitencier, ainsi que les interprètes.

Un arrêté du Ministre chargé des colonies déterminera le costume et les insignes de ces différents grades et fonctions.

Les agents des ponts et chaussées portent, dans les colonies pénitentiaires, le costume des agents du service métropolitain.

Les commissaires de police portent, dans les colonies pénitentiaires, le costume des commissaires de la Métropole.

ART. 39

Sont maintenues toutes les dispositions des décrets des 12 décembre 1871 et 16 février 1878.

Sont et demeurent abrogés les décrets des 27 avril et 9 décembre 1878 et 26 octobre 1882.

ART. 40

Le Ministre de la marine et des colonies est chargé de l'exécution du présent décret, qui sera inséré au *Journal officiel de la République française*, au *Bulletin des lois*, et au *Bulletin officiel de l'administration centrale des colonies*.

Fait à Paris, le 20 décembre 1892.

CARNOT.

Par le Président de la République :

Le Ministre de la marine et des colonies,

A. BURDEAU.

TABLEAU N° 1

fixant la hiérarchie et la correspondance hiérarchique en ce qui concerne le personnel proprement dit de l'Administration pénitentiaire et le personnel détaché.

CATÉGORIES	PERSONNEL PROPREMENT DIT				PERSONNEL DÉTACHÉ			
	BUREAUX	COMMANDEMENT	PERSONNEL de surveillance.	POLICE	PERSONNEL des travaux et du service topographique	INTERPRÈTES	INSTRUCTION et cultes.	COMPTABLES des vivres et du matériel.
1	Chef de bureau. 1re cl.	Commandant supérieur de pénitencier 1re cl.	»	»	»	»	»	»
2	2e —	2e —	»	»	Chef de service. 1re cl.	Interprète principal. 1re cl.	»	»
3	3e —	3e —	»	»	2e —	2e —	»	»
4	Sous-chef de bureau. 1re cl.	Commandant de pénitencier 1re cl.	»	»	3e —	3e —	»	»
5	2e —	2e —	»	»	Conducteur principal.	Interprète ordinaire. 1re cl.	»	»
6	3e —	3e —	»	1re cl.		2e —	Aumônier et pasteur.	»
7	Commis principal. 1re cl.	»	Surveillant principal.	2e —	Conducteur et géomètre. 1re, 2e, 3e cl.	3e —	1re cl.	Garde-magasin principal
8	2e —	»	Surveillant chef des 1re et 2e cl.	3e ...	1re cl.	»	Institu- teur. 2e —	Garde-magasin des 1re, 2e, 3e cl.
9	Commis. 1re cl	»	»	4e —	»	»	3e —	»
10	2e —	»	»	5e —	»	»	4e —	»
11	3e —	»	»	6e ...	»	»	»	»
12	»	»	Surveillant de 1re cl.	»	Commis des ponts et chaussés des 4 classes.	»	»	Magasiniers des 4 classes.
13	»	»	Surveillant des 2e et 3e cl.	»	»	»	»	»

TABLEAU N° 2

*fixant le traitement et l'assimilation, au point de vue de la retraite,
du personnel de l'Administration pénitentiaire aux colonies.*

DÉSIGNATION DES GRADES		TRAITEMENT		ASSIMILATION au point de vue DE LA PENSION DE RETRAITE
		D'EUROPE	COLONIAL	
		fr.	fr.	
Directeur		8.000	16.000	Commissaire du service colonial.
Sous-directeur		5.000	10.000	Commissaire-adjoint du service colonial.
Chef de bureau..				
Inspecteur principal (1)				
Commandant supérieur de pénitencier	1re classe.	4.500	9.000	Commissaire-adjoint du service colonial.
Agent général de colonisation (1)				
Chef de bureau				
Inspecteur principal (1)				
Commandant supérieur de pénitencier	2e classe.	4.000	8.000	Sous-commissaire du service colonial.
Agent général de colonisation (1)				
Chef de bureau				
Inspecteur principal (1)				
Commandant supérieur de pénitencier	3e classe.	3.500	7.000	Sous-commissaire du service colonial.
Agent général de colonisation (1)				
Sous-chef de bureau				
Inspecteur (1)				
Commandant de pénitencier	1re classe	3.000	6.000	Sous-commissaire du service colonial.
Agent de colonisation (1)				
Sous-chef de bureau				
Inspecteur (1)				
Commandant de pénitencier	2e classe.	2.750	5.500	Aide-commissaire du service colonial.
Agent de colonisation (1)				
Sous-chef de bureau				
Inspecteur (1)				
Commandant de pénitencier	3e classe.	2.500	5.000	Aide-commissaire du service colonial.
Agent de colonisation (1)				

(1) Les inspecteurs principaux, inspecteurs, agents généraux de colonisation et agents de colonisation
dont les emplois sont supprimés ne sont maintenus au présent tableau qu'en vue de l'assimilation
pour la retraite des fonctionnaires de cette catégorie actuellement en service

DÉSIGNATION DES GRADES		TRAITEMENT		ASSIMILATION au point de vue DE LA PENSION DE RETRAITE
		D'EUROPE	COLONIAL	
		fr.	fr.	
Commis principal	1re classe.	2.200	4.500	Aide-commissaire du service colonial.
	2e —	2.000	4.000	
Commis	1re classe.	1.750	3.500	Commis du commissariat colonial.
	2e —	1.500	3.000	
	3e —	1.250	2.500	
Instituteur	1re classe.	2.250	4.500	Personnel retraité d'après les dispositions du décret du 21 mai 1880.
	2e —	2.000	4.000	
	3e —	1.750	3.500	
	4e —	1.500	3.000	
Interprète principal	1re classe.	4.000	8.000	Parité d'office avec les interprètes d'Algérie, sauf en ce qui concerne les interprètes empruntés au Département de la guerre.
	2e —	3.500	7.000	
	3e —	3.000	6.000	
Interprète ordinaire	1re classe.	2.500	5.000	
	2e —	2.250	4.500	
	3e —	2.000	4.000	
Commissaire de police	1re classe.	3.000	6.000	Personnel retraité en vertu de la loi du 9 juin 1853.
	2e —	2.500	5.000	
	3e —	2.250	4.500	
	4e —	2.000	4.000	
	5e —	1.755	3.500	
	6e —	1.500	3.000	
Chef du service des travaux	1re classe.	4.500	9.000	Ingénieur ordinaire de { 1re classe. 2e —
	2e —	3.500	8.000	
	3e —	3.500	7.000	
Conducteur principal		3.200	6.000	Conducteur principal du cadre métropolitain.
Conducteur des travaux	1re classe.	2.800	5.000	Conducteurs des classes correspondantes du cadre métropolitain.
	2e —	2.400	4.500	
	3e —	2.000	4.000	
	4e —	1.700	3.500	
Commis des travaux	1re classe.	1.800	3.000	Commis des ponts et chaussées des classes correspondantes du cadre métropolitain.
	2e —	1.500	2.500	
	3e —	1.200	2.000	
	4e —	1.000	1.800	
Géomètre	1re classe.	2.400	4.500	Solde de parité. (Décret du 13 juillet 1880.)
	2e —	2.100	4.200	
	3e —	1.800	4.200	
	4e —	1.500	4.000	

TABLEAU N° 3

présentant la composition de la commission d'enquête pour le personnel de l'Administration pénitentiaire.

CATÉGORIES	PRÉSIDENT	MEMBRES
PREMIÈRE Sous-directeur	Directeur de l'intérieur.....	Directeur de l'Administration pénitentiaire et le chef du service administratif.
DEUXIÈME Chefs de bureau ou autres fonctionnaires ayant la même correspondance hiérarchique.	Le Directeur ou le sous-directeur de l'Administration pénitentiaire.	Un chef de bureau de la direction de l'intérieur, un fonctionnaire de l'Administration pénitentiaire de la même catégorie que celui qui fait l'objet de l'enquête.
TROISIÈME Sous-chefs de bureau et fonctionnaires ayant la même correspondance hiérarchique.	Le Directeur ou le sous-directeur de l'Administration pénitentiaire.	Un chef de bureau de la direction de l'intérieur, un fonctionnaire de la 3ᵉ catégorie.
QUATRIÈME Commis principaux, commis et autres agents.	Un fonctionnaire de la 2ᵉ catégorie.	Un sous-chef de bureau de la direction de l'intérieur et un employé de la 4ᵉ catégorie.

Les tableaux 1 à 3 sont annexés au décret du 20 décembre 1892.

Paris, le 20 décembre 1892.

CARNOT.

Par le Président de la République :

Le Ministre de la marine et des colonies,

A. BURDEAU.

RAPPORT AU PRÉSIDENT DE LA RÉPUBLIQUE FRANÇAISE, *suivi d'un* DÉCRET *portant approbation des pénalités prévues à un arrêté du Gouverneur de la Nouvelle-Calédonie sur le régime des transportés libérés.*
(Du 27 février 1893.)

(Sous-Secrétaire d'État des colonies : 1ʳᵉ division ; — 4ᵉ Bureau ;
Justice, instruction publique et cultes.)

MONSIEUR LE PRÉSIDENT,

Un arrêté du Gouverneur de la Nouvelle-Calédonie, en date du 4 juillet 1892, a réglementé l'application des décrets du 13 janvier 1888 et 29 septembre 1890 sur le régime des libérés astreints à résider dans les colonies pénitentiaires, réglé le mode de constatation de leur présence et de leurs moyens d'existence et déterminé les professions qui, dans un but de prévoyance sociale, leur sont interdites.

Pour assurer l'exécution de son arrêté, le Gouverneur de la Nouvelle-Calédonie a dû prévoir contre ceux qui méconnaîtraient ses dispositions des pénalités dont quelques-unes excèdent celles de droit commun en matière de contravention.

J'ai l'honneur de soumettre à votre haute sanction le projet de règlement ci-joint, portant approbation de ces pénalités conformément aux décrets des 6 mars et 20 septembre 1877, relatifs à l'application aux colonies du Code pénal métropolitain et aux délais dans lesquels les arrêtés des Gouverneurs doivent être approuvés.

Je vous prie d'agréer, Monsieur le Président, l'hommage de mon profond respect.

Le Ministre du commerce, de l'industrie et des colonies,
SIEGFRIED.

DÉCRET

(Du 27 février 1893.)

LE PRÉSIDENT DE LA RÉPUBLIQUE FRANÇAISE,

Sur le rapport du Ministre du commerce, de l'industrie et des colonies ;

Vu l'article 18 du sénatus-consulte du 3 mai 1854 ;

Vu le décret du 6 mars 1877, portant application aux colonies des dispositions du Code pénal métropolitain ;

Vu le décret du 20 septembre 1877, fixant le délai dans lequel les arrêtés pris par les Gouverneurs de certaines colonies doivent être transformés en décrets ;

Vu l'arrêté du Gouverneur de la Nouvelle-Calédonie, en date du 4 juillet 1892, portant règlement d'application des décrets des 13 janvier 1888 et 29 septembre 1890 sur le régime des libérés, réglant le mode de constatation de leur présence dans la colonie, ainsi que leurs moyens d'existence, et déterminant les professions qui leur sont interdites,

DÉCRÈTE :

ARTICLE PREMIER

Sont approuvées les pénalités prévues à l'arrêté susvisé du Gouverneur de la Nouvelle-Calédonie, en date du 4 juillet 1892, portant règlement d'application des décrets des 13 janvier 1888 et 29 septembre 1890 sur le régime des libérés, réglant le mode de constatation de leur présence dans la colonie, ainsi que de leurs moyens d'existence, et déterminant les professions qui leur sont interdites.

ART. 2

Le Ministre du commerce, de l'industrie et des colonies est chargé de l'exécution du présent décret, qui sera inséré au *Journal officiel de la République française*, au *Bulletin des lois* et au *Bulletin officiel du Sous-Secrétaire d'État des colonies*.

Fait à Paris, le 27 février 1893.

CARNOT.

Par le Président de la République :

Le Ministre du commerce, de l'industrie et des colonies,

SIEGFRIED.

———————

ARRÊTÉ *portant règlement d'application des décrets des 13 janvier 1888 et 29 septembre 1890 sur le régime des libérés, réglant le mode de constatation de leur présence dans la colonie, ainsi que leurs moyens d'existence, et déterminant les professions qui leur sont interdites.*

(Du 4 juillet 1892.)

NOUS, GOUVERNEUR DE LA NOUVELLE-CALÉDONIE ET DÉPENDANCES, CHEVALIER DE LA LÉGION D'HONNEUR ET OFFICIER D'ACADÉMIE,

Vu les décrets des 13 janvier 1888 et 29 septembre 1890, relatifs au régime des libérés astreints à résider dans les colonies pénitentiaires, et notamment l'article 8 du premier de ces actes et l'article 14 du second, concernant la réglementation locale des mesures d'exécution, ensemble les arrêtés de promulgation du 18 avril 1888 et 31 décembre 1890 ;

Vu l'arrêté du 19 décembre 1855, portant règlement d'administration sur l'interdiction de séjour ;

Vu les arrêtés des 17 avril 1897 et 26 octobre 1889 réglant le mode de constatation de la présence des libérés dans la colonie ;

Vu l'article 3 de l'arrêté du 11 avril 1890 précisant la nature des déclarations à faire par les libérés soumis à l'obligation d'appel ;

Vu l'article 132 du décret organique du 12 décembre 1874 définissant les attributions de surveillance dévolues au Directeur de l'Administration pénitentiaire à l'égard des libérés astreints à la résidence, dont l'entretien est encore en tout ou en partie à la charge du budget pénitentiaire ;

Vu l'arrêté du 21 juin 1890 réglant les attributions des administrateurs d'arrondissement, et spécialement les articles 74 et 91 concernant la police des libérés;

Vu, en ce qui concerne les pénalités pour contraventions aux dispositions qui suivent l'article 73, § 2, du décret susvisé du 12 décembre 1874, modifié par les décrets des 7 mars et 20 septembre 1877;

Sur la proposition du Directeur de l'intérieur, du Chef du service judiciaire et du Directeur de l'Administration pénitentiaire;

Le Conseil privé entendu,

AVONS ARRÊTÉ ET ARRÊTONS :

TITRE PREMIER

De la constatation de la présence des libérés dans la colonie, au moyen des appels périodiques et éventuels et des déclarations de changement de résidence.

ARTICLE PREMIER

La constatation de présence des libérés, soit à l'époque des appels périodiques ou éventuels, soit à l'occasion des changements de résidence, tant au départ qu'à l'arrivée, sera opérée dans l'une des localités et par l'un des fonctionnaires ou agents désignés ci-après :

1er ARRONDISSEMENT

Commandant de brigade de gendarmerie :

Nouméa, Anse-Vata, Vallée-des-Colons, Vallée-du-Tir, Rivière-Salée, Pont-des-Français, Plum, Dumbéa, Païta, Saint-Vincent, Coëtempoé.

Chef de l'exploitation forestière :

Baie de Prony, île Ouen.

Commandant supérieur ou son délégué :

Ile des Pins.

Administrateur et ses délégués :

Iles Loyalty.

2e ARRONDISSEMENT

Commandant de brigade de gendarmerie :

Canala, Kouaoua-Méré, Thio, Moindou, La Foa, Bouloupari, Tomo.

Commandants de pénitencier ou leurs délégués :

Fonwary, la Ouaménie.

Chefs de camp :

Téremba, Nakéty.

3° ARRONDISSEMENT

Commandants de brigade de gendarmerie :

Bourail, Muéo-Poya.

Agents de police :

Muéo-Poya (jusqu'à la reconstitution de la brigade de gendarmerie), Houaïlou, Pounérihouen.

4° ARRONDISSEMENT

Administrateur ou son délégué :

Touho.

Agents de police :

Koné-Voh, Hyenghène.

Chef de centre :

Pouembout.

5° ARRONDISSEMENT

Commandant de brigade de gendarmerie :

Ouégoa-Pam, Gomen-Teoudié-Ouaco.

Président de la commission municipale ou son délégué :

Oubatche.

Agent de police :

Koumac.

Directeur de l'établissement sanitaire :

Iles Bélep.

ART. 2

Les libérés vivant en dehors des agglomérations d'habitants ci-dessus désignées devront se rendre dans la localité la plus voisine pour l'accomplissement des formalités prévues à l'article premier et se présenter devant l'administrateur, le commandant du pénitencier, le chef de camp ou tout autre agent de l'autorité.

ART. 3

§ 1ᵉʳ Les réponses aux appels et les déclarations de changements de résidence seront constatées au livret, sous le visa de l'autorité compétente, selon les distinctions des articles premier et 2.

§ 2. Les livrets de libérés incarcérés, ou placés dans un hôpital, dans une infirmerie ou dans un asile public ou privé, sont visés par les chefs d'établissements.

§ 3. — Le visa de l'autorité compétente sera refusé au libéré soumis à l'interdiction de séjour qui déclarerait vouloir se rendre momentanément ou transporter sa résidence dans une localité interdite, à moins qu'il ne justifie d'une autorisation préalablement obtenue en conformité des articles 9 et 10 de l'arrêté du 19 décembre 1885.

ART. 4

§ 1er. — Les libérés résidant sur des iles privées de communications régulières avec la grande terre pourront ne pas se déplacer pour répondre aux appels, à charge par eux de signaler leur présence à l'autorité la plus rapprochée.

§ 2. — Les chefs des exploitations éloignées des centres habités, lorsqu'ils appartiendront à la population libre, pourront être autorisés par le Gouverneur, sur la proposition du Directeur de l'Administration pénitentiaire, à dresser sous leur responsabilité la liste des libérés qu'ils emploient. Ils seront obligatoirement tenus de transmettre cette liste, par première occasion, après la clôture de l'appel, avec les livrets à viser, à l'autorité compétente la plus rapprochée.

§ 3. — L'Administration se réserve la faculté d'envoyer sur les lieux tels agents qu'elle désignera, pour contrôler les renseignements qui lui parviendraient et vérifier l'identité des individus qui n'auraient pas répondu personnellement aux appels.

ART. 5

§ 1er. — Les libérés qui, pour cause d'infirmité ou de maladie, seront dans l'impossibilité de se rendre aux appels, devront en informer, le plus tôt possible, l'autorité compétente, suivant les distinctions établies par les articles premier et 2, et lui faire parvenir leur livret, avec l'attestation d'un médecin ou, à son défaut, de toute autre personne honorable.

§ 2. — Dans le cas où il ne leur serait pas possible de produire cette attestation, ils devront énoncer eux-mêmes les causes d'empêchement qu'ils auront à faire valoir.

ART. 6

§ 1er. — Les libérés qui désirent être exemptés des appels périodiques doivent en faire la demande au Directeur de l'Administration pénitentiaire, qui la transmet au Gouverneur avec l'avis du Directeur de l'intérieur, quand il s'agira d'individus résidant à Nouméa.

§ 2. — Les décisions portant dispense d'appel seront contresignées et notifiées par le Directeur de l'Administration pénitentiaire; elles seront communiquées au Directeur de l'intérieur.

§ 3. — A moins de disposition contraire, la dispense ne s'étend pas aux appels éventuels prévus par l'article 4 du décret du 13 janvier 1888.

TITRE II

Des engagements de travail des libérés.

ART. 7

§ 1er. — Les engagements de travail prévus par les articles 5 et 6 du décret du 29 septembre 1890 sont inscrits au livret, et déterminent la durée du contrat, qui ne peut être inférieure à un mois, le lieu de résidence, la nourriture, le logement, les salaires, l'habillement, les soins médicaux, le genre et la durée du travail.

§ 2. — Toutes ces conditions sont inscrites au livret, soit par l'engagiste soit par l'une des autorités compétentes énumérées aux articles premier et 2 du présent arrêté et appelées à viser les engagements.

§ 3. — Chaque fois que l'engagiste ne se sera pas réservé, conformément au droit commun, et par une clause expresse inscrite au livret, la faculté de rompre à son gré tout contrat d'engagement accepté par lui, il sera lié pour la même durée que l'engagé.

ART. 8

En cas de disparition d'un libéré engagé du lieu de sa résidence, l'engagiste doit, dans le plus bref délai et au plus tard dans un délai de quinze jours, en informer l'autorité la plus rapprochée.

TITRE III

De la forme des livrets.

ART. 9

Le livret dont l'usage est rendu obligatoire par les articles 2, 4, 6 et 9 du décret du 29 septembre 1890, et qui est destiné à servir au contrôle de la présence et des moyens d'existence des libérés, est conforme au modèle A annexé au présent arrêté.

ART. 10

Ce livret présentera les indications suivantes :

1° Nom, prénom, numéro matricule, date et lieu de la naissance, profession et signalement des libérés;

2° Durée de l'obligation de résidence et de l'interdiction de séjour;

3° Désignation des localités interdites par mesure générale ou particulière ; autorisation de séjour momentané dans une localité interdite ; suspension de l'interdiction de séjour et retrait de cette suspension:

4° Accomplissement des formalités prescrites pour satisfaire à l'obligation des appels périodiques ou éventuels; dispense de l'obligation des appels périodiques.

5° Déclaration de changement de résidence, tant au départ qu'à l'arrivée ;

6° Date, durée, objet et conditions sommaires des engagements de travail;

7° Mises en concessions provisoires ou définitives; dépossessions ou déchéances.

ART. 11

Le livret contiendra le texte des dispositions légales et réglementaires ci-après :

1° Code pénal, articles 28, 29, 30 et 34;

2° Loi du 30 mai 1854, articles 6, 8 et 12, § 4 ;

3° Loi du 27 mai 1885, article 19, §§ 2 et 4, et du Code pénal, article 45;

4° Arrêté du 19 décembre 1885, articles premier à 17;

5° Décret du 13 janvier 1888, avec la modification apportée à l'article 6 par l'article premier du décret du 4 octobre 1889;

6° Décret du 29 septembre 1890;

Et le présent arrêté.

ART. 12

§ 1er. — Les livrets seront délivrés, renouvelés et remplacés gratuitement par l'Administration pénitentiaire.

§ 2. — Les déclarations de pertes et demandes de renouvellement de livrets seront transmises à l'Administration pénitentiaire par l'autorité qui les aura reçues et qui en donnera à l'intéressé un récépissé (modèle B), lequel sera retiré au moment de la remise du livret.

§ 3. — Les carnets signalétiques actuels seront remplacés par des livrets dans le délai d'une année à dater du présent arrêté.

ART. 13

§ 1er. — Il est interdit à tout libéré de détruire, lacérer ou altérer son livret, enfin de le mettre hors d'usage d'une manière quelconque.

§ 2. — Toute personne qui aura trouvé un livret sera tenue d'en faire la remise, dans le plus bref délai possible, à l'autorité compétente.

ART. 14

Il est défendu d'employer comme travailleur à la journée ou à la tâche, comme engagé, domestique, ouvrier ou manœuvre, un libéré dépourvu de livret, ou non muni d'un récépissé de la déclaration de la perte de son livret.

TITRE IV

Du contrôle de la présence des libérés.

ART. 15

§ 1er. — Les résultats des appels, les changements de résidence, les engagements de travail, les disparitions et les décès des libérés seront contresignés par les autorités désignées à l'article premier ci-dessus, sur les fiches individuelles (modèles C, D, E, F, G) qu'elles transmettront, dans les premiers jours de chaque mois, à l'Administration pénitentiaire, sur un bordereau récapitulatif (modèle H).

§ 2. — Ces divers renseignements seront communiqués à la Direction de l'intérieur.

§ 3. — Dans les trois mois qui suivront la clôture de l'appel, l'Administration pénitentiaire adressera au service judiciaire, pour servir à l'indication des délinquants à poursuivre, une liste nominative (modèle I) annotée des renseignements les plus récents des libérés qui n'auront pas répondu à l'appel. sans en avoir été dispensés ou excusés.

ART. 16

Les diverses autorités administratives et judiciaires signaleront, en outre, éventuellement, à l'Administration pénitentiaire, par des procès-verbaux, rapports ou comptes rendus individuels, tous les faits ou événements pouvant intéresser la situation ou l'existence des libérés, ou servir au contrôle de leur présence ou de leurs actes.

ART. 17

§ 1er. — Les officiers de l'état civil délivreront gratuitement à l'Administration pénitentiaire. au fur et à mesure des constatations, une expédition de tout acte de mariage ou de divorce, et deux expéditions de tout acte de décès dressé sur déclaration ou rapport, ou suivant jugement, ou rectifié par jugement, concernant les libérés.

§ 2. — Les expéditions d'actes de décès seront, autant que possible, accompagnés d'un certificat médical ou de toute autre pièce indiquant la cause constatée ou présumée de la mort.

ART. 18

§ 1er. — Les greffiers des diverses juridictions répressives délivreront à l'Administration pénitentiaire un extrait de tout arrêt ou jugement portant condamnation à des peines corporelles ou pécuniaires contre des libérés.

§ 2. — Les droits fixes pour les extraits qui doivent servir à l'exécution des condamnations. conformément à l'article 12 du décret du 29 septembre 1890, seront compris dans la liquidation des frais de justice.

§ 3. — Les frais afférents aux condamnations qui ne sont pas exécutoires à la diligence de l'Administration pénitentiaire seront mandatés sur mémoire au nom des greffiers et imputés au budget pénitentiaire.

TITRE V

Des professions interdites aux libérés.

ART. 19

§ 1er. — Sont absolument interdites aux libérés astreints à la résidence les professions de débitants de boissons, restaurateurs, gargotiers, logeurs, bijoutiers, entrepreneurs de cabotage, brocanteurs et colporteurs.

§ 2. — Sont également interdites, mais pourront être autorisées par décisions spéciales et individuelles du Gouverneur, sur la proposition du Directeur de l'Administration pénitentiaire et l'avis du Directeur de l'intérieur, les professions de marchands de liquides à emporter, de pêcheurs et de matelots à bord des navires ne quittant pas la colonie ou ses dépendances.

ART. 20

§ 1er. — Les libérés de bonne conduite, exerçant actuellement les professions désormais interdites, continueront à les exercer, à la condition d'en faire la déclaration écrite, à l'Administration pénitentiaire, dans un délai de trois mois à compter de la promulgation du présent arrêté.

§ 2. — Cette tolérance pourra leur être retirée par un arrêté pris en Conseil privé, sur la proposition du Directeur de l'Administration pénitentiaire, en cas de condamnation judiciaire ou d'inconduite notoire dûment constatée.

TITRE VI

Dispositions pénales et exécutoires.

ART. 21

§ 1er. — Toute contravention aux prescriptions de l'article 4, § 2, et des articles 8 et 14 du présent arrêté sera punie, conformément aux articles 471, § 15, et 474 du Code pénal, d'une amende de 1 à 5 francs et, en cas de récidive, de la même amende et d'un emprisonnement de un à trois jours.

§ 2. — Seront punies d'une amende de 50 à 100 francs et d'un emprisonnement de cinq à quinze jours, ou de l'une de ces deux peines seulement, les infractions aux dispositions de l'article 13, § 1er, du présent arrêté. En cas de récidive, l'emprisonnement sera toujours prononcé.

§ 3. — Chaque fois que, par suite de prêt, cession ou dessaisissement, il aura été fait usage du livret, les peines à appliquer seront celles prévues par la loi sur le faux.

§ 4. — Toute infraction aux articles 19 et 20 du présent arrêté sera punie d'une amende de 25 à 100 francs et d'un emprisonnement de six à quinze jours.

Art. 22

Sont abrogées toutes les dispositions antérieures contraires aux décrets des 13 janvier 1888 et 29 septembre 1890, ainsi qu'au présent décret, et notamment :

1° Les articles 18 et 19 de l'arrêté du 19 décembre 1885, portant règlement d'administration sur l'interdiction de séjour ;

2° Les arrêtés des 17 avril 1888 et 26 octobre 1889, réglant le mode de constatation de la présence des libérés dans la colonie.

Art. 23

Le Directeur de l'intérieur, le Chef du service judiciaire et le Directeur de l'Administration pénitentiaire sont chargés, chacun en ce qui le concerne, de l'exécution du présent arrêté, qui sera inséré aux *Journal* et *Bulletin officiels de la colonie*, ainsi qu'au *Bulletin de l'Administration pénitentiaire*.

Nouméa, le 4 juillet 1892.

E. LAFFON.

Par le Gouverneur :

Le Directeur de l'intérieur, p. i.,
L. GAUHAROU.

Le Chef du service judiciaire,
F. URSLEUR.

Le Directeur de l'Administration pénitentiaire, p. i.,
F. CABANEL.

Vu pour être annexé au décret du 27 février 1893.

Le Ministre du commerce, de l'industrie et des colonies,
SIEGFRIED.

RAPPORT AU PRÉSIDENT DE LA RÉPUBLIQUE FRANÇAISE, suivi d'un DÉCRET *approuvant une modification aux statuts de la caisse d'épargne pénitentiaire de la Nouvelle-Calédonie.*

(Du 12 mars 1893.)

MONSIEUR LE PRÉSIDENT,

Aux termes des statuts modifiés de la caisse d'épargne pénitentiaire de la Nouvelle-Calédonie annexés au décret du 13 juin 1887, la faculté pour le personnel libre d'effectuer des dépôts à cette caisse est limitée aux fonctionnaires et agents entretenus au compte du service pénitentiaire.

Dans sa séance du 28 juin 1892, la commission de surveillance de l'établissement susvisé a demandé que la caisse fût ouverte à tous les fonctionnaires de la colonie et ce vœu a reçu la sanction du Gouverneur en Conseil privé. La mesure dont il s'agit paraît, en effet, équitable, la colonie ne possédant pas de caisse d'épargne municipale ou postale et elle ne pourrait, en outre, que produire d'excellents effets en développant chez tous le goût de l'épargne.

D'autre part, les statuts de la caisse pénitentiaire n'ont rien de contraire à ceux qui régissent les caisses d'épargne ordinaires des autres colonies. En conséquence, j'ai l'honneur de soumettre à votre haute sanction le projet de décret ci-joint, destiné à modifier dans le sens indiqué le paragraphe 2 de l'article premier des dits statuts.

Je vous prie d'agréer, Monsieur le Président, l'hommage de mon profond respect.

Le Ministre du commerce, de l'industrie et des colonies,
SIEGFRIED.

DÉCRET
(Du 12 mars 1893.)

LE PRÉSIDENT DE LA RÉPUBLIQUE FRANÇAISE,

Vu le décret du 4 janvier 1878;

Vu le décret du 13 juin 1887;

Vu l'avis du Conseil privé de la Nouvelle-Calédonie en date du 10 août 1892;

Sur le rapport du Ministre du commerce, de l'industrie et des colonies,

DÉCRÈTE :

ARTICLE PREMIER

Est approuvée la modification du paragraphe 2 de l'article premier des statuts de la caisse d'épargne pénitentiaire de la Nouvelle-Calédonie, ainsi conçue :

« Cette caisse reçoit par extension les épargnes du personnel libre entretenu au compte du service pénitentiaire ainsi que celles de tous les fonctionnaires, employés et agents appartenant aux divers services publics de la colonie. »

ART. 2

Le Ministre du commerce, de l'industrie et des colonies est chargé de l'exécution du présent décret qui sera inséré au Journal officiel de la République française et au Bulletin officiel de l'administration des colonies.

Fait à Paris, le 12 mars 1893.

CARNOT.

Par le Président de la République:

Le Ministre du commerce, de l'industrie et des colonies,
SIEGFRIED.

Rapport au Ministre, *suivi d'un* arrêté *réduisant à 3 p. 100 l'an le taux de l'intérêt à servir à ses déposants par la caisse d'épargne pénitentiaire de la Nouvelle-Calédonie.*

(Du 16 mars 1893.)

Un arrêté du 1er juillet 1887, pris en exécution des articles 13 et 18 des nouveaux statuts annexés au décret du 13 juin 1887, avait fixé à 3,40 p. 100 l'an le taux de l'intérêt à servir par la caisse d'épargne pénitentiaire de la Nouvelle-Calédonie à ses déposants de toute catégorie.

En présence de la plus-value constante des fonds publics, la rente 3 p. 100 étant la valeur de remploi, la balance des opérations consommées en 1891 et 1892 par l'établissement susvisé a fait ressortir un bénéfice insignifiant qui ne permettrait ni l'accroissement ni même le maintien du fonds actuel de réserve prévu à l'article 5 des statuts.

Dans ces conditions, le Gouverneur a demandé au Département, conformément à l'avis de la commission de surveillance de la caisse d'épargne, de réduire l'intérêt à servir aux déposants. J'estime, d'accord avec l'administration locale, que le taux pourrait en être fixé à 3 p. 100 l'an.

En conséquence, j'ai l'honneur de soumettre à la signature du Ministre le projet d'arrêté ci-joint modifiant l'arrêté susvisé du 1er juillet 1887.

Le Sous-Secrétaire d'État des colonies,

DELCASSÉ.

ARRÊTÉ

(Du 16 mars 1893.)

LE MINISTRE DU COMMERCE DE L'INDUSTRIE ET DES COLONIES,

Vu le décret du 4 janvier 1878, autorisant la création d'une caisse d'épargne pénitentiaire en Nouvelle-Calédonie ;
Vu le décret du 13 juin 1887, approuvant la modification des statuts de la caisse d'épargne pénitentiaire ;
Vu les articles 13, 17 et 18 des nouveaux statuts ;
Vu l'arrêté ministériel du 1er juillet 1887, fixant le taux de l'intérêt à servir aux déposants, le mode de remploi du capital social et le fonds de roulement de la caisse d'épargne pénitentiaire ;
Vu l'avis émis par la commission de surveillance, le 28 juin 1882, et sanctionné par le Conseil privé dans sa séance du 10 août 1892 ;
Sur le rapport du Sous-Secrétaire d'État des colonies,

ARRÊTE :

ARTICLE PREMIER

Le taux de l'intérêt à servir par la caisse d'épargne pénitentiaire de la Nouvelle-Calédonie à ses déposants de toute catégorie est fixé à 3 p. 100 l'an.

ART. 2

Les dispositions de l'article premier de l'arrêté ministériel du 1er juillet 1887 sont abrogées.

Fait à Paris, le 16 mars 1893.

SIEGFRIED.

RAPPORT AU PRÉSIDENT DE LA RÉPUBLIQUE FRANÇAISE, *suivi d'un* DÉCRET *fixant les éléments constitutifs du délit d'évasion commis par les libérés des travaux forcés, condamnés à l'emprisonnement, ou à la réclusion*

(Du 25 avril 1893.)

(Sous-Secrétariat d'État des colonies : 1re Division ; — 4e Bureau ; *Justice, instruction et cultes.*)

MONSIEUR LE PRÉSIDENT,

Un décret du 30 juin 1891 a complété l'article 225 du Code pénal en fixant les caractères constitutifs du délit d'évasion, commis dans les établissements pénitentiaires par les réclusionnaires coloniaux.

Ces individus subissent leur peine dans des conditions spéciales, qui rendaient illusoires les prescriptions de la loi contre les évadés.

Il a fallu prendre à leur sujet des dispositions spéciales, dont l'extension est nécessaire à l'égard des transportés libérés des travaux forcés, condamnés à des peines de réclusion ou d'emprisonnement, qui sont employés sur les centres pénitentiaires dans des conditions analogues.

C'est dans ce but qu'a été préparé le projet de décret ci-joint qu'après entente avec M. le Garde des sceaux, Ministre de la justice, j'ai l'honneur de soumettre à votre haute sanction.

Je vous prie d'agréer, Monsieur le Président, l'hommage de mon profond respect.

Le Ministre du commerce, de l'industrie et des colonies,

TERRIER.

DÉCRET

(Du 26 avril 1893.)

LE PRÉSIDENT DE LA RÉPUBLIQUE FRANÇAISE,

Sur le rapport du Ministre du commerce, de l'industrie et des colonies et du Garde des sceaux Ministre de la justice,

Vu l'article 18 du sénatus-consulte du 3 mai 1854 ;

Vu le décret du 30 juin 1891, fixant les éléments constitutifs du délit d'évasion commis par les réclusionnaires coloniaux,

DÉCRÈTE :

ARTICLE PREMIER

Les dispositions du décret susvisé, du 30 juin 1891, complétant pour les colonies l'article 255 du Code pénal et fixant les éléments constitutifs du délit d'évasion commis par les réclusionnaires coloniaux dans les colonies pénitentiaires, sont applicables aux transportés libérés des travaux forcés ayant à subir des peines de réclusion ou d'emprisonnement.

Le Ministre du commerce, de l'industrie et des colonies et le Garde des sceaux, Ministre de la justice, sont chargés, chacun en ce qui le concerne, de l'exécution.du présent décret, qui sera inséré au *Journal officiel de la République française*, au *Bulletin des lois* et au *Bulletin officiel du Sous-Secrétariat d'État des colonies*.

Fait à Paris, le 26 avril 1893.

CARNOT.

Par le Président de la République :

Le Ministre du commerce, de l'industrie et des colonies,

TERRIER.

Le Garde des sceaux, Ministre de la justice,

GUÉRIN.

––––––––––

RAPPORT AU PRÉSIDENT DE LA RÉPUBLIQUE FRANÇAISE, *suivi d'un* DÉCRET *organisant dans la colonie pénitentiaire de la Guyane une surveillance spéciale à la sortie des navires, en vue d'empêcher les évasions des transportés, des relégués et des réclusionnaires coloniaux.*

(Du 22 septembre 1893.)

(Sous-Secrétariat d'État des colonies : — 1re Division ; — 4e Bureau : *Justice, instruction publique et cultes.*)

MONSIEUR LE PRÉSIDENT,

Mon attention a été appelée par l'administration locale de la Guyane sur le nombre relativement assez élevé des évasions des transportés qui obtiennent, moyennant rétribution, la complicité des patrons de barques et des capitaines de navires pour quitter notre colonie pénitentiaire.

Il est nécessaire d'organiser un service de police pour empêcher l'exécution de semblables marchés.

C'est dans ce but qu'a été préparé le projet de décret ci-joint, qui soumet à la visite des agents de l'Administration pénitentiaire les navires qui se trouvent sur les côtes de la Guyane et édicte des pénalités contre les infractions à ses dispositions.

Après entente avec M. le Garde des sceaux, Ministre de la justice, j'ai l'honneur de soumettre ce projet de règlement à votre haute sanction.

Je vous prie d'agréer, Monsieur le Président, l'hommage de mon profond respect.

Le Ministre du commerce, de l'industrie et des colonies,

TERRIER.

––––––––––

DÉCRET

(Du 22 septembre 1893.)

LE PRÉSIDENT DE LA RÉPUBLIQUE FRANÇAISE,

Vu l'article 18 du sénatus-consulte du 3 mai 1854;

Vu les décrets du 20 août 1853 et du 10 mars 1855 sur l'exécution à la Guyane de la peine des travaux forcés;

Vu la loi du 8 janvier 1877 et les décrets du 6 mars 1877 rendant applicable aux colonies le Code pénal métropolitain;

Vu le décret du 20 juin 1891, fixant les éléments constitutifs du délit d'évasion commis par les réclusionnaires coloniaux;

Sur le rapport du Ministre du commerce, de l'industrie et des colonies et du Garde des sceaux, Ministre de la justice,

DÉCRÈTE:

ARTICLE PREMIER

Un surveillant militaire, accompagné d'un autre agent de la force publique régulièrement assermenté, pourra se rendre à bord de tout bâtiment autre que les navires de guerre, avant sa sortie d'un port ou rade de la Guyane française.

Il est enjoint à tout capitaine, maître ou patron de leur ouvrir, en cas de besoin, les chambre, armoires ou cales du bâtiment, afin qu'ils puissent s'assurer qu'il ne se trouve ni transporté, ni relégué.

ART. 2

En ce qui concerne les caboteurs français naviguant entre la Guyane française et Mapa ou les points intermédiaires du territoire contesté entre la France et le Brésil, un des agents préposés à la visite pourra y rester embarqué jusqu'à l'arrivée du bâtiment à l'embouchure du Mahury.

ART. 3

Le commissaire de l'inscription maritime ou son représentant, en ce qui concerne les navires français, le capitaine du port ou son délégué, pour les navires étrangers, devront transmettre au service de la police, aussitôt leur réception, tous les renseignements qui leur seront fournis relativement à la date du départ du bâtiment, au nombre d'hommes d'équipage et de passagers.

ART. 4

Quiconque aura contrevenu aux dispositions du présent décret, soit en s'opposant à la visite, soit par de fausses déclarations, sera puni d'une amende de 100 à 500 francs, sans préjudice, s'il y a lieu, des peines prévues à l'article 4 du décret du 19 mars 1852 sur le rôle d'équipage et de celles édictées pour la complicité d'évasion.

En cas de récidive, le maximum de cette amende sera appliqué et pourra même être porté au double; une peine d'emprisonnement de six jours à un mois pourra en outre être prononcée.

L'article 463 du Code pénal sera applicable.

Art. 5

Des arrêtés ou règlements locaux détermineront les conditions d'application du présent décret.

Art. 6

Le Ministre du commerce, de l'industrie et des colonies et le Garde des sceaux, Ministre de la justice, sont chargés, chacun en ce qui le concerne, de l'exécution du présent décret, qui sera inséré au *Journal officiel de la République française*, au *Bulletin officiel du Sous-Secrétariat d'État des colonies* et au *Bulletin des lois*.

Fait à Fontainebleau, le 22 septembre 1893.

CARNOT.

Par le Président de la République:

Le Ministre du commerce, de l'industrie et des colonies,

TERRIER.

Le Garde des sceaux, Ministre de la justice et des cultes,

E. GUÉRIN.

RAPPORT AU SOUS-SECRÉTAIRE D'ÉTAT. — *Proposition d'approuver trois arrêtés déterminant: 1° les attributions des bureaux; 2° le cadre du personnel; 3° les indemnités de caisse, suppléments de fonctions et frais de service au personnel de l'Administration pénitentiaire à la Nouvelle-Calédonie.*

(Du 20 février 1894.)

(Sous-Secrétariat d'État des colonies: 2ᵉ Division; — 5ᵉ Bureau: (Administration pénitentiaire, colonisation pénale.)

En vertu des articles 8, § 2, 12, § 2, et 37 du décret du 20 décembre 1892, portant réorganisation du personnel de l'Administration pénitentiaire aux colonies, des arrêtés ministériels, rendus sur la proposition des Gouverneurs, doivent déterminer :

1° Les attributions des bureaux ;

2° Le cadre du personnel ;

3° Les indemnités de caisse, suppléments de fonctions et frais de service qui peuvent être alloués au personnel attaché à l'Administration pénitentiaire.

Le Gouverneur de la Nouvelle-Calédonie a transmis les trois projets dont il s'agit.

Les attributions des bureaux de l'Administration pénitentiaire, telles qu'elles sont proposées, me paraissent assurer le service dans des bonnes conditions et ne soulèvent, par suite, aucune observation de ma part.

Il en est de même en ce qui concerne la fixation du cadre du personnel, qui est conforme à celui fixé par le budget, sauf sur les points ci-dessous indiqués :

1° Réduction du nombre des commis de cinquante-trois à quarante-huit.

2° Augmentation d'une sœur pour la surveillance des dépôts de Bourail et de l'île des Pins ;

3° Réduction du nombre des gardes de la police indigène de cent cinquante-trois à cent trente ;

4° Rétablissemennt d'un deuxième emploi de géomètre ;

5° Augmentation d'un médecin pour le service hospitalier ;

6° Augmentation de deux sœurs également pour le service hospitalier.

J'ai rétabli, en outre, l'interprète arabe et quatre institutrices laïques à l'île Nou, au camp Est, à l'île des Pins et à Ducos, qui figurent au budget et qui ont été omis dans le projet d'arrêté.

En tenant compte de ces modifications, on peut évaluer à 30.000 francs l'économie pour le budget résultant des suppressions effectuées.

Quand à l'arrêté fixant les indemnités, suppléments et frais de service, je propose d'approuver les chiffres indiqués par le Gouverneur en adoptant, toutefois, des sommes rondes pour quelques-uns d'entre eux. Je ferai remarquer d'ailleurs, que ces nouvelles fixations entraînent également une économie s'élevant à environ 10.500 francs.

Dans ces conditions, je ne puis que proposer à M. le Sous-Secrétaire d'État de vouloir bien revêtir de sa signature les trois projets d'arrêtés ci-joints.

L'Inspecteur général
chargé de la direction du service
de l'inspection des colonies,

M. DUBARD.

Le chef de la 2e division,

BILLECOCQ.

Approuvé :

Le Sous-Secrétaire d'État des colonies,

MAURICE LEBON.

Loi *sur les associations de malfaiteurs.*

(Du 18 décembre 1893.)

LE SÉNAT et la CHAMBRE DES DÉPUTÉS ont adopté :

LE PRÉSIDENT DE LA RÉPUBLIQUE promulgue la loi dont la teneur suit :

ARTICLE PREMIER

Les articles 265, 266 et 267 du Code pénal sont remplacés par les dispositions suivantes :

Art. 265. — Toute association formée, quelle que soit sa durée ou le nombre de ses membres, toute entente établie dans le but de préparer ou de commettre des crimes contre les personnes ou les propriétés constituent un crime contre la paix publique.

Art. 266. — Sera puni de la peine des travaux forcés à temps, quiconque se sera affilié à une association formée ou aura participé à une entente établie dans le but spécifié à l'article précédent.

La peine de la relégation pourra en outre être prononcée, sans préjudice de l'application des dispositions de la loi du 30 mai 1854 sur l'exécution de la peine des travaux forcés.

Les personnes qui se seront rendues coupables du crime mentionné dans le présent article seront exemptes de peine, si, avant toute poursuite, elles ont révélé aux autorités constituées l'entente établie et fait connaître l'existence de l'association.

Art. 267 — Sera puni de la réclusion quiconque aura sciemment et volontairement favorisé les auteurs des crimes prévus par l'article 265 en leur fournissant des instruments de crime, moyens de correspondance, logement ou lieu de réunion.

Le coupable pourra, en outre, être frappé pour la vie ou à temps de l'interdiction de séjour établie par l'article 19 de la loi du 27 mai 1885.

Seront, toutefois, applicables au coupable des faits prévus par le présent article, les dispositions contenues dans le paragraphe 3 de l'article 266.

ART. 2

L'article 268 du code pénal est abrogé.

La présente loi délibérée et adoptée par le Sénat et par la Chambre des Députés sera exécutée comme loi de l'État.

Fait à Paris, le 18 décembre 1893.

CARNOT.

Par le Président de la République :

Le Ministre des affaires étrangères   *Le Ministre de l'intérieur,*

CASIMIR-PERIER,   RAYNAL,

Le Garde des Sceaux, Ministre de la justice,

Antonin DUBOST.

ARRÊTÉ *déterminant les attributions des bureaux de l'Administration pénitentiaire de la Nouvelle-Calédonie.*

(Du 20 février 1894.)

LE SOUS-SECRÉTAIRE D'ÉTAT DES COLONIES,

Vu l'article 8 du 20 décembre 1892 portant réorganisation du personnel de l'Administration
pénitentiaire aux colonies;

Vu la lettre du Gouverneur de la Nouvelle-Calédonie et dépendances en date du 22 juillet 1893,
n° 1831;

Sur la proposition du Chef de la 2ᵉ division,

ARRÊTE:

ARTICLE PREMIER

Les attributions des bureaux de l'Administration pénitentiaire à la Nouvelle-
Calédonie sont déterminés de la façon suivante:

1ᵉʳ BUREAU

Secrétariat. — Finances et caisse d'épargne.

1° SECRÉTARIAT

Enregistrement de la correspondance générale concernant le service de
l'Administration pénitentiaire, mutations, nominations, promotions, congés,
tenue de la matricule du personnel civil, expédition des affaires réservées.

Centralisation des rapports sur les faits saillants, copies des actes, arrêtés,
dépêches ministérielles, décisions, etc., à insérer au *Bulletin officiel de la
colonie.*

Tenue du registre des actes, marchés, contrats à soumettre au visa de l'enregistrement.

Copie *in extenso* des lettres et communications adressées au Département.
— Enregistrement et expédition des affaires à soumettre au Conseil privé. —
Transmission des extraits de rapport au Département.

Préparation du *Bulletin de l'Administration pénitentiaire.*

Écoles pénitentiaires, nomination des instituteurs dans les écoles mixtes.—
— Externats. — Internats de filles et de garçons; surveillance des écoles
pénitentiaires; correspondance; situation des écoles.—Examen des demandes
d'admission dans les internats pénitentiaires de Bourail: mode d'admission.—
Bourses accordées aux enfants des fonctionnaires et agents de l'Administration
pénitentiaire dans les établissements libres de la colonie.

Affaires contentieuses.

Projets de budgets et rapprochements.

Secrétariat particulier du Directeur.

Enregistrement et expédition de la correspondance confidentielle.

Notes confidentielles du personnel civil de l'Administration pénitentiaire. —
Dépouillement de la correspondance générale des postes de l'intérieur: sa
répartition dans les divers détails.

2° Finances

Revues et Fonds.

1° Revues

Tenue des contrôles financiers de tout le personnel civil et militaire. — Établissement des mandats de solde de ce personnel. — Retenues à effectuer pour dettes envers l'État. — État trimestriel des revues de liquidation du personnel adressé au Département. — Délégations du personnel sur la solde. — Envoi trimestriel des états de délégations. — État des mutations survenues dans le personnel de l'Administration pénitentiaire au point de vue de l'obligation du service militaire. — Tenue des livrets de solde du personnel civil et militaire. — Avis de mutations donnant droit à la ration de vivres ou la supprimant.— Tenue du registre des entrées et sorties de l'hôpital et vérification des états fournis pour servir au remboursement par l'Administration pénitentiaire, des journées d'hospitalisation de son personnel. — Correspondance générale. — Réclamations, etc.

Établissement des feuilles de route et des quittances comptables. — Liquidation des frais de route et de séjour. — Réquisitions de passage pour l'intérieur de la colonie et la Métropole. — Tenue du registre de liquidation des dépenses incombant au chapitre 38; frais de transport. — Liquidation des frais de passage du personnel. — Établissement des mandats de dépenses liquidées à ce titre. — Régularisation d'avances pour frais de route et de séjour. — État des mutations survenues dans le personnel du corps des comptables. — Relevé détaillé des dépenses effectuées pour la solde du personnel de l'Administration pénitentiaire et des frais de transport pour servir à l'établissement du compte de développement du service pénitentiaire dressé en fin d'exercice.

2° Fonds

Centralisation de la comptabilité financière: ordonnancement de toutes les liquidations d'achats et de cessions de vivres et de matériel. — Comptabilité des recettes et des dépenses afférentes au service du budget pénitentiaire; ordonnancement des mandats de solde du personnel; comptabilité du produit du travail des condamnés employés par des services publics, les sociétés minières et les particuliers. — Tenue des registres pour la transcription de toutes les dépenses des différents services. — Livre journal des crédits délégués. — Livre journal des mandats délivrés. — Livre de compte par chapitre budgétaire, etc., etc. — Envoi au Département des bordereaux sommaires et bordereaux récapitulatifs des opérations financières accomplies chaque mois.

État d'annulation pour réintégration de crédits ou de versements de fonds sur les dépenses des ministères. — Établissement mensuel des situations financières.

Ordonnancement d'avances effectuées pour frais de route et de séjour. — Régularisation d'achats de menues denrées aux concessionnaires.

Transmission des avis de dettes aux particuliers redevables envers le Trésor.

État des restes à recouvrer en clôture d'exercice. — Compte de développement. — Compte détaillé des dépenses du service pénitentiaire.

— 173 —

3ᵉ CAISSE D'ÉPARGNE

Correspondance-lettres, au Ministre. — Réclamations ; envois d'argent par les condamnés ou relégués à leurs familles ; dépôts et retraits de fonds du personnel libre ; perception des salaires dus par les engagistes ; règlement des salaires des condamnés et des relégués engagés chez les colons ou mis à la disposition d'industriels et de sociétés minières, sur des états d'effectifs fournis par le 2ᵉ bureau ; remboursement des avances de masse aux condamnés concessionnaires, aux relégués et libérés ; états mensuels du pécule des condamnés libérables ; imputation au pécule des transportés et relégués pour reprise des frais de justice, prime de captures, pertes d'effets d'habillement, pour achats faits à leur compte et sur leur demande.

États trimestriels à fournir au bureau de l'enregistrement pour remboursement de frais de justice dus pour condamnations encourues dans la colonie par des condamnés et relégués.

Relevé général au 31 décembre du compte des déposants libres. — Arrêté en fin d'année des comptes individuels des transportés, relégués ou libérés. — Calcul des intérêts de tous les comptes individuels. — Établissement des bulletins de masse au 31 décembre de chaque année ; relevé général des remboursements pour imputations et primes de capture.

Contrôle et surveillance des opérations de la caisse d'épargne ; pointage des recettes et des dépenses de la caisse avec les bordereaux journaliers du caissier ; constatation de la concordance du total de ces bordereaux avec les opérations de la journée correspondante additionnées avec le livre à souches. — Vérifications des comptabilités des préposés de la caisse d'épargne dans les postes de l'intérieur ; envois de fonds aux préposés.

4° CURATELLE PÉNITENTIAIRE

Tenue du sommier des successions. — Report sur ce sommier du pécule des décédés. — État mensuel des successions vacantes. — Vérifications des procès-verbaux d'inventaire, des procès-verbaux de vente d'objets mobiliers appartenant à des condamnés concessionnaires dépossédés ou à des condamnés ou relégués concessionnaires décédés. — État des remboursements des frais de justice prélevés sur l'actif des successions — État des remises du reliquat disponible des successions des condamnés et relégués à la caisse des gens de mer. — État annuel des frais de justice versés au trésor par les successions des transportés décédés. — Même état pour les relégués décédés.

2ᵉ BUREAU

Surveillants. — Personnel condamné.

1° SURVEILLANTS

Tenue de la matricule et des registres des punitions des surveillants militaires ; pièces périodiques à adresser au Département ; discipline ; permissions ; mutations. État de service ; travail d'inspection générale ; armement ; conseils de guerre; conseils d'enquête; contrôle général; haute paye; mémoire de proposition pour l'admission à la retraite, le passage dans la gendarmerie, etc., etc.; feuilles de mutations des non-disponibles à fournir en double expédition au Gouverneur (exécution de la loi du 19 juillet 1892, modificative de celle du 15 juillet 1889). — (Dépêche ministérielle du 20 octobre 1892). Registre des notes confidentielles; tableau d'avancement; correspondance avec le Département, le Gouverneur, les services publics, les chefs d'établissements et de camps et les particuliers.

2° PERSONNEL CONDAMNÉ

Matricules et registres de punitions des transportés, relégués et déportés; contrôle des emplois et professions. Pièces périodiques et statistiques de la transportation, de la relégation et de la déportation; travaux des grâces et des remises de la relégation; mutations; discipline; avancements et rétrogradations en classes. Affaires à porter devant le tribunal maritime spécial et le conseil de guerre; condamnés, relégués et déportés, évadés et disparus; décédés; femmes condamnées et femmes de condamnés.

Colonisation pénale. — Matricules des concessionnaires; mises en concession; dépossessions; titres définitifs; inscriptions hypothécaires; mariages des concessionnaires. Prestations. Recherches dans l'intérêt des familles; rapports sanitaires; tables de libération; préparation des notices des transportés relégables; permis de circulation et certificats provisoires; demandes d'extradition; réclamations; garçons de famille; fiches individuelles de frais de justice des condamnés et des relégués; assignation des condamnés et des relégués. Présentation des relégués à la commission de classement; libération des relégués.

Libérés. — Libération des transportés parvenus au terme ou graciés de leur peine; détermination de la situation pénale des condamnés libérables, au triple point de vue de l'obligation de la résidence, de l'interdiction de séjour, et, s'il y a lieu, du cumul ou de la confusion des peines antérieures. Immatriculation des nouveaux libérés. Envoi de leurs feuillets matriculaires à la direction de l'intérieur et au service judiciaire; renouvellement et remplacement des livrets de libération; tenue des contrôles et formation des dossiers de libérés. Mesures d'exécution relatives au régime spécial des libérés. Engagement de travail; appels périodiques ou éventuels; déclarations de changements de résidence au départ et à l'arrivée; autorisation d'exercer des professions interdites et notamment de naviguer; centralisation de renseignements relatifs aux déplacements et mouvements de toute nature des libérés; recherches dans l'intérêt de l'Administration ou des familles; conduite des prévenus à la disposition de l'autorité judiciaire; incarcération et détention des prévenus et condamnés correctionnels ou réclusionnaires. Liberté conditionnelle; constitution des notices et classement des libérés relégables; extradition et poursuite devant la juridiction maritime spéciale des libérés absents illégalement de la colonie; renseignements concernant l'état civil des libérés, mariages et décès.

Assistance publique à l'égard des libérés; admission aux hôpitaux et aux infirmeries, asiles d'impotents ou incurables, asiles d'aliénés; léproseries; régime et discipline du dépôt de la presqu'île Ducos.

Instruction des demandes en remise de résidence ou d'interdiction de séjour, en restitution partielle de droits civiques ou en réhabilitation.

Documents périodiques de statistique mensuelle et annuelle pour le Département: mutations; décès; évasions; disparitions; condamnations.

Contrats de main-d'œuvre pénale. — Services publics; contigents à fournir aux titulaires des contrats et aux services publics. Correspondance relative à l'exécution des contrats; vérification et enregistrement des états des redevances dues par les titulaires des contrats ou par les services publics.

Domaine. — Réception des demandes de location; communication à la commission spéciale des Domaines; préparation des baux; présentation au Conseil privé; correspondance avec le Département, les services publics et les particuliers. État annuel des locations à fournir au Département.

Cantines. — Maisons de commerce sur territoire pénitentiaire; enquête et présentation des demandes au Conseil privé.

Sociétés coopératives de Bourail et Pouembout. Colonisation libre de la Ouaménie. Études relatives à l'installation des colons libres envoyés par la Société française de colonisation et examen de leurs réclamations. Mines sur territoire pénitentiaire.

3e BUREAU

Hôpitaux. — Vivres. — Habillement et matériel.

1" APPROVISIONNEMENTS GÉNÉRAUX

Achats et marchés; adjudications. Cahiers des charges. Commandes aux fournisseurs. Enregistrement et contrôle des demandes, expéditions de vivres et matériel; transports par eaux et par terre; bordereaux d'expédition et d'encombrement, factures d'envoi. Demandes en France, recette et emmagasinage. Préparation des rapports au Conseil privé des affaires intéressant les approvisionnements. Droits de quai.

2" COMPTABILITÉ FINANCIÈRE

Liquidation des dépenses. Situation des crédits. Projet de budget. Comptes de développement des recettes et des dépenses y compris le produit du travail des condamnés. Recettes de leurs produits. Redevances des contrats de main-d'œuvre. Imputations aux comptables et dépositaires comptables débiteurs de l'État.

Remboursement des cessions faites aux cantines administratives ou au personnel condamné.

3" COMPTABILITÉ MATIÈRES

Contrôle et centralisation des comptabilités des magasins et des valeurs mobilières et permanentes. Recensements. Comptabilité des prêts. Préparation des rapports au Conseil privé intéressant les comptes-matières. Compte général du matériel du service colonial (approvisionnement des valeurs mobilières).

Liquidations des sections en nature faites aux services publics. Contrôle des cessions de cette nature. Vente par le Domaine des matières et objets des condamnés.

4° TRAVAUX

Contrôle de la main-d'œuvre pénale. Vérification des états de salaires et de gratifications. Vérification des feuilles d'ouvrage et de l'emploi des matières aux travaux. Tenue de la matricule des immeubles. Inventaire des immeubles au 31 décembre de chaque année. Plan de campagne annuel des travaux et des ordres de travail aux ateliers. Tenue de la matricule des animaux. Préparation des rapports au Conseil privé intéressant le service des travaux.

5° FLOTTILLE

Contrôle de la main-d'œuvre pénale employée dans les ateliers. Vérification des états de salaires et de gratifications. Vérification des feuilles d'ouvrages et de l'emploi des matières aux travaux. Tenue de la matricule des bâtiments de servitude et du matériel flottant. Plan de campagne annuel des travaux et ordre de travail aux ateliers de construction. Préparation des rapports au Conseil privé intéressant le service de la flottille.

6° HABILLEMENT

Contrôle de la main-d'œuvre pénale employée dans les ateliers. Vérification des états de salaires et de gratifications. Vérification des feuilles d'ouvrages et de l'emploi des matières aux travaux. Contrôle des délivrances d'effets aux condamnés. Ordres de travail aux ateliers. Préparation des rapports au Conseil privé intéressant le service de l'habillement. Imputation aux condamnés des pertes d'effets d'habillement et de couchage.

7° HOPITAUX ET INFIRMERIES

Contrôle des hôpitaux de la transportation et de la relégation. Police administrative des hôpitaux. Compte hospitalier faisant ressortir les prix de revient des journées. Contrôle de l'entretien des caisses de chirurgie. Préparation des rapports au Conseil privé intéressant le service des hôpitaux.

8° VIVRES

Ravitaillement des pénitenciers et camps. Fixation de la composition des rations de tout le personnel. Gratifications en nature au personnel condamné. Vérifications des comptabilités de tous les magasins et cambuses. Cessions au personnel ainsi qu'aux cantines administratives. Imputation des denrées aux relégués qui refusent de travailler ou qui s'absentent des chantiers.

9° PRODUIT DU TRAVAIL DES CONDAMNÉS

Recette et vente des produits. Liquidations des redevances résultant de contrats de main-d'œuvre. Compte de développement annuel des recettes.

10° TRANSPORTATION ET RELÉGATION

Entretien des jardins de la transportation et de la relégation. Examen des colis de condamnés et remise aux intéressés. Achat d'effets hygiéniques sur le pécule.

ART. 2

Sont et demeurent abrogés tous les actes et décisions contraires au présent arrêté.

ART. 3

Le Gouverneur de la Nouvelle-Calédonie et dépendances est chargé de l'exécution du présent arrêté qui sera inséré, au *Bulletin officiel des colonies*, au *Bulletin officiel de la Transportation* et au *Bulletin officiel de la Nouvelle-Calédonie*.

Fait à Paris, le 20 février 1894

MAURICE LEBON.

ARRÊTÉ *fixant le cadre du personnel de l'Administration pénitentiaire à la Nouvelle-Calédonie.*

(Du 26 février 1894.)

LE SOUS-SECRÉTAIRE D'ÉTAT AUX COLONIES,

Vu l'article 12, § 2, du décret du 20 décembre 1892 portant réorganisation du personnel de l'Administration pénitentiaire des colonies ;

Vu la lettre du Gouverneur de la Nouvelle-Calédonie et dépendances, en date du 22 juillet 1893, n° 1381 ;

Sur la proposition du Chef de la 2ᵉ division,

ARRÊTE :

ARTICLE PREMIER

Le cadre du personnel de l'Administration pénitentiaire à la Nouvelle-Calédonie est fixé ainsi qu'il suit :

DÉSIGNATION des GRADES ET EMPLOIS	FIXATION des CADRES	OBSERVATIONS
DIRECTION		
Commandement, juridiction spéciale et administration.		
Directeur	1	
Sous-directeur	1	
Commandants supérieurs et Commandants de pénitenciers	6	Ile Nou, ile des Pins, Bouraïl, presqu'île Ducos, La Foa-Fonwhary, Thio.
Chefs de bureau	5	Bureaux : 3 ; commissaire-rapporteur : 1 ; caissier : 1.
Sous-chefs de bureau	7	Bureaux : 5 ; officier d'administration des magasins : 1 ; sous-caissier : 1.
Commis principaux. 1re classe	12	CADRE DES COMMIS
2 —	12	
Commis. 1re classe	8	Bureaux 1re cl. 7 — Y compris la caisse
2 —	8	2e cl. 12
3e —	8	3e cl. 10
Interprète arabe	1	Juridiction spéciale. 1
Concierge garde-meuble	1	Officiers d'administration 3 — Ile Nou, ile des Pins et Bouraïl.
Plantons	9	Pénitenciers (Secrétaires) 8
		Travaux, Nouméa 1
		Commis aux entrées des hôpitaux 3 — Ile Nou, ile des Pins et Bouraïl.
		Commis payés par la caisse 3
		Total égal 48
CULTES		
Aumôniers	4	Ile Nou, Bouraïl, La Foa-Fonwhary, ile des Pins
Pasteur protestant	1	
ÉCOLES ET ASSISTANCE PUBLIQUE		
Instituteurs de 1re classe	2	Ile Nou, La Foa.
Institutrices	4	Ile Nou, presqu'île Ducos, ile des Pins et Camp Est.
Frères instituteurs	7	
Sœurs institutrices	6	
Aumônier auxiliaire de l'internat de Neméara	1	
Internat des filles. Cuisinier boulanger	1	
Domestique	1	
SURVEILLANCE ET POLICE		
Surveillants	»	L'effectif des surveillants fixé par l'article 14 du décret du 29 novembre 1867 à 4 p. 100 des condamnés, doit suivre, chaque année, les fluctuations de la population pénale. Il est donc annuellement prévu au budget avec indication de la population, des grades et des classes, suivant les prescriptions du décret précité.
Commissaire de police	1	
Sœurs surveillantes	14	Dépôt de Bouraïl : 4 ; dépôt de l'ile des Pins : 10.
Gardes indigènes	100	

DÉSIGNATION des GRADES ET EMPLOIS	FIXATION des CADRES	OBSERVATIONS
COLONISATION *Personnel supprimé.*		
PERSONNEL DES TRAVAUX		
Chef de service............	1	
Conducteurs..........	2	Ile Nou, ile des Pins.
Commis des travaux..............	4	Nouméa: 2, dont un pour les travaux et l'autre pour le service topographique ; Bourail : 1 ; La Foa-Fonwhary :1.
Géomètres...................	2	
Chef d'exploitation de Prony........	1	
Régisseur de l'usine Bourail........	1	
Indigènes de la flotille.............	30	Nouméa: 20 ; baie de Prony: 8 ; ile des Pins : 1.
PERSONNEL DES HÔPITAUX		
Médecins des colonies — 1re classe............	4	Ile Nou, ile des Pins, Thio, Bourail.
Médecins des colonies — 2e —	9	Kouaoua, Boulonpari, ile Nou, Ducos Pouembout, La Foa Fonwhary, Gomen, Ouegoa, Nouméa. (Service de Montravel, de l'îlot Brun, des camps de route jusqu'à Saint-Louis, de la visite des libérés et des visites éventuelles à Prony.)
Pharmaciens de 1re classe des colonies	2	Ile Nou. Ile des Pins.
Aumônier........................	1	Ile Nou.
Sœurs hospitalières...............	7	Ile Nou : 5 ; ile des Pins : 2.
Commis aux entrées...............	Pour mémoire.	Les trois commis aux entrées pour l'ile Nou, l'ile des Pins et Bourail sont compris dans le cadre général des commis fixé sous le titre : *Administration.*
AGENTS DES VIVRES ET DU MATÉRIEL		
Gardes-magasins principaux.........	2	
Gardes-magasins. — 1re classe.........	2	
Gardes-magasins. — 2e —	2	
Gardes-magasins. — 3e —	2	
Magasiniers. — 1re classe.........	5	
Magasiniers. — 2e —	10	
Magasiniers. — 3e —	10	
Magasiniers. — 4e —	4	

Art. 2

Sont et demeurent abrogés tous actes et décisions contraires au présent arrêté.

Art. 3

Le Gouverneur de la Nouvelle-Calédonie et dépendances est chargé de l'exécution du présent arrêté, qui sera inséré au *Bulletin officiel de l'administration des colonies* et aux *Bulletins officiels de la Nouvelle-Calédonie* et de *la transportation*.

Fait à Paris, le 20 février 1894.

MAURICE LEBON.

ARRÊTÉ *déterminant les indemnités de toute nature allouées pour supplément de fonctions, frais de service, etc., au personnel de l'Administration pénitentiaire.*

(Du 20 février 1894.)

LE SOUS-SECRÉTAIRE D'ÉTAT DES COLONIES,

Vu l'article 37 du décret du 20 décembre 1892 portant réorganisation du personnel de l'Administration pénitentiaire aux colonies ;

Vu la lettre du Gouverneur de la Nouvelle-Calédonie et dépendances en date du 22 juillet 1893, n° 1381 ;

Sur la proposition du Chef de la 2ᵉ division,

ARRÊTE :

ARTICLE PREMIER

Les indemnités de toute nature allouées pour suppléments de fonctions, frais de service, etc., au personnel de l'Administration pénitentiaire en Nouvelle-Calédonie sont déterminées ainsi qu'il suit :

NOMENCLATURE des DIVERSES INDEMNITÉS	MONTANT des INDEMNITÉS accordées par le Département	OBSERVATIONS
	fr.	
§ DIRECTION		
Indemnité de fourrage :		
Au Directeur................................	710	
Au Sous-Directeur..........................	710	
TOTAL..............	1.420	
§ ADMINISTRATION		
Indemnité aux gérants de caisse du Trésor dans les postes de l'intérieur, à raison de 4 p. 1.000 sur les payements effectués......	"	
Montant de l'indemnité annuelle payée évaluée................................	2.500	
TOTAL..............	2.500	
§ CULTES		
Indemnité de fourrage à l'aumônier de la Foa, chargé du service du culte à l'internat des filles, à Fonwhary.......................	710	
Frais de culte à cinq aumôniers :		
Un à l'île Nou (pénitencier)..................	390	
Un à l'île Nou (hôpital).....................	390	
Un à Bourail..............................	390	
Un à l'île des Pins.........................	390	
Un à la Foa...............................	390	
Frais de culte à un pasteur protestant. ...	290	
TOTAL..............	2.950	
§ ÉCOLES		
Indemnités aux fonctionnaires chargés des bibliothèques pénitentiaires :		
A l'île Nou (au secrétaire de l'officier d'administration)	60	
A l'île des Pins (à un aumônier.. 60 fr.)..	60	
A Bourail (à un aumônier.. 60 fr.)...	60	
A La Foa (à un instituteur. 60 fr.)...	60	
Indemnités aux agents et à leurs femmes, chargés de l'instruction des enfants dans les centres où il n'y a pas d'école........	2.000	
TOTAL..............	2.240	

NOMENCLATURE des DIVERSES INDEMNITÉS	MONTANT des INDEMNITÉS accordées par le Départe-ment.	OBSERVATIONS
	fr.	
§ SURVEILLANCE ET POLICE		
Indemnités à quatre surveillants militaires chefs de brigade de la police indigène à raison de 1 franc par jour:		
A Thio, Bourail, Fonwhary et Magenta, soit 4 surveillants à 1 franc par jour × 365 jours par an............................	1.460	
Indemnités aux surveillants vaguemestres:		
A Nouméa........................ 500 fr. A l'île Nou...................... 150 A Ducos......................... 150 A l'île des Pins................ 150	950	
TOTAL.....................	2.410	
§ PERSONNEL DES TRAVAUX (1)		(1) CADRE PRÉVU
Frais de service.		Chef de service............ 1
1° A un conducteur principal résidant au chef-lieu, chef de service..............	2.000	Conducteurs................ 2
2° Montant maximum des frais de service prévus pour deux conducteurs, quel que soit le lieu de leur résidence (2)..........	2.000	Commis.. { Détachés, service actif.... 3 { Service topographique.... 1
3° Montant maximum des frais de service prévus pour trois commis des ponts et chaussées, quelle que soit leur résidence...	2.400	
4° Frais de service à un commis des ponts et chaussées employé au service topographique (et résidant au chef-lieu)........	400	(2) *Tarif détaillé* des frais de service alloués aux conducteurs et commis, suivant l'importance des postes où ils résident.

LOCALITÉS	CONDUC-TEURS	COMMIS
	fr.	fr.
Nouméa...........	1.000	600
Bourail..........	1.200	800
La Foa-Fonwhary.	1.000	600
Ducos............	800	400
Ile Nou..........	800	400
Ile des Pins.....	800	400

Indemnités aux géomètres:		
Indemnité annuelle à un géomètre résidant au chef-lieu, à titre d'abonnement pour remises proportionnelles...................	1.500	
Indemnité à un géomètre détaché dans l'intérieur pour les journées passées hors de sa résidence, à raison de 4 000 francs par an (net)............................	2.000	
A reporter	10.300	

NOMENCLATURE des DIVERSES INDEMNITÉS	MONTANT des INDEMNITÉS accordées par le Département.	OBSERVATIONS
	fr.	
Report	10.300	
Indemnités aux surveillants militaires piqueurs des travaux :		
1 surveillant de 1ᵉ classe à 2 fr. 50 par jour.	750	
3 surveillants de 2ᵉ classe à 2 fr. » par jour.	1.800	
3 — de 3ᵉ classe à 1 fr.50 par jour.	1.350	
·A raison de 300 jours ouvrables dans le cours de l'année.)		
Indemnités fixées par la dépêche ministérielle du 11 mai 1891, nᵒ 906.)		
Indemnité à un vétérinaire (net)..	1.455	
TOTAL..............	15 655	
§ DÉPENSES ACCESSOIRES		
Abonnement au défenseur chargé des intérêts de l'Administration.	3.000	
TOTAL..............	3.000	
§ PERSONNEL DES HÔPITAUX		Indemnités allouées en conformité des dispositions du règlement général des hôpitaux pénitentiaires, du 19 octobre 1891, et de la décision du Gouverneur en date du 9 mai 1893, nᵒ 438, qui fixe chacune des dites indemnités suivant l'importance des établissements hospitaliers.
Indemnités de gestion et de responsabilité aux officiers du corps de santé des colonies et aux surveillants militaires détachés dans les établissements hospitaliers de l'Administration pénitentiaire :		
1ᵒ *Hôpital de l'île Nou.*		
Pharmacien comptable des médicaments................................ 400 fr.		
Médecin chargé de l'arsenal de chirurgie...................... 360	1.060	
Surveillant militaire comptable du matériel................. 300		
2ᵒ *Hôpitaux de Bourail, île des Pins et infirmerie-hôpital de Thio.*		
Médecin-comptable des médicaments. 200 fr.		
Médecin chargé de l'arsenal de chirurgie.............................. 360		
Surveillant comptable du matériel... 150		
La dépense pour chacun de ces postes est de.... .... 710 fr.		
Soit, pour ces trois postes, 3×710 francs.....	2.130	
A reporter............	3.190	

NOMENCLATURE des DIVERSES INDEMNITÉS	MONTANT des INDEMNITÉS accordées par le Département.	OBSERVATIONS
	fr.	
Report	3.190	
3° *Dans les infirmeries pénitentiaires de Ducos, Bouloupari, La Foa, Pouembout, Gomen, Ouégoa et Kouaoua.*		
Médecin comptable des médicaments. 150 fr.		
Médecin chargé de l'arsenal de chirurgie 150		
Soit 7 médecins comptables à 150	1.050	
Et 7 — chargés de l'arsenal à 150	1.050	
4° *Surveillants militaires dépositaires comptables du matériel des infirmeries de :*		
Ducos, Bouloupari, La Foa, Koné, Gomen, Ouégoa, Kouaoua, îlot Brun et Nakéti, à chacun 60 fr. par an, soit 9 surveillants militaires à 60 fr. par an.	540	
Indemnité allouée aux médecins détachés dans les postes pénitentiaires de :		
Bouloupari, La Foa, Bourail, Ouégoa, Thio, et Koné	(1)	(1) Cette indemnité fixe, dont le montant sera prélevé sur les crédits inscrits au § *Campement* du budget du service pénitentiaire, ne donnera aucun droit à l'indemnité kilométrique perçue actuellement par les médecins non montés.
Abonnement pour servir à l'achat et à l'entretien d'un cheval (115 francs par mois, soit par an, pour un médecin monté à ses frais, 1.380 francs ; soit ensemble pour 6 médecins = 6 × 1.380 francs).	8.280	
Indemnité au médecin chargé de la visite des fonctionnaires....................	600	
Indemnité au médecin chargé de la visite des camps, autour de Nouméa...........	600	
Indemnité au médecin chargé de la visite du camp de l'îlot Brun...............	400	
Indemnité au pharmacien chargé de la distribution des médicaments au personnel de l'Administration pénitentiaire	150	
TOTAL du § HOPITAUX	15.860	

ART. 2

Sont et demeurent abrogés tous actes et décisions contraires au présent arrêté.

ART. 3

Le Gouverneur de la Nouvelle-Calédonie et dépendances est chargé de l'exécution du présent arrêté, qui sera inséré au *Bulletin officiel de l'administration des colonies* et aux *Bulletins officiels de la Nouvelle-Calédonie et de la transportation*.

Fait à Paris, le 20 février 1894.

MAURICE LEBON.

Rapport au Président de la République française, *suivi d'un décret modifiant le décret du 15 septembre 1891, sur l'emploi de la main-d'œuvre des condamnés aux travaux forcés.*

Du 13 décembre 1891.

(Ministère des colonies. — Direction de la comptabilité et des services pénitentiaires; — 4ᵉ Bureau: *Services pénitentiaires*.)

Monsieur le Président,

Un décret en date du 15 septembre 1891, rendu après avis du Conseil d'État, a réglé le mode d'emploi de la main-d'œuvre des condamnés aux travaux forcés.

Or, l'expérience a démontré que le règlement dont il s'agit contenait certaines dispositions susceptibles de prêter à la critique, notamment en ce qui concerne la mise à la disposition des particuliers des condamnés pour l'exécution de travaux qui ne rentraient pas d'une manière absolue dans la catégorie de ceux prévus par la loi du 30 mai 1854.

D'un autre côté, le même décret prévoyait que les administrations locales et les municipalités, qui demandaient à employer des transportés, pouvaient être dégrevées par le Ministre, de la totalité de la redevance représentant le prix d'entretien des condamnés dans les colonies pénitentiaires.

Il m'a paru qu'il n'était pas possible de maintenir cette clause qui constituait une sorte de subvention détournée, accordée à la colonie concessionnaire. J'ai trouvé, en effet, peu régulier qu'une faveur de cette nature pût être accordée par simple décision ministérielle, alors qu'aujourd'hui tous les produits de la main-d'œuvre pénale doivent être versés au budget des recettes de l'État sous un compte spécial.

J'ai pensé, d'ailleurs, qu'il y avait intérêt à fixer en principe d'une manière uniforme le prix des cessions de main-d'œuvre; toutefois, afin de venir en aide, dans la mesure du possible, aux colonies dont la situation financière serait peu prospère, j'ai admis que la somme à rembourser par les services employeurs serait uniformément fixée à 1 franc par homme et par jour, le prix d'entretien d'un condamné s'élevant en moyenne à 2 fr. 15.

Par décision du 9 août dernier, vous aviez bien voulu autoriser le renvoi à l'examen du Conseil d'État du projet de décret susvisé, et cette haute assemblée y a donné son assentiment sous la réserve des quelques modifications ci-après. Le Conseil a estimé tout d'abord que le prix de main-d'œuvre concédée aux particuliers pour des travaux d'utilité publique exécutés à l'entreprise pour le compte de l'État, des colonies ou des communes, devrait être fixé à 1 fr.50 par homme et par jour; en outre tout en admettant l'abaissement de 50 francs à 25 francs par homme du cautionnement imposé au concessionnaire, il a stipulé qu'une caution solvable pourrait être admise en vue de venir en aide aux petits industriels des colonies.

Cette haute assemblée a également admis que l'Administration pénitentiaire pourrait exécuter elle-même et sous sa direction, certains travaux pour le compte des particuliers, tels que chargements et déchargements de navires, défrichements, récoltes et dessèchements, et elle a admis le prix de 2 francs par homme et par jour proposé par le Département. Conformément aussi à mes propositions, le Conseil d'État a élevé de quinze à cinquante le nombre des condamnés qui pourraient être assignés à un seul colon.

Enfin, il a inséré une disposition laissant au Ministre, mais seulement à titre transitoire et pendant cinq ans à partir de la promulgation du présent décret, la faculté d'abaisser de 1 fr. 50 à 1 franc le prix de la journée de main-d'œuvre concédée, soit aux services locaux et aux municipalités, soit aux particuliers pour l'exécution à l'entreprise des travaux d'utilité publique et de colonisation.

Les diverses propositions qui précèdent me paraissant répondre aux vues du législateur de 1854, tout en sauvegardant les intérêts de l'État et des colonies, j'ai donc accepté toutes les modifications proposées par le Conseil d'État.

J'ai l'honneur, en conséquence, de vous prier, Monsieur le Président, de vouloir bien revêtir de votre haute sanction le projet de décret ci-joint.

Veuillez agréer, Monsieur le Président, l'hommage de mon profond respect.

Le Ministre des colonies,

DELCASSÉ.

DÉCRET

(Du 13 décembre 1891)

LE PRÉSIDENT DE LA RÉPUBLIQUE FRANÇAISE,

Sur le rapport du Ministre des colonies;

Vu la loi du 30 mai 1854 ;

Vu le décret du 15 septembre 1891 ;

Le Conseil d'État entendu,

DÉCRÈTE :

CHAPITRE PREMIER

Dispositions générales.

ARTICLE PREMIER

Les condamnés aux travaux forcés qui ne sont pas employés dans les ateliers ou sur les chantiers du service pénitentiaire sont affectés à des travaux de colonisation ou à des travaux d'utilité publique, pour le compte de l'État.

Ils peuvent être mis, pour les mêmes travaux, à la disposition des colonies ou des municipalités.

Ils peuvent également être employés à des travaux de colonisation et d'utilité publique exécutés à l'entreprise, dans les conditions de l'article 10, ou à des travaux exécutés pour le compte des particuliers dans les conditions de l'article 29 du présent décret.

Art. 2

Les condamnés placés dans ces conditions restent soumis au régime général de la transportation, notamment en ce qui concerne la nourriture, l'habillement et la discipline.

Art. 3

Les condamnés qui, en exécution de l'article 11 de la loi du 30 mai 1854, sont autorisés à travailler pour les habitants de la colonie ou les administrations locales, sont placés sous le régime de l'assignation.

CHAPITRE II

Emploi de la main-d'œuvre dans les colonies pénitentiaires.

Art. 4

Un arrêté du Ministre des colonies détermine les travaux de colonisation ou d'utilité publique auxquels les condamnés seront employés par les divers services de l'État, le service local ou les municipalités.

Cet arrêté fixe la durée de la concession de cette main-d'œuvre pénale.

En cas d'urgence, le Gouverneur autorise provisoirement l'affectation des condamnés aux travaux nécessaires sous réserve d'en rendre compte immédiatement au Ministre.

Art. 5

Le Gouverneur fixe par arrêtés la répartition des condamnés entre les différents services en assurant d'abord les travaux exécutés pour l'État en régie ou à l'entreprise.

Art. 6

La redevance imposée aux services employeurs pour les condamnés mis à leur disposition est fixée, au minimum, à 1 franc par homme et par jour pour les services de l'État, à 1 fr. 50 pour les services locaux et les municipalités.

Cette redevance est versée dans les caisses du Trésor, sous compte : « Produit du travail des condamnés ».

Sur les chantiers éloignés des pénitenciers, les services employeurs doivent rembourser au budget de l'Administration pénitentiaire le montant des frais de transport du personnel, des condamnés, des vivres et du matériel du pénitencier au lieu d'exécution des travaux. Ils sont tenus également d'assurer le logement du personnel libre et condamné dans les conditions réglementaires.

CHAPITRE III

Emploi de la main-d'œuvre dans les colonies non pénitentiaires.

ART. 7

Les condamnés aux travaux forcés peuvent être envoyés dans les colonies non pénitentiaires pour l'exécution de travaux de colonisation ou d'utilité publique, soit au compte de l'État, soit au compte des budgets locaux. Dans ce cas, ils sont constitués en sections mobiles.

L'envoi des condamnés affectés à des travaux exécutés pour le compte des services locaux a lieu sur la demande des administrations locales.

Leur garde est assurée par des surveillants militaires placés sous le commandement d'un surveillant principal ou d'un surveillant chef, chef de camp.

Des décrets rendus sur le rapport du Ministre des colonies déterminent les colonies où sont envoyées les sections mobiles, ainsi que les travaux à exécuter.

ART. 8

Lorsque les travaux sont exécutés au compte des budgets locaux et municipaux. ceux-ci doivent pourvoir aux dépenses d'entretien des condamnés dans les conditions prévues à l'article 6.

ART. 9

Après l'achèvement des travaux à l'exécution desquels elles auront été affectées. les sections de transportés seront dirigées sur une colonie pénitentiaire ou sur une autre colonie où il y aurait des travaux à entreprendre.

CHAPITRE IV

Emploi de la main-d'œuvre par les particuliers.

ART. 10

La main-d'œuvre pénale peut être mise à la disposition des particuliers, en dehors des conditions prévues à l'article 3 pour les travaux d'utilité publique et de colonisation exécutés à l'entreprise pour le compte de l'État, des colonies ou des communes.

ART. 11

Les dispositions de l'article 6 sont applicables aux concessions de la main-d'œuvre pénale prévues à l'article précédent.

Le taux de la journée est fixé à 1 fr. 50.

ART. 12

Les arrêtés de concession de main-d'œuvre déterminent le travail auquel les condamnés doivent être affectés et le lieu dans lequel ils doivent être employés.

Toute rétrocession de main-d'œuvre est absolument interdite et entraîne l'annulation de l'arrêté de concession et la saisie du cautionnement.

ART. 13

Les contingents de condamnés mis à la disposition des particuliers sont fixés à deux cents hommes au plus.

ART. 14

La concession ne peut être accordée que pour la durée du traité, sans qu'elle puisse excéder toutefois trois ans au maximum.

ART. 15

L'Administration désigne les condamnés et pourvoit à leur remplacement individuel.

Le remplacement peut avoir lieu, soit sur la demande du concessionnaire, soit d'office dans les cas de force majeure ou par application de mesures disciplinaires. Les désignations faites d'office par l'Administration ne peuvent donner lieu à aucune réclamation de la part du concessionnaire.

ART. 16

Les concessionnaires doivent employer les condamnés tous les jours, sauf les dimanches et jours de fête légale. Dans le cas où, avant l'expiration de la concession, ils désirent renoncer à la main-d'œuvre pénale ou réduire le nombre des condamnés mis à leur disposition, ils doivent en adresser la demande deux mois à l'avance à l'Administration. Pendant cette période de deux mois, ils demeurent responsables du prix des journées de travail, même s'ils renoncent à employer des condamnés.

ART. 17

Sur les chantiers éloignés des pénitenciers, les condamnés sont logés dans un camp établi aux frais du concessionnaire; il en est de même du personnel de surveillance.

L'emplacement de ce camp et les conditions dans lesquelles les cases doivent être construites, aménagées et entourées sont fixés, dans chaque cas, par arrêté du Gouverneur, en Conseil privé.

ART. 18

Le concessionnaire doit établir à ses frais, sur le camp affecté aux condamnés, une infirmerie où sont soignés les hommes atteints d'indispositions légères ou de maladies peu graves. Il doit y avoir dans cette infirmerie un nombre de lits complets égal au moins à cinq pour cent de l'effectif employé.

A la Guyane, la proportion est fixée à dix pour cent de cet effectif.

ART. 19

Le concessionnaire doit établir, à ses frais, sur le camp des condamnés, des locaux disciplinaires, conformément au type adopté par l'Administration pénitentiaire pour ses camps mobiles.

ART. 20

Les condamnés sont assujettis au même nombre d'heures de travail que sur les chantiers de travaux publics de l'État.

Tout travail de nuit est expressément interdit.

ART. 21

Le montant des journées de travail à rembourser à l'État doit être versé au Trésor dans les trente jours qui suivent le trimestre écoulé.

En cas de retard dans le versement, il est encouru, de plein droit, par le concessionnaire et par chaque quinzaine de retard, une amende de 5 p. 100 sur les sommes non versées. Toute quinzaine commencée est considérée comme quinzaine entière. Si le retard excède un mois, le cautionnement, versé conformément à l'article 25 du présent décret, est saisi et les hommes sont immédiatement retirés.

Les hommes affectés au service intérieur des camps sont compris dans l'effectif des hommes fournis au concessionnaire, mais sans que leur nombre puisse dépasser le cinq pour cent de l'effectif.

ART. 22

L'Administration pourvoit à la surveillance, à la nourriture, à l'habillement, au couchage et à l'hospitalisation de tous les condamnés, sauf en ce qui concerne les réserves stipulées aux articles 17, 18 et 19.

ART. 23

Le remplacement des condamnés punis, malades ou manquants pour quelque cause que ce soit, a lieu tous les deux mois.

ART. 24

Les condamnés demeurent soumis à tous les règlements en vigueur.

Le personnel de la surveillance doit non seulement s'assurer que la discipline est observée, mais encore que les condamnés travaillent effectivement.

Le concessionnaire doit se soumettre à toutes les vérifications ou inspections que l'Administration juge convenable de faire faire en ce qui concerne le régime et la discipline des condamnés.

ART. 25

Le concessionnaire verse, à titre de garantie, dans les conditions du décret du 18 novembre 1882 sur les adjudications et marchés passés au nom de l'État, un cautionnement représentant 25 francs par homme. Une caution solvable peut être admise.

Le cautionnement est remboursé ou la caution déchargée à l'expiration de la concession, sur le vu d'un certificat délivré par le Directeur de l'Administration pénitentiaire et constatant l'entier accomplissement des clauses de l'arrêté de concession.

ART. 26

Le concessionnaire doit faire élection de domicile au chef-lieu de la colonie.

ART. 27

En cas de non-exécution des prescriptions des articles 17, 18 et 19, il y est pourvu, après mise en demeure, aux frais, risques et périls du concessionnaire.

ART. 28

Dans le cas de fautes graves commises par le concessionnaire, les condamnés peuvent être retirés par arrêté du Gouverneur pris en Conseil privé, le concessionnaire entendu.

Cet arrêté est soumis à l'approbation du Ministre.

ART. 29

L'Administration pénitentiaire peut exécuter pour le compte des particuliers des travaux temporaires, tels que chargements et déchargements de navires, défrichements, récoltes et dessèchements.

Ces travaux seront exécutés sous la direction des agents de l'Administration pénitentiaire.

Les arrêtés autorisant l'exécution de ces travaux sont pris par le Gouverneur à charge d'en rendre compte immédiatement au Ministre des colonies. Ils déterminent dans quelles conditions seront installés, au point de vue du logement, de l'ordre et de la discipline, les hommes chargés des travaux.

Les prescriptions du paragraphe 3 de l'article 6 sont applicables aux autorisations dont il s'agit.

ART. 30

Le prix de remboursement des journées de main-d'œuvre pénale autorisées en vertu de l'article précédent est fixé à 2 francs par homme et par jour.

L'employeur verse au Trésor, d'avance, et mensuellement, la valeur des journées de main-d'œuvre.

CHAPITRE V

Assignation individuelle.

ART. 31

Les individus condamnés aux travaux forcés et qui sont placés à la première classe peuvent être autorisés à travailler chez les habitants, aux conditions déterminées par les articles suivants.

ART. 32

L'habitant qui demande des condamnés en assignation s'adresse au Directeur de l'Administration pénitentiaire. Il indique le nombre de condamnés dont il a besoin, la localité où il les placera, l'emploi spécial auquel il les destine.

Il ne peut être accordé plus de cinquante condamnés au même habitant. Dans le cas où le nombre des condamnés assignés dépasse vingt-cinq, un surveillant militaire est affecté à la garde du contingent mis à la disposition de l'habitant. Celui-ci doit le logement à cet agent et remboursera à l'Administration pénitentiaire le montant des traitements et allocations diverses.

ART. 33

Le Gouverneur, sur le rapport du Directeur de l'Administration pénitentiaire, et après avis du Directeur de l'intérieur sur les garanties que présente le colon, décide si la demande peut être accueillie.

L'habitant qui n'a point exécuté, par sa faute, des contrats antérieurs déjà intervenus avec l'Adminitration ne peut, pendant une période de trois ans, obtenir le bénéfice d'une nouvelle assignation.

ART. 34

Le Directeur de l'Administration pénitentiaire passe, au nom de l'assigné, le contrat avec le colon.

ART. 35

L'assignation est consentie pour une durée qui ne peut excéder un an. Elle peut être renouvelée pour une même limite de temps.

L'assignation et le renouvellement sont constatés par écrit.

ART. 36

A toute époque, la réintégration de l'assigné est effectuée :

1° Sur la demande motivée du patron ;

2° Sur la demande motivée de l'assigné ;

3° D'office par l'Administration.

L'Administration reste toujours libre de réintégrer l'assigné par mesure d'ordre public ou par mesure générale, sans qu'il en résulte aucun droit en faveur du patron, soit vis-à-vis de l'Administration, soit vis-à-vis de l'assigné.

Les réintégrations sont prononcées, le patron entendu ou dûment appelé, par le Gouverneur, sur la proposition du Directeur de l'Administration pénitentiaire.

ART. 37

Le changement de résidence ou d'emploi d'un condamné, opéré sans l'autorisation écrite et préalable de l'Administration, entraîne la résiliation du contrat et le retrait de l'assigné.

ART. 38

Tout prêt, toute vente à crédit, sont interdits entre le patron et l'assigné sous peine de retrait de l'assigné.

ART. 39

Le patron doit à l'assigné :

1° Un logement salubre et des effets de couchage ;

2° Une nourriture au moins égale à la ration réglementaire ;

3° Une somme mensuelle fixée d'après un tarif arrêté par le Gouverneur et soumis à l'approbation du Ministre. Cette somme est affectée pour deux cinquièmes au budget des recettes de l'État et deux cinquièmes au pécule réservé de l'assigné ; le reste est directement versé par l'employeur à l'assigné ; mention en est faite sur un livret remis à ce dernier par l'Administration ;

4° Les soins médicaux, et s'il y a lieu, les frais d'hospitalisation, calculés à 2 francs par jour et pour une période qui ne pourra excéder trente jours par an.

Un cautionnement de 25 francs par chaque assigné est versé par le patron au moment de la signature du contrat. Une caution solvable peut être admise.

ART. 40

Le patron doit veiller sur la conduite de l'assigné. Chaque mois il adresse à l'Administration pénitentiaire un avis constatant la présence de l'assigné et les fautes commises. Il doit prévenir sans retard l'Administration du décès, de l'évasion ou de toute autre circonstance grave intéressant la position de l'assigné.

ART. 41

L'assigné doit porter les effets d'habillements qui lui sont fournis par l'Administration.

ART. 42

Le logement particulier de l'assigné est soumis, en tout temps, aux visites et aux recherches des agents de l'Administration pénitentiaire dûment autorisés, des gendarmes et de la police.

CHAPITRE VI

Dispositions diverses.

ART. 43

Par mesure transitoire et pendant une période de temps qui ne pourra dépasser cinq ans, le Ministre des colonies pourra réduire à 1 franc le taux de la journée de main-d'œuvre fixé à 1 fr. 50 au minimum pour les articles 6, 8 et 11.

ART. 44

Est abrogé le décret du 15 septembre 1891.

ART. 45

Le Ministre des colonies est chargé de l'exécution du présent décret, qui sera publié au *Journal officiel de la République française* et inséré au *Bulletin des Lois* et au *Bulletin officiel du Ministère des colonies*.

Fait à Paris, le 13 décembre 1894.

CASIMIR - PÉRIER.

Par le Président de la République :

Le Ministre des colonies,

DELCASSÉ.

RAPPORT AU MINISTRE. — *Proposition d'accorder une indemnité journalière aux surveillants chargés d'assurer la garde et la surveillance des condamnés embarqués à destination des colonies pénitentiaires.*

(Du 13 décembre 1894.)

Ministère des colonies ; — 3ᵉ Direction : *Bureau des services pénitentiaires.*)

Dans son rapport relatif à l'avant-dernier voyage effectué de France à Nouméa par le steamer affrété *Calédonie*, le commissaire du Gouvernement à bord a signalé à l'attention du Département le service très pénible auquel sont assujettis les surveillants militaires chargés, durant la traversée, de la garde et de la surveillance des condamnés aux travaux forcés et des relégués et il a demandé d'allouer à ces agents, à titre de rémunération, la solde coloniale à partir de leur embarquement.

Or, le décret du 28 janvier 1890 ayant édicté, par son article 25, que le droit à la solde coloniale ne court que du jour inclus du débarquement dans la colonie, des fonctionnaires et agents envoyés d'Europe, il ne parait pas possible pour un cas particulier de modifier cette disposition essentielle du règlement en question, sans s'exposer pour l'avenir, à de sérieuses difficultés.

Cependant il convient de remarquer que les surveillants militaires se trouvent, en l'espèce, dans une situation toute différente de celle des fonctionnaires et agents coloniaux en général.

En effet, ces derniers ne sont astreints à aucun service pendant la traversée et n'entrent réellement en fonctions qu'à leur arrivée dans la colonie où ils sont appelés; tandis qu'au contraire les surveillants qui rejoignent leur poste par les vapeurs spécialement affrétés pour le transport des condamnés commencent leur service le jour même du départ du bâtiment; or, il est notoire que les obligations auxquelles ces agents sont astreints pendant la traversée sont parfois très pénibles, en raison même de leur nombre très restreint et des conditions spéciales de leur embarquement.

Il paraîtrait, par suite, peu équitable d'exiger de ces sous-officiers un travail pour lequel ils ne sont pas rémunérés. Une mesure analogue a d'ailleurs été prise récemment en ce qui concerne: 1° les médecins du service de santé des colonies, chargés des fonctions de commissaires du Gouvernement à bord des steamers affrétés pour le transport des condamnés; 2° les infirmiers détachés pour le service hospitalier sur les mêmes bâtiments.

Dans ces conditions, j'ai pensé qu'il serait possible, sans porter aucune modification au texte du règlement précité du 28 janvier 1890, de parfaire la solde coloniale des surveillants de toutes classes qui seront désignés pour accompagner les convois de condamnés sur les lieux de transportation, en leur allouant une indemnité journalière à peu près égale à la différence existant entre leur solde coloniale et leur solde d'Europe et fixée par le tableau ci-après, savoir:

			fr.	c.
Surveillants principaux			5	»
—	chefs de	1re classe	1	50
—		2e	1	»
—	de	1re classe	2	50
—	de	2e —	1	50
—	de	3e —	1	»

Si le Ministre veut bien accueillir mes propositions à cet égard, je le prierai de revêtir de sa signature la présente décision, qui recevrait son effet à compter du départ du prochain convoi.

Le Directeur de la comptabilité
et des services pénitentiaires,

DE LAVERGNE.

Approuvé :

Le Ministre des colonies,

DELCASSÉ.

RAPPORT AU PRÉSIDENT DE LA RÉPUBLIQUE, *suivi d'un* DÉCRET *organisant la surveillance du Procureur général sur les établissements pénitentiaires en Nouvelle-Calédonie et celle du Procureur de la République sur ceux de la Guyane.*

(Du 20 mars 1895.)

(Ministère des colonies. — Service du personnel et du secrétariat ; — 3ᵉ Bureau : *Justice, instruction publique, cultes et affaires générales.*)

MONSIEUR LE PRÉSIDENT,

Au cours de la récente discussion du budget par la Chambre des députés, certains faits ont été révélés qui prouvent la nécessité de renforcer le contrôle exercé actuellement sur les établissements pénitentiaires de nos colonies de transportation.

En vue d'atteindre ce but et de permettre aux détenus de faire leurs réclamations en toute liberté, le projet de décret ci-joint donne au Procureur général de la Nouvelle-Calédonie et au Procureur de la République de la Guyane le droit et le devoir d'inspecter, au moins une fois par an, les établissements pénitentiaires de leur ressort.

Les faits relevés par ces magistrats seront consignés dans un rapport adressé au Ministre des colonies, avec les observations des autorités locales.

Ce projet donnant satisfaction aux vœux du Parlement, permettra de constater la bonne exécution des règlements sur l'exécution des peines.

Telles sont les dispositions du projet de décret que j'ai l'honneur de soumettre à votre haute sanction.

Je vous prie d'agréer, Monsieur le Président, l'hommage de mon profond respect.

Le Ministre des colonies,

CHAUTEMPS.

DÉCRET *organisant la surveillance du Procureur général sur les établissements pénitentiaires en Nouvelle-Calédonie et celle du Procureur de la République sur ceux de la Guyane.*

(Du 20 mars 1895.)

LE PRÉSIDENT DE LA RÉPUBLIQUE FRANÇAISE,

Sur le rapport du Ministre des colonies ;

Vu l'article 18 du sénatus-consulte du 3 mai 1854,

DÉCRÈTE :

ARTICLE PREMIER

Le Procureur général de la Nouvelle-Calédonie et dépendances et le Procureur de la République de la Guyane feront, toutes les fois qu'ils le jugeront nécessaire et au moins une fois par an, une tournée d'inspection dans les établissements pénitentiaires situés dans leur ressort.

Art. 2

Ces magistrats se feront présenter les condamnés, détenus ou internés, les interrogeront, recevront leurs réclamations et les vérifieront. Ils s'assureront, en outre, de la bonne exécution des règlements concernant l'application des lois des 30 mai 1854 et 27 mai 1885. Leur rapport devra être transmis au Ministre des colonies avec les observations des autorités locales.

Art. 3

Ils pourront interroger non seulement les prisonniers, mais encore le personnel administratif et militaire des établissements pénitentiaires et ordonner toutes les mesures et expertises qui leur paraîtraient convenables en vue de vérifier les assertions des condamnés.

Art. 4

Le Ministre des colonies est chargé de l'exécution du présent décret, qui sera inséré au *Journal officiel de la République française*, au *Bulletin des lois* et au *Bulletin de l'Administration des colonies*.

Fait à Paris, le 20 mars 1895.

FÉLIX FAURE.

Par le Président de la République :

Le Ministre des colonies.

CHAUTEMPS.

RAPPORT AU PRÉSIDENT DE LA RÉPUBLIQUE FRANÇAISE, *suivi d'un* DÉCRET *déterminant les règles d'avancement du personnel de l'Administration pénitentiaire coloniale.*

(Ministère des Colonies. — Direction de la Comptabilité et des Services pénitentiaires: — 4ᵉ Bureau: *Services pénitentiaires.*)

Paris, le 11 novembre 1895.

MONSIEUR LE PRÉSIDENT,

Mon attention a été appelée sur les avantages que présenterait l'établissement d'un tableau d'avancement pour le personnel de l'Administration pénitentiaire coloniale.

En effet, aux termes du décret du 20 décembre 1892, portant réorganisation du personnel de l'Administration pénitentiaire à la Guyane et à la Nouvelle-Calédonie, le travail d'avancement qui avait lieu, autrefois, séparément pour les fonctionnaires, employés et agents civils de chacune des deux colonies pénitentiaires susvisées, porte aujourd'hui sur l'ensemble des cadres du service.

Or cette mesure, qui est la conséquence logique de la constitution du personnel de l'Administration pénitentiaire en un seul et même corps, serait cependant de nature, si elle n'était complétée, à porter, dans certains cas, le plus sérieux préjudice aux fonctionnaires, employés et agents proposés pour l'avancement.

En effet, par suite du tour de roulement établi entre le personnel de l'Administration pénitentiaire de la Nouvelle-Calédonie et de la Guyane, il résulte nécessairement que des fonctionnaires appelés à changer de colonie perdent, dans la plupart des cas, le bénéfice des propositions d'avancement dont ils ont été l'objet, leur absence au moment de l'établissement des notes confidentielles suffisant pour que les propositions formulées précédemment en leur faveur ne soient pas renouvelées.

L'institution d'un tableau d'avancement, en ce qui touche le personnel de cette catégorie, aura donc pour effet de consacrer les services acquis et sera en outre pour les fonctionnaires, employés et agents portés sur la liste de présentation, une garantie précieuse du passé.

Telles sont, Monsieur le Président, les considérations qui m'ont amené à préparer le projet de décret ci-joint que je vous serai reconnaissant de vouloir bien revêtir de votre haute sanction.

Veuillez agréer, Monsieur le Président, l'hommage de mon profond respect.

Le Ministre des colonies,
GUIEYSSE.

DÉCRET *déterminant les règles d'avancement du personnel de l'Administration pénitentiaire coloniale.*

(Du 11 novembre 1895.)

LE PRÉSIDENT DE LA RÉPUBLIQUE FRANÇAISE,

Vu le décret du 20 décembre 1892 portant réorganisation du personnel de l'Administration pénitentiaire aux colonies;

Sur la proposition du Ministre des colonies,

DÉCRÈTE:

ARTICLE PREMIER

L'article 15 du décret du 20 décembre 1892 est complété ainsi qu'il suit:

L'avancement aux choix, dans les divers grades, porte sur les candidats qui figurent sur un tableau arrêté par une Commission composée de la manière suivante:

Le directeur de la comptabilité et des services pénitentiaires, président;

L'inspecteur de 1re classe des colonies, adjoint au directeur du contrôle, membre;

Le chef du bureau des services pénitentiaires, membre;

Un officier supérieur du commissariat colonial, membre;

Un fonctionnaire de l'administration pénitentiaire du rang de chef de bureau de 1re classe ou un fonctionnaire de la même catégorie, et, à défaut, un sous-chef de bureau de l'administration centrale, membre;

Les fonctions de secrétaire seront remplies par un commis rédacteur de l'administration centrale.

Le tableau d'avancement est établi chaque année.

La Commission statue sur le maintien des agents qui y figurent depuis trois ans.

Le Ministre des Colonies a le droit d'inscrire ou de rayer d'office un candidat.

Un arrêté du Ministre déterminera le mode de fonctionnement de cette Commission.

ART. 2

Le Ministre des Colonies est chargé de l'exécution du présent décret, qui sera inséré au *Bulletin des lois,* au *Journal officiel* et au *Bulletin officiel du Ministère des colonies.*

Fait à Paris, le 14 novembre 1895.

FÉLIX FAURE.

Par le Président de la République:

Le Ministre des colonies,

GUIEYSSE.

ARRÊTÉ *déterminant le mode de fonctionnement de la commission chargée de procéder à la formation du tableau d'avancement du personnel de l'Administration pénitentiaire coloniale.*

(Du 7 décembre 1895.)

(Ministère des colonies. — Direction de la comptabilité et des services pénitentiaires;
— 4e Bureau: *Services pénitentiaires.*)

LE MINISTRE DES COLONIES,

Vu le décret du 14 novembre 1895 déterminant les règles d'avancement du personnel de l'Administration pénitentiaire coloniale,

ARRÊTE:

ARTICLE PREMIER

Chaque année, lorsque les notes individuelles du personnel de l'Administration pénitentiaire coloniale seront parvenues à l'administration centrale des colonies, la commission instituée par le décret du 14 novembre 1895 sera invitée à procéder à la formation des tableaux d'avancement, par grade et par classe, des fonctionnaires et employés susceptibles d'être avancés au choix.

Nul ne pourra être avancé au choix s'il n'est porté sur le tableau par la commission ou, d'office, par le Ministre des colonies.

ART. 2

Le Ministre fixe chaque année le nombre des avancements en grade et en classe susceptibles d'être accordés au personnel de l'Administration pénitentiaire.

ART. 3

Lors de la formation des tableaux d'avancement, la commission appréciera de nouveau les titres des fonctionnaires et employés qui y figurent depuis trois ans et statuera sur la radiation de ceux qu'elle ne jugera pas en situation d'y être maintenus.

Elle maintiendra sur les dits tableaux les fonctionnaires et employés qui y seront inscrits depuis moins de trois ans.

Les fonctionnaires et employés sont classés par la commission d'après leur rang d'ancienneté.

Les fonctionnaires et employés inscrits ou maintenus au tableau peuvent, en cours d'année, en être rayés pour faute grave, à la suite d'une délibération spéciale de la commission, approuvée par le Ministre.

ART. 4

Aussitôt que les éléments nécessaires à la formation des tableaux d'avancement ont été réunis, le Ministre informe le président de la commission qu'il y a lieu de s'occuper de ce travail.

Le chef du bureau de l'Administration pénitentiaire coloniale adresse au président de la commission les calepins des fonctionnaires et employés de ce service qui figurent depuis trois ans au tableau, ainsi que ceux de tous les fonctionnaires et employés qui ont été l'objet d'une proposition pour l'avancement.

Les calepins sont accompagnés des listes, par ordre de préférence, dressées par les Gouverneurs et les chefs de service.

ART. 5

Toutes les pièces et documents autres que les calepins de notes confidentielles, qui peuvent être de nature à éclairer la commission sur la valeur professionnelle et la conduite des candidats, seront communiqués en séance, à la commission, sur la demande du président.

ART. 6

Les délibérations de la commission sont secrètes. Il est interdit à ses membres d'en donner communication au dehors.

ART. 7

Le président donne lecture des notes qui accompagnent les propositions et de toutes les notes, en général, dont la communication est réclamée par un ou plusieurs des membres de la dite commission.

Il est ensuite procédé au vote.

Le vote pour l'inscription au tableau a lieu au scrutin secret.

Chacun des votants dresse une liste qui comprend un nombre de candidats égal à celui des inscriptions à faire.

Nul ne peut être inscrit au tableau s'il ne réunit la majorité absolue des votants.

ART. 8

Les membres de la commission sont répartis à droite et à gauche du président, suivant l'ordre de leur désignation, tel qu'il est indiqué à l'article premier du décret du 14 novembre 1895.

La place du secrétaire est en face du président.

ART. 9

Les tableaux d'avancement, signés par le secrétaire de la commission et visés par le président, seront remis au Ministre, dès la clôture des séances.

ART. 10

Toute proposition pour l'avancement, formulée en faveur d'un fonctionnaire ou employé, est valable lorsque celui qui en est l'objet doit, au 1er janvier de l'année qui suivra la dite proposition, avoir rempli les conditions requises pour être promu au grade supérieur.

Fait à Paris, le 7 décembre 1895.

GUIEYSSE.

DÉCISION MINISTÉRIELLE *approuvant trois arrêtés déterminant: 1° les attributions des bureaux ; 2° le cadre du personnel ; 3° les indemnités de caisse, suppléments de fonctions et frais de service du personnel de l'Administration pénitentiaire à la Guyane.*

(Du 4 janvier 1896.)

Ministère des colonies ; — Direction de la comptabilité et des services pénitentiaires ; — 4ᵉ Bureau : *Services pénitentiaires.*)

Aux termes des articles 8, § 2, 12, § 2, et 37 du décret du 20 décembre 1892, portant réorganisation du personnel de l'Administration pénitentiaire aux colonies, des arrêtés ministériels rendus sur la proposition des Gouverneurs doivent déterminer: 1° les attributions des bureaux ; 2° le cadre du personnel ; 3° les indemnités de caisse, suppléments de fonctions et frais de service qui peuvent être alloués au personnel attaché à l'Administration pénitentiaire.

Le Gouverneur de la Guyane a présenté les trois projets dont il s'agit, conçus dans la même forme que ceux déjà adoptés le 20 février 1894 pour l'Administration pénitentiaire de la Nouvelle-Calédonie.

Les attributions des bureaux, telles qu'elles sont déterminées par le projet d'arrêté ci-joint, me paraissent devoir assurer le service dans de bonnes conditions.

Quand au projet portant fixation du cadre du personnel et celui fixant les indemnités, suppléments et frais de service, j'ai cru devoir y apporter les modifications suivantes que nécessitent les réductions imposées par le Parlement aux crédits du chapitre 43 du budget de l'Administration pénitentiaire:

1° Réduction du nombre des chefs de bureaux de cinq à quatre ;

2° Suppression de l'indemnité de 600 francs accordée au **bibliothécaire** ;

3° Réduction à 1.500 francs de l'indemnité de 3.000 francs allouée au préposé du Trésor au Maroni ;

4° Suppression des frais de déplacement alloués à l'aumônier de Kourou ;

5° Suppression de l'indemnité payée au chef du service de la police à Cayenne.

Sous ces réserves, j'ai l'honneur de proposer au Ministre de vouloir bien revêtir le présent rapport de sa signature, ainsi que les trois projets d'arrêtés qui l'accompagnent.

Le Directeur de la comptabilité
et des services pénitentiaires,

DE LAVERGNE.

Approuvé :
Le Ministre des colonies,
GUIEYSSE.

ARRÊTÉ *déterminant les attributions des divers bureaux et services de l'Administration pénitentiaire à la Guyane française.*

(Du 4 janvier 1896.)

LE MINISTRE DES COLONIES,

Vu l'article 8 du décret du 29 décembre 1892 portant réorganisation du personnel de l'Administration pénitentiaire aux colonies ;

Vu la lettre du Gouverneur de la Guyane française en date du 13 décembre 1894, n° 1115 ;

Sur la proposition du Directeur de la comptabilité et des services pénitentiaires,

ARRÊTE :

ARTICLE PREMIER

Les attributions des bureaux de l'Administration pénitentiaire à la Guyane sont déterminées de la façon suivante :

1ᵉʳ BUREAU

Secrétariat, finances et caisse.

1° SECRÉTARIAT

Enregistrement de la correspondance générale concernant le service de l'Administration pénitentiaire, nominations, mutations, congés, tenue de la matricule du personnel civil, expédition des affaires réservées.

Propositions des mouvements du personnel autre que celui de la flottille et des comptables coloniaux.

Copie des actes, arrêtés, dépêches ministérielles, décisions, etc., à insérer au *Moniteur* et au *Bulletin officiel de la colonie.*

Copie *in extenso* des lettres et communications adressées au Département, des rapports à soumettre au Conseil privé. — Transmission des extraits de rapports au Département.

Préparation du *Bulletin officiel de l'Administration pénitentiaire.*

Écoles pénitentiaires : surveillance des écoles ; correspondance, situation des écoles : bourses accordées aux enfants des fonctionnaires et agents de l'Administration pénitentiaire dans les établissements publics de la colonie.

Surveillance de la commune du Maroni : procès-verbaux ; actes la concernant, affaires contentieuses ; projets de budgets et rapprochements.

Secrétariat particulier du Directeur.

Enregistrement et expédition de la correspondance confidentielle. — Notes confidentielles du personnel civil. — Dépouillement de la correspondance générale des postes de l'intérieur. — Sa répartition dans les différents détails.

Centralisation des rapports sur les faits saillants.

Centralisation et transmission des rapports au Conseil privé, de la correspondance avec les Gouverneurs.

Centralisation et transmission des lettres au Ministre ou adressées à l'extérieur; centralisation et répartition des dépêches ministérielles dans les divers bureaux.

Conservation des minutes et des copies de ces différentes communications. — Archives.

2° FINANCES

Revues et fonds.

1° REVUES

Tenue des contrôles financiers de tout le personnel civil et militaire.

Établissement des mandats de solde de ce personnel. — Retenues à effectuer pour dettes envers l'État. — État trimestriel des revues de liquidation du personnel, adressé au Département.

Délégations du personnel sur la solde. — Envoi trimestriel des états de délégations. — État des mutations survenues dans le personnel de l'Administration pénitentiaire au point de vue de l'obligation du service militaire. — Tenue des livrets de solde du personnel civil et militaire. — Avis des mutations donnant droit à la ration de vivres ou la supprimant. — Tenue du registre des entrées et sorties de l'hôpital et vérification des états fournis pour servir au remboursement, par l'Administration pénitentiaire, des journées d'hospitalisation de son personnel. — Correspondance générale. — Réclamations. — Établissement des feuilles de route et des quittances comptables. — Liquidation des frais de route et de séjour. — Réquisitions de passage pour l'intérieur de la colonie et la Métropole. — Liquidation des frais de passage du personnel. — Établissement des mandats de dépenses liquidés à ce titre. — Régularisations d'avances pour frais de route et de séjour. — État des mutations survenues dans le personnel du corps des comptables coloniaux. — Relevés détaillés des dépenses effectuées pour la solde du personnel de l'Administration pénitentiaire et des frais de transport pour servir à l'établissement du compte de développement du service pénitentiaire dressé en fin d'exercice.

2° FONDS

Centralisation de la comptabilité financière: ordonnancement de toutes les liquidations d'achats et de cessions de vivres et de matériel. — Comptabilité des recettes et des dépenses afférentes au budget pénitentiaire; ordonnancement des mandats de solde et d'indemnités diverses du personnel; comptabilité du produit du travail des condamnés employés par les services publics, les sociétés minières et les particuliers. — Tenue des registres pour la transcription de toutes les dépenses des différents services. — Livre journal des crédits délégués . — Livre journal des mandats délivrés. — Livre de comptes par chapitre budgétaire, etc.

Envoi au Département des bordereaux sommaires et bordereaux récapitulatifs des opérations financières accomplies chaque mois.

État d'annulation pour réintégrations de crédits ou versements de fonds sur les dépenses des ministères. — Établissement mensuel des situations financières.

Ordonnancement des avances effectuées pour frais de route et de séjour. Transmission des avis de dettes aux particuliers redevables envers le Trésor. —État des recettes à recouvrer en clôture d'exercice. — Comptes de développement. — Compte détaillé des dépenses du service pénitentiaire.

Caisse.

Correspondance. — Lettres au Ministre; masse et pécule; tenue des comptes individuels. — Réclamations; envoi d'argent par les condamnés ou relégués à leurs familles; perception des salaires dus par les engagistes; règlement des salaires des condamnés et des relégués engagés chez les colons ou mis à la disposition d'industriels et de sociétés minières, sur état d'effectifs fournis par le 2ᵉ bureau; remboursement des avances de masse aux condamnés concessionnaires, aux relégués et libérés; états mensuels du pécule des condamnés libérables; imputation au pécule des transportés et relégués pour reprise des frais de justice; primes de capture, pertes d'effets d'habillement, achats faits à leur compte ou sur leur demande.

États trimestriels à fournir au bureau de l'enregistrement pour remboursement de frais de justice dus pour condamnations encourues dans la colonie par des condamnés et relégués.

Arrêté, en fin d'année, des comptes individuels des transportés, relégués ou libérés.

Établissement des bulletins de masse au 31 décembre de chaque année; relevé général des remboursements pour imputations et primes de capture.

Opérations concernant les fonds de police secrète.

Curatelle pénitentiaire.

Tenue du sommier des successions. — Report sur ce sommier du pécule des décédés. — État mensuel des successions vacantes. — Vérification des procès-verbaux d'inventaire, des procès-verbaux de vente d'objets mobiliers appartenant à des condamnés et à des relégués concessionnaires dépossédés ou décédés.

État des remboursements des frais de justice prélevés sur l'actif des successions. — État des remises du reliquat disponible des successions des condamnés et relégués aux ayants droit ou au Domaine. — État annuel des frais de justice versés au Trésor par les successions des transportés décédés. — Même état pour les relégués décédés. — Opérations financières pour le compte de la commune pénitentiaire, de l'usine de Saint-Maurice et des cantines administratives.

2ᵉ BUREAU

Surveillants. — Personnel condamné.

1° SURVEILLANTS

Tenue de la matricule et des registres de punitions des surveillants militaires; pièces périodiques à adresser au Département; discipline, permissions, mutations; états de service, travail d'inspection générale; armement; conseils de guerre, d'enquête; contrôle général, haute paye; mémoires de proposition pour l'admission à la retraite, le passage dans la gendarmerie, etc.; feuilles de mutations des non-disponibles à fournir en double expédition au Gouverneur (exécution de la loi du 19 juillet 1892, modificative de celle du 15 juillet 1889)..

Registre des notes confidentielles, tableau d'avancement; correspondance avec le Département, le Gouverneur, les services publics, les chefs d'établissement et de camp et les particuliers. — Ateliers de confection des surveillants militaires.

Matricules et registres des punitions des transportés et relégués, contrôles des emplois et professions, pièces périodiques et statistiques de la transportation et de la relégation, mutations, discipline, avancements et rétrogadations en classe. — Affaires à porter devant le tribunal maritime spécial et devant le conseil de guerre; condamnés et relégués évadés et disparus, décédés; femmes condamnées et femmes de condamnés. — Travail des grâces des condamnés et de remise de la relégation.—Recherches dans l'intérêt des familles ; rapports sanitaires: tables de libération, préparation des notices des transportés relégables; permis de circulation et certificats provisoires; demandes d'extradition; réclamations; garçons de famille; fiches individuelles de frais de justice des condamnés et des relégués; libération des relégués: préparation et envoi des registres d'état civil. — Colonisation pénale.— Matricule des concessionnaires, mises en concession; dépossessions; titres définitifs; inscriptions hypothécaires; mariage des concessionnaires; assignation des condamnés et engagement des relégués. — Présentation des relégués à la commission de classement,

Libérés. — Libération des transportés parvenus au terme ou graciés de leur peine; détermination de la situation pénale des condamnés libérables, au triple point de vue de l'obligation de la résidence, de l'interdiction de séjour et,s'il y a lieu, du cumul ou de la confusion des peines antérieures. — Envoi de leurs feuillets matriculaires à la direction de l'intérieur, renouvellement et remplacement des livrets de libération, tenue des contrôles.

Mesures d'exécutions relatives au régime spécial des libérés. — Engagement de travail; appels périodiques ou éventuels; déclaration de changement de résidence au départ et à l'arrivée; autorisation d'exercer des professions interdites; centralisation des renseignements relatifs aux déplacements et mouvements de toute nature des libérés; recherches dans l'intérêt de l'Administration ou des familles; conduite des prévenus à la disposition de l'autorité judiciaire, incarcération et détention des prévenus et condamnés correctionnels ou réclusionnaires. — Libération conditionnelle; constitution des notices et classement des libérés relégables; extradition et poursuite devant la juridiction maritime spéciale des libérés absents illégalement de la colonie; renseignements concernant l'état civil des libérés, mariage et décès.

Assistance publique à l'égard des libérés; admissions aux hôpitaux et infirmeries: asiles d'impotents ou incurables, asiles d'aliénés; léproserie, régime et discipline du dépôt de l'île Saint-Joseph.

Instruction des demandes en remise de résidence ou d'interdiction de séjour, en restitution partielle des droits civils.

Documents périodiques de statistiques mensuelles et annuelles pour le Département. — Mutations, décès, évasions, disparitions, condamnations, etc. Contrats de main-d'œuvre pénale. — Services publics; contingents à fournir aux titulaires des contrats et aux services publics. — Correspondance relative à l'exécution des contrats; vérification et enregistrement des états des redevances dues par les titulaires des contrats ou par les services publics.

Domaines. — Questions relatives au domaine pénitentiaire. — Mines, recherches, exploitations, maisons de commerce sur le territoire pénitentiaire. — Présentation des demandes en Conseil privé. — Cantines libres ou administratives.

3e BUREAU
Hôpitaux. — Vivres. — Habillement. — Matériel.

1° APPROVISIONNEMENTS GÉNÉRAUX

Achats et marchés; cahiers des charges; adjudications; commandes aux fournisseurs. — Enregistrement et contrôle des demandes. — Expéditions des vivres et du matériel; transports par eau et par terre. — Bordereaux d'expédition et d'encombrement· — Factures d'envoi. — Demandes en France. — Recettes et emmagasinage. — Préparation des rapports au Conseil privé des affaires intéressant les approvisionnements. — Droits de douane, d'octroi, etc. — Services des impressions et des imprimés. — Propositions de mouvements des agents du corps des comptables coloniaux.

2° COMPTABILITÉ FINANCIÈRE

Liquidations des dépenses. — Situation des crédits. — Projets de budget. — Compte de développement des recettes et des dépenses, y compris les produits du travail des condamnés. — Recettes de leurs produits. — Redevances des contrats de main-d'œuvre pénale, imputation aux comptables et dépositaires comptables de l'État.

Remboursement des cessions de matières et objets quelconques faites aux services publics ou aux particuliers.

3° COMPTABILITÉ-MATIÈRES

Contrôle et centralisation des comptabilités des magasins et des valeurs mobilières et permanentes. — Recensements. — Comptabilité des prêts. — Préparation des rapports au Conseil privé intéressant les recensements, pertes etc., et les comptes-matières.

Compte général du matériel du service colonial (approvisionnements et valeurs mobilières), liquidation des cessions en nature faites aux servi es publics. — Contrôle des cessions de toute nature. — Vente par le Domaine des matières et objets condamnés.

4° TRAVAUX ET FLOTTILLE

Contrôle de la main-d'œuvre pénale employée dans les ateliers et à la flottille. — Vérification des états de salaires et de gratifications. — Vérification des feuilles d'ouvrage et de l'emploi des matières aux travaux. — Tenue de la matricule des immeubles, des bâtiments de servitude et du matériel flottant.

Inventaire des immeubles au 31 décembre de chaque année. — Plan de campagne annuel des travaux et ordres de travaux aux ateliers. Tenue de la matricule des animaux. — Préparation des rapports au Conseil privé intéressant le service des travaux et celui de la flottille. — Personnel de la flotille.

5° Habillement

Contrôle de la main-d'œuvre pénale employée dans les ateliers. — Vérification des états de salaires et gratifications. — Vérification des feuilles d'ouvrage et de l'emploi des matières, contrôle des délivrances d'effets aux condamnés. — Imputations aux condamnés des pertes d'effets d'habillement et de couchage. — Ordre de travail aux ateliers. — Préparation des actes et des rapports au Conseil privé, intéressant le service de l'habillement.

6° Hôpitaux et infirmerie

Contrôle des hôpitaux de la transportation et de la relégation. — Police administrative des hôpitaux. — Compte hospitalier faisant ressortir les prix de revient des journées. — Contrôle de l'entretien des caisses de chirurgie. — Préparation des actes et rapports au Conseil privé intéressant le service des hôpitaux.

7° Vivres

Ravitaillement des pénitenciers et camps. — Fixation de la composition des rations de tout le personnel. — Gratifications en nature au personnel condamné — Vérification des comptabilités de tous les magasins et cambuses. — Tarifs des cessions. — Cessions au personnel ainsi qu'aux cantines; manutention. — Imputation des denrées aux relégués qui refusent de travailler ou qui s'absentent des chantiers.

8° Produit du travail des condamnés

Recettes et ventes des produits. — Liquidation des redevances résultant des contrats de main-d'œuvre. — Compte de développement annuel des recettes.

9° Transportation et relégation

Entretien des jardins de la transportation et de la relégation. — Examen des colis de condamnés, et remise aux intéressés. — Achat d'effets hygiéniques sur leur pécule.

Art. 2

Sont et demeurent abrogés tous actes et décisions contraires au présent arrêté.

Art. 3

Le Gouverneur de la Guyane française est chargé de l'exécution du présent arrêté, qui sera inséré au *Bulletin officiel des colonies*, au *Bulletin officiel de la transportation* et au *Bulletin officiel de la Guyane française*.

Fait à Paris, le 4 janvier 1896.

GUIEYSSE.

ARRÊTÉ *fixant le cadre du personnel de l'Administration pénitentiaire de la Guyane.*

(Du 4 janvier 1896.)

LE MINISTRE DES COLONIES,

Vu l'article 12, § 2, du décret du 20 décembre 1892, portant réorganisation du personnel de l'Administration pénitentiaire coloniale;

Vu la lettre du Gouverneur de la Guyane française, en date du 13 décembre 1894, n° 1115;

Sur la proposition du Directeur de la comptabilité et des services pénitentiaires,

ARRÊTE:

ARTICLE PREMIER

Le cadre du personnel de l'Administration pénitentiaire à la Guyane est fixé ainsi qu'il suit.

DÉSIGNATION des GRADES ET EMPLOIS	FIXATION des CADRES	OBSERVATIONS
DIRECTION		
Commandement. — Juridiction spéciale et Administration.		
Directeur......................	1	
Sous-directeur..................	1	Chargé d'un des bureaux de la direction.
Commandants supérieurs et Commandants de pénitenciers..........	4	Saint-Laurent, Saint-Jean, îles du Salut et Kourou.
Chefs de bureau................	4	Bureaux, 2; — commissaire-rapporteur, 1; — caissier à Cayenne, 1.
Sous-chefs de bureau...........	5	Bureaux, 3; — officier d'administration à Cayenne, 1; — à Saint-Laurent, 1.
		CADRE DES COMMIS
Commis principaux. { 1re classe.............	7	Bureaux... { 1re..... 6 } Y compris la caisse.
{ 2e classe...........	9	{ 2e..... 6 } »
		{ 3e..... 9 } »
Commis. { 1re classe............	7	Juridiction spéciale. 1 »
{ 2e classe...........	9	Officiers d'administration........ 3 } Iles du Salut, Kourou, Saint Jean.
{ 3e classe...........	9	Pénitenciers........ 12 } Iles du Salut, 2; - Kourou, 1; - Saint-Laurent, 5; - Saint-Jean, 4.
Préposé du Trésor au Maroni.......	1	Travaux........... 1 } A Cayenne.
Interprète arabe.................	1	Commis aux entrées des hôpitaux....... 3 } Iles du Salut, Saint Laurent, Saint-Jean
Interprète annamite.............	1	
Concierge garde-meuble..	1	
Plantons.......................	8	TOTAL........ 41

DÉSIGNATION des GRADES ET EMPLOIS	FIXATION des CADRES	OBSERVATIONS
CULTE		
Aumôniers.........................	3	Iles du Salut, Saint-Laurent, Saint-Jean.
Écoles et Assistance publique		
Sœurs de Saint-Joseph..., ...	3	Saint-Laurent.
SURVEILLANCE ET POLICE		
Surveillants...................	»	L'effectif des surveillants fixé par l'article 14 du décret du 20 novembre 1867 à 4 p. 100 des condamnés doit suivre, chaque année, les fluctuations de la population pénale. Il est donc annuellement prévu au budget, avec indication de la population, des grades et classes, suivant les prescriptions du décret précité.
Commissaire de police..............	1	Saint-Laurent du Maroni.
Sœurs surveillantes................	12	
Matelots...........................	8	
PERSONNEL DES TRAVAUX		
Conducteurs principaux.............	2	Cayenne et Saint-Laurent.
Conducteurs.......................	5	Cayenne, Iles du Salut, Kourou, Saint-Laurent et Saint-Jean.
Commis des travaux................	8	Cayenne, 2; — Iles du Salut, 1; — Kourou, 1 — Saint-Laurent, 2; — Saint-Jean, 2.
Mécaniciens.......................	7	Cayenne, Kourou, Saint-Laurent, Saint-Jean.
Contremaître affûteur..............	1	Haut-Maroni.
Tonneliers civils...	2	
Planton	1	
PERSONNEL DES HÔPITAUX		
Médecins des colonies. 1re classe.............	3	Iles du Salut, Saint-Laurent, Saint-Jean.
2e classe.............	6	Iles du Salut, Saint-Laurent, Saint-Jean, Kourou
Pharmacien.......................	3	Iles du Salut, Saint-Laurent, Saint-Jean.
Sœurs hospitalières	23	
Infirmiers coloniaux	6	Iles du Salut, 2; — Saint-Laurent, 2; — Saint Jean, 2.
Commis aux entrées..............	pour mémoire.	3, compris dans l'effectif général des commis.
AGENTS DES VIVRES ET DU MATÉRIEL		
Gardes-magasins principaux........	2	Cayenne: Vivres et Hôpitaux, 1; — Matériel et Habillement, 1.
Gardes-magasins. 1re classe..	3	Cayenne, Saint-Laurent
2e classe	5	Iles du Salut, Kourou, Saint Jean.
3e classe	2	Cayenne: Vivres et Hôpitaux; Matériel.

DÉSIGNATION des GRADES ET EMPLOIS	FIXATION des CADRES	OBSERVATIONS
AGENTS DES VIVRES ET DU MATÉRIEL *(Suite.)*		
		(1) Îles du Salut 2
		Kourou 2
Magasiniers. (1) { 1re classe	6	Saint-Jean 4
2e classe	6	Saint-Laurent. { Vivres.... 4 / Matériel.. 3
3e classe	6	Cayenne..... { Vivres.... 4 / Matériel.. 4
4e classe	5	
		TOTAL 23
SERVICE TÉLÉGRAPHIQUE		
Chef de service	1	Cayenne.
Commis	1	Saint-Laurent.
Chefs de poste	5	Cayenne, Kourou, Sinnamary, Mana, Saint-Laurent.
Chef de poste auxiliaire	1	Cayenne.
Facteurs	3	Cayenne, Sinnamary, Mana.

ART. 2

Sont et demeurent abrogés tous actes et décisions contraires au présent arrêté.

ART. 3

Le Gouverneur de la Guyane française est chargé de l'exécution du présent arrêté, qui sera inséré au *Bulletin officiel du Ministère des colonies* et aux *Bulletins officiels de la Guyane et de la transportation.*

Fait à Paris, le 4 janvier 1896.

GUIEYSSE.

ARRÊTÉ *déterminant les indemnités de toute nature allouées pour suppléments de fonctions, frais de service. etc., au personnel de l'Administration pénitentiaire de la Guyane française.*

(Du 4 janvier 1896.)

LE MINISTRE DES COLONIES

Vu l'article 37 du décret du 20 décembre 1892, portant réorganisation du personnel de l'Administration pénitentiaire aux colonies;

Vu la lettre du Gouverneur de la Guyane en date du 13 décembre 1894, n° 1415;

Sur la proposition du Directeur de la comptabilité et des services pénitentiaires,

ARRÊTE:

ARTICLE PREMIER

Les indemnités de toute nature allouées pour suppléments de fonctions, frais de service, etc., au personnel de l'Administration pénitentiaire à la Guyane, sont déterminées ainsi qu'il suit:

NOMENCLATURE des DIVERSES INDEMNITÉS	MONTANT des INDEMNITÉS accordées par le Departement.	OBSERVATIONS
	fr.	
§ JURIDICTION SPÉCIALE		
Indemnité à un surveillant commis-greffier près le tribunal maritime spécial.........	300	
§ ADMINISTRATION		
Indemnité au caissier de Cayenne..........	1.200	
Indemnités aux gérants de caisse aux îles du Salut, à Kourou, à Saint-Jean, et au surveillant principal ou chef, chef de camp à la Montagne d'Argent, à 300 francs l'une..	1.200	
Indemnité au préposé du Trésor au Maroni.	1.500	
TOTAL....................	3.900	
§ CULTE		
Frais de culte à 400 francs pour 4 chapelles.	1.600	Iles du Salut, Kourou, Saint-Laurent, Saint-Jean.
Écoles.		
Indemnités aux femmes d'agents chargées de l'instruction des enfants dans les centres privés d'écoles : trois à 1.000 francs......	3.000	Iles du Salut, Kourou, Saint-Jean.
Bourses familiales...................	3.000	
TOTAL....................	6.000	

NOMENCLATURE des DIVERSES INDEMNITÉS	MONTANT des INDEMNITÉS accordées par le Département.	OBSERVATIONS
	fr.	
SURVEILLANCE ET POLICE		
Indemnité au surveillant-vaguemestre.. ...	360	
Service télégraphique.		
Frais de service du chef de service........	600	
Indemnité au surveillant sémaphoriste......	400	
TOTAL...............	1.000	
		(1) *Cadre prévu :*
PERSONNEL DES TRAVAUX (1)		
Frais de service.		Conducteurs.. 7
		Commis............ 8
1° A un conducteur principal résidant au chef-lieu............................. ...	2.000	TOTAL......... 15
2° A un conducteur principal résidant à Saint-Laurent............................	1.500	
3° Montant maximum des frais de service prévus pour cinq conducteurs quel que soit le lieu de leur résidence (2....	5.000	(2) *Tarif détaillé des frais de service alloués aux conducteurs et commis.*
4° Montant maximum des frais de service prévus pour huit commis des ponts et chaussées, quelle que soit leur résidence..	4.400	
Indemnité au surveillant maître mécanicien de la flottille pénitentiaire.................	1.200	
Indemnités à six surveillants patrons de chaloupe, à 400 francs l'une..	2.400	
Indemnité aux surveillants piqueurs........	1.500	
Indemnité au vétérinaire de Cayenne.......	1.200	
TOTAL.................	19.200	
SERVICE DES HÔPITAUX		
Indemnité au médecin chargé de la visite du dépôt de Cayenne et de la visite des fonctionnaires à domicile.................	1.500	
Indemnités aux médecins chargés de l'arsenal de chirurgie...........................	452	
Indemnités à trois pharmaciens comptables, à 240 francs l'une....................	720	
Indemnités de responsabilité à trois agents comptables, à 400 francs l'une...........	1.200	
TOTAL..................	3.872	

LOCALITÉS	CONDUCTEURS principaux.	CONDUCTEURS	COMMIS
	fr.	fr.	fr.
Cayenne	2.000	1 000	600
Saint-Laurent .	1.500	1.200	600
Iles du Salut...	»	1.000	400
Saint Jean.....	»	1.000	600
Kourou	»	800	400

Art. 2

Sont' et demeurent abrogés tous actes et décisions contraires au présent arrêté.

Art. 3

Le Gouverneur de la Guyane est chargé de l'exécution du présent arrêté, qui sera inséré au *Bulletin officiel du Ministère des colonies* et aux *Bulletins officiels de la Guyane* et *de la transportation*.

Fait à Paris, le 4 janvier 1896.

GUIEYSSE.

RAPPORT AU PRÉSIDENT DE LA RÉPUBLIQUE FRANÇAISE, *suivi d'un* DÉCRET *déterminant les conditions d'admission des élèves brevetés de l'École coloniale dans le personnel de l'Administration pénitentiaire aux colonies.*

(Du 3 avril 1896.)

(Ministère des colonies. — Direction des affaires commerciales et de la colonisation ; 3° Bureau : *Services pénitentiaires.*)

MONSIEUR LE PRÉSIDENT,

Aux termes de l'article 21 du décret du 20 décembre 1892, portant réorganisation du personnel de l'Administration pénitentiaire aux colonies, les élèves de l'École coloniale, qui ont subi avec succès les examens de sortie, peuvent être pourvus d'un poste de sous-chef de bureau ou d'un emploi assimilé dans cette Administration.

Or, il a paru équitable, après un examen approfondi de la question, de soumettre à l'avenir les candidats de cette catégorie, qui ne sont pas encore familiarisés avec la pratique des affaires administratives, à l'épreuve préalable d'un stage permettant de juger s'ils sont en état de remplir, comme il convient, le poste de sous-chef.

J'ai fait préparer, en conséquence, le projet de décret ci-contre, destiné à consacrer cette modification et précisant, en outre, les formalités auxquelles doit être soumise la titularisation des intéressés.

Je vous serai très reconnaissant, Monsieur le Président, de vouloir bien revêtir cet acte de votre haute sanction.

Veuillez agréer, Monsieur le Président, l'hommage de mon profond respect.

Le Ministre des colonies,

GUIEYSSE.

DÉCRET

(Du 3 avril 1896.)

LE PRÉSIDENT DE LA RÉPUBLIQUE FRANÇAISE,

Vu le décret du 20 décembre 1892 portant réorganisation du personnel de l'Administration pénitentiaire aux colonies;

Sur le rapport du Ministre des colonies,

DÉCRÈTE:

ARTICLE PREMIER

L'article 21, § 1er, du décret du 20 décembre 1892 est modifié ainsi qu'il suit:

« 1° Les élèves de l'École coloniale ayant subi avec succès les examens de sortie portant sur les cours spéciaux pour les emplois dans l'Administration pénitentiaire et ayant accompli dans une des colonies pénitentiaires un stage d'au moins une année.

« Pendant la durée du stage, les élèves brevetés de l'École coloniale recevront la solde et les accessoires de solde attribués aux commis principaux de 1re classe de l'Administration pénitentiaire.

« Art. 21 bis. — A l'expiration du stage, la conduite et la manière de servir du stagiaire font l'objet d'un rapport motivé du Directeur de l'Administration pénitentiaire, visé par le Gouverneur. Ce rapport est transmis au Département.

« Si les conclusions du rapport sont favorables, le stagiaire est nommé sous-chef de bureau de 2e classe dans les conditions du paragraphe 1er de l'article 22.

« Dans le cas contraire, une deuxième année de stage peut être imposée au stagiaire.

« Si, à l'expiration de cette deuxième année de stage, les notes continuent à être défavorables, le stagiaire est nommé commis principal de 2e classe et concourt à l'avancement dans les mêmes conditions que le personnel en service. »

ART. 2

Le Ministre des colonies est chargé de l'exécution du présent décret, qui sera inséré au *Journal officiel de la République française*, au *Bulletin des Lois* et au *Bulletin officiel du Ministère des colonies*.

Fait à Paris, le 3 avril 1896.

FÉLIX FAURE.

Par le Président de la République:

Le Ministre des colonies,

GUIEYSSE.

Rapport au Président de la République française, *suivi d'un* décret
*portant modification du décret du 20 mars 1895, organisant la surveil-
lance du Procureur général sur les établissements pénitentiaires en
Nouvelle-Calédonie et celle du Procureur de la République sur ceux de la
Guyane.*

(Du 4 avril 1897.)

(Ministère des colonies; — Secrétariat général: — 3ᵉ Bureau: *Magistrature — Enseignement
et Cultes.*)

Monsieur le Président,

En vue d'établir d'une manière plus effective le contrôle exercé sur les
établissements pénitentiaires de nos colonies de transportation, le décret du
20 mars 1895 a organisé la surveillance du Procureur général sur les établissements pénitentiaires de la Nouvelle-Calédonie et celle du Procureur de la
République sur les établissements pénitentiaires de la Guyane.

Ce décret, qui a produit les meilleurs effets, a néanmoins besoin d'être
modifié à deux points de vue.

1° Les fonctionnaires auxquels il donne la charge d'inspecter les établissements pénitentiaires ont un service déjà très chargé et il est nécessaire
qu'ils puissent, en cas d'empêchement, déléguer à d'autres magistrats les
fonctions nouvelles dont les a investis le décret du 20 mars 1895.

Le présent décret a pour objet de remédier à cet inconvénient en leur
permettant de déléguer la charge de cette inspection à leur substitut ou au
président de la Cour d'appel.

2° Le décret du 16 décembre 1896 portant réorganisation du service de la
justice à la Guyane ayant créé un poste de Procureur général à la Guyane,
il est nécessaire de mettre le décret du 20 mars 1895 d'accord avec cette
nouvelle organisation et le présent projet, en substituant dans l'article premier
du décret de 1895 les mots « le Procureur général de la Guyane » à ceux de
« le Procureur de la République à la Guyane » fait disparaître cette anomalie.

Telle est l'économie du projet de décret que j'ai l'honneur de soumettre à
votre haute sanction.

Je vous prie d'agréer, Monsieur le Président, l'hommage de mon profond
respect.

Le Ministre des colonies,
ANDRÉ LEBON.

DÉCRET *portant modification du décret du 20 mars 1895, organisant la surveillance du Procureur général sur les établissements pénitentiaires en Nouvelle-Calédonie et celle du Procureur de la République sur ceux de la Guyane.*

(Du 4 avril 1897.)

LE PRÉSIDENT DE LA RÉPUBLIQUE FRANÇAISE,

Sur le rapport du Ministre des colonies ;

Vu l'article 18 du sénatus-consulte du 3 mai 1854 ;

Vu le décret du 20 mars 1895 organisant la surveillance du Procureur général sur les établissements pénitentiaires en Nouvelle-Calédonie et celle du Procureur de la République sur ceux de la Guyane ;

Vu le décret du 16 décembre 1896 portant réorganisation du service de la justice à la Guyane,

DÉCRÈTE :

ARTICLE PREMIER

L'article premier du décret du 20 mars 1895 est modifié ainsi qu'il suit :

« Le Procureur général de la Nouvelle-Calédonie et dépendances et le Procureur général de la Guyane feront, toutes les fois qu'ils le jugeront nécessaire et au moins une fois par an, une tournée d'inspection dans les établissements pénitentiaires situés dans leur ressort.

« Ils pourront, en cas d'empêchement, charger de cette inspection en leur lieu et place, leur substitut ou le président de la Cour d'appel. »

ART. 2

Le Ministre des colonies est chargé de l'exécution du présent décret, qui sera inséré au *Journal officiel de la République française*, au *Bulletin des lois* et au *Bulletin officiel des colonies*.

Fait à Paris, le 4 avril 1897.

FÉLIX FAURE.

Par le Président de la République :

Le Ministre des colonies,

ANDRÉ LEBON.

Décision présidentielle *approuvant les dispositions portant fixation des indemnités de route et de séjour à allouer, en France et aux colonies, aux surveillants militaires, et réglementant les passages à accorder à ces mêmes agents, ainsi que le transport de leurs bagages.*

(Du 31 octobre 1897.)

(Ministère des colonies. — Secrétariat général; — 2ᵉ Bureau: *Personnel;* — Direction de la comptabilité et des services pénitentiaires; — 4ᵉ Bureau: *Services pénitentiaires.*)

MONSIEUR LE PRÉSIDENT,

Le corps des surveillants militaires des établissements pénitentiaires coloniaux ayant une organisation particulière, déterminée par le décret du 20 novembre 1867, qui lui confère, dans certains cas, des avantages spéciaux, et constitue en quelque sorte son statut personnel, il a paru préférable de ne pas comprendre ces agents parmi ceux qui se trouvent visés dans le décret du 3 juillet 1897, portant règlement sur les indemnités de route, et de séjour, etc., du personnel colonial, mais de leur en rendre applicables les dispositions par une décision spéciale.

C'est dans ce but que j'ai fait préparer le projet de réglementation ci-contre, que j'ai l'honneur de soumettre à votre haute sanction.

Veuillez agréer, Monsieur le Président, l'hommage de mon profond respect.

Le Ministre des affaires étrangères,
chargé de l'intérim du Ministère des colonies,

G. HANOTAUX.

Approuvé:

Le Président de la République française,
FÉLIX FAURE.

———

Dispositions *portant fixation des indemnités de route et de séjour à allouer, en France et aux colonies, aux surveillants militaires des établissements pénitentiaires coloniaux, et réglementant les passages accordés à ces mêmes agents, ainsi que le transport de leurs bagages.*

INDEMNITÉ DE ROUTE

I. Les surveillants militaires des établissements pénitentiaires coloniaux reçoivent, en France et aux colonies, les indemnités de route fixées par le tarif n° 2, annexé au décret du 20 novembre 1867, sauf les exceptions ci-après:

II. Les surveillants militaires de toutes classes chargés d'escorter, dans l'intérieur de la colonie, un convoi de vivres ou de condamnés, reçoivent, pour chaque journée passée en route, une indemnité fixée à 3 francs.

Dans le cas où les vivres sont fournis en nature, cette allocation est réduite de moitié.

INDEMNITÉ DE SÉJOUR

III. Les surveillants militaires reçoivent, en France et aux colonies, les indemnités de séjour fixées par le tarif n° 2, annexé au décret du 20 novembre 1867, sauf dans les situations spécifiées ci-après aux paragraphes 4 et 5.

IV. L'indemnité journalière de séjour au port d'embarquement en France, allouée aux surveillants militaires appelés à accompagner les convois de condamnés à destination des colonies pénitentiaires, est fixée de la manière suivante :

Surveillants principaux..................................... 5 francs.
Surveillants chefs de 1re ou de 2e classe.......................... 4 —
Surveillants de 1re, 2e et 3e classes............................. 3 —

V. Les positions suivantes donnent également droit, en France, aux surveillants militaires, à l'indemnité journalière de séjour, dont le taux est fixé au paragraphe précédent, savoir :

1° Appelé à faire partie, hors de sa résidence, d'un conseil d'enquête ;

2° Envoyé devant un conseil d'enquête hors de sa résidence ;

3° Admis, sur l'avis formel du conseil supérieur de santé, à faire usage des eaux thermales ou minérales dans les stations où il n'existe pas d'hôpital ;

4° Envoyé d'office, sur la proposition du Conseil supérieur de santé, dans les stations d'eaux thermales ou minérales où il existe un hôpital militaire dans lequel il n'a pu trouver place.

En outre, dans ces deux derniers cas, l'indemnité de séjour est payée conformément aux dispositions édictées à l'article 12, nos 5 et 6, du décret du 3 juillet 1897.

PASSAGES

VI. Les dispositions du décret du 3 juillet 1897, relatives aux concessions de passage aux officiers, fonctionnaires, employés et agents civils et militaires des services coloniaux ou locaux, sont applicables aux surveillants militaires.

Toutefois, les surveillants militaires démissionnaires rentrant en France ont droit au rapatriement gratuit.

VII. Dans tous les cas où les surveillants ont droit, ainsi que leur famille, au passage gratuit, le poids des bagages, dont le transport doit rester à la charge de l'État, est fixé d'après les indications portées au tableau ci-après :

GRADES	POIDS DES BAGAGES (1)	
	POUR L'AGENT lorsqu'il voyage seul.	POUR LA FAMILLE lorsqu'elle voyage avec son chef ou isolément.
Surveillant principal................................	500 kilog.	300 kilog.
— chef de 1re ou de 2e classe.........	400 —	200 —
— de 1re classe.............................	300 —	150 —
— de 2e ou de 3e classe...............	200 —	100 —

(1) Y compris celui pour lequel la franchise est accordée par les compagnies de navigation et autres.

VIII. Le classement des surveillants militaires à bord des paquebots est effectué d'après l'assimilation qui leur est conférée par le tableau de classement ci-après :

DÉSIGNATION des SERVICES	1re CATÉGORIE		2e CATÉGORIE	3e CATÉGORIE	4e CATÉGORIE	5e CATÉGORIE	6e CATÉGORIE	OBSER- VATIONS
	A	B						
Corps militaire des surveillants.	»	»	Sur- veillant prin- cipal.	Sur- veillant chef.	Sur- veillant de 1re classe.	Sur- veillant de 2e et 3e classe.	»	

IX. Sont applicables aux surveillants militaires les dispositions du décret du 3 juillet 1897, relatives aux fonctionnaires, employés et agents voyageant ou séjournant à l'étranger.

Vu pour être annexé à la décision présidentielle du 31 octobre 1897.

FÉLIX FAURE.

RAPPORT AU PRÉSIDENT DE LA RÉPUBLIQUE FRANÇAISE, *suivi d'un* DÉCRET *modifiant les articles 4, 6, 11, 14, 20, 32 et 39 du décret du 13 décembre 1894 sur l'emploi de la main-d'œuvre des condamnés aux travaux forcés.*

Du 30 août 1898.)

MONSIEUR LE PRÉSIDENT,

La commission permanente du régime pénitentiaire des colonies avait été chargée par mon prédécesseur d'examiner les modifications susceptibles d'être apportées aux prescriptions du décret du 13 décembre 1894, réglementant l'emploi de la main-d'œuvre des condamnés aux travaux forcés, en vue de donner satisfaction aux revendications instantes des administrations locales de la Nouvelle-Calédonie et de la Guyane, touchant l'élévation du tarif des cessions de main-d'œuvre pénale.

Cette commission, après avoir étudié les diverses réclamations qui lui étaient soumises, a préparé un projet de règlement administratif en tenant compte dans une large mesure de la situation spéciale dans laquelle se trouvent les colonies pénitentiaires, en vue: 1° de faciliter l'exécution des grands travaux d'utilité générale indispensables à leur développement; 2° de permettre, en même temps, aux colons de se procurer, dans des conditions moins onéreuses, la main-d'œuvre dont ils ont besoin dans leurs exploitations agricoles.

Le Conseil d'État, aux délibérations de qui le projet en question a été soumis ensuite, en a approuvé les dispositions dans leur ensemble et sous réserve de modifications basées surtout sur des considérations d'ordre purement administratif et de jurisprudence pénale.

Le nouveau texte adopté, tout en sauvegardant en l'espèce les intérêts de l'État, constitue, au profit des colonies de la Guyane et de la Nouvelle-Calédonie, de sérieux avantages par rapport aux règlements en vigueur et dont les services locaux apprécieront, j'en ai la conviction, l'importance comme un gage du bienveillant intérêt et de l'appui du Gouvernement.

C'est ainsi que la redevance imposée aux services employeurs par l'article 6 du décret du 13 décembre 1894 a été abaissée de 1 fr. 50 à 0 fr. 75 pour la Guyane (dont la situation est moins favorisée au point de vue de l'exécution des grands travaux publics) et à 1 fr. pour la Nouvelle-Calédonie.

En outre, lorsqu'il s'agit d'un travail d'utilité publique, le Ministre peut consentir une nouvelle réduction sur les prix de cession sans toutefois que ceux-ci puissent descendre au-dessous de 0 fr. 50 pour la Guyane et 0 fr. 75 pour la Nouvelle-Calédonie.

Dans le même ordre d'idées, le taux de la journée de main-d'œuvre concédée à des entrepreneurs particuliers pour l'exécution des travaux d'utilité publique et de colonisation pour le compte de l'État, des colonies ou des communes, est réduit à 0 fr. 75 à la Guyane et à 1 fr. à la Nouvelle-Calédonie.

Enfin, un dégrèvement important a été concédé aux habitants des colonies qui demandent à employer des condamnés sous le régime de l'assignation et qui n'auront plus désormais à rembourser le montant du traitement des agents chargés de la surveillance des contingents mis à leur disposition, ainsi qu'ils y étaient astreints précédemment d'après les prescriptions de l'article 32 du décret du 13 décembre 1894.

J'ai l'honneur, en conséquence, de vous prier, Monsieur le Président, de vouloir bien revêtir de votre haute sanction le projet de décret ci-joint qui a pour but d'assurer l'exécution de ces diverses mesures.

Veuillez agréer, Monsieur le Président, l'hommage de mon profond respect.

Le Ministre des colonies,

G. TROUILLOT.

DÉCRET

(Du 30 août 1898.)

Le Président de la République française

Sur le rapport du Ministre des colonies ;

Vu la loi du 30 mai 1854 ;

Vu le décret du 13 décembre 1894 ;

Le Conseil d'État entendu,

Décrète :

Article premier

Les articles 4, 6, 11, 14, 20, 32 et 39 du décret du 13 décembre 1894 sont modifiés comme suit :

« *Art. 4.* — Un arrêté du Ministre des colonies détermine les travaux neufs d'utilité publique et de colonisation auxquels les condamnés seront employés par les divers services de l'État, le service local ou les municipalités.

« Cet arrêté fixe la durée et le prix de la concession de cette main-d'œuvre pénale. Dans le cas où la durée de la concession est supérieure à cinq ans, celle-ci ne peut être accordée que par un décret.

« Pour les travaux d'entretien courant, le Gouverneur, en Conseil privé, sur le vu du rapport des chefs de service intéressés et après avis du Directeur de l'Administration pénitentiaire, autorise provisoirement l'affectation des condamnés aux travaux nécessaires, sous réserve d'en rendre compte immédiatement au Ministre qui statue définitivement.

« Le Gouverneur peut également autoriser dans la forme et les conditions prévues au paragraphe précédent, mais seulement en cas d'urgence, l'exécution des travaux neufs d'utilité publique et de colonisation. Toutefois le montant de la redevance à imposer aux services employeurs ne peut être fixé que par le Ministre, conformément au paragraphe 2 de l'article 6.

« *Art. 6*. — La redevance imposée aux services employeurs pour les condamnés mis à leur disposition est fixée au minimum par homme et pour toutes les journées pendant lesquelles ils doivent les employer, conformément à l'article 16 et d'après le tarif ci-dessous :

Guyane	0 fr. 75
Nouvelle-Calédonie	1 »

« Toutefois, lorsqu'il s'agit d'un travail d'utilité publique pour les colonies, le Ministre peut consentir une réduction sur les prix de cession sans que ceux-ci puissent descendre au-dessous de :

Guyane	0 fr. 50
Nouvelle-Calédonie	0 fr. 75

« Ces tarifs sont toujours applicables pour les services de l'État.

« La redevance est versée dans les caisses du Trésor au compte « Produit du travail des condamnés ».

« Sur les chantiers éloignés des pénitenciers, les services employeurs doivent rembourser au budget de l'Administration pénitentiaire le montant des frais de transport du personnel, des condamnés, des vivres et du matériel du pénitencier au lieu d'exécution des travaux. Ils sont tenus également d'assurer le logement du personnel libre et condamné dans les conditions réglementaires.

« *Art. 11*. — Les dispositions de l'article 6 sont applicables aux concessions de la main-d'œuvre pénale prévues à l'article précédent.

« Toutefois, le taux de la journée est fixé dans tous les cas à 0 fr. 75 à la Guyane, à 1 franc en Nouvelle-Calédonie.

« *Art. 14*. — La concession ne peut être accordée que pour la durée du traité, sous la réserve insérée au paragraphe 2 de l'article 4.

« *Art. 20*. — Les condamnés sont assujettis au même nombre d'heures de travail que sur les chantiers de travaux publics de l'État.

« Tout travail de nuit est expressément interdit, sauf dans le cas de force majeure, pour lequel l'autorisation peut être accordée par le Gouverneur, à charge d'en rendre compte au Ministre.

« *Art. 32*. — L'habitant qui demande des condamnés en assignation s'adresse au Directeur de l'Administration pénitentiaire. Il indique le nombre des condamnés dont il a besoin, la localité où il les placera, l'emploi auquel il les destine.

« Il ne peut être accordé plus de cinquante condamnés au même habitant.

« Dans le cas où le nombre des condamnés assignés dépasse vingt-cinq, un surveillant militaire est affecté à la garde du contingent mis à la disposition de l'habitant.

« Celui-ci doit à l'agent le logement et la ration de vivres en nature ou, à défaut, l'indemnité représentative. Il remboursera, en outre, à l'Administration pénitentiaire toutes les allocations résultant du fait du détachement du surveillant, et, notamment, les frais de conduite et de déplacement.

« *Art. 39.* — Le patron doit à l'assigné, sous peine de retrait :

« 1° Un logement salubre et des effets de couchage ;

« 2° Une ration délivrée en nature et au moins égale à la ration réglementaire ;

« 3° Une somme mensuelle fixée d'après un tarif arrêté par le Gouverneur et soumis à l'approbation du Ministre. Cette somme est affectée pour deux cinquièmes au budget de l'État et pour deux cinquièmes au pécule réservé de l'assigné, le reste est directement versé par l'employeur à l'assigné, mention en est faite sur un livret remis à ce dernier par l'Administration ;

« 4° Les soins médicaux et, s'il y a lieu, les frais d'hospitalisation, calculés à 2 francs par jour et pour une période qui ne pourra excéder trente jours par an.

« Un cautionnement de 25 francs par chaque assigné est versé par le patron au moment de la signature du contrat.

« Une caution solvable peut être admise. »

ART. 2

L'article 43 du décret susvisé est abrogé.

ART. 3

Le Ministre des colonies est chargé de l'exécution du présent décret, qui sera publié au *Journal officiel* et inséré au *Bulletin des lois* et au *Bulletin des colonies*.

Fait à Paris, le 30 août 1898.

FÉLIX FAURE.

Par le Président de la République :

Le Ministre des colonies,
Georges TROUILLOT.

RAPPORT AU PRÉSIDENT DE LA RÉPUBLIQUE FRANÇAISE, *suivi d'un* DÉCRET *et d'un* ARRÊTÉ *instituant une médaille d'honneur spéciale au corps des surveillants des établissements pénitentiaires.*

(Du 27 octobre 1898.)

(Ministère des colonies ; — 3° Direction ; — 4° Bureau.)

MONSIEUR LE PRÉSIDENT,

Les surveillants militaires des établissements pénitentiaires coloniaux constituent un corps d'élite à qui incombe, dans des conditions particulièrement difficiles et périlleuses, la garde des condamnés aux travaux forcés et à la relégation.

En effet, sans parler des fatigues et des maladies résultant du climat colonial, le service dont sont chargés ces agents emprunte un caractère extrêmement pénible au mode d'exécution des peines coloniales, au milieu des criminels de la pire espèce, dans des pénitenciers ouverts et sur des territoires où la nature même semble favoriser la réussite de tous les mauvais desseins.

Le Gouvernement a donc le devoir de soutenir, de toute son autorité, ces modestes et dévoués serviteurs et de leur accorder, dans la plus large mesure, les récompenses que comporte leur qualité militaire.

Malheureusement, à ce dernier point de vue, les contingents de médailles militaires, dont le Ministère des colonies peut disposer en faveur des surveillants, sont extrêmement restreints, eu égard à l'effectif du corps qui compte actuellement sept cents agents de tous grades provenant, pour la plupart, des anciens sous-officiers de l'armée.

Aussi, en vue de remédier à la très fâcheuse situation que je viens de signaler, et de permettre, à l'avenir, d'encourager et de récompenser en plus grand nombre, ces serviteurs si méritants, j'ai l'honneur de vous proposer de créer une médaille d'honneur spéciale au corps des surveillants des établissements pénitentiaires coloniaux, qui se seront signalés soit par de longs et irréprochables services, soit par des actes de courage et de dévouement dans l'exercice de leurs fonctions.

Si vous partagez ma manière de voir à ce sujet, j'ai l'honneur de vous prier, Monsieur le Président, de vouloir bien revêtir de votre signature le décret ci-joint, portant création de la distinction honorifique dont il s'agit.

Veuillez agréer, Monsieur le Président, l'hommage de mon profond respect.

Le Ministre des colonies,
G. TROUILLOT.

DÉCRET

(Du 27 octobre 1898.)

LE PRÉSIDENT DE LA RÉPUBLIQUE FRANÇAISE,

Sur le rapport du Ministre des colonies,

DÉCRÈTE :

ARTICLE PREMIER

Des médailles d'honneur en or peuvent être décernées par le Ministre des colonies aux surveillants des établissements pénitentiaires coloniaux qui se sont signalés par de longs et irréprochables services ou par des actes de courage et de dévouement dans l'exercice de leurs fonctions.

Des décisions spéciales pourront également accorder, à titre exceptionnel, des médailles aux fonctionnaires civils ayant rendu des services signalés à l'Administration pénitentiaire (transportation et relégation).

ART. 2

Un arrêté déterminera les mesures de détail relatives à cette distinction.

ART. 3

Le Ministre des colonies est chargé de l'exécution du présent décret qui sera inséré au *Journal officiel de la République française*, au *Bulletin des lois* et au *Bulletin de l'Administration des colonies*.

Fait à Paris, le 27 octobre 1898.

FÉLIX FAURE.

Par le Président de la République :

Le Ministre des colonies,
GEORGES TROUILLOT.

ARRÊTÉ

(Du 27 octobre 1898.)

LE MINISTRE DES COLONIES,

Vu le décret du 27 octobre 1898, instituant une médaille d'honneur spéciale au personnel de l'Administration pénitentiaire coloniale ;
Sur la proposition du Directeur de la comptabilité et des services pénitentiaires,

ARRÊTE :

ARTICLE PREMIER

Peuvent obtenir la médaille d'honneur pénitentiaire coloniale les surveillants militaires des établissements de transportation et de relégation aux colonies qui comptent vingt ans de services irréprochables dont dix au moins dans l'Administration pénitentiaire coloniale, ou qui se sont signalés par des actes de courage et de dévouement dans l'exercice de leurs fonctions.

ART. 2

Cette distinction consiste en une médaille en or, avec bélière du module de 27 millimètres, suspendue à un ruban de 36 millimètres de largeur, bleu ciel avec lisière tricolore sur les bords.

La bélière se compose d'un faisceau de licteur inscrit entre une branche de chêne et une branche de lierre, le tout conforme au type officiellement adopté par le Ministère des colonies.
Le ruban ne peut être porté sans la médaille.

ART. 3

Hors les cas spéciaux sur lesquels il sera statué par le Ministre, il ne pourra être accordé annuellement plus de vingt médailles dont les neuf dixièmes au moins seront réservés aux surveillants.

ART. 4

Le titulaire de la médaille d'honneur pénitentiaire reçoit un diplôme indiquant les motifs de cette récompense.

ART. 5

En cas de faute grave, l'autorisation de porter cette distinction peut être suspendue ou retirée par décision du Ministre des colonies.

Fait à Paris, le 27 octobre 1898.

G. TROUILLOT.

Loi sur le casier judiciaire et sur la réhabilitation de droit.

(5 août 1899.)

Le SÉNAT et la CHAMBRE DES DÉPUTÉS ont adopté,

Le PRÉSIDENT DE LA RÉPUBLIQUE promulgue la loi dont la teneur suit :

ARTICLE PREMIER

Le greffe de chaque tribunal de première instance reçoit, en ce qui concerne les personnes nées dans la circonscription du tribunal et après vérification de leur identité aux registres de l'état civil des bulletins, dits bulletins n° 1, constatant :

1° Les condamnations contradictoires ou par contumace et les condamnations par défaut non frappées d'opposition prononcées, pour crime ou délit, par toute juridiction répressive ;

2° Les décisions prononcées par application de l'article 66 du Code pénal ;

3° Les décisions disciplinaires prononcées par l'autorité judiciaire ou par une autorité administrative, lorsqu'elles entraînent ou édictent des incapacités :

4° Les jugements déclaratifs de faillite ou de liquidation judiciaire ;

5° Les arrêtés d'expulsions pris contre les étrangers.

ART. 2

Il est fait mention, sur les bulletins n° 1, des grâces, commutations ou réductions de peines, des décisions qui suspendent l'exécution d'une première condamnation, des arrêtés de mise en libération conditionnelle et de révocation, des réhabilitations et des jugements relevant de la relégation, conformément à l'article 16 de la loi du 27 mai 1885 et des décisions qui rapportent les arrêtés d'expulsion, ainsi que de la date de l'expiration de la peine et du payement de l'amende.

Sont retirés du casier judiciaire les bulletins n° 1 relatifs à des condamnations effacées par une amnistie ou réformées en conformité d'une décision de rectification du casier judiciaire.

ART. 3

Le casier judiciaire central institué au Ministère de la justice reçoit les bulletins n° 1 concernant les personnes nées à l'étranger, dans les colonies, ou dont l'acte de naissance n'est pas retrouvé.

ART. 4

Le relevé intégral des bulletins n° 1 applicables à la même personne est porté sur un bulletin appelé bulletin n° 2.

Il est délivré aux magistrats du parquet et de l'instruction, aux autorités militaires et maritimes pour les appelés des classes et de l'inscription maritime, ainsi que pour les jeunes gens qui demandent à contracter un engagement.

Il l'est également aux administrations publiques de l'État, saisies de demandes d'emplois publics ou en vue de poursuites disciplinaires ou de l'ouverture d'une école privée, conformément à la loi du 30 octobre 1886.

Les bulletins n° 2 réclamés par les administrations publiques de l'État, pour l'exercice des droits politiques, ne comprennent que les décisions entraînant des incapacités prévues par les lois relatives à l'exercice des droits politiques.

Lorsqu'il n'existe pas de bulletin n° 1 au casier judiciaire, le bulletin n° 2 porte la mention : *Néant*.

ART. 5

En cas de condamnation, faillite, liquidation judiciaire, ou destitution d'un office ministériel prononcée contre un individu soumis à l'obligation du service militaire ou maritime il en est donné connaissance aux autorités militaires ou maritimes, par l'envoi d'un duplicata du bulletin n° 1.

Un duplicata de chaque bulletin n° 1, constatant une décision entraînant la privation des droits électoraux, est adressé à l'autorité administrative du domicile de tout français ou de tout étranger naturalisé.

Art. 6

Un bulletin n° 3 peut être réclamé par la personne qu'il concerne. Il ne doit dans aucun cas être délivré à un tiers.

Art. 7

Ne sont pas inscrits au bulletin n° 3.

1° Les décisions prononcées par l'application de l'article 66 du Code pénal;

2° Les condamnations effacées par la réhabilitation ou par l'application de l'article 4 de la loi du 26 mars 1891 sur l'atténuation et l'aggravation des peines;

3° Les condamnations prononcées en pays étranger pour des faits non prévus par les lois pénales françaises;

4° Les condamnations pour délits prévus par les lois sur la presse, à l'exception de celles qui ont été prononcées pour diffamation ou pour outrages aux bonnes mœurs, ou en vertu des articles 23, 24 et 25 de la loi du 29 juillet 1881;

5° Une première condamnation à un emprisonnement de trois mois ou de moins de trois mois prononcée par application des articles 67, 68 et 69 du Code pénal;

6° La condamnation avec sursis à un mois ou moins d'un mois d'emprisonnement, avec ou sans amende;

7° Les déclarations de faillite, si le failli a été déclaré excusable par le tribunal ou a obtenu un concordat homologué et les déclarations de liquidation judiciaire.

Art. 8

Cessent d'être inscrites au bulletin n° 3 délivré au simple particulier:

1° Un an après l'expiration de la peine corporelle ou le payement de l'amende, la condamnation unique à moins de six jours de prison ou une amende ne dépassant pas 25 francs, ou à ces deux peines réunies, sauf le cas où ces condamnations entraîneraient une incapacité civile ou politique.

2° Cinq ans après l'expiration corporelle ou le payement de l'amende, la condamnation unique à six mois ou moins de six mois de prison ou à une amende, ainsi qu'à ces deux peines réunies;

3° Dix ans après l'expiration de la peine, la condamnation unique à une peine de deux ans ou moins de deux ans ou les condamnations multiples dont l'ensemble ne dépasse pas un an;

4° Quinze ans après l'expiration de la peine, la condamnation unique supérieure à deux ans de prison.

Le tout sans qu'il soit dérogé à l'article 4 de la loi du 26 mars 1891 sur l'atténuation et l'aggravation des peines.

Dans le cas où une peine corporelle et celle de l'amende auront été prononcées cumulativement, les différents délais prescrits par le présent article, commenceront à courir à partir du jour où ces deux peines auront été complètement exécutées.

La remise totale ou partielle, par voie de grâce, de l'une ou de l'autre de ces peines équivaudra à leur exécution totale ou partielle.

L'exécution de la contrainte par corps équivaudra au payement de l'amende.

Art. 9

En cas de condamnation ultérieure pour crime ou délit à une peine autre que l'amende, le bulletin n° 3 reproduit intégralement les bulletins n° 1, à l'exception des cas prévus par les paragraphes 1, 2, 3, 4 de l'article 7.

Art. 10

Lorsqu'il se sera écoulé dix ans, dans le cas prévu par l'article 8, §§ 1 et 2, sans que le condamné ait subi de nouvelles condamnations à une peine autre que l'amende, la réhabilitation lui sera acquise de plein droit.

Le délai sera de quinze ans dans le cas prévu par l'article 8, § 3, et de vingt ans dans le cas prévu par l'article 8, § 4.

En cas de contestation sur la réhabilitation, le demandeur pourra s'adresser au tribunal du lieu de son domicile dans les formes et suivant la procédure prescrites à l'article 14. Le jugement rendu sera susceptible d'appel et de pourvoi en cassation.

Art. 11

Quiconque, en prenant le nom d'un tiers, aura déterminé l'inscription au casier judiciaire de ce tiers d'une condamnation, sera puni de six mois à cinq ans d'emprisonnement, sans préjudice des poursuites à exercer pour le crime de faux, s'il y échet.

Sera puni de la même peine celui qui, par de fausses déclarations relatives à l'état civil d'un inculpé, aura sciemment été la cause de l'inscription d'une condamnation sur le casier judiciaire d'un autre que cet inculpé.

Quiconque en prenant un faux nom ou une fausse qualité se fera délivrer le bulletin n° 3 d'un tiers sera puni d'un mois à un an d'emprisonnement.

L'article 463 du Code pénal sera dans tous les cas applicable.

Art. 12

L'étranger n'aura droit aux dispenses d'inscription sur le bulletin n° 2 que si, dans son pays d'origine, une loi ou un traité réserve aux condamnés français des avantages analogues.

Art. 13

Un règlement d'administration publique déterminera les mesures nécessaires à l'exécution de la présente loi et, notamment, les conditions dans lesquelles doivent être demandés, établis et délivrés les bulletins n° 2, 3, les droits alloués au greffier, ainsi que les conditions d'application de la présente loi aux colonies et aux pays de protectorat.

ART. 14

Celui qui voudra faire rectifier une mention portée à son casier judiciaire présentera requête au président du Tribunal ou de la Cour qui aura rendu la décision.

Le président communiquera la requête au ministère public et commettra un juge pour faire le rapport.

Le Tribunal ou la Cour statuera en audience publique, sur le rapport du juge et les conclusions du ministère public.

Le Tribunal ou la Cour pourra ordonner d'assigner la personne objet de la condamnation.

Dans le cas où la requête est rejetée, le requérant sera condamné aux frais.

Si la requête est admise, les frais seront supportés par celui qui aura été la cause de l'inscription reconnue erronée, s'il a été appelé dans l'instance.

Le ministère public aura le droit d'agir d'office dans la même forme en rectification de casier judiciaire.

Mention de la décision rendue sera faite en marge du jugement ou de l'arrêt visée par la demande en rectification.

Ces actes, jugements et arrêts seront dispensés du timbre et enregistrés gratis.

La présente loi, délibérée et adoptée par le Sénat et par la Chambre des députés, sera exécutée comme loi de l'État.

Fait à Rambouillet, le 5 août 1899.

ÉMILE LOUBET.

Par le Président de la République :

Le Garde des sceaux, Ministre de la justice,

MONIS.

———

Loi *portant modifications de la loi du 5 août 1899 sur le casier judiciaire et sur la réhabilitation de droit.*

(11 juillet 1900.)

Le SÉNAT et la CHAMBRE DES DÉPUTÉS ont adopté,

Le PRÉSIDENT DE LA RÉPUBLIQUE promulgue la loi dont la teneur suit :

ARTICLE PREMIER

Les articles 3, 4, 5, 7, 8, 10, 11, 12 et 14 de la loi du 5 août 1899 sont modifiés ainsi qu'il suit :

Art. 3. — Le casier judiciaire central, institué au ministère de la justice, reçoit les bulletins n° 1 concernant les personnes nées à l'étranger et dans les colonies ou dont l'acte de naissance n'est pas retrouvé.

Toutefois les bulletins n° 1 concernant les musulmans du Maroc, du Soudan et de la Tripolitaine sont centralisés au greffe de la Cour d'Alger.

Art. 4. — Le relevé intégral des bulletins n° 1 applicables à la même personne est porté sur un bulletin appelé bulletin n° 2.

« Il est délivré aux magistrats du parquet et de l'instruction, au préfet de police, aux présidents des tribunaux de commerce, pour être joint aux procédures de faillites et de liquidations judiciaires, aux autorités militaires et maritimes pour les appelés des classes et de l'inscription maritime, ainsi que pour les jeunes gens qui demandent à contracter un engagement, et aux sociétés de patronage reconnues d'utilité publique, ou spécialement autorisées à cet effet, pour les personnes assistées par elles.

« Il est aussi délivré aux juges de paix qui le réclameront pour le jugement d'une contestation en matière d'inscription sur les listes électorales.

« Il l'est également aux administrations publiques de l'État, saisies de demandes d'emplois publics, de provisions relatives à des distinctions honorifiques, ou de soumission pour des adjudications de travaux ou de marchés publics, ou en vue de poursuites disciplinaires ou de l'ouverture d'une école privée, conformément à la loi du 30 octobre 1886.

« Toutefois, la mention des décisions prononcées en vertu de l'article 66 du Code pénal n'est faite que sur les bulletins délivrés aux magistrats et au préfet de police.

« Les bulletins n° 2 réclamés par les administrations publiques de l'État pour l'exercice des droits politiques ne comprennent que les décisions entraînant des incapacités prévues par les lois relatives à l'exercice des droits politiques.

« Lorsqu'il n'existe pas de bulletin n° 1 au casier judiciaire, le bulletin n° 2 porte la mention: *Néant.*

« *Art. 5.* — En cas de condamnation, faillite, liquidation judiciaire ou destitution d'un officier ministériel prononcée contre un individu soumis à l'obligation du service militaire ou maritime, il en est donné connaissance aux autorités militaires ou maritimes par l'envoi d'un duplicata du bulletin n° 1.

« Un duplicata de chaque bulletin n° 1 constatant une décision entraînant la privation des droits électoraux est adressé à l'autorité administrative du domicile de tout Français ou de tout étranger naturalisé.

« Cette autorité prend les mesures nécessaires, en vue de la rectification de la liste électorale et renvoie, si le condamné est né en France, le duplicata à la sous-préfecture de son arrondissement d'origine.

« *Art. 7.* — Ne sont pas inscrites au bulletin n° 3:

« 1° Les décisions prononcées par application de l'article 66 du Code pénal;

« 2° Les condamnations effacées par la réhabilitation ou par l'application de l'article 4 de la loi du 26 mars 1891 sur l'atténuation et l'aggravation des peines;

« 3° Les condamnations prononcées en pays étrangers pour des faits non prévus par les lois pénales françaises;

« 4° . . . .

« *Art. 8.* — Cessent d'être inscrites au bulletin n° 3 délivré au simple particulier :

« 1° Deux ans après l'expiration de la peine corporelle, la condamnation unique à moins de six jours d'emprisonnement, ou à cette peine jointe à une amende ne dépassant pas vingt-cinq francs (25 fr.) ; deux ans après qu'elle sera devenue définitive, la condamnation unique à une amende ne dépassant pas cinquante francs (50 fr.) ;

« 2° Cinq ans après l'expiration de la peine corporelle, la condamnation unique à six mois d'emprisonnement, ou à cette peine jointe à une amende ; cinq ans après qu'elles seront devenues définitives, les condamnations à une amende supérieure à cinquante francs (50 fr.) ;

« 3° Dix ans après l'expiration des peines corporelles, la condamnation unique à une peine de deux ans ou moins de deux ans, ou les condamnations multiples dont l'ensemble ne dépasse pas un an, ou à des peines jointes à des amendes.

« Dans le cas de concours de condamnations à des peines corporelles et de condamnations à des peines pécuniaires, le délai courra du jour où les peines corporelles auront été subies et où les condamnations pécuniaires seront devenues définitives ;

« 4° Quinze ans après l'expiration de la peine corporelle, la condamnation unique supérieure à deux années d'emprisonnement, ou cette peine jointe à une amende, le tout sans qu'il soit dérogé à l'article 4 de la loi du 26 mars 1891 sur l'atténuation et l'aggravation des peines.

« Lorsqu'une amende aura été prononcée principalement ou accessoirement à une autre peine, l'inscription ne cessera qu'après qu'elle aura été acquittée ou prescrite, à moins que le demandeur ne justifie de son indigence dans la forme prescrite par l'article 420 du Code d'instruction criminelle.

« La remise totale ou partielle d'une peine par voie de grâce équivaudra à son exécution totale ou partielle.

« En cas de prescription de la peine corporelle, les délais commenceront à courir du jour où elle sera acquise.

« L'exécution de la contrainte par corps équivaudra au payement de l'amende.

« La preuve de non-exécution de la peine sera à la charge du procureur de la République.

« *Art. 10.* — Lorsqu'il se sera écoulé dix ans, dans le cas prévu par l'article 8, §§ 1 et 2, sans que le condamné ait subi de nouvelles condamnations à une peine autre que l'amende, la réhabilitation lui sera acquise de plein droit.

« Le délai sera de quinze ans dans les cas prévus par l'article 8, § 3, et de vingt ans dans le cas prévu par l'article 8, § 4. »

« *Art. 11.* — Quiconque aura pris le nom d'un tiers, dans des circonstances qui ont déterminé ou auraient pu déterminer l'inscription d'une condamnation au dossier de ce tiers, sera puni de six mois à cinq ans d'emprisonnement, sans préjudice des poursuites à exercer pour le crime de faux, s'il y échet.

« Sera puni de la même peine celui qui, par de fausses déclarations relatives à l'état civil d'un inculpé, aura sciemment été la cause de l'inscription d'une condamnation sur le casier judiciaire d'un autre que cet inculpé.

« *Art. 12.* — Quiconque en prenant un faux nom ou une fausse qualité se fera délivrer le bulletin n° 3 d'un tiers sera puni d'un mois à un an d'emprisonnement.

« L'article 463 du Code pénal sera dans tous les cas applicable.

« *Art. 14.* — Celui qui voudra faire rectifier une mention portée à son casier judiciaire présentera requête au président du Tribunal ou de la cour qui aura rendu la décision.

« Si la décision a été rendue par une Cour d'assises, la requête sera remise au premier président de la Cour d'appel qui saisira la chambre correctionnelle de la Cour.

« Le président communiquera la requête au ministère public et commettra un magistrat pour faire le rapport.

« Le tribunal ou la cour pourra ordonner d'assigner la personne objet de la condamnation.

« Dans le cas où la requête est rejetée, le requérant est condamné aux frais.

« Si la requête est admise, les frais seront supportés par celui qui aura été la cause de l'inscription reconnue erronée, s'il a été appelé dans l'instance. Dans le cas contraire ou dans celui de son insolvabilité, ils seront supportés par le Trésor.

« Le ministère public aura le droit d'agir d'office dans la même forme en rectification du casier judiciaire.

« Mention de la décision rendue sera faite en marge du jugement ou de l'arrêt visé par la demande en rectification.

« Ces actes, jugements et arrêts seront visés pour timbre et enregistrés en débet. »

ART. 2

Les dispositions suivantes sont ajoutées à la loi du 5 août 1899 sous les articles 15 et 16.

« *Art. 15.* — En cas de contestation sur la réhabilitation de droit, ou de difficultés soulevées par l'application des articles 7, 8 et 9 de la présente loi, ou par l'interprétation d'une loi d'amnistie dans les termes de l'article 2, § 2, l'intéressé pourra s'adresser au tribunal correctionnel du lieu de son domicile ou à celui du lieu de sa naissance, suivant les formes et la procédure prescrites par l'article précédent.

« *Art. 16.* — Les instances prévues par les articles 14 et 15 sont débattues et jugées en chambre du conseil, sur le rapport du magistrat commis et le ministère public entendu.

« Les jugements ou arrêts sont susceptibles d'appel ou de pourvoi en cassation suivant les règles ordinaires du droit. »

La présente loi, délibérée et adoptée par le Sénat et par la Chambre des députés, sera exécutée comme loi de l'État.

Fait à Paris, le 11 juillet 1900.

ÉMILE LOUBET.

Par le Président de la République:

Le Garde des sceaux, Ministre de la justice,
MONIS.

DÉCRET *modifiant les règlements disciplinaires des établissements pénitentiaires coloniaux.*

(Du 19 décembre 1900.)

(Ministère des colonies. — Direction des affaires d'Asie, d'Amérique et d'Océanie : — 4ᵉ Bureau: *Services pénitentiaires.*)

LE PRÉSIDENT DE LA RÉPUBLIQUE FRANÇAISE,

Sur le rapport du Garde des sceaux, Ministre de la justice et du Ministre des colonies ;

Vu la loi du 30 mai 1854, concernant l'exécution de la peine des travaux forcés ;

Vu la loi du 27 mai 1885, sur la relégation des récidivistes ;

Vu le décret du 26 novembre 1885, portant règlement d'administration publique pour l'application de la loi du 27 mai 1885 ;

Vu le décret du 22 août 1887, portant organisation du régime disciplinaire des relégués collectifs aux colonies, et notamment l'article 21 ;

Vu le décret du 4 septembre 1891, relatif au régime disciplinaire des établissements de travaux forcés aux colonies et notamment les articles 17 et 43,

Le Conseil d'État entendu,

DÉCRÈTE:

ARTICLE PREMIER

La mise à la boucle double est supprimée dans tous les cas où cette mesure est prescrite par les règlements disciplinaires de la transportation et de la relégation.

Les moyens ordinaires de coercition édictés par les articles 15 et 16 du décret du 4 septembre 1891, et 17 et 21 du décret du 22 août 1887 pourront être appliqués dans tous les cas où la mise à la boucle double était prévue.

ART. 2

Sont et demeurent abrogées toutes les dispositions contraires au présent décret.

ART. 3

Le Garde des sceaux, Ministre de la justice, et le Ministre des colonies sont chargés, chacun en ce qui le concerne, de l'exécution du présent décret, qui sera publié au *Journal officiel de la République française* et inséré au *Bulletin des lois* et au *Bulletin officiel du Ministère des colonies.*

Fait à Paris, le 19 décembre 1900.

ÉMILE LOUBET.

Par le Président de la République ;

Le Garde des sceaux, Ministre de la justice,

MONIS.

Le Ministre des colonies,

ALBERT DECRAIS.

DÉCRET *modifiant les articles 6 et 11 du décret du 30 août 1898, sur l'emploi de la main-d'œuvre pénale.*

(Du 29 mars 1901.)

(Ministère des colonies. — Direction des affaires d'Asie, d'Amérique et d'Océanie ; — 4ᵉ Bureau : *Services pénitentiaires.*)

LE PRÉSIDENT DE LA RÉPUBLIQUE FRANÇAISE,

Sur le rapport du Ministre des colonies ;

Vu la loi du 30 mai 1854, sur l'exécution de la peine des travaux forcés ;

Vu le décret du 13 décembre 1891, réglementant l'emploi de la main-d'œuvre des condamnés aux travaux forcés, dans les colonies pénitentiaires ;

Vu le décret du 30 août 1898, modifiant les articles 1, 6, 11, 14, 20, 32 et 39 du décret précité ;

Le Conseil d'État entendu,

DÉCRÈTE :

ARTICLE PREMIER

Les articles 6 et 11 du décret du 30 août 1898 sont modifiés comme suit :

Art. 6. — La redevance imposée aux services employeurs pour les condamnés mis à leur disposition, est fixée à soixante-quinze centimes par homme et pour toutes les journées pendant lesquelles ils doivent les employer, conformément à l'article 16.

Toutefois, lorsqu'il s'agit d'un travail d'utilité publique pour les colonies, le Ministre peut consentir une réduction sur le prix de cession, sans que celui-ci puisse descendre au-dessous de cinquante centimes.

Ce tarif est applicable pour les services de l'État.

. . . .

Le reste comme au décret de 1898.

Art. 11. — Les dispositions de l'article 6 sont applicables aux concessions de la main-d'œuvre pénale prévues à l'article précédent.

Toutefois le taux de la journée est fixé, dans tous les cas, à soixante-quinze centimes.

ART. 2

Le Ministre des colonies est chargé de l'exécution du présent décret, qui sera publié au *Journal officiel de la République française* et inséré au *Bulletin des lois* et au *Bulletin officiel du Ministère des colonies.*

Fait à Paris, le 29 mars 1901.

ÉMILE LOUBET.

Par le Président de la République :

Le Ministre des colonies,

ALBERT DECRAIS.

Loi *modifiant l'article 20 de la loi du 27 mai 1885 relative aux récidivistes.*

(Du 10 juillet 1901.)

Le SÉNAT et la CHAMBRE DES DÉPUTÉS ont adopté,

Le PRÉSIDENT DE LA RÉPUBLIQUE promulgue la loi dont la teneur suit :

ARTICLE UNIQUE

L'article 20 de la loi du 27 mai 1885 relative aux récidivistes est modifiée comme suit :

« La présente loi est applicable à l'Algérie et aux colonies sauf les exceptions ci-après :

« Dans les colonies pénitentiaires, le Gouvernement aura la faculté d'interdire, par voie administrative, le séjour du chef-lieu de la colonie et de ses quartiers, dans un périmètre déterminé par un règlement d'administration publique, à tous les transportés soumis à l'obligation de la résidence, sans distinction.

« En Algérie, par dérogation à l'article 2, les conseils de guerre prononceront la rélégation contre les indigènes des territoires de commandement qui auront encouru, pour crimes de droit commun, les condamnations prévues par par l'article 4 ci-dessus. »

La présente loi délibérée et adoptée par le Sénat et par la Chambre des députés sera exécutée comme loi de l'État.

Fait à Paris, le 10 juillet 1901.

ÉMILE LOUBET.

Par le Président de la République :

Le Président du Conseil,
Ministre de l'intérieur et des cultes,

WALDECK-ROUSSEAU.

---

*Loi rendant applicable l'article 463 du Code pénal (relatif aux circons-
tances atténuantes) à tous les crimes et délits réprimés par les Codes de
justice militaire de l'armée de terre et de l'armée de mer.*

(Du 19 juillet 1901.)

Le SÉNAT et la CHAMBRE DES DÉPUTÉS ont adopté,

Le PRÉSIDENT DE LA RÉPUBLIQUE promulgue la loi dont la teneur suit:

ARTICLE PREMIER

Tous les tribunaux militaires tant de l'armée de terre que de l'armée de
mer pourront à l'avenir, mais seulement en temps de paix, admettre des
circonstances atténuantes en faveur des inculpés de crimes ou délits pour
lesquels les Codes de justice militaire, la loi du 15 juillet 1889 sur le recrutement de l'armée et celle du 21 décembre 1896 sur l'inscription maritime
ne les prévoient pas.

Si la peine prononcée par la loi est une de celles énumérées aux articles
7, 8 et 9 du Code pénal, elle sera modifiée ainsi qu'il est spécifié à l'article 463
dudit Code.

Les peines énumérées aux articles 7 et 8 emporteront, nonobstant toute
réduction, la dégradation militaire.

Si la peine est celle de mort sans dégradation militaire le conseil de guerre
appliquera la peine des travaux publics pour une durée de cinq à dix années.

Si le coupable est officier, la peine sera la destitution et un emprisonnement d'une durée de cinq ans.

Si la peine est celle de la dégradation militaire, le conseil de guerre appliquera un emprisonnement de trois mois à deux ans et la destitution si le
coupable est officier.

Si la peine est celle des travaux publics, le conseil de guerre appliquera
un emprisonnement de deux mois à cinq ans.

Dans le cas où la peine de l'emprisonnement est prononcée par les Codes
de justice militaire et les lois militaires postérieures, le conseil de guerre
est également autorisé à faire application de l'article 463 du Code pénal, sans
que toutefois la peine de l'emprisonnement puisse être remplacée par une
amende.

Si la peine est une autre que celle ci-dessus spécifiée, les tribunaux pourront leur substituer l'une des peines inférieures autres que l'amende.

Nonobstant toute réduction de peine par suite de circonstances atténuantes, la peine de la destitution sera toujours appliquée par le conseil de
guerre dans les cas où elle est prononcée par les Codes de justice militaire.

ART. 2

Sont abrogées dans les Codes de justice militaire pour l'armée de terre et pour l'armée de mer, dans les lois des 15 juillet 1889 et 24 décembre 1896, toutes les dispositions contraires à celles de la présente loi.

La présente loi délibérée et adoptée par le Sénat et par la Chambre des députés sera exécutée comme loi de l'État.

Fait à Paris, le 19 juillet 1901.

ÉMILE LOUBET.

Par le Président de la République :

Le Ministre de la marine,
DE LANESSAN.

Le Président du Conseil,
Ministre de l'intérieur et des cultes,
Ministre de la guerre, par intérim,

WALDECK-ROUSSEAU.

DÉCRET *modifiant le décret du 18 janvier 1895 sur le régime des concessions à accorder aux condamnés aux travaux forcés et aux libérés.*

(Du 9 octobre 1901.)

(Ministère des colonies. — 2ᵉ Direction: *Bureau des Services pénitentiaires.*)

LE PRÉSIDENT DE LA RÉPUBLIQUE FRANÇAISE,

Sur le rapport du Ministre des colonies et du Garde des sceaux, Ministre de la justice;

Vu la loi du 30 mai 1854 sur l'exécution de la peine des travaux forcés et notamment l'article 11 ainsi conçu:

« Un règlement d'administration publique déterminera tout ce qui concerne l'exécution de la présente loi et notamment:

« 1° . . . .

« 2° Les conditions sous lesquelles des concessions de terrains provisoires ou définitives pourront être faites aux condamnés ou libérés, eu égard à la durée de la peine prononcée contre eux, à leur bonne conduite, à leur travail et à leur repentir.

« 3° L'étendue du droit des tiers, de l'époux survivant et des héritiers du concessionnaire sur les terrains concédés. »

Vu le décret du 18 janvier 1895 réglant la condition des transportés concessionnaires de terrains dans les colonies pénitentiaires;

Vu l'article 2 du décret du 4 septembre 1891 relatif au régime disciplinaire des établissements de travaux forcés aux colonies;

Vu l'article 18 du sénatus-consulte du 3 mai 1854;

Vu l'avis du Ministre des finances;

Le Conseil d'État entendu,

DÉCRÈTE :

TITRE PREMIER

Envoi en concession.

ARTICLE PREMIER

Les concessions de terrains aux transportés et libérés dans les colonies pénitentiaires peuvent seulement être accordées :

1° Aux condamnés en cours de peine qui sont parvenus à la première classe et qui ont constitué un pécule suffisant;

2° Aux libérés qui ont versé à la caisse d'épargne de l'Administration pénitentiaire, ou à défaut, à la caisse des dépôts et consignations, un dépôt de garantie.

Le minimum du montant du pécule et celui du dépôt de garantie sont fixés par arrêtés du Gouverneur approuvés par le Ministre des colonies.

Dans tous les cas, le dépôt de garantie ne peut être inférieur à 100 francs.

Les concessions ne sont accordées qu'à titre provisoire; elles ne deviennent définitives que dans les délais et conditions prévus par la section 2 titre II du présent décret.

ART. 2

Chaque envoi en concession fait l'objet d'une décision individuelle prise par e Gouverneur en Conseil privé, sur la proposition du Directeur de l'Administration pénitentiaire. Cette décision qui, pour les libérés, fixe le montant du dépôt de garantie, est inséré au *Bulletin de l'Administration pénitentiaire*, et une ampliation en est remise au titulaire, ainsi qu'au receveur des Domaines.

Il en est immédiatement rendu compte au Ministre des colonies.

ART. 3

Les concessionnaires ou leur ayants droit sont soumis au paiement d'une rente annuelle et perpétuelle qui est fixée, dans la décision portant envoi en concession, eu égard à l'importance des terrains concédés. sans toutefois que la dite rente, par hectare et par an, puisse être supérieure à 20 francs ni inférieure à 10 francs pour les concessionnaires agricoles.

En ce qui concerne les concessions prévues à l'article 9 ci-après, le maximum est de 50 francs et le minimum est de 10 francs pour l'ensemble de la concession.

En ce qui concerne les concessions supplémentaires prévues par l'article 8, §§ 2 et 3, la rente est réduite de moitié tant que la concession n'est pas devenue définitive, sans toutefois que le bénéfice de la réduction puisse être invoqué au delà d'un délai de cinq années à partir du jour où le concessionnaire libre a atteint sa majorité ou contracté mariage.

Art. 4

Le capital de la rente est également fixé dans chaque décision portant envoi en concession. Ce capital ne peut être supérieur à 600 francs ni inférieur à 400 francs par hectare pour les concessions agricoles. En ce qui concerne les concessions prévues à l'article 9 ci-après, le maximum est de 2.000 francs et le minimum de 500 francs pour l'ensemble de la concession.

Art. 5

Les conditions spéciales à exiger de chaque concessionnaire sont fixées par la décision d'envoi en concession.

Art. 6

Les concessions accordées en exécution du présent décret sont faites sans garantie de mesure, consistance, valeur ou état, et sans qu'aucun recours d'aucune nature puisse être exercé contre l'État.

Art. 7

Les concessions sont livrées pourvues d'une maison construite dans les conditions fixées par l'Administration.

Art. 8

La superficie de chaque concession agricole est fixée, eu égard à la qualité des terres et au nombre de personnes composant la famille du concessionnaire, transporté ou libéré, et habitant avec lui, sans toutefois que cette superficie puisse être inférieure à 3 hectares ou supérieure à 20 hectares.

Lorsque l'une des personnes, composant la famille du concessionnaire transporté ou libéré et habitant avec lui, atteint l'âge de 16 ans, il est accordé, soit sur la demande du transporté ou libéré, soit d'office, s'il y a lieu, une concession supplémentaire, aussi rapprochée que possible de la concession primitive et d'une superficie de 3 à 10 hectares.

Cette concession affranchie de tout dépôt de garantie est inscrite au nom du mineur, mais le transporté ou libéré en garde la jouissance, dans les mêmes conditions qu'un concessionnaire provisoire, jusqu'au jour où le titulaire libre atteint sa majorité ou contracte mariage.

De ce jour, le concessionnaire libre entre en jouissance de sa concession et est investi des droits conférés et tenu aux obligations imposées par le présent décret au concessionnaire provisoire; les dispositions des articles 5, 7, 10, 11 et 12 lui deviennent applicables. L'Administration peut également le faire bénéficier de tout ou partie de ces dispositions par anticipation.

Les concessions ne comprennent que des terres défrichées.

Art. 9

Toutefois, la superficie de la concession ne peut être supérieure à 20 ares ni inférieure à 10 ares, si la concession est accordée en dehors des agglomérations urbaines, pour l'exercice d'un commerce, d'une industrie ou d'un métier jugés nécessaires aux besoins des concessionnaires agricoles et compris dans une nomenclature limitative établie par le Gouverneur en Conseil privé et soumise à l'approbation du Ministre des colonies.

Dans ce cas, l'étendue de chaque concession est fixée dans les limites de superficie ci-dessus, en tenant compte de la situation des terrains et de la profession à exercer par le concessionnaire.

Art. 10

Il est accordé à chaque concessionnaire une première mise non renouvelable d'outils aratoires, d'effets de couchage et d'habillement, dont la composition et la valeur sont fixées, dans chaque colonie, par arrêtés pris par le Gouverneur en Conseil privé et soumis à l'approbation du Ministre des colonies.

La valeur des objets ainsi fournis est recouvrable sur les concessionnaires définitifs dans les conditions prévues aux articles 27 et 28 ci-après.

Art. 11

Il est accordé à chaque concessionnaire la ration de vivres ou une indemnité représentative pendant une durée de six mois pour le concessionnaire agricole et de trois mois pour le concessionnaire qui exerce une des professions prévues à l'article 9.

Pendant les périodes ci-dessus indiquées le concessionnaire marié a droit, en outre, à la ration de vivres ou à une indemnité représentative pour sa femme et une demi-ration pour chaque enfant âgé de plus de 3 ans.

Art. 12

Les soins médicaux sont donnés gratuitement au concessionnaire et à sa famille, pendant la période d'un an, à compter du jour de l'entrée en concession.

TITRE II
Régime des concessions.

SECTION PREMIÈRE
Des concessions provisoires.

Art. 13

Les dépenses occasionnées par la mise en concession des transportés, telles que défrichements, construction des habitations et délivrance d'outils aratoires, sont supportées par le budget de l'État (Service colonial).

Les remboursements des dépenses faites seulement à titre d'avances aux termes de l'article 10, sont attribués aux produits divers du budget de l'État.

Art. 14

Le concessionnaire provisoire est tenu de résider sur le terrain concédé ; il ne peut ni l'aliéner ni l'hypothéquer ni le donner à ferme.

Le concessionnaire libre peut, pendant la durée de son service militaire, confier l'exploitation de sa concession au transporté ou au libéré, ou à tout autre membre de sa famille agréé par l'Administration.

Art. 15

Toute concession de terrain doit être mise en rapport, pour la moitié pendant la première année et pour la totalité pendant la seconde.

Art. 16

Les concessions provisoires sont retirées de plein droit :

1° Pour tout fait ayant entraîné des peines criminelles.

2° Pour évasion ou tentative d'évasion ;

3° Pour défaut de payement de la rente imposée à chaque concessionnaire dans les six mois qui suivent l'échéance de chaque terme et sans que l'Administration soit tenue à aucune notification ou sommation préalable. Toutefois, un délai supplémentaire de six mois, au maximum, peut être accordé au concessionnaire par le Gouverneur en Conseil privé, s'il justifie d'un cas de force majeure.

Les concessions peuvent être retirées :

1° Pour tout fait ayant entraîné des peines correctionnelles ;

2° Pour inconduite ;

3° Pour indiscipline ;

4° Pour défaut de culture des terres ;

5° Pour infraction à l'une quelconque des dispositions des articles 14 et 15 du présent décret, ou des conditions spéciales fixées par la décision d'envoi en concession.

Art. 17

Le retrait de la concession emporte privation des outils aratoires, effets de couchage et d'habillement qui ont été accordés au concessionnaire ; celui-ci ne peut prétendre à aucune indemnité même pour les constructions ou les améliorations qu'il aurait apportées à la concession.

Toutefois, la décision de retrait peut, s'il s'agit d'un condamné en cours de peine, ordonner le versement à son pécule de la valeur des fruits de la concession qui se trouvent, en nature, en sa possession, ou sont encore pendants par branches ou par racines ; s'il s'agit d'un libéré ou d'un concessionnaire libre, la décision peut ordonner que les mêmes produits lui seront laissés ou remis.

Art. 18

Les décisions prononçant le retrait des concessions provisoires sont prises par lé Gouverneur sur la proposition du Directeur de l'Administration pénitentiaire.

Ces décisions sont définitives et irrévocables pour les concessionnaires en cours de peine, lesquels sont immédiatement réintégrés dans un pénitencier.

A l'égard des concessionnaires libérés ou des concessionnaires libres, les décisions prononçant le retrait de la concession provisoire sont notifiées en la forme administrative : elles ne deviennent définitives qu'à l'expiration d'un délai de trois mois pendant lequel le concessionnaire libéré peut présenter une requête au Gouverneur en Conseil privé pour obtenir que la mesure soit rapportée.

Art. 19

Les décisions prononçant le retrait des concessions provisoires indiquent si le dépôt de garantie doit être retenu en totalité ou en partie seulement. En tout cas, la retenue à exercer ne peut être inférieure à 100 francs.

Art. 20

En cas de dépossession ou de décès d'un concessionnaire provisoire, les biens concédés font purement et simplement retour au domaine pénitentiaire.

Toutefois, la femme ou les enfants peuvent obtenir, s'ils résident dans la colonie et sans versement d'un nouveau dépôt de garantie, la concession qui avait été accordée à leur époux ou père.

La jouissance de la concession supplémentaire prévue par l'article 8, §§ 2 et 3, peut être attribuée à la femme ou aux enfants du transporté ou libéré, dans les conditions du paragraphe précédent, jusqu'au moment où le titulaire libre, est appelé à prendre possession, ou bien remise immédiatement à ce titulaire dont l'émancipation pourra être prononcée d'office par l'Administration.

En cas de dépossession ou de décès du titulaire libre d'une concession supplémentaire, avant qu'il soit devenu concessionnaire définitif, sa concession peut être attribuée à son conjoint et à ses enfants, ou au libéré ou transporté et à sa famille.

Art. 21

Les transportés non libérés à qui est accordée une concession provisoire autres que ceux qui subissent la peine des travaux forcés à perpétuité peuvent faire tous les actes nécessaires à l'administration, à l'exploitation et à la jouissance des biens concédés, ainsi qu'à l'exercice de leur industrie, de leur commerce ou de leur métier, et ester en justice pour ces différents actes, après autorisation du Directeur de l'Administration pénitentiaire.

Section II

Des concessions définitives.

Art. 22

La propriété de la concession ne devient définitive qu'à l'expiration d'un délai de cinq années à compter du jour de la décision d'envoi en concession provisoire.

En ce qui concerne la concession supplémentaire prévue par l'article 8, §§ 2 et 3, le délai de cinq ans ne commence à courir que du jour où le titulaire libre est entré en jouissance.

Pour les condamnés en cours de peine au moment de l'envoi en concession, le temps écoulé depuis leur envoi en concession jusqu'à leur libération est compris dans ce délai de cinq années, sans toutefois pouvoir être compté pour plus de deux années.

Art. 23

Dans le cas de l'attribution de la concession provisoire à la femme ou aux enfants, prévu par l'article 20, la décision fixe le délai après lequel la concession devient définitive, sans que ce délai puisse être inférieur à trois ans ou supérieur à cinq ans.

Art. 24

Du jour où la concession est devenue définitive, le concessionnaire peut se libérer du payement de la rente à laquelle il est soumis, en versant le capital, tel qu'il est déterminé d'après l'article 4 du présent décret.

Toutefois, l'Administration ne peut exiger le montant du capital de la rente que dans le cas où la concession étant devenue définitive viendrait à être vendue ou donnée.

Art. 25

Le concessionnaire définitif a droit au remboursement du dépôt de garantie prévu à l'article premier du présent décret dans le mois qui suit l'époque à laquelle la concession est devenue définitive.

Art. 26

Dans le mois qui suit la date à laquelle chaque concession est devenue définitive, il est établi un titre de propriété.

Ce titre est dressé en minute, signé par le Directeur de l'Administration pénitentiaire ou son délégué et par le concessionnaire et approuvé définitivement par le Gouverneur en Conseil privé.

Les actes ainsi passés, qui sont enregistrés et transcrits par les soins et aux frais des concessionnaires, sont authentiques et emportent exécution parée à l'égard des tiers. Il en est délivré des expéditions tant aux parties qu'au receveur des Domaines, avis est en outre donné au Trésorier-Payeur, par simple lettre, de toute mise en concession définitive.

Les minutes de tous les titres définitifs de propriété, auxquelles doivent être annexés, avec toutes les mentions nécessaires, les procurations, plans et autres pièces, qui sont visés, sont conservés à la Direction de l'Administration pénitentiaire.

Art. 27

A défaut de transcription du titre définitif de propriété, l'Administration pénitentiaire doit faire prendre à la conservation des hypothèques, dans les quarante-cinq jours qui suivent la date à laquelle chaque concession est devenue définitive, une inscription destinée à assurer à l'État son privilège pour le recouvrement de la rente à laquelle la concession est soumise, du capital de cette rente, des frais de justice et des remboursements pour avances prévues à l'article 10.

Cette inscription est dispensée du renouvellement décennal et conserve son effet pendant trente années, à compter du jour de sa date.

Les bordereaux d'inscription sont appuyés, pour toute pièce justificative, d'une expédition du titre définitif de propriété.

Art. 28

L'action du Trésor ne peut s'exercer sur les biens concédés qu'à l'expiration d'un délai de dix années à compter du jour de la mise en concession définitive.

Toutefois, cette action peut s'exercer immédiatement sur lesdits biens :

1° En cas de vente, de donation, de transmission héréditaire au profit de tout autre que la femme ou les enfants du concessionnaire ;

2° A défaut du payement par ce dernier, sa femme ou ses enfants, de l'annuité qu'ils peuvent être autorisés à verser en représentation et jusqu'à parfait payement des frais de justice et des remboursements pour avances dont ils sont redevables envers le Trésor.

Le montant de cette annuité sera fixé par le Gouverneur, en Conseil privé, sur la proposition du Directeur de l'Administration pénitentiaire, après avis du Trésorier-Payeur.

Section III

Dispositions communes aux concessions provisoires et aux concessions définitives.

Art. 29

Les concessionnaires et leurs ayants droit sont tenus d'abandonner les terrains et matériaux de toute nature jugés, par décision du Directeur de l'Intérieur, nécessaires à l'ouverture, à la construction, à la rectification et à la réparation des routes, chemins, ponts, canaux et aqueducs.

Les concessionnaires n'ont droit à l'indemnité que s'il y a un dommage direct et matériel causé à des terrains cultivés ou améliorés, à des clôtures, à des habitations ou à des carrières en cours d'exploitation.

En cas de contestation, l'indemnité est déterminée dans les conditions fixées par l'article 33 du présent décret.

ART. 30

Les concessionnaires ne sont tenus au payement de la rente prévue par l'article 3 du présent décret que deux ans après la décision d'envoi en concession.

En ce qui concerne les concessions supplémentaires prévues par l'article 8, §§ 2 et 3, le payement de la rente demeure à la charge du transporté, ou libéré tant qu'il a la jouissance de ladite concession.

Le payement de cette rente est effectué, par semestre et d'avance, au bureau des Domaines le 1er janvier et le 1er juillet de chaque année, en ne tenant compte pour le premier semestre que du temps écoulé à partir de l'époque où la rente devient exigible.

ART. 31

Les arrérages des rentes imposées aux concessionnaires, ainsi que les capitaux de rachat desdites rentes sont recouvrés par le receveur des Domaines pour le compte du Trésorier-Payeur qui en fait recette au profit du budget de l'État.

Le recouvrement de ces sommes peut être poursuivi par voie de contrainte, ainsi que par toutes les autres voies légales. La contrainte est décernée par le receveur des Domaines, visée et rendue exécutoire par le Directeur de l'Administration pénitentiaire, signifiée et mise à exécution sans autre formalité.

Le recouvrement de l'annuité représentative des frais de justice et des remboursements pour avances est assuré par les soins du Trésorier-Payeur et des agents sous ses ordres, pour le compte du budget de l'État.

ART. 32

Pour l'exercice des droits et actions résultant du présent décret, le domicile de tout concessionnaire est au lieu de la concession.

ART. 33

Toutes les contestations qui peuvent s'élever entre les concessionnaires et l'Administration au sujet des biens concédés sont jugées par le Conseil du Contentieux administratif.

SECTION IV

Déchéance des concessionnaires définitifs.

ART. 34

A défaut de payement des rentes et capitaux de rente, dans le mois qui suit la notification de la contrainte prévue à l'article 31 du présent décret, le concessionnaire est déchu. La déchéance est prononcée par un arrêté du Gouverneur en Conseil privé, sur la proposition du Directeur de l'Administration pénitentiaire. Elle est notifiée au concessionnaire ainsi qu'aux tiers qui auraient acquis des droits sur la concession et qui se seraient conformés aux lois pour la conserver.

Art. 35

La déchéance ne devient définitive que si, dans le délai de trois mois à compter de la notification qui leur est faite de la décision prononçant la déchéance, le concessionnaire ou les tiers n'ont pas effectué le payement de la rente ou de son capital, ou n'ont pas formé opposition contre la décision devant le Conseil du contentieux administratif.

En cas de déchéance définitive, les biens concédés font retour au Domaine pénitentiaire, francs et quittes de toutes dettes, charges et hypothèques, sans pouvoir donner lieu à aucune répétition d'indemnité même pour les constructions qui seraient jugées utiles et dont l'État voudrait rester en possession.

L'Administration est tenue de maintenir, mais pour trois ans seulement, les baux passés sans fraude par le concessionnaire déchu, qui auraient acquis date certaine au moment de la déchéance.

Art. 36

La notification de la décision prononçant la déchéance est faite dans la forme administrative, à personne ou à domicile, si les intéressés sont domiciliés dans la colonie; dans le cas contraire, elle est valablement faite à l'officier de l'état civil de la circonscription dans laquelle les biens concédés sont situés.

Art. 37

La décision prononçant la déchéance est, dès qu'elle est devenue définitive, mentionnée en marge de la transcription du titre de propriété, par les soins de l'Administration pénitentiaire.

TITRE III

Droits des tiers, de l'époux survivant et des héritiers du concessionnaire sur les terrains concédés.

Art. 38

Les créances antérieures aux concessions, autres que les frais de justice, n'ouvrent pas d'action sur les biens concédés ni sur leurs fruits.

Art. 39

Les terrains concédés forment des conquêts, si le transporté et son conjoint sont mariés en communauté ou avec société d'acquêts.

Art. 40

Lorsque le concessionnaire définitif décède, avant rachat de la rente, les biens concédés passent en pleine propriété aux enfants ou à leurs descendants résidant dans la colonie; toutefois, si le concessionnaire a laissé une veuve habitant également dans la colonie, celle-ci succède pour moitié en usufruit.

A défaut de descendants résidant dans la colonie, la veuve y habitant succède en pleine propriété.

Si le concessionnaire ne laisse ni descendants ni veuve habitant dans la colonie, la succession des biens concédés appartient aux frères et sœurs ou descendants d'eux qui y résident.

Les enfants et leurs descendants, les frères et sœurs et descendants d'eux succèdent ou de leur chef, ou par représentation, ainsi qu'il est réglé aux articles 739 et 745 du Code civil.

A défaut de frères et sœurs ou descendants d'eux résidant dans la colonie, les biens concédés font retour à l'État et rentrent dans le domaine pénitentiaire.

ART. 41

La femme transportée qui est mariée et à laquelle une concession provisoire ou définitive est accordée, et dont le mari ne réside pas dans la colonie, est dispensée de toute autorisation maritale et de celle de la justice, pour tous les actes relatifs à l'administration, à l'exploitation et à la jouissance de la concession, elle peut, dans les mêmes conditions, aliéner ou hypothéquer la concession devenue libre.

Il en est de même de la femme du transporté lorsqu'elle réclame et obtient la concession dans les conditions de l'article 20.

TITRE IV

Dispositions transitoires et générales.

ART. 42

Les concessions qui ne seraient pas encore devenues définitives, dans les trois mois de la promulgation du présent décret, sont, de droit, soumises aux dispositions de ce décret en ce qui concerne le payement du capital de rachat ; dans le même délai de trois mois, le chiffre du capital correspondant à la valeur de la concession sera fixé dans les conditions de l'article 4.

ART. 43

L'époux d'une femme transportée, titulaire d'une concession, bénéficie, sous les mêmes conditions que la femme du transporté concessionnaire, des avantages accordés à celle-ci par le présent décret.

ART. 44

Sont abrogées toutes dispositions antérieures concernant le régime des concessions de terrains à des transportés ou libérés et notamment le décret du 18 janvier 1895.

Art. 45

Le Ministre des colonies et le Garde des sceaux, Ministre de la justice, sont chargés, chacun en ce qui le concerne, de l'exécution du présent décret qui sera publié au *Journal officiel de la République française* et inséré au *Bulletin des lois* et au *Bulletin officiel de l'Administration des colonies.*

Fait à Rambouillet, le 9 octobre 1901.

ÉMILE LOUBET.

Par le Président de la République :

Le Garde des sceaux,
Ministre de la justice,

MONIS.

Le Ministre des colonies,

ALBERT DECRAIS.

RAPPORT AU PRÉSIDENT DE LA RÉPUBLIQUE FRANÇAISE, *suivi d'un* DÉCRET *réglementant la visite des navires quittant la Nouvelle-Calédonie.*

(Du 27 avril 1902.)

(Ministère des colonies. — Service du personnel ; — 2ᵉ Bureau : *Justice, instruction publique et cultes.*)

MONSIEUR LE PRÉSIDENT,

La réglementation, en vertu de laquelle les navires qui quittent la Nouvelle-Calédonie sont soumis à des visites en vue d'empêcher les évasions des transportés et relégués, a consisté jusqu'ici en des arrêtés locaux. Mais ces actes, qui stipulent des pénalités supérieures à celles de simple police, deviennent caducs s'ils n'ont pas été convertis en décrets dans les délais prescrits par les décrets des 6 mars et 20 décembre 1877. Il en résulte que les infractions aux dispositions desdits arrêtés ne seraient, le cas échéant, passibles d'aucune sanction pénale.

Pour remédier à cet état de choses, j'ai l'honneur de soumettre à votre haute approbation, d'accord avec M. le Garde des sceaux, Ministre de la justice, un projet de décret fixant la réglementation en la matière et semblable à celui qui est déjà en vigueur à la Guyane française.

J'ajoute que la Chambre de commerce de Nouméa, consultée dans l'intérêt des opérations commerciales maritimes, n'a formulé aucune objection.

Veuillez agréer, Monsieur le Président, l'hommage de mon profond respect.

Le Ministre des colonies,
ALBERT DECRAIS.

DÉCRET *réglementant la visite des navires quittant la Nouvelle-Calédonie.*
(Du 27 avril 1902.)

LE PRÉSIDENT DE LA RÉPUBLIQUE FRANÇAISE,

Vu l'article 18 du sénatus-consulte du 3 mai 1854 ;
Vu le décret du 2 septembre 1863, qui autorise la création à la Nouvelle-Calédonie d'établissements pour la peine des travaux forcés ;
Vu les décrets des 20 août 1886, désignant l'île des Pins (Nouvelle-Calédonie) comme lieu de relégation collective, et 2 mai 1889, désignant la baie de Prony pour recevoir des relégués collectifs ;
Vu le décret du 6 mars 1877, rendant applicable à la Nouvelle-Calédonie le Code pénal métropolitain ;
Sur le rapport du Ministre des colonies et du Garde des sceaux, Ministre de la justice,

DÉCRÈTE :

ARTICLE PREMIER

Tout bâtiment mouillé dans un port de la Nouvelle-Calédonie, quelle que soit sa nationalité, les navires de guerre exceptés, sera soumis, au moment de son départ de la colonie, à la visite des agents chargés de vérifier si un individu condamné aux travaux forcés, libéré ou relégué, n'aurait point réussi à y trouver refuge pour tenter de s'évader.

Le billet de départ ne sera délivré que quand les agents chargés de la visite auront déclaré que la fouille est terminée. La visite ne pourra avoir lieu que de jour, du lever au coucher du soleil ; exception pourra cependant être faite en faveur des bâtiments éclairés à l'électricité.

ART. 2

La visite est effectuée sur le vu de l'avis de départ du bâtiment, qui doit être notifié d'urgence par l'autorité qui le reçoit aux fonctionnaires ou agents chargés des visites.

Tout capitaine, maître ou patron d'un bâtiment mouillé dans un des ports de la colonie, et en partance, doit, vingt-quatre heures pleines avant de lever l'ancre, donner avis de son départ aux autorités désignées à cet effet. Si le départ doit avoir lieu moins de vingt-quatre heures après l'arrivée, cet avis est donné aussitôt l'entrée en rade.

ART. 3

Il est enjoint à tout capitaine, maître ou patron, d'ouvrir ou de faire ouvrir en cas de besoin, sur la demande des agents chargés de la visite, les chambres, armoires ou cales du bâtiment, afin que ces agents puissent s'assurer qu'il ne s'y trouve aucun transporté, condamné ou libéré, ni relégué.

Les agents chargés de la visite du bâtiment feront, toutes les fois qu'ils le jugeront indispensable, l'appel des hommes de l'équipage et des passagers et s'assureront de leur identité. L'assertion du capitaine suffira pour les hommes de l'équipage ; le consignataire ou son représentant devra certifier l'identité pour les passagers qui ne seraient pas personnellement connus des agents chargés de la visite. Tout individu dont l'identité ne pourrait être établie pourra être débarqué d'office par les agents chargés de la visite.

ART. 4

Tout bâtiment ne pourra partir qu'une demi-heure après que le bord aura été évacué par les tiers.

Si un navire quittait la rade ou le port avant l'heure fixée pour le départ, il en sera donné immédiatement avis par les agents appelés à recevoir les déclarations de départ, aux autorités de la colonie désignées à cet effet.

Ces mêmes agents signaleront à ceux chargés de la visite des navires tout bâtiment qui aurait été autorisé à retarder son départ ou le retarderait volontairement.

En cas de retard du départ primitivement indiqué, le navire ne pourra plus partir que six heures après nouvel avis donné aux autorités compétentes.

Une fois expédiés soit de Nouméa, soit d'un port de la côte, les navires ne pourront plus atterrir en un point quelconque de la colonie, débarquer ou prendre aucun passager, sauf en cas de force majeure.

ART. 5

Les agents des douanes chargés de surveiller et d'expédier les navires en charge sur la côte ne devront délivrer les papiers de bord au capitaine qu'après que celui-ci se sera conformé aux formalités de visite prescrites.

Dans le cas où, à l'heure fixée pour le départ, les agents chargés de la visite ne se seraient pas présentés, la fouille serait faite d'office par le préposé des douanes, qui dressera procès-verbal de l'opération et le transmettra à ses chefs.

ART. 6

Les commandants de brigade de gendarmerie de l'intérieur de la colonie devront surveiller les navires suspects et les visiter en cas de besoin.

ART. 7

Quiconque aura contrevenu aux dispositions du présent décret, soit en s'opposant à la visite, soit par défaut ou retard des déclarations, soit par de fausses déclarations, sera puni d'une amende de 100 à 500 francs, sans préjudice, s'il y a lieu, des peines édictées à l'article 4 du décret du 19 mars 1852 sur le rôle d'équipage et de celles édictées pour la complicité d'évasion.

En cas de récidive, le maximum de cette amende sera appliqué et pourra être porté au double; une peine d'emprisonnement de six jours à un mois pourra en outre être prononcée.

Il y a récidive lorsque, dans les cinq années précédentes, il a été rendu contre le délinquant un premier jugement en exécution du présent décret.

L'article 463 du Code pénal est applicable aux infractions prévues par le présent décret.

Les consignataires des bateaux seront civilement responsables des infractions commises par leurs patrons ou capitaines.

Art. 8

Des arrêtés du Gouverneur détermineront, pour chaque localité de la colonie, les autorités qui doivent être prévenues des départs effectués conformément aux dispositions du présent décret, celles qui sont appelées à recevoir les déclarations de départ, ainsi que les agents chargés de la visite.

Art. 9

Le Ministre des colonies et le Garde des sceaux, Ministre de la justice, sont chargés, chacun en ce qui le concerne, de l'exécution du présent décret, qui sera publié aux *Journaux officiels* de la métropole et de la Nouvelle-Calédonie et inséré au *Bulletin des lois* et au *Bulletin officiel du Ministère des colonies*.

Fait à Paris, le 27 avril 1902.

ÉMILE LOUBET.

Par le Président de la République française :

Le Ministre des colonies,　　　　　Le Garde des Sceaux, Ministre de la justice,
ALBERT DECRAIS.　　　　　　　　　　MONIS.

DÉCRET *modifiant à titre exceptionnel les dispositions de l'article 4 des décrets des 30 août 1898 et 29 mars 1901 sur la main-d'œuvre pénale dans les colonies pénitentiaires.*

(Du 29 mars 1903.)

LE PRÉSIDENT DE LA RÉPUBLIQUE FRANÇAISE.

Vu le rapport du Ministre des colonies ;

Vu l'article 18 du sénatus-consulte du 3 mai 1854 ;

Vu la loi du 30 mai 1854 sur l'exécution de la peine des travaux forcés ;

Vu le décret du 13 décembre 1891 réglementant l'emploi de la main-d'œuvre pénale dans les colonies pénitentiaires ;

Vu le décret du 30 août 1898 modifiant les articles 4, 6, 11, 14, 20, 32 et 39 du décret précité ;

Vu le décret du 29 mars 1901 modifiant l'article 6 du décret du 20 août 1898 ;

Le Conseil d'État entendu,

ARRÊTE :

ARTICLE PREMIER

Les dispositions de l'article 4 du décret du 30 août 1898 sont modifiées comme suit :

1° . . . .

2° . . . .

3° . . . .

4° . . . .

5° Dans des circonstances exceptionnelles et, notamment en cas de calamités publiques, la main-d'œuvre pénale pourra être mise gratuitement à la disposition des colonies pénitentiaires par décret rendu en Conseil d'État, sur la proposition du Ministre des colonies et après avis conforme du Ministre des finances.

ART. 2

Le Ministre des colonies est chargé de l'exécution du présent décret, qui sera publié au *Journal officiel de la République française* et inséré au *Bulletin des lois* et au *Bulletin officiel du Ministère des colonies.*

Fait à Paris, le 29 mars 1903.

ÉMILE LOUBET.

Par le Président de la République:

Le Ministre des colonies,

GASTON DOUMERGUE.

DÉCRET *modifiant les articles 16 et 28 du décret du 4 septembre 1891 relatif au régime disciplinaire des établissements de travaux forcés aux colonies.*
(Du 31 juillet 1903.)

(Ministère des colonies. — 2° Division : *Services pénitentiaires.*)

LE PRÉSIDENT DE LA RÉPUBLIQUE FRANÇAISE,

Sur le rapport du Ministre des colonies et du Garde des sceaux, Ministre de la justice;

Vu le sénatus consulte du 3 mai 1854;

Vu la loi du 30 mai 1854, sur l'exécution de la peine des travaux forcés;

Vu le décret du 4 septembre 1891, portant règlement disciplinaire, des établissements de travaux forcés aux colonies;

Le Conseil d'État entendu;

DÉCRÈTE :

ARTICLE PREMIER

Les articles 16 et 28 du décret du 4 septembre 1891 sont remplacés par les dispositions suivantes :

Art. 16. — Les condamnés punis de cellule sont enfermés isolément; ils couchent sur un lit de camp et sont mis à la boucle simple pendant la nuit. Ils sont astreints au travail d'après une tâche déterminée.

Ils ne peuvent recevoir aucune visite, ni écrire si ce n'est aux autorités administratives ou judiciaires de la colonie où ils sont internés, ou aux Ministres.

Ils sont réunis dans un préau, pendant une heure par jour et obligés de marcher à la file, en silence, sous la conduite des surveillants. Ils sont mis au pain sec, un jour sur trois, sans préjudice de l'application du paragraphe premier de l'article 12.

La cellule est infligée pour deux mois au plus.

Art. 28. — Les condamnés ayant des réclamations à formuler sont admis, à des époques déterminées, à les présenter devant la Commission qui les examine et les transmet, avec son avis, au Directeur de l'Administration pénitentiaire.

Les transportés ont toujours le droit d'adresser leurs demandes et réclamations, par plis fermés, soit aux autorités administratives ou judiciaires de la colonie où ils sont internés, soit au Ministre de la justice ou des colonies.

Ces demandes et réclamations doivent être transmises indistinctement et sans retard à destination, par les soins des fonctionnaires et agents des services de la transportation.

ART. 2

Les Ministres de la justice et des colonies sont chargés, chacun en ce qui le concerne, de l'exécution du présent décret, qui sera inséré au *Journal officiel,* au *Bulletin des lois* et au *Bulletin officiel du Ministère des colonies.*

Fait à Paris, le 31 juillet 1903.

ÉMILE LOUBET.

Par le Président de la République :

Le Garde des sceaux, Ministre de la justice,

E. VALLÉ.

Le Ministre des colonies,

GASTON DOUMERGUE.

RAPPORT AU PRÉSIDENT DE LA RÉPUBLIQUE FRANÇAISE, *suivi d'un* DÉCRET *relatif à l'organisation du service de la justice militaire dans les troupes coloniales.* (1)

Paris, le 23 octobre 1903.

(Direction du contentieux et de la justice militaire ; — Direction des troupes coloniales, et Ministère des colonies, *Bureau militaire.* — n° 136.)

MONSIEUR LE PRÉSIDENT,

D'après l'article 11 de la loi du 7 juillet 1900, portant organisation des troupes coloniales, le service de la justice militaire dans ces troupes doit être organisé par décret rendu sur le rapport du Ministre de la guerre après entente avec le Ministre des colonies.

Au moment du passage des troupes coloniales au Ministère de la guerre, ce service a été provisoirement réglé par un décret du 6 janvier 1901, se bornant à laisser, sous certaines réserves, les troupes stationnées aux colonies

---

(1) *Documents abrogés* : Décrets des 20 août 1879 et 21 août 1888, relatifs à la compétence spéciale des Conseils de guerre au Gabon et à Diégo-Suarez. — Décret du 6 janvier 1901, organisant provisoirement le service de la justice militaire pour les troupes coloniales.

Classement : Volume n° 56 du *Bulletin officiel,* édition méthodique, in-fine.

continuer à relever des juridictions organisées dans ces pays par le décret du 4 octobre 1889. Mais, en même temps, les Ministères de la guerre, des colonies et de la marine constituaient une commission interministérielle chargée de procéder à l'étude approfondie, nécessaire pour asseoir sur des bases définitives la réorganisation des deux services de la justice militaire et de la justice maritime dans les colonies. Cette commission ayant conclu à la séparation des deux juridictions, d'un côté, le Ministère de la marine a préparé un décret portant règlement d'administration publique destiné à être substitué au décret du 4 octobre 1889 sur l'application du Code de justice maritime aux colonies ; d'un autre côté, les Ministères de la guerre et des colonies se sont entendus pour la rédaction d'un décret organisant, à l'usage des troupes coloniales et des autres justiciables du Code de l'armée de terre aux colonies, des conseils de guerre et des conseils de revision permanents, analogues à ceux qui fonctionnent dans les circonscriptions territoriales de la métropole.

C'est ce second décret que j'ai l'honneur de vous soumettre, en vous priant, si vous voulez bien l'approuver, de le revêtir de votre signature.

Veuillez agréer, Monsieur le Président, l'hommage de mon respectueux dévouement.

Le Ministre de la guerre,
L. ANDRÉ.

DÉCRET

(Du 23 octobre 1903.)

LE PRÉSIDENT DE LA RÉPUBLIQUE FRANÇAISE,

Vu la loi du 7 juillet 1900, portant organisation des troupes coloniales ;
Vu le code de justice militaire pour l'armée de terre ;
Vu le décret du 6 janvier 1901, organisant provisoirement le service de la justice militaire pour les troupes coloniales ;
Vu la loi du 25 mars 1873 qui règle la condition des déportés à la Nouvelle-Calédonie ;
Vu le décret du 26 mai 1903 portant organisation du groupement des forces militaires stationnées aux colonies ;
Sur le rapport du Ministre de la guerre, après entente avec le Ministre des colonies,

DÉCRÈTE :

TITRE PREMIER

De l'organisation du service de la justice militaire dans les troupes coloniales.

CHAPITRE PREMIER

Dispositions générales.

ARTICLE PREMIER

Le Code de justice militaire pour l'armée de terre est applicable à toutes les troupes coloniales, européennes et indigènes, énumérées dans les articles 4 et 5 de la loi du 7 juillet 1900, ainsi qu'à la gendarmerie coloniale et aux auxiliaires indigènes de ce corps.

Ce Code est également applicable aux milices indigènes visées par l'article 19 de ladite loi, dans le cas prévu par le paragraphe 3 de cet article.

Art. 2

Les troupes coloniales tenant garnison en France et en Algérie sont justiciables des conseils de guerre et des conseils de revision permanents établis dans les circonscriptions territoriales où elles sont stationnées.

Art. 3

Les troupes coloniales et les troupes de l'armée de terre stationnées aux colonies et dans les pays de protectorat autres que la Tunisie relèvent des conseils de guerre et des conseils de revision organisés conformément aux dispositions du chapitre suivant.

CHAPITRE II

Des conseils de guerre et des conseils de revision permanents
dans les colonies et dans les pays de protectorat.

Art. 4

Pour l'application de la justice militaire dans les colonies ainsi que dans les pays de protectorat autres que la Tunisie, il est établi des conseils de guerre et des conseils de revision permanents, dont le nombre, le siège et le ressort sont fixés conformément au tableau annexé au présent décret.

Art. 5

Les conseils de guerre et les conseils de revision établis conformément à l'article précédent exercent toutes les attributions dévolues aux conseils de guerre et aux conseils de revision dans les circonscriptions territoriales, à l'égard de tous les individus de leur ressort qui sont justiciables de ces tribunaux en vertu du Code de justice militaire pour l'armée de terre, de la loi du 9 août 1849 sur l'état de siège et de la loi du 24 mars 1897 relative aux hommes exclus de l'armée.

Art. 6

Dans chacun des groupes de colonies institués par le décret du 26 mai 1903, les attributions dévolues par le Code de justice militaire aux généraux commandant les circonscriptions territoriales sont exercées comme il suit :

1° La police judiciaire militaire est exercée sous l'autorité du commandant supérieur des troupes, qui est tenu de transmettre toutes les plaintes des chefs de corps ou de service et tous les rapports des officiers de police judiciaire au

Gouverneur général ou au Gouverneur de la colonie principale du groupe; celui-ci peut aussi prescrire d'office au commandant supérieur des troupes de faire établir une plainte ou de commettre un officier de police judiciaire militaire pour une affaire déterminée;

2° Pour les justiciables autres que ceux visés au paragraphe 3 ci-après, l'ordre d'informer est donné par le Gouverneur général ou le Gouverneur de la colonie principale du groupe dans lequel le crime ou le délit a été commis, ou dans lequel l'inculpé a été arrêté, ou dans lequel se trouve la garnison du corps ou détachement de l'inculpé.

Le Gouverneur général ou le Gouverneur de la colonie principale ne statue qu'après avoir pris l'avis du Gouverneur de la colonie dans laquelle le crime ou le délit s'est produit, et, en outre, s'il s'agit d'un militaire, du commandant supérieur des troupes.

Lorsqu'il donne l'ordre d'informer, le Gouverneur général ou le Gouverneur de la colonie principale désigne en même temps le conseil de guerre du groupe devant lequel aura lieu la poursuite et il adresse l'ordre d'informer au commissaire rapporteur près ce conseil, qui procède à l'instruction. Le Gouverneur qui a donné l'ordre d'informer prend également des mesures pour faire mettre l'inculpé à la disposition du commissaire rapporteur.

Lorsque l'instruction est terminée, le commissaire rapporteur adresse son rapport, avec ses conclusions, au Gouverneur dont émane l'ordre d'informer, qui, après avis des autorités mentionnées au deuxième alinéa du présent paragraphe, prononce sur la mise en jugement.

L'ordre de mise en jugement est transmis au Gouverneur de la colonie où siège le conseil de guerre, qui saisit le conseil et fait assurer l'exécution du jugement par l'autorité civile ou militaire compétente;

3° Pour les officiers du grade de colonel et au-dessus, ainsi que pour les commandants supérieurs des troupes, quel que soit leur grade, l'ordre d'informer est donné, sur la plainte adressée par le Gouverneur général ou le Gouverneur de la colonie principale et après avis du Ministre des colonies, par le Ministre de la guerre, qui désigne le conseil de guerre des colonies ou de la métropole devant lequel aura lieu la poursuite et qui prononce ensuite sur la mise en jugement.

Art. 7

Les conseils de guerre permanents des colonies sont composés conformément aux dispositions des articles 33, 34 et 35 du Code de justice militaire pour l'armée de terre.

Les membres des conseils sont nommés et remplacés par le Gouverneur de la colonie où siège le conseil de guerre, sur la proposition du commandant des troupes de cette colonie. Les juges sont désignés d'après un tableau des officiers et des sous-officiers en service dans cette colonie qui sont susceptibles de siéger au conseil de guerre. Ce tableau est établi de manière que les juges soient pris d'abord parmi les officiers et sous-officiers employés dans la place où siège le conseil et ce n'est que dans le cas où, après application du paragraphe 6 de l'article 35 du même Code, il y aurait dans cette place insuffisance de militaires des grades requis qu'il est fait appel aux officiers et sous-officiers en service dans les autres places de la colonie.

Les commissaires rapporteurs peuvent être pris dans le commissariat des troupes coloniales; des officiers d'administration du service de la justice militaire peuvent être aussi désignés, comme greffiers; par le Ministre de la guerre.

En cas d'impossibilité absolue de constituer dans la colonie le conseil de guerre appelé à juger un officier, le Gouverneur en avise le Gouverneur général ou le Gouverneur de la colonie principale du groupe, qui fait envoyer dans la colonie, pour composer le conseil, des officiers d'autres colonies du groupe, ou qui renvoie l'inculpé devant un autre conseil de guerre du groupe.

S'il n'est pas possible de constituer le conseil dans le groupe des colonies, il en est rendu compte au Ministre de la guerre, qui traduit l'inculpé devant le conseil de guerre d'une circonscription territoriale de la métropole.

Lorsque, dans le cas prévu au paragraphe 3 de l'article précédent, le Ministre de la Guerre a donné l'ordre de mise en jugement et a envoyé l'inculpé devant un conseil de guerre permanent des colonies, il nomme le président et les juges du conseil de guerre, conformément à l'article 8 du Code de justice militaire, sur la proposition du Gouverneur général ou du Gouverneur de la colonie principale du groupe où se forme le conseil.

Art. 8

Les conseils de guerre des colonies appliquent à tous leurs justiciables, français ou indigènes, les lois du 2 avril 1901 sur la déduction de la détention préventive et du 19 juillet 1901 sur l'application des circonstances atténuantes, dans les cas prévus par ces lois.

Toutefois, même en dehors du temps de paix, la loi du 19 juillet 1901 peut être appliquée aux malfaiteurs indigènes des corps coloniaux ou des milices indigènes.

De plus, la loi du 15 juin 1899 sur l'instruction préalable est appliquée aux justiciables des colonies de la Martinique, la Guadeloupe et la Réunion.

Art. 9

Dans chaque groupe de colonies, le greffe du conseil de guerre ou de l'un des conseils de guerre établis au siège du gouvernement général ou dans la colonie principale du groupe est chargé de centraliser les archives judiciaires de tous les conseils de guerre du groupe.

Art. 10

Les conseils de revision permanents dans les colonies sont composés conformément aux dispositions de l'article 41 du Code de justice militaire pour l'armée de terre.

Les membres des conseils sont nommés et remplacés par le Gouverneur de la colonie où se forme le conseil, sur la proposition du commandant des troupes de cette colonie dans les conditions prévues par le paragraphe 2 de l'article 7 ci-dessus, sans toutefois que les grades des juges puissent être abaisssés au-dessous des grades fixés par l'article 41 du Code de justice militaire.

En cas d'impossibilité absolue de constituer dans la colonie le conseil de revision, il y est pourvu par le Gouverneur général ou le Gouverneur de la colonie principale du groupe ou, à défaut, le recours est porté, sur l'ordre du Ministre de la guerre, devant le conseil de revision de la Métropole.

CHAPITRE III

Des conseils de guerre et de conseils de revision dans les colonies déclarées en état de siège et dans les places de guerre des colonies assiégées ou investies.

ART. 11

Lorsqu'une colonie est déclarée, en tout ou en partie, en état de siège, l'article 43 du Code de justice militaire ainsi que toutes les autres dispositions dudit Code et de la loi du 9 août 1849 visant les territoires en état de siège sont applicables aux conseils de guerre et de revision permanents auxquels ressortit la colonie.

Dans ce cas, le Gouverneur peut, selon que la colonie est ou non pourvue de tribunaux militaires, soit prescrire le déplacement de ces tribunaux, soit constituer provisoirement dans la colonie des conseils de guerre et un conseil de revision spéciaux, dont les fonctions cessent dès que l'état de siège est levé dans les conditions prévues par le paragraphe 3 de l'article 44 du Code de justice militaire. De plus, le Gouverneur et le commandant des troupes de la colonie exercent respectivement les attributions conférées par les articles 6 et 7 précédents au Gouverneur général ou au Gouverneur de la colonie principale du groupe et au commandant supérieur des troupes.

ART. 12

Lorsque, dans une colonie, une place de guerre est assiégée ou investie, toutes les prescriptions du Code de justice militaire visant les places dans cette situation lui sont intégralement applicables.

CHAPITRE IV

Des conseils de guerre et des conseils de revision dans les troupes d'opérations aux colonies ou dans les pays de protectorat.

ART. 13

Lorsque des troupes coloniales ou d'autres troupes de l'armée de terre sont appelées à exécuter des opérations de guerre aux colonies ou dans les pays de protectorat, toutes les dispositions du Code de justice militaire pour l'armée de terre relatives à la composition des conseils de guerre et de revision aux armées et à la procédure de ces conseils leur sont intégralement applicables.

Le Ministre de la guerre, après entente avec le Ministre des colonies, donne, s'il y a lieu, conformément à l'article 33 du Code de justice militaire, l'ordre de constituer, dans le corps d'opérations, les conseils de guerre et les conseils de revision spéciaux prévus par les chapitres I et II du titre II dudit Code, ou désigne, conformément à l'article 42 du même Code, les conseils de guerre et conseils de revision permanents des colonies ou de la Métropole auxquels seront rattachées les troupes d'opérations, soit à défaut de tribunaux d'armée, soit en cas d'impossibilité de composer ces conseils faute de militaires du grade requis, soit pour juger les officiers du corps d'opérations échappant par leur grade à la compétence des tribunaux d'armée.

En cas d'urgence, le Gouverneur général ou le Gouverneur de la colonie principale du groupe où se forme le corps d'opérations donne après avis du commandant supérieur des troupes, par délégation du Ministre de la guerre et à charge d'en rendre compte dans le plus bref délai possible, l'ordre de placer les troupes en opérations sous le régime de la justice militaire aux armées.

TITRE II
Compétence spéciale des tribunaux militaires aux colonies.

Art. 14

En outre des catégories de justiciables énoncées à l'article 5 précédent, les conseils de guerre et les conseils de revision permanents établis dans les colonies sont appelés à juger aux colonies :

1° Les personnels de l'Administration des colonies, non assimilés aux militaires, qui, en vertu de lois ou décrets spéciaux sont justiciables des conseils de guerre ;

2° Les condamnés à la déportation et leurs complices, dans les cas où ils sont justiciables des conseils de guerre en vertu des articles 2 et 3 de la loi du 25 mars 1873.

En cas de condamnation, le conseil applique aux uns et aux autres les pénalités du Code de justice militaire pour l'armée de terre, dans les conditions prévues à l'article 8 précédent.

DISPOSITIONS ABROGÉES ET TRANSITOIRES

Art. 15

Sont abrogés : les décrets des 20 août 1879 et 24 août 1888, relatifs à la compétence spéciale des conseils de guerre au Gabon et à Diégo-Suarez ;

le décret du 6 janvier 1901, organisant provisoirement le service de la justice militaire pour les troupes coloniales ;

et, généralement, toutes les dispositions contraires au présent décret.

Art. 16

A partir de la promulgation du présent décret, toutes les affaires nouvelles concernant les catégories de justiciables visées par les articles 5 et 14 du présent décret seront jugées conformément à ce décret.

Les affaires concernant ces justiciables qui étaient engagées devant les conseils de guerre ou de revision permanents précédemment organisés dans les colonies en vertu des décrets du 4 octobre 1880 et du 6 janvier 1901, seront poursuivies conformément aux dispositions desdits décrets.

ART. 17

Les Ministres de la guerre et des colonies sont chargés, chacun en ce qui le concerne, de l'exécution du présent décret.

Fait à Paris, le 23 octobre 1903.

ÉMILE LOUBET.

Par le Président de la République :

Le Ministre de la guerre,

L. ANDRÉ.

Le Ministre des colonies,

GASTON DOUMERGUE.

TABLEAU

des conseils de guerre et des conseils de revision permanents établis dans les colonies.

CONSEILS de REVISION Siège (1).	CONSEILS DE GUERRE FORMANT LE RESSORT DU CONSEIL DE REVISION	
	Siège (1).	Colonies formant le ressort du conseil de guerre.
1 Martinique......	2 Martinique	Martinique. Guadeloupe et dépendances. Guyane.
1 Sénégal........	2 Sénégal et Guinée .... 2 Côte d'Ivoire et Dahomey ...... 2 Sénégambie, Niger et territoires militaires de l'Afrique occidentale .... 2 Congo et Tchad...............	Afrique occidentale française. Congo français.
1 Nouvelle-Calédonie........	2 Nouvelle-Calédonie	Nouvelle-Calédonie et dépendances. Établissements français de l'Océanie.
1 Madagascar.....	2 Madagascar................... 1 Réunion	Madagascar et dépendances. Mayotte et dépendances. Réunion.
1 Indo-Chine	2 Cochinchine, Cambodge et Laos 2 Annam et Tonkin.	Indo-Chine.

NOTA. — Pour les colonies de Saint-Pierre et Miquelon, de l'Inde française et de la côte française des Somalis et dépendances, la juridiction appartient aux conseils de guerre de la métropole désignés par le Ministre de la Guerre et au conseil de revision de Paris.

(1) Dans chaque groupe de colonies, le gouverneur général ou le gouverneur de la colonie principale fixe, après entente avec le commandant supérieur des troupes, la localité des colonies indiquées dans cette colonne où siégeront les conseils de guerre ou le conseil de revision.

RAPPORT AU PRÉSIDENT DE LA RÉPUBLIQUE FRANÇAISE *suivi d'un* DÉCRET *modifiant l'article 22 du décret du 20 novembre 1867 concernant les surveillants militaires.*

Paris, le 27 novembre 1903.

MONSIEUR LE PRÉSIDENT,

Aux termes du décret du 26 mai 1903 portant organisation du groupement des forces militaires stationnées aux colonies, l'effectif de la garnison de la Guyane, qui comprenait un bataillon, a été réduit à une seule compagnie.

L'application des dispositions de cet acte, en entraînant la suppression du commandant supérieur des troupes à la Guyane, seul officier supérieur du corps combattant existant dans cette colonie, a pour conséquence immédiate de rendre impossible la constitution des conseils d'enquête prévus à l'article 22 du décret du 20 novembre 1867, portant réorganisation du corps militaire des surveillants des établissements pénitentiaires coloniaux.

Cette situation étant très préjudiciable au fonctionnement régulier du service et de la discipline dans le corps militaire dont il s'agit, il importe de déterminer à nouveau et d'une manière générale, d'après les éléments dont disposent couramment les colonies pénitentiaires, aussi bien en Guyane qu'en Nouvelle-Calédonie, la composition des conseils d'enquête appelés, le cas échéant, à juger les surveillants militaires des deux détachements susvisés.

D'un autre côté, les conditions d'application, à ces agents militaires, des peines de la rétrogradation, de la cassation et de la révocation ayant, à une époque encore récente, soulevé certaines difficultés d'interprétation, j'ai pensé qu'il y aurait lieu de spécifier nettement l'autorité à laquelle il appartient d'en prononcer l'application.

C'est pour atteindre ce double but qu'a été préparé le projet de décret ci-joint, modifiant l'article 22 du décret précité du 20 novembre 1867 et que j'ai l'honneur de soumettre à votre haute sanction.

Je vous prie d'agréer, Monsieur le Président, l'hommage de mon profond respect.

Le Ministre des colonies,

G. DOUMERGUE.

DÉCRET

(Du 27 novembre 1903).

LE PRÉSIDENT DE LA RÉPUBLIQUE FRANÇAISE.

Vu le décret du 20 novembre 1867 portant réorganisation du corps militaire des surveillants des établissements pénitentiaires coloniaux ;

Sur le rapport du Ministre des colonies,

DÉCRÈTE :

ARTICLE PREMIER

L'article 22 du décret du 20 novembre 1867 est modifié comme suit :

Les surveillants peuvent subir les mêmes punitions que les militaires aux grades desquels ils sont assimilés.

Ils peuvent, de plus, être suspendus par le Gouverneur pendant un temps qui n'excède pas six mois.

Les surveillants suspendus n'ont droit qu'à la solde de la classe ou du grade immédiatement inférieur.

La rétrogradation et la cassation sont prononcées par le Ministre des colonies.

La peine de la révocation est prononcée par le Ministre des colonies, sur la proposition du Gouverneur et sur le rapport motivé du Directeur de l'Administration pénitentiaire. Elle ne peut être prononcée qu'après avis d'un conseil d'enquête composé de :

Un officier des troupes coloniales, ayant au moins le grade de capitaine, président ;

Un magistrat de première instance ;

Un officier des troupes coloniales, du grade de lieutenant ou de sous-lieutenant ;

Un sous-chef de bureau des secrétariats généraux ;

Un sous-chef de bureau de l'Administration pénitentiaire coloniale ;

Un surveillant principal ou un surveillant-chef.

Les membres du conseil d'enquête sont répartis à droite et à gauche du président, suivant l'ordre de leur désignation, tel qu'il est indiqué au paragraphe précédent.

En cas de partage des voix, celle du président est prépondérante.

ART. 2.

Le Ministre des colonies est chargé de l'exécution du présent décret, qui sera inséré au *Journal officiel de la République française* et au *Bulletin officiel du Ministère des colonies*.

Fait à Paris, le 27 novembre 1903.

ÉMILE LOUBET.

Par le Président de la République :

Le Ministre des colonies,

GASTON DOUMERGUE.

LOIS, DÉCRETS ET RÈGLEMENTS

RELATIFS A

LA DÉPORTATION

LOIS, DÉCRETS ET RÈGLEMENTS

A LA DÉPORTATION

Loi *sur la déportation des 5, 22 avril et 8 juin 1850.*

L'ASSEMBLÉE NATIONALE a adopté la loi dont la teneur suit :

ARTICLE PREMIER

Dans tous les cas où la peine de mort est abolie par l'article 5 de la Constitution, cette peine est remplacée par celle de la déportation dans une enceinte fortifiée, désignée par la loi, hors du territoire continental de la République.

ART. 2

En cas de déclaration de circonstances atténuantes, si la peine prononcée par la loi est celle de la déportation dans une enceinte fortifiée, les juges appliqueront celle de la déportation simple ou celle de la détention ; mais dans les cas prévus par les articles 86, 96 et 97 du Code pénal, la peine de la déportation sera seule appliquée.

ART. 3

En aucun cas, la condamnation à la déportation n'emporte la mort civile ; elle entraîne la dégradation civique.

De plus, tant qu'une loi nouvelle n'aura pas statué sur les effets civils des peines perpétuelles, les déportés seront en état d'interdiction légale, conformément aux articles 29 et 31 du Code pénal.

Néanmoins, hors le cas de déportation dans une enceinte fortifiée, les condamnés auront l'exercice des droits civils dans le lieu de déportation.

Il pourra leur être remis, avec l'autorisation du Gouvernement, tout ou partie de leurs biens.

Sauf l'effet de cette remise, les actes faits par eux dans le lieu de déportation ne pourront engager ni affecter les biens qu'ils possédaient au jour de leur condamnation, ni ceux qui leur seront échus par succession ou donation.

ART. 4

abrogé.

ART. 5

abrogé.

ART. 6

Le Gouvernement déterminera les moyens de travail qui seront donnés aux condamnés, s'ils le demandent.

Il pourvoira à l'entretien des déportés qui ne subviendraient pas à cette dépense par leurs seules ressources.

ART. 7

Dans le cas où les lieux établis pour la déportation viendraient à être changés par la loi, les déportés seraient transférés des anciens lieux de la déportation dans les nouveaux.

ART. 8

La présente loi n'est applicable qu'aux crimes commis postérieurement à sa promulgation.

Délibéré en séance publique à Paris, les 5, 22 avril et 8 juin 1850.

Le Président,

DUPIN.

Les Secrétaires,

ARNAUD (de l'Ariège), LAUZE, CHAPOT, PEUPIN, HEECCHEREN, BÉRARD.

La présente loi sera promulguée et scellée du sceau de l'État.

LOUIS-NAPOLÉON BONAPARTE.

Le Garde des sceaux, Ministre de la justice,

E. ROUHER.

Loi *qui désigne de nouveaux lieux de déportation*.
(Du 23 mars 1872.)

L'ASSEMBLÉE NATIONALE a adopté,

LE PRÉSIDENT DE LA RÉPUBLIQUE FRANÇAISE promulgue la loi dont la teneur suit :

ARTICLE PREMIER

Les paragraphes 2 et 3 de l'article 1er et les articles 4 et 5 de la loi du 8 juin 1850 sont abrogés.

ART. 2

La presqu'île Ducos, dans la Nouvelle-Calédonie, est déclarée lieu de déportation dans une enceinte fortifiée.

ART. 3

L'île des Pins, et, en cas d'insuffisance, l'île Maré, dépendances de la Nouvelle-Calédonie, sont déclarés lieux de déportation simple pour l'exécution de l'article 17 du Code pénal.

ART. 4

Les condamnés à la déportation dans une enceinte fortifiée jouiront dans la presqu'île Ducos de toute la liberté compatible avec la nécessité d'assurer la garde de leur personne et le maintien de l'ordre. Ils seront soumis à un régime de police et de surveillance déterminé par un règlement d'administration publique qui sera rendu dans un délai de deux mois à partir de la promulgation de la présente loi. Ce règlement fixera les conditions sous lesquelles les déportés seront autorisés à circuler dans tout ou partie de la presqu'île, suivant leur nombre, à s'y occuper des travaux de culture ou d'industrie, et d'y former des établissements provisoires par groupe ou par famille.

ART. 5

Les condamnés à la déportation simple jouiront, dans l'île des Pins et dans l'île Maré, d'une liberté qui n'aura pour limite que les précautions indispensables pour empêcher les évasions et assurer la sécurité et le bon ordre.

ART. 6

Un projet de loi réglant le régime des condamnés, la compétence disciplinaire à laquelle ils seront soumis, les mesures destinées à prévenir le désordre et les évasions, les concessions de terre, soit dans les îles, soit dans la grande terre, les conditions auxquelles elles pourront être faites et révoquées, enfin le droit pour les familles des déportés de se rendre dans les lieux de déportation, et les conditions auxquelles elles peuvent obtenir leur transport aux frais de l'État, sera présenté par le Gouvernement dans les deux mois qui suivront la promulgation de la présente loi.

Délibéré en séance publique à Versailles le 23 mars 1872.

Le Président,

JULES GRÉVY.

Les Secrétaires,

Albert DESJARDINS, marquis COSTA DE BEAUREGARD, baron DE BARANTE, Francisque RIVE.

A. THIERS.

Le Garde des sceaux, Ministre de la justice,

J. DUFAURE.

DÉCRET portant règlement d'administration publique sur le régime de la police et de surveillance auquel les condamnés à la déportation dans une enceinte fortifiée sont assujettis.

(Du 31 mai 1872.)

LE PRÉSIDENT DE LA RÉPUBLIQUE FRANÇAISE,

Sur le rapport du Garde des sceaux, Ministre de la justice et du Ministre de la marine et des colonies;

Vu la loi du 23 mars 1872, promulguée le 3 avril suivant et notamment l'article 4 ainsi conçu:

« Les condamnés à la déportation dans une enceinte fortifiée jouiront, dans la presqu'île Ducos, de toute la liberté compatible avec la nécessité d'assurer la garde de leur personne et le maintien de l'ordre. Ils seront soumis à un régime de police et de surveillance déterminé par un règlement d'administration publique qui sera rendu dans un délai de deux mois, à partir de la promulgation de la présente loi. Ce règlement fixera les conditions sous lesquelles les déportés seront autorisés à circuler dans tout ou partie de la presqu'île, suivant leur nombre, à s'y occuper de travail de culture ou d'industrie, à former des établissements provisoires par groupe ou par famille. »

La Commission provisoire chargée de remplacer le Conseil d'État entendu,

DÉCRÈTE:

ARTICLE PREMIER

Les condamnés à la déportation dans une enceinte fortifiée habitent, dans l'étendue de l'enceinte, le lieu qui leur est assigné par le commandant de l'établissement.

Le Gouverneur accorde, autant que possible, aux condamnés, l'autorisation d'avoir des habitations séparées. Il détermine les conditions d'habitation des familles admises dans l'intérieur de l'enceinte.

ART. 2

L'État pourvoit à l'entretien des condamnés qui ne peuvent subvenir à cette dépense, soit par les ressources laissées à leur disposition, soit par le produit de leur travail.

La nourriture est celle du soldat aux colonies, sauf la ration de vin qui n'est accordée qu'en échange d'un travail déterminé.

Le vêtement donné par l'État se compose de :

Une vareuse et un pantalon de drap d'une couleur différente de ceux affectés aux condamnés transportés en exécution de la loi du 30 mai 1854 ;

Deux pantalons de toile ;

Deux vareuses de toile ;

Une casquette ;

Un chapeau de paille ;

Trois chemises de coton ;

Une ceinture de flanelle :

Quatre mouchoirs de poche ;

Deux paires de souliers ;

Une cravate en laine.

Le coucher consiste en un hamac de matelot ou une couchette en fer ou en bois, un matelas, une couverture et une paire de draps.

ART. 3

Les condamnés sont assujettis aux règlements d'ordre et de police en vigueur dans les établissements militaires.

ART. 4

Le Gouverneur détermine les règles concernant les rapports des condamnés avec le personnel libre habitant l'enceinte fortifiée et leurs communications avec les personnes du dehors. Il peut, s'il le juge nécessaire au maintien de la sécurité, interdire ou suspendre ces communications, à la condition d'en rendre compte au Ministre de la marine.

Le Gouverneur peut interdire l'introduction dans le lieu de déportation des publications qu'il juge dangereuses.

ART. 5

Le Gouverneur peut accorder, dans le périmètre de l'enceinte, des concessions provisoires de terres aux condamnés qui prendront l'engagement de les mettre en culture. Ces concessions peuvent être faites soit individuellement aux condamnés, soit à des groupes de condamnés.

Le Gouverneur pourra retirer ces concessions pour défaut de culture ou pour toute autre cause grave, à la condition d'en rendre compte au Ministre de la marine. Il pourra, pour les mêmes motifs, exclure les individus du groupe auquel ils appartiennent.

ART. 6

Les condamnés autorisés à cultiver des terrains doivent, comme tous les autres, être présents aux appels et rentrer à l'heure fixée dans la partie de l'enceinte affectée à leur logement.

ART. 7

L'Administration peut autoriser les condamnés qui en font la demande à se livrer à des travaux industriels se rapportant aux professions exercées dans la colonie ou à celle dont les produits peuvent être utilisés dans l'établissement. Leur travail sera rétribué d'après un tarif arrêté par le Gouverneur.

ART. 8

Toute réclamation faite par des condamnés sera individuelle et rédigée par écrit. Les réclamations destinées au Ministre de la marine seront remises au Gouverneur qui les transmettra dans le plus bref délai.

ART. 9

Les règlements sur la discipline intérieure de l'établissement sont faits par le Gouverneur, sous l'approbation des Ministres de la justice et de la marine. Ils sont provisoirement exécutoires.

ART. 10

En cas d'infraction aux règlements d'ordre et de police prévus par les précédents articles, il est fait application aux déportés des dispositions de l'article 369 du Code de justice militaire pour l'armée de mer, rendu applicable aux colonies par décret du 21 juin 1858.

ART. 11

Le Garde des sceaux, Ministre de la justice et le Ministre de la marine et des colonies sont chargés, chacun en ce qui le concerne, de l'exécution du présent décret, qui sera inséré au *Bulletin des lois*.

Fait à Versailles, le 31 mai 1872.

A. THIERS.

Le Garde des sceaux, Ministre de la justice,

J. DUFAURE.

Le Ministre de la marine et des colonies,

A. POTHUAU.

DÉPÊCHE MINISTÉRIELLE *au sujet de la loi réglant les conditions des déportés.*

(Direction des colonies : 3ᵉ Bureau, nᵒ 345.)

Paris, le 13 mai 1873.

MONSIEUR LE GOUVERNEUR, la loi réglant les conditions des déportés à la Nouvelle-Calédonie a été votée par l'Assemblée nationale le 25 mars dernier. Le projet de la Commission, sauf quelques modifications de détail dont il est question plus loin, n'a été remanié que dans son article 13, dont les dispositions favorables aux familles ont reçu une grande extension. En outre un nouvel article, qui a pris le nᵒ 14, rend applicables à l'époux de la femme déportée les dispositions de l'article 13. Ces articles 13 et 14 sont les seuls qui aient donné lieu à une discussion au point de vue du droit. Vous en trouverez le compte rendu au *Journal officiel*, dans les numéros des 20, 21 et 26 mars.

Vous remarquerez que l'article 3 a été complété par un 3ᵉ paragraphe, en vue de répondre à l'observation que vous aviez présentée relativement aux complices des évasions ou tentatives d'évasions. C'est dans le but également de tenir compte d'une autre de vos observations, et pour ne laisser place à aucune équivoque, que l'article 4 prescrit, en cas de nouvelles condamnations, l'exécution des peines *aussitôt que la condamnation sera devenue définitive*. Il n'était pas possible d'attendre l'expiration de la peine de la déportation pour exécuter les condamnations nouvelles, puisque la déportation est une peine perpétuelle. Il est inutile de dire que cela ne change rien aux dispositions en vigueur relativement à l'exécution des peines nouvelles supérieures à la déportation, et que la peine de mort, notamment, reste soumise, pour son exécution, aux dispositions de la décision impériale du 28 octobre 1868. On a reconnu, d'un autre côté, la nécessité où vous pouvez vous trouver de punir administrativement un déporté, autorisé par vous à résider hors du territoire de déportation. A cet effet, on vous a donné la possibilité de retirer cette autorisation à un condamné déméritant, en ajoutant à l'article 15 (ancien 14) ces mots : *cette autorisation pourra toujours être révoquée par le Gouverneur en Conseil.*

Je dois signaler particulièrement à votre attention la distinction établie sur deux points principaux dans les conditions faites aux déportés des deux degrés.

Aux termes de l'article 16, le déporté simple recouvre *dans la colonie* et de plein droit, l'exercice de ses droits civils, faveur refusée au déporté dans une enceinte fortifiée qui reste soumis, dans le lieu de déportation, à l'interdiction civile prononcée par la loi du 31 mai 1854, *à moins qu'il n'en soit relevé par un acte spécial du Gouvernement.*

La seconde différence résulte des termes de l'article 15 qui vous donne la faculté d'autoriser les déportés simples à s'établir sur la grande terre sans que cette autorisation soit subordonnée à une condition de résidence préalable à l'île des Pins ; tandis qu'un séjour obligatoire de *cinq années* est imposé aux déportés dans une enceinte fortifiée, avant qu'ils puissent obtenir l'autorisation de sortir de cette enceinte.

Quant'aux autres articles du projet de loi, au sujet desquels vous aviez présenté des observations, il n'a pas paru nécessaire de les modifier, en présence d'un texte qui ne semble plus devoir donner lieu à aucune équivoque.

En ce qui concerne les condamnés autorisés à résider en dehors de l'île des Pins et de la presqu'île Ducos, il est hors de doute qu'ils doivent rester soumis au régime de la loi pénale. Le déporté, dans cette nouvelle situation, ne cesse pas d'être déporté. L'autorisation qui lui est donnée constitue un simple déplacement du lieu de déportation, par rapport à lui, et toutes les obligations auxquelles il était astreint dans sa première résidence le suivent dans sa nouvelle. Dans un cas, comme dans l'autre, il est en état d'évasion dès qu'il quitte le territoire affecté à sa résidence.

Vous demandez comment il sera procédé vis-à-vis des déportés condamnés aux travaux forcés. Il sera procédé exactement comme vis-à-vis des autres condamnés aux travaux forcés; ces déportés seront soumis au régime de la loi du 30 mai 1854. Si l'article 5 s'est préoccupé de la situation à faire aux condamnés à la réclusion et à l'emprisonnement, c'est dans le seul but d'étendre à ces deux catégories de condamnés la faculté déjà accordée à l'Administration, en ce qui concerne les forçats, de faire travailler les condamnés au dehors.

Quant à la possibilité de donner des concessions de terre ailleurs que dans les lieux spéciaux de déportation, elle n'est pas douteuse. Sans doute, il est désirable que les terres disponibles de l'île des Pins soient mises en valeur par la déportation, mais il est clair que la faculté d'autoriser les déportés à sortir de l'île des Pins implique, comme conséquence, la faculté de leur faire des concessions dans le lieu où ils sont autorisés à s'établir. Cette faculté ne peut, d'ailleurs, au point de vue du bon ordre, présenter d'inconvénients, puisque, ainsi qu'il a été constaté plus haut, le déporté reste soumis aux dispositions de la loi pénale, quel que soit le point de la colonie sur lequel il réside.

Recevez, etc.

Le Vice-Amiral, Ministre de la marine et des colonies,
A. POTHUAU.

Loi ayant pour objet de régler la condition des déportés à la Nouvelle-Calédonie.

(Du 25 mars 1873.)

L'ASSEMBLÉE NATIONALE a adopté,

Le PRÉSIDENT DE LA RÉPUBLIQUE FRANÇAISE promulgue la loi dont la teneur suit :

ARTICLE PREMIER

Les condamnés sont soumis, dans le lieu assigné à la déportation, aux mesures nécessaires, tant pour prévenir leur évasion que pour garantir la sécurité et le bon ordre dans le sein de la colonie.

Ces mesures seront l'objet d'arrêtés pris par le Gouverneur en Conseil, exécutoires provisoirement et soumis à l'approbation des Ministres de la marine et de la justice.

Ces arrêtés seront insérés avec mention de l'approbation ou du refus de l'approbation dans une notice spéciale qui sera annuellement distribuée aux assemblées législatives et par laquelle il sera rendu compte de l'état et des progrès de la colonisation pénale.

Toute infraction à ces arrêtés sera punie des peines disciplinaires portées par l'article 369 du Code de justice militaire pour les armées de mer, modifié par l'article 8 du décret du 21 juin 1858.

Art. 2

Tout déporté qui se sera rendu coupable d'un crime ou d'un délit sera justiciable des conseils de guerre.

Art. 3

Les articles 237 et 248 du Code pénal sont applicables à l'évasion et à la tentative d'évasion des déportés, commises même sans bris de clôture et sans violence, sans préjudice des dispositions de l'article 17, § 2, du même Code, en cas de rentrée sur le territoire de la France.

La peine pourra être portée au double s'il y a récidive ou bien si l'évasion ou la tentative d'évasion a été concertée entre plusieurs déportés.

Les individus prévenus de complicité dans l'évasion ou la tentative d'évasion des déportés seront justiciables des conseils de guerre.

Art. 4

Les peines auxquelles sont condamnés les déportés seront subies aussitôt que la condamnation sera devenue définitive.

Art. 5

Les déportés condamnés à la réclusion ou à l'emprisonnement par les conseils de guerre seront, pendant la durée de leur peine, astreints au travail dans les ateliers de l'Administration, soit dans l'intérieur de la prison, soit au dehors.

Art. 6

A défaut de payement dans la quinzaine des premières poursuites, les condamnations à l'amende et aux frais sont de droit converties en journées de travail pour le compte et sur les ateliers de la colonie, d'après le tarif et les conditions réglés par le Gouverneur en Conseil. Faute de satisfaire à cette obligation les délinquants sont contraints à acquitter leurs journées de travail sur les ateliers de discipline.

Art. 7

Les femmes et les enfants des condamnés auront la faculté d'aller les rejoindre. Dans la limite du crédit spécial ouvert annuellement au budget de la déportation, le Gouvernement se chargera du transport gratuit des femmes et des enfants de ceux qui seront en mesure, soit par l'exploitation d'une concession, soit par l'exercice d'une industrie, de subvenir aux besoins de leur famille. Dans les mêmes limites, et en outre du passage gratuit, des subsides en vivres et en vêtements et un abri temporaire pourront être accordés, à l'arrivée dans la colonie, aux femmes et aux enfants de ceux qui seront reconnus aptes à remplir l'engagement de satisfaire, dans le délai de deux ans, aux besoins de leur famille.

Art. 8

Les familles seront soumises au régime du territoire sur lequel elles seront établies.

Art. 9

Les condamnés à la déportation simple, dès leur arrivée à la colonie, et les condamnés à la déportation dans une enceinte fortifiée qui auront été admis à jouir du bénéfice de l'article 15 de la présente loi, pourront recevoir une concession provisoire de terres, sans préjudice de leur droit d'exercer une industrie pour leur compte et de travailler pour le compte des particuliers.

Art. 10

Les concessions provisoires peuvent être retirées pour inconduite, indiscipline, défaut de mise en culture des terres, évasion, tentative d'évasion et pour tout crime ou délit ayant entraîné des peines criminelles ou correctionnelles.

Les décisions sont prises par le Gouverneur en Conseil.

Les familles de ceux qui auront été atteints par le présent article pourront obtenir, si elles résident dans la colonie, de continuer en leur lieu et place, l'exploitation de la concession et en obtenir la propriété.

Art. 11

Les concessions provisoires de terres qui n'auront pas été retirées, par application de l'article précédent, dans un délai de cinq ans deviendront définitives et des titres de propriété seront délivrés aux détenteurs. Les terrains concédés seront communs lorsque le déporté et son conjoint seront mariés en communauté ou avec société d'acquêts. En cas de prédécès du titulaire d'une concession provisoire avant les cinq ans, sa veuve et ses enfants pourront être autorisés à continuer la possession et devenir propriétaires à l'expiration du délai qui restait à courir, sous les conditions imposées au concessionnaire.

Art. 12

En cas d'évasion consommée, le déporté sera déchu de tout droit sur la concession. Toutefois, la femme et, au cas de décès de la femme, les enfants ou la femme concurremment avec les enfants en conserveront la jouissance tant qu'ils resteront dans la colonie et dans les proportions qui seront réglées par un arrêté du Gouverneur.

Ils pourront aussi devenir propriétaires définitifs en vertu d'une décision rendue par le Gouverneur en Conseil.

Art. 13

Si le concessionnaire vient à mourir après que la concession aura été rendue définitive, les biens qui en font partie seront attribués aux héritiers d'après les règles du droit commun. Néanmoins, dans le cas où il n'existerait pas d'enfants légitimes ou autres descendants, la veuve, si elle habitait avec son mari, succédera à la moitié en propriété tant de la concession que des autres biens que le déporté aurait acquis dans la colonie. En cas d'existence d'enfants légitimes ou autres descendants, le droit de la femme ne sera que d'un tiers en usufruit.

Par dérogation à l'article 16 de la présente loi, les condamnés pourront, dans les limites autorisées par les articles 1094 et 1098 du Code civil, disposer de leurs biens dans quelque lieu qu'ils soient situés, soit par acte entre vifs, soit par testament en faveur de leurs conjoints habitant avec eux.

Un règlement d'administration publique déterminera les conditions de l'envoi en possession de la femme, et de la liquidation des biens appartenant aux déportés dans la colonie.

Art. 14

Les dispositions des articles 7, 11, 12 et 13 sont applicables à l'époux de la femme déportée.

Toutefois, la concession accordée à la femme ne pourra être aliénée ou hypothéquée sans le consentement des deux époux.

Art. 15

Le Gouverneur a le droit d'autoriser l'établissement en dehors du territoire affecté à la déportation de tout condamné qui se sera fait remarquer par sa bonne conduite. La même faveur pourra être accordée à tout déporté dans une enceinte fortifiée lorsque sa conduite aura été irréprochable pendant cinq ans.

Cette autorisation pourra toujours être révoquée par le Gouverneur en Conseil.

Art. 16

Les dispositions de la loi du 31 mai 1854 continueront à recevoir leur exécution en ce qui concerne les condamnés à la déportation. Toutefois, les condamnés à la déportation simple auront de plein droit l'exercice des droits civils dans le lieu de déportation. Il pourra leur être remis, avec l'autorisation du Gouvernement, tout ou partie de leurs biens. Sauf l'effet de cette remise, les actes faits par eux dans le lieu de déportation ne pourront ni engager ni affecter les biens qu'ils possédaient au jour de leur condamnation, ni ceux qui leur seraient échus à titre gratuit depuis cette époque.

Le Gouvernement pourra, en outre, sur l'avis du Gouverneur en Conseil, accorder aux déportés l'exercice dans la colonie de tout ou partie des droits dont ils sont privés par l'article 34 du Code pénal.

Art. 17

Le domicile des déportés pour tous les droits civils dont ils ont l'exercice aux colonies est au lieu où ils subissent leur peine.

Art. 18

Les dispositions du décret du 24 mars 1852 sur le mariage des Français résidant en Océanie sont applicables aux déportés.

Art. 19

Un règlement d'administration publique déterminera, aussitôt que les circonstances le permettront, les mesures d'assistance, d'instruction et d'hygiène publiques propres à favoriser le développement d'une société naissante.

Délibéré en séance publique à Versailles, le 25 mars 1873.

Le Président,
JULES GRÉVY.

Les Secrétaires,
FRANCISQUE RIVE, ALBERT DESJARDINS, vicomte
BLIN DE BOURDON, FÉLIX VOISIN.

A. THIERS.

Le Vice-amiral,
Ministre de la marine et des colonies,
A. POTHUAU.

Le Garde des sceaux, Ministre de la justice,
J. DUFAURE.

DÉPÊCHE MINISTÉRIELLE *au sujet des déportés graciés avec réserve de la résidence. Application de la surveillance de la haute police.*

Paris, le 23 octobre 1877.

Monsieur le Gouverneur, par une dépêche du 16 mai dernier, vous m'avez demandé si les individus condamnés à la déportation qui ont obtenu remise de cette peine sous condition de résidence dans la colonie, sont soumis à la surveillance de la haute police et si, dans le cas de l'affirmative, cette surveillance fait obstacle à ce que le Gouvernement accorde aux résidents de cette catégorie des autorisations de quitter momentanément la colonie, conformément à l'article 6 de la loi du 30 mai 1854.

J'ai l'honneur de vous faire connaître ci-après, l'opinion de M. le Garde des sceaux et la mienne sur ces deux questions.

La solution que comporte la première question ne paraît pouvoir soulever aucune difficulté en présence de l'article 46, alinéa 3 du Code pénal (loi du 30 janvier 1874) aux termes duquel les individus condamnés à une peine perpétuelle qui obtiennent commutation ou remise de leur peine se trouvent, *s'il n'en est autrement disposé par la décision gracieuse*, sous la surveillance de la haute police pendant vingt ans. Cet article, de même que le rapport fait à la Commission de la Chambre, est conçu dans les termes les plus absolus et les plus généraux.

L'obligation de la résidence n'étant, d'ailleurs, nullement incompatible et ne faisant pas double emploi avec l'exercice de la surveillance, la condition imposée par les lettres de grâce ne saurait être considérée comme impliquant une dispense de cette dernière peine, dispense qui n'est, d'ailleurs, effective d'après la loi même, que lorsqu'elle est formulée en termes exprès. Une situation identique et fréquente se produit pour les condamnés aux travaux forcés qui, non dispensés de la surveillance par l'arrêt de condamnation, ont achevé leur peine et restent astreints à la résidence.

En conséquence, les déportés graciés sous condition de résidence sont, *à titre de résidents*, dans la condition déterminée par l'article 6 de la loi du 30 mai 1854, et *à titre de surveillés* soumis aux règles fixées par la loi du 30 janvier 1874 (art. 44 et suivants du Code pénal).

J'ajoute que la question a été examinée par la Commission des grâces, et qu'en présence de l'article 46 du Code pénal, cette Commission n'a pas hésité à trancher dans ce sens.

Pour répondre à la seconde question qui fait spécialement l'objet de la lettre que vous m'avez adressée le 16 mai dernier, il est nécessaire de déterminer dans quelle mesure la condition de résidents, telle qu'elle est fixée par l'article 6 de la loi de 1854, se trouve affectée par l'exercice de la surveillance.

De l'article 6 précité, il résulte que l'obligation à la résidence n'implique par elle-même aucune entrave aux déplacements des libérés dans la colonie même; seuls les voyages à l'étranger ne peuvent s'effectuer qu'avec votre autorisation.

La faculté de se déplacer librement dans la colonie se trouve évidemment restreinte par l'application des règles posées en l'article 44 du Code pénal (loi du 30 janvier 1874). L'Administration peut notamment interdire au résident soumis à la surveillance l'accès de certaines parties de la colonie. Celui-ci ne peut quitter la résidence qu'il a choisie ou qui lui a été désignée, en dehors des délais fixés par la loi, et par conséquent voyager même à l'intérieur, qu'avec une autorisation.

En ce qui concerne les voyages à l'étranger, il semblerait au premier abord qu'ils sont absolument incompatibles avec l'exercice de la surveillance et que, par suite, ils ne peuvent pas être autorisés par vous, en vertu de la loi du 30 mai 1854, lorsque le *résident est assujetti* à la surveillance. Toutefois, cette solution ne saurait être admise, si l'on tient compte de la situation qui était faite aux libérés par l'ancien article 47 du Code pénal sous l'empire duquel est intervenue la loi du 30 mai 1854.

Aux termes de cet article, les condamnés à une peine afflictive étaient de plein droit, après qu'ils avaient subi leur peine, et pendant toute leur vie, sous la surveillance de la haute police. Ce n'est que depuis la loi du 30 janvier 1874 que les libérés astreints à la résidence peuvent n'être pas sous le coup de la surveillance, en vertu d'une dispense accordée par l'arrêt de condamnation.

Lors donc que la loi du 30 mai 1854 a été promulguée, les dispositions de l'article 6 de cette loi qui vous donne la faculté d'autoriser des voyages temporaires hors de la colonie s'appliquaient *à des individus astreints à la fois à la résidence et à la surveillance.*

Il résulte de là que la surveillance de la haute police à laquelle un résident est assujetti ne fait pas obstacle à ce que des autorisations lui soient accordées conformément à l'article 6, § 3 précité, sauf, toutefois, à l'effet de se rendre en France.

Dans la pratique, cette solution ne peut avoir aucun inconvénient, puisque vous avez toujours la faculté de refuser les autorisations de cette nature qui vous seraient demandées, mais rien ne s'oppose à ce que vous y fassiez droit dans les cas où, ainsi que vous le faites pressentir dans votre lettre du 16 mai dernier, il peut y avoir en vue de l'intérêt même de la colonie, de réels avantages à y déférer.

Recevez, etc...

Le Vice-amiral, Ministre de la marine et des colonies,

A. POTHUAU.

LOIS, DÉCRETS ET RÈGLEMENTS

RELATIFS A

LA RELÉGATION

LOIS, DÉCRETS ET RÈGLEMENTS

RELATIFS

A LA RELÉGATION

Loi *sur les récidivistes.*
(Du 27 mai 1885.)

Le Sénat et la Chambre des députés ont adopté,

Le Président de la République promulgue la loi dont la teneur suit :

ARTICLE PREMIER

La relégation consistera dans l'internement perpétuel sur le territoire des colonies ou possessions françaises des condamnés que la présente loi a pour objet d'éloigner de France.

Seront déterminés, par décrets rendus en forme de règlement d'administration publique, les lieux dans lesquels pourra s'effectuer la relégation, les mesures d'ordre et de surveillance auxquelles les relégués pourront être soumis par nécessité de sécurité publique ; et les conditions dans lesquelles il sera pourvu à leur subsistance, avec obligation du travail à défaut de moyens d'existence dûment constatés.

ART. 2

La relégation ne sera prononcée que par les cours et tribunaux ordinaires comme conséquence des condamnations encourues devant eux, à l'exclusion de toutes juridictions spéciales et exceptionnelles.

Ces cours et tribunaux pourront toutefois tenir compte des condamnations prononcées par les tribunaux militaires et maritimes en dehors de l'état de siège ou de guerre, pour les crimes ou délits de droit commun spécifiés dans la présente loi.

ART. 3

Les condamnations pour crimes ou délits politiques ou pour crimes ou délits qui leur sont connexes, ne seront, en aucun cas, comptées pour la relégation.

ART. 4

Seront relégués les récidivistes qui, dans quelque ordre que ce soit et dans un intervalle de dix ans, non compris la durée de toute peine subie, auront encouru les condamnations énumérées à l'un des paragraphes suivants :

1° Deux condamnations aux travaux forcés ou à la réclusion, sans qu'il soit dérogé aux dispositions des § § 1 et 2 de l'article 6 de la loi du 30 mai 1854 ;

2° Une des condamnations énoncées au paragraphe précédent et deux condamnations soit à l'emprisonnement pour faits qualifiés crimes, soit à plus de trois mois d'emprisonnement pour :

Vol;

Escroquerie;

Abus de confiance;

Outrage public à la pudeur;

Excitation habituelle de mineurs à la débauche;

Vagabondage ou mendicité par application des articles 277 et 279 du Code pénal;

3° Quatre condamnations, soit à l'emprisonnement pour faits qualifiés crimes, soit à plus de trois mois d'emprisonnement pour les délits spécifiés au § 2 ci-dessus;

4° Sept condamnations dont deux au moins prévues par les deux paragraphes précédents, et les autres, soit pour vagabondage, soit pour infraction à l'interdiction de résidence signifiée par application de l'article 19 de la présente loi, à la condition que deux de ces autres condamnations soient à plus de trois mois d'emprisonnement.

Sont considérés comme gens sans aveu et seront punis des peines édictées contre le vagabondage tous individus qui, soit qu'ils aient ou non un domicile certain, ne tirent habituellement leur subsistance que du fait de pratiquer ou faciliter sur la voie publique l'exercice de jeux illicites, ou la prostitution d'autrui sur la voie publique.

Art. 5

Les condamnations qui auront fait l'objet de grâce, commutation ou réduction de peine seront néanmoins comptées en vue de la relégation. Ne le seront pas celles qui auront été effacées par la réhabilitation.

Art. 6

La relégation n'est pas applicable aux individus qui seront âgés de plus de soixante ans ou de moins de vingt et un ans à l'expiration de leur peine.

Toutefois, les condamnations encourues par le mineur de vingt et un ans compteront en vue de la relégation, s'il est, après avoir atteint cet âge, de nouveau condamné dans les conditions prévues par la présente loi.

Art. 7

Les condamnés qui auront encouru la relégation resteront soumis à toutes les obligations qui pourraient leur incomber en vertu des lois sur le recrutement de l'armée.

Un règlement d'administration publique déterminera dans quelles conditions ils accompliront ces obligations.

Art. 8

Celui qui aura encouru la relégation par application de l'article 4 de la présente loi, s'il n'avait pas dépassé soixante ans, sera, après l'expiration de sa peine, soumis à perpétuité à l'interdiction de séjour édictée par l'article 19 ci-après.

S'il est mineur de vingt et un ans, il sera, après l'expiration de sa peine, retenu dans une maison de correction jusqu'à sa majorité.

ART. 9

Les condamnations encourues antérieurement à la promulgation de la présente loi lui seront comptées en vue de la relégation conformément aux précédentes dispositions. Néanmoins, tout individu qui aura encouru, avant cette époque, des condamnations pouvant entraîner dès maintenant la relégation, n'y sera soumis qu'en cas de condamnation nouvelle dans les conditions ci-dessus prescrites.

ART. 10

Le jugement ou l'arrêt prononcera la relégation en même temps que la peine principale; il visera expressément les condamnations antérieures par suite desquelles elle sera applicable.

ART. 11

Lorsqu'une poursuite devant un tribunal correctionnel sera de nature à entraîner l'application de la relégation, il ne pourra jamais être procédé dans les formes édictées par la loi du 20 mai 1863 sur les flagrants délits.

Un défenseur sera nommé d'office au prévenu, à peine de nullité.

ART. 12

La relégation ne sera appliquée qu'à l'expiration de la dernière peine à subir par le condamné. Toutefois, faculté est laissée au Gouvernement de devancer cette époque pour opérer le transfèrement du relégué.

Il pourra également lui faire subir tout ou partie de la dernière peine dans un pénitencier.

Ces pénitenciers pourront servir de dépôt pour les libérés qui seront maintenus jusqu'au plus prochain départ pour le lieu de relégation.

ART. 13

Le relégué pourra momentanément sortir du territoire de relégation en vertu d'une autorisation spéciale de l'autorité supérieure locale.

Le Ministre seul pourra donner cette autorisation pour plus de six mois ou la retirer.

Il pourra seul aussi autoriser, à titre exceptionnel et pour six mois au plus, le relégué à rentrer en France.

ART. 14

Le relégué qui, à partir de l'expiration de sa peine, se sera rendu coupable d'évasion ou de tentative d'évasion, celui qui, sans autorisation, sera rentré en France ou aura quitté le territoire de relégation, celui qui aura outrepassé le temps fixé par l'autorisation, sera traduit devant le tribunal correctionnel du lieu de son arrestation ou devant celui du lieu de la relégation, et après connaissance de son identité, sera puni d'un emprisonnement de deux ans au plus.

En cas de récidive, cette peine pourra être portée à cinq ans.

Elle sera subie sur le territoire des lieux de relégation.

ART. 15

En cas de grâce, le condamné à la relégation ne pourra en être dispensé que par une disposition spéciale des lettres de grâce.

Cette dispense par voie de grâce pourra d'ailleurs intervenir après l'expiration de la peine principale.

ART. 16

Le relégué pourra, à partir de la sixième année de sa libération, introduire devant le tribunal de sa localité une demande tendant à se faire relever de la relégation, en justifiant de sa bonne conduite, des services rendus à la colonisation et de moyens d'existence.

Les formes et conditions de cette demande seront déterminées par le règlement d'administration publique prévu par l'article 18 ci-après.

ART. 17

Le Gouvernement pourra accorder aux relégués l'exercice, sur les territoires de relégation, de tout ou partie des droits civils dont ils auraient été privés par l'effet des condamnations encourues.

ART. 18

Des règlements d'administration publique détermineront :

Les conditions dans lesquelles les relégués accompliront les obligations militaires auxquelles ils pourraient être soumis par les lois sur le recrutement de l'armée.

L'organisation des pénitenciers mentionnés en l'article 12 ;

Les conditions dans lesquelles le condamné pourrait être dispensé provisoirement ou définitivement de la relégation pour cause d'infirmité ou de maladie, les mesures d'aide et d'assistance en faveur des relégués ou de leur famille, les conditions auxquelles des concessions de terrains provisoires ou définitives pourront leur être accordées, les avances à faire, s'il y a lieu, pour premier établissement, le mode de remboursement de ces avances, l'étendue des droits de l'époux survivant, des héritiers ou des tiers intéressés sur les terrains concédés et les facultés qui pourraient être données à la famille des relégués pour les rejoindre ;

Les conditions des engagements de travail à exiger des relégués ;

Le régime et la discipline des établissements ou chantiers où ceux qui n'auraient ni les moyens d'existence ni engagement, seront astreints au travail ;

Et, en général, toutes les mesures nécessaires à assurer l'exécution de la présente loi ;

Le premier règlement destiné à organiser l'application de la présente loi sera promulgué dans un délai de six mois au plus à dater de sa promulgation.

Art. 19

Est abrogée la loi du 9 juillet 1852, concernant l'interdiction par voie administrative, du séjour du département de la Seine et des communes formant l'agglomération lyonnaise.

La peine de la surveillance de la haute police est supprimée. Elle est remplacée par la défense faite au condamné de paraître dans les lieux dont l'interdiction lui sera signifiée par le Gouvernement avant sa libération.

Toutes les autres obligations et formalités imposées par l'article 15 du Code pénal sont supprimées à partir de la promulgation de la présente loi, sans qu'il soit toutefois dérogé aux dispositions de l'article 635 du Code d'instruction criminelle.

Restent, en conséquence, applicables pour cette interdiction les dispositions antérieures qui réglaient l'application ou la durée, ainsi que la remise ou la suppression de la surveillance de la haute police et les peines encourues par les contrevenants, conformément à l'article 45 du Code pénal.

Dans les trois mois qui suivront la promulgation de la présente loi, le Gouvernement signifiera aux condamnés actuellement soumis à la surveillance de la haute police les lieux dans lesquels il leur sera interdit de paraître pendant le temps qui restait à courir de cette peine.

Art. 20

La présente loi est applicable à l'Algérie et aux colonies.

En Algérie, par dérogation à l'article 2, les conseils de guerre prononceront la relégation contre les indigènes des territoires de commandement qui auront encouru, pour crimes ou délits de droit commun, les condamnations prévues par l'article 4 ci-dessus.

Art. 21

La présente loi sera applicable à partir de la promulgation du règlement d'administration publique mentionné au dernier paragraphe de l'article 18.

Art. 22

Un rapport sur l'exécution de la présente loi sera présenté chaque année, par le Ministre compétent, à M. le Président de la République.

Art. 23

Toutes les dispositions antérieures sont abrogées en ce qu'elles ont de contraire à la présente loi.

La présente loi, délibérée et adoptée par le Sénat et par la Chambre des députés, sera exécutée comme loi de l'État.

Fait à Paris, le 27 mai 1885.

JULES GRÉVY.

Par le Président de la République :

Le Ministre de l'intérieur,

H. ALLAIN-TARGÉ.

NOTIFICATION *de la* LOI *du 27 mai 1885, sur les récidivistes.* — *Remplacement de la surveillance de la haute police par l'interdiction de séjour.*

(Du 6 août 1886.)

LE MINISTRE DE LA MARINE ET DES COLONIES à *Messieurs les Vice-Amiraux commandant en chef, Préfets maritimes, Gouverneurs et Commandants des colonies, officiers généraux, supérieurs et autres commandant à la mer.*

MESSIEURS, vous trouverez ci-après le texte de la loi du 29 mai 1885 sur les récidivistes.

L'article 2 de cette loi refuse aux diverses juridictions maritimes le droit de prononcer, contre qui que ce soit, la peine de la relégation ; vous n'aurez donc pas à vous préoccuper de cette pénalité nouvelle, en ce qui touche le fonctionnement des conseils de guerre et de justice ou des tribunaux maritimes.

Il en est autrement de l'article 19 de la loi précitée qui supprime la surveillance de la haute police et la « remplace par la défense faite au condamné de paraître dans les lieux dont l'interdiction lui sera signifiée par le Gouvernement avant sa libération ».

Aux termes du quatrième paragraphe du même article « restent applicables pour cette interdiction les dispositions antérieures qui réglaient l'application ou la durée, ainsi que la remise ou la suppression de la surveillance de la haute police ». En d'autres termes, les juges peuvent désormais, en matière correctionnelle, et notamment en cas de récidive (art. 57 et 58 du Code pénal) infliger au coupable la peine accessoire de l'interdiction de séjour, dans tous les cas où celle de la surveillance était prononcée par les lois pénales ; en matière criminelle, ils doivent en délibérer *à peine de nullité* (art. 46 du Code pénal) et ont la faculté d'abaisser au-dessous de vingt années la durée de l'interdiction de séjour, ou même d'en dispenser entièrement le condamné.

Les formules suivantes me semblent répondre au vœu de la loi et devront de préférence à toute autre, être insérées, s'il y a lieu, dans les jugements :

« Fait défense au condamné de paraître, pendant...... années, dans les lieux dont le séjour lui sera interdit par le Gouvernement. »

Ou bien :

« Déclare que le condamné sera dispensé de l'interdiction de séjour. »

J'ajoute que la Cour de cassation a décidé qu'il convenait de considérer cette partie de la loi du 27 mai 1885 comme dès à présent en vigueur, nonobstant la réserve de l'article 21 de cet acte.

Je vous prie d'inviter les juridictions maritimes à se conformer à cette jurisprudence, ainsi qu'aux règles sus-énoncées.

Je vous ferai connaître ultérieurement les formalités qu'il y aura lieu de remplir pour faciliter au Gouvernement le choix des localités à interdire à chaque condamné et les significations des arrêtés d'interdiction.

Recevez, etc.

GALIBER.

Loi sur les moyens de prévenir la récidive (libération conditionnelle, patronage, réhabilitation).

(Du 14 août 1885.)

LE SÉNAT et la CHAMBRE DES DÉPUTÉS ont adopté,

LE PRÉSIDENT DE LA RÉPUBLIQUE promulgue la loi dont la teneur suit :

TITRE PREMIER

Régime disciplinaire des établissements pénitentiaires et libération conditionnelle.

ARTICLE PREMIER

Un régime disciplinaire, basé sur la constatation journalière de la conduite et du travail, sera institué dans les divers établissements pénitentiaires de France et d'Algérie, en vue de favoriser l'amendement des condamnés et de les préparer à la libération conditionnelle.

ART. 2

Tous condamnés ayant à subir une ou plusieurs peines emportant privation de la liberté peuvent, après avoir accompli trois mois d'emprisonnement, si les peines sont inférieures à six mois, ou, dans le cas contraire, la moitié de leurs peines, être mis conditionnellement en liberté, s'ils ont satisfait aux dispositions fixées en vertu de l'article premier.

Toutefois, s'il y a récidive légale, soit aux termes des articles 56 et 58 du Code pénal, soit en vertu de la loi du 27 mai 1885, la durée de l'emprisonnement est portée à six mois, si les peines sont inférieures à neuf mois, et aux deux tiers de la peine dans le cas contraire.

La mise en liberté peut être révoquée, en cas d'inconduite habituelle et publique dûment constatée ou d'infraction aux conditions spéciales exprimées dans le permis de libération.

Si la révocation n'est pas intervenue avant l'expiration de la durée de la peine, la libération est définitive.

Au cas où la peine qui aurait fait l'objet d'une décision de libération conditionnelle devait être suivie de la relégation, il pourra être sursis à l'exécution de cette dernière mesure, et le condamné sera, en conséquence, laissé en France, sauf droit de révocation, ainsi qu'il est dit au présent article.

Le droit de révocation prendra fin en ce cas, s'il n'en a été fait usage pendant les dix années qui auront suivi la date d'expiration de la peine principale.

ART. 3

Les arrêtés de mise en liberté sous conditions et de révocation sont pris par le Ministre de l'intérieur :

S'il s'agit de la mise en liberté, après avis du préfet, du directeur de l'établissement ou de la circonscription pénitentiaire, de la commission de surveillance de la prison ou du parquet près le tribunal ou la cour qui a prononcé la condamnation.

Et, s'il s'agit de la révocation, après avis du préfet et du procureur de la République de la résidence du libéré.

ART. 4

L'arrestation du libéré conditionnel peut toutefois être provisoirement ordonnée par l'autorité administrative ou judiciaire du lieu où il se trouve, à la charge d'en donner immédiatement avis au Ministre de l'intérieur.

Le Ministre prononce la révocation s'il y a lieu.

L'effet de la révocation remonte au jour de l'arrestation.

ART. 5

La réintégration a lieu pour toute la durée de la peine non subie au moment de la libération.

Si l'arrestation provisoire est maintenue, le temps de sa durée compte pour l'exécution de la peine.

ART. 6

Un règlement d'administration publique déterminera la forme des permis de libération, les conditions auxquelles ils peuvent être soumis et le mode de surveillance spéciale des libérés conditionnels.

L'Administration peut charger les sociétés ou institutions de patronage de veiller sur la conduite des libérés qu'elle désigne spécialement et dans les conditions qu'elle détermine.

TITRE II

Patronage.

ART. 7

Les sociétés ou institutions agréées par l'Administration pour le patronage des libérés reçoivent une subvention annuelle en rapport avec le nombre de libérés réellement patronnés par elles, dans les limites du crédit spécial inscrit dans la loi de finances.

ART. 8

Dans le cas du § 2 de l'article 6, l'Administration alloue à la société ou institution de patronage une somme de 0 fr. 50 par jour pour chaque libéré pendant un temps égal à celui de la durée de la peine restant à courir, sans que cette allocation puisse dépasser 100 francs.

DISPOSITION TRANSITOIRE

DISPOSITION TRANSITOIRE

Art. 9

Avant qu'il ait pu être pourvu à l'exécution des articles premier, 2 et 6, en ce qui touche la mise en pratique du régime d'amendement et le règlement d'administration publique à intervenir, la libération conditionnelle pourra être prononcée à l'égard des condamnés qui en auront été reconnus dignes dans les cas prévus par la présente loi, trois mois au plus tôt après sa promulgation.

TITRE III

Réhabilitation.

Art. 10

Les articles 630, 631 et 632 du Code d'instruction criminelle sont supprimés.
Les articles 621, 623, 624, 628, 629, 633 et 634 du même Code sont modifiés ainsi qu'il suit :

« *Art. 621.* — Le condamné à une peine afflictive ou infamante ne peut être admis à demander sa réhabilitation s'il n'a résidé dans le même arrondissement depuis cinq années, et pendant les deux dernières dans la même commune.

« Le condamné à une peine correctionnelle ne peut être admis à demander sa réhabilitation s'il n'a résidé dans le même arrondissement pendant trois années, et pendant les deux dernières dans la même commune.

« Les condamnés qui ont passé tout ou partie de ce temps sous les drapeaux, ceux que leur profession oblige à des déplacements inconciliables avec une résidence fixe, pourront être affranchis de cette condition s'ils justifient, les premiers, d'attestations suffisantes de leurs chefs militaires, les seconds, de certificats de leurs patrons ou chefs d'administration constatant leur bonne conduite.

« Ces attestations et certificats sont délivrés dans les conditions de l'article 624.

« *Art. 623.* — Il doit, sauf le cas de prescription, justifier du paiement des frais de justice, de l'amende et des dommages-intérêts ou de la remise qui ui en a été faite.

« A défaut de cette justification, il doit établir qu'il a subi le temps de contrainte par corps déterminé par la loi, ou que la partie lésée a renoncé à ce moyen d'exécution.

« S'il est condamné pour banqueroute frauduleuse, il doit justifier du paiement du passif de la faillite en capital, intérêts et frais, ou de la remise qui lui en a été faite.

« Néanmoins, si le demandeur justifie qu'il est hors d'état de se libérer des frais de justice, la Cour peut accorder la réhabilitation même dans le cas où ces frais n'auraient pas été payés ou ne l'auraient été qu'en partie.

« En cas de condamnation solidaire, la cour fixe la part des frais de justice, des dommages-intérêts ou du passif qui doit être payée par le demandeur.

« Si la partie lésée ne peut être retrouvée, ou si elle refuse de recevoir, il est fait dépôt de la somme due à la Caisse des dépôts et consignations dans la forme des articles 812 et suivants du Code de procédure civile : si la partie ne se présente pas dans un délai de cinq ans, pour se faire attribuer la somme consignée, cette somme est restituée au déposant sur sa simple demande.

« *Art. 624.* — Le procureur de la République provoque des attestations des maires des communes où le condamné a résidé, faisant connaître :

« 1° La durée de sa résidence dans chaque commune, avec indication du jour où elle a commencé et de celui où elle a fini :

« 2° Sa conduite pendant la durée de son séjour ;

« 3° Ses moyens d'existence pendant le même temps.

« Ces attestations doivent contenir la mention expresse qu'elles ont été rédigées pour servir à l'appréciation de la demande en réhabilitation.

« Le procureur de la République prend, en outre, l'avis des juges de paix des cantons et celui des sous-préfets des arrondissements où le condamné a résidé.

« *Art. 628.* — La Cour, le procureur général et la partie ou son conseil entendus, statue sur la demande.

« *Art. 629.* — En cas de rejet, une nouvelle demande ne peut être formée avant l'expiration d'un délai de deux années.

« *Art. 633.* — Si la réhabilitation est prononcée, un extrait de l'arrêt est adressé par le procureur général à la Cour ou au tribunal qui a prononcé la condamnation pour être transcrit en marge de la minute de l'arrêt ou du jugement. Mention en est faite au casier judiciaire. Les extraits délivrés aux parties ne doivent pas relever la condamnation.

« Le réhabilité peut se faire délivrer une expédition de la réhabilition et un extrait du casier judiciaire sans frais.

« *Art. 634.* — La réhabilitation efface la condamnation et fait cesser pour l'avenir toutes les incapacités qui en résultaient.

« Les interdictions prononcées par l'article 612 du Code de commerce sont maintenues, nonobstant la réhabilitation obtenue en vertu des dispositions qui précèdent.

« Les individus qui sont en état de récidive légale, ceux qui, après avoir obtenu la réhabilitation, auront encouru une nouvelle condamnation, ne seront admis au bénéfice des dispositions qui précèdent qu'après un délai de dix années écoulées depuis leur libération.

« Néanmoins, les récidivistes qui n'auront subi aucune peine afflictive ou infamante et les réhabilités qui n'auront encouru qu'une condamnation à une peine correctionnelle seront admis au bénéfice des dispositions qui précèdent après un délai de six années écoulées depuis leur libération. »

Art. 11

La prés ente loi est applicable aux colonies, sous réserve des dispositions des lois ou règlements spéciaux relatifs à l'exécution de la peine des travaux forcés.

Art. 12

Un rapport sur l'exécution de la présente loi. en ce qui touche la libération conditionnelle. sera présenté chaque année par le Ministre de l'intérieur à M. le Président de la République.

La présente loi, délibérée et adoptée par le Sénat et par la Chambre des députés, sera exécutée comme loi de l'État.

Fait à Mont-sous-Vaudrey, le 14 août 1885.

JULES GRÉVY.

Par le Président de la République :

Le Ministre de l'intérieur,

H. ALLAIN-TARGÉ.

DÉCRET *portant règlement d'administration publique pour l'application de la loi du 27 mai 1885 sur la relégation des récidivistes.*

(Du 26 novembre 1885.)

LE PRÉSIDENT DE LA RÉPUBLIQUE FRANÇAISE.

Sur le rapport du Président du Conseil. Garde des sceaux, Ministre de la justice, du Ministre de l'intérieur et du Ministre de la marine et des colonies :
Vu les articles premier, 14. 18, 20 et 21 de la loi du 27 mai 1885 :
Le Conseil d'État entendu,

DÉCRÈTE :

TITRE PREMIER

ARTICLE PREMIER

La relégation est individuelle ou collective.

Art. 2

La relégation individuelle consiste dans l'internement, en telle colonie ou possession française déterminée, des relégués admis à y résider en état de liberté, à la charge de se conformer aux mesures d'ordre et de surveillance qui seront prescrites en exécution de l'article premier de la loi du 27 mai 1885. Ces relégués sont soumis dans la colonie au régime du droit commun et aux juridictions ordinaires.

Sont admis à la relégation individuelle, après examen de leur conduite, les relégués qui justifient de moyens honorables d'existence, notamment par l'exercice de professions ou de métiers, ceux qui sont reconnus aptes à recevoir des concessions de terre et ceux qui sont autorisés à contracter des engagements de travail ou de service pour le compte de l'État, des colonies ou des particuliers.

Art. 3

La relégation collective consiste dans l'internement, sur un territoire déterminé, des relégués qui n'ont pas été, soit avant, soit après leur envoi hors de France, reconnus aptes à bénéficier de la relégation individuelle.

Ces relégués sont réunis dans des établissements où l'Administration pourvoit à leur subsistance et où ils sont astreints au travail.

Ils sont justiciables, pour la répression des crimes ou délits, d'une juridiction spéciale qui sera organisée par un règlement d'administration publique.

Art. 4

La relégation individuelle sera subie dans les diverses colonies ou possessions françaises.

La relégation collective s'exécutera dans les territoires de la colonie de la Guyane et, si les besoins l'exigent, de la Nouvelle-Calédonie ou de ses dépendances, qui seront déterminés et délimités par décrets.

Des règlements d'administration publique pourront désigner ultérieurement d'autres lieux de relégation collective.

Il peut être envoyé temporairement, sur le territoire des diverses colonies, des groupes ou détachements de relégués à titre collectif, pour être employés sur les chantiers de travaux publics.

La désignation des colonies où seront envoyés ces relégués, des travaux en vue desquels aura lieu cet envoi, l'organisation des groupes et détachements, seront déterminés par décrets rendus en Conseil d'État.

Art. 5

Les mêmes établissements et les mêmes circonscriptions territoriales ne doivent, en aucun cas, être affectés concurremment à la relégation collective et à la transportation.

Art. 6

Il est procédé pour l'admission au bénéfice de la relégation individuelle de la manière suivante :

Le parquet près la cour ou le tribunal ayant prononcé la relégation, le préfet du département où résidait le relégable avant sa dernière condamnation, le directeur soit de l'établissement, soit de la circonscription pénitentiaire où le relégable se trouvait détenu en dernier lieu, sont appelés à donner leur avis.

Des médecins, désignés par le Ministre de l'intérieur, examinent l'état de santé, et les aptitudes physiques du relégable et consignent leurs constatations et leurs avis dans des rapports.

Le dossier est transmis à une commission spéciale, dite « commission de classement », sur les propositions de laquelle le Ministre de l'intérieur statue définitivement.

ART. 7

La commission de classement est constituée par décret sur le rapport du Ministre de l'intérieur, après entente avec ses collègues de la justice et de la marine et des colonies.

Elle est composée de sept membres :

Un conseiller d'État choisi parmi les conseillers d'État, en service ordinaire, président ;

Deux représentants de chacun des trois Départements de la justice, de l'intérieur et de la marine et des colonies.

La commission élit son vice-président.

Un secrétaire, désigné par le Ministre de l'intérieur, est chargé de la rédaction des procès-verbaux et de la conservation des archives.

La commission ne peut délibérer que lorsque quatre de ses membres au moins sont présents.

Les délibérations sont prises à la majorité des voix ; en cas de partage, la voix du président est prépondérante.

ART. 8

En ce qui concerne les condamnés dont la peine a été subie dans une colonie, il est statué définitivement par décision du Ministre de la marine et des colonies, après avis du Gouverneur et du conseil de santé, sur les propositions d'une commission de classement nommée par le Gouverneur. Cette commission est composée : d'un magistrat, président, et de deux membres chargés de représenter, l'un la direction de l'intérieur, et l'autre les services pénitentiaires.

ART. 9

Lorsqu'un relégué, subissant la relégation collective, se trouve dans les conditions énoncées dans l'article 2 du présent décret, il peut demander à être admis au bénéfice de la relégation individuelle. Cette demande est soumise à la procédure réglée par l'article 8 et transmise au Ministre de la marine et des colonies, qui statue définitivement. Cette décision est portée à la connaissance du Ministre de la justice et du Ministre de l'intérieur.

ART. 10

Le bénéfice de la relégation individuelle peut être retiré au relégué :

1° En cas de nouvelle condamnation pour crime ou délit ;

2° Pour inconduite notoire ;

3° Pour violation des mesures d'ordre et de surveillance auxquelles le relégué était soumis ;

4° Pour rupture volontaire et non justifiée de son engagement ;

5° Pour abandon de sa concession.

Le retrait est prononcé définitivement par le Ministre de la marine et des
colonies, sur la proposition du Gouverneur, après avis de la commission instituée par l'article 8. Cette décision est portée à la connaissance du Ministre
de la justice et du Ministre de l'intérieur.

ART. 11

Avant le départ des relégués, le Ministre de l'intérieur peut, en cas d'urgence
et à titre provisoire, les dispenser de la relégation, pour cause de maladie ou
d'infirmité, sur le rapport du directeur de l'établissement ou de la circonscription pénitentiaire et après avis des médecins chargés du service de santé. La
dispense, conférée à titre provisoire, ne peut durer plus d'une année. Elle ne
peut être renouvelée qu'après avis de la commission de classement instituée
par l'article 7. La dispense ne peut être accordée à titre définitif qu'après l'instruction spéciale prévue à l'article 6 et sur avis conforme de la commission de
classement.

TITRE II

Mesures d'exécution en France.

ART. 12

Il est statué par le Ministre de l'intérieur, après avis du Ministre de la justice, sur la situation des relégables avant qu'ils soient envoyés hors de France,
notamment en ce qui concerne le placement dans les pénitenciers spéciaux,
créés en vertu de l'article 12 de la loi du 27 mai 1885.

ART. 13

Les individus condamnés à la relégation qui sont maintenus pendant tout ou
partie de la durée des peines à subir avant leur envoi hors de France, dans
les divers établissements pénitentiaires normalement destinés à l'exécution de
ces peines, doivent être séparés des détenus non soumis à la relégation.

ART. 14

Les mesures d'ordre à prescrire dans les divers établissements pénitentiaires
ordinaires pour préparer les condamnés à la relégation sont déterminées par
décisions ministérielles.

ART. 15

Les relégables, qui subissent tout ou partie de leur peine dans les pénitenciers spéciaux créés en vertu de l'article 12 de la loi du 27 mai 1885, y sont
préparés à la vie coloniale. Ils sont soumis au travail dans des ateliers ou
chantiers organisés, autant que possible, en vue d'un apprentissage industriel
ou agricole.

Ils peuvent y être répartis en groupes et en détachements d'ouvriers ou de pionniers pour l'emploi éventuel de leur main-d'œuvre aux colonies.

Aucun contact ne doit exister entre les relégables et la population libre,

Le temps de séjour dans les pénitenciers spéciaux est compté pour l'accomplissement des peines à subir avant l'envoi en relégation.

Art. 16

La création et l'installation de chacun de ces établissements, l'affectation des emplacements, des bâtiments, des domaines et terrains nécessaires sont ordonnés par décrets, après avis du Conseil supérieur des prisons.

Les pénitenciers spéciaux relèvent de l'Administration pénitentiaire métropolitaine, sont placés sous l'autorité du Ministre de l'intérieur et soumis aux mêmes conditions générales de gestion et de contrôle que les autres établissements pénitentiaires.

Art. 17

La répartition et le classement des relégables dans les pénitenciers sont effectués d'après leur conduite, leurs antécédents, leurs aptitudes et leur destination éventuelle.

Il sera tenu compte, dans le règlement intérieur, des différences de traitement qu'implique la nature même de la peine restant à subir aux condamnés avant la relégation, sans qu'il y ait à séparer nécessairement ceux qui, par la dernière condamnation encourue, appartiennent à des catégories pénales différentes.

Toutefois les relégables qui subissent dans les pénitenciers spéciaux la peine des travaux forcés ne peuvent être mis en commun, pendant la durée de cette peine, avec les relégables appartenant à d'autres catégories pénales.

Art. 18

Les relégables ayant accompli la durée des peines à subir avant la relégation peuvent être maintenus en dépôt dans les établissements pénitentiaires ordinaires ou dans les pénitenciers spéciaux jusqu'à leur départ pour les lieux de relégation, notamment pendant l'instruction sur les causes de dispense et pendant la durée des dispenses accordées à titre provisoire,

Art. 19

Les relégables maintenus en dépôt sont astreints aux conditions de discipline et de travail arrêtées pour chaque établissement, mais avec les différences de régime que comporte leur situation comparée à celle des condamnés relégables en cours de peine.

Il est tenu compte à chacun des relégables, maintenu au dépôt, de la valeur du produit de son travail, déduction faite d'une part à retenir à titre de compensation pour les dépenses occasionnées par lui dans l'établissement, notamment pour son entretien, et sous réserve des prescriptions réglementaires concernant le mode d'emploi du pécule ainsi que la disposition de l'avoir.

La retenue ne peut dépasser le tiers du produit du travail.

ART. 20

Il sera organisé, comme pénitenciers spéciaux de relégation pour les femmes, des établissements ou quartiers distincts, dans lesquels la discipline, le régime et les travaux seront appropriés à leur situation, d'après les règles générales édictées au présent décret.

ART. 21

Les décrets et arrêtés réglementaires nécessaires à l'exécution des articles 14, 15, 19 et 20 ne seront rendus qu'après avis du Conseil supérieur des prisons.

ART. 22

Le transfèrement des relégables aux colonies avant l'expiration des peines à subir en France, conformément à l'article 12 de la loi du 27 mai 1885, est autorisé par le Ministre de l'intérieur, après avis du Ministre de la justice et du Ministre de la marine et des colonies.

ART. 23

Dans tous les cas où il y a lieu d'effectuer le transfèrement des relégables hors de France, les décisions dont ils ont été l'objet sont transmises au Ministre de la marine et des colonies.

Celui-ci, après avis du Ministre de l'intérieur et de la commission de classement instituée par l'article 6, désigne soit le territoire où doit être envoyé chaque condamné soumis à la relégation collective, soit la colonie ou la possession française où sera interné le condamné admis au bénéfice de la relégation individuelle.

ART. 24

Les décisions du Ministre de la marine et des colonies et du Ministre de l'intérieur sont notifiées aux condamnés. Ceux qui sont admis à la relégation individuelle reçoivent, en outre, notification des mesures d'ordre et de surveillance qui feront l'objet d'un règlement ultérieur, conformément à l'article premier de la loi du 27 mai 1885.

ART. 25

Les opérations et les époques d'embarquement des relégables sont arrêtées de concert entre les Ministres chargés de l'exécution de la loi.

ART. 26

Le Ministre de la marine et des colonies fournit tous les six mois au Ministre de l'intérieur, pour chacune des colonies ou possessions françaises, des renseignements et documents permettant d'établir les offres et les besoins de travail qui se produisent, ainsi que le nombre et les catégories de relégables qui peuvent trouver emploi dans les services, ateliers, exploitations ou chantiers, soit publics, soit particuliers.

TITRE III

Mesures d'exécution aux colonies.

ART. 27

Après leur embarquement et jusqu'à leur arrivée au lieu de relégation, les relégables sont maintenus en état de dépôt. Ils sont, en outre, soumis aux conditions d'ordre et aux règles disciplinaires déterminées par le Ministre de la marine et des colonies.

Lorsque l'envoi hors de France, précède l'expiration des peines, la durée du transfèrement est comptée pour l'accomplissement de ces peines.

ART. 28

A leur arrivée, ou durant leur séjour dans la colonie, les femmes envoyées en relégation individuelle peuvent, soit sur leur demande, soit d'office, lorsque des moyens honorables d'existence leur font défaut, être placées dans des maisons d'assistance et de travail où il est pourvu à leurs besoins.

Elles peuvent y être maintenues jusqu'à ce qu'elles aient trouvé à s'engager ou à s'établir dans des conditions suffisantes de bon ordre et de moralité.

ART. 29

Un arrêté du Gouverneur, approuvé par le Ministre de la marine et des colonies déterminera, les facilités à donner aux femmes reléguées pour se procurer du travail et des moyens d'établissement dans la colonie.

Un réglement d'aministration publique fixera les avantages particuliers qui pourront leur être accordés en argent ou en concession de terres, en avance de premier établissement, en dons ou prêts d'outils, d'instruments et de tous objets nécessaires à une exploitation commerciale industrielle ou agricole. Ces divers avantages pourront être consentis, tant au profit des conjoints et des enfants à naître qu'au profit des femmes reléguées.

ART. 30

Les femmes qui ont été envoyées en relégation collective peuvent obtenir les facilités et avantages ci-dessus, lorsqu'elles justifient d'une bonne conduite et d'aptitudes suffisantes.

ART. 31

Il sera organisé, sur les territoires affectés à la relégation collective, des dépôts d'arrivée et de préparation où seront reçus et provisoirement maintenus les relegués à titre collectif.

Ces dépôts pourront comprendre des ateliers, chantiers et exploitations où seront placés les relégués pour une période d'épreuve et d'instruction.

Les relégués y seront formés, soit à la culture, soit à l'exercice d'un métier ou d'une profession, en vue des engagements de travail ou de service à contracter et des concessions de terre à obtenir selon leurs aptitudes et leur conduite.

Art. 32

Les relégués qui n'ont pas été admis à la relégation individuelle soit avant leur départ de France, soit pendant leur séjour dans les dépôts de préparation, sont envoyés dans des établissements de travail.

Ces établissements peuvent consister en ateliers, chantiers de travaux publics, exploitations forestières, agricoles ou minières.

Les relégués sont répartis entre ces établissements d'après leurs aptitudes, leurs connaissances, leur âge et leur état de santé.

L'Administration peut toujours les admettre, sur leur demande, à revenir dans les dépôts de préparation pour une période d'épreuve et d'instruction.,

Art. 33

Sur autorisation du Gouverneur et sous les conditions fixées par lui dans des règlements transmis immédiatement au Ministre de la marine et des colonies et communiqués aux Ministres de la justice et de l'intérieur, des établissements, exploitations et domaines particuliers peuvent être assimilés aux établissements publics que mentionne le précédent article, pour fournir du travail et des moyens de subsistance aux condamnés soumis à la relégation collective.

Il peut, en conséquence, être envoyé et maintenu dans ces établissements privés des groupes ou détachements de relégués qui demeurent placés sous la surveillance des agents de l'État et qui sont soumis au même régime et aux mêmes règles disciplinaires que dans les établissements publics de travail.

Art. 34

Les relégués qui, sans avoir perdu le bénéfice de la relégation individuelle, en vertu de l'article 10 du présent décret, se trouvent dans l'impossibilité de pourvoir à leur subsistance, peuvent, sur leur demande, être temporairement employés par les soins de l'Administration dans les exploitations, ateliers ou chantiers.

Art. 35

Les relégués qui sont employés dans des établissements affectés à la relégation collective sont rémunérés en raison de leur travail, sous réserve d'une retenue à opérer pour la dépense occasionnée par chacun d'eux, notamment pour les frais d'entretien. Cette retenue ne peut excéder le tiers du produit de la rémunération.

Art. 36

Les relégués placés dans un de ces mêmes établissements peuvent recevoir du dehors des offres d'occupation et d'emploi et justifier d'engagements de travail ou de service pour être autorisés à quitter l'établissement.

Ils peuvent de même être admis à bénéficier de concession de terre, à raison de leur conduite et de leurs aptitudes.

Les autorisations d'engagement et les concessions n'entraînent pas de plein droit l'admission au bénéfice de la relégation individuelle, qui doit être demandée et obtenue conformément à l'article 9 du présent décret.

ART. 37

Les peines de la réclusion et de l'emprisonnement prononcées contre les relégués pour crimes et délits, par quelque juridiction que ce soit, doivent être subies sans délai, à défaut de prison proprement dites, dans des locaux fermés, spécialement destinés à cet effet, sans réunion ou contact des condamnés, ni avec la population libre, ni avec les relégués non condamnés.

ART. 38

Les châtiments corporels sont et demeurent interdits à l'égard des relégués.

ART. 39

Les commissions de classement, instituées par les articles 7 et 8 du présent décret, sont appelées à donner leur avis avant qu'il soit statué sur la situation des relégués et sur les mesures qui les concernent, spécialement aux cas prévus par les articles 31 à 36.

Le conseil de santé de la colonie est consulté sur toutes les questions intéressant le régime et l'hygiène des relégués.

ART. 40

Les relégués ont toujours le droit d'adresser leurs demandes et réclamations par plis fermés, soit aux autorités administratives ou judiciaires de la colonie où ils sont internés, soit aux Ministres de la marine et des colonies et de la justice.

Ces demandes et réclamations doivent être transmises indistinctement et sans retard à destination par les soins des fonctionnaires et agents chargés des services de la relégation.

ART. 41

Les Ministres de la justice, de l'intérieur, de la marine et des colonies sont chargés, chacun en ce qui le concerne, de l'exécution du présent décret, qui sera inséré au *Bulletin des lois*, au *Bulletin officiel de la marine* et aux *journaux officiels de la métropole et des colonies*.

Fait à Paris, le 26 novembre 1885.

JULES GRÉVY.

Par le Président de la République :

Le Président du Conseil, Garde des sceaux,
Ministre de la justice,
HENRI BRISSON.

Le Ministre de l'intérieur,
H. ALLAIN-TARGÉ.

Le Ministre de la marine et des colonies,
GALIBER.

RAPPORT AU PRÉSIDENT DE LA RÉPUBLIQUE FRANÇAISE, *suivi d'un* DÉCRET *désignant l'île des Pins (Nouvelle-Calédonie) comme lieu de relégation collective.*

(Du 20 août 1886.)

(Ministère de la marine et des colonies; — Administration des colonies; — Sous-direction politique: *Bureau de l'Administration pénitentiaire.*)

MONSIEUR LE PRÉSIDENT,

L'article 4, § 2, du décret portant règlement d'administration publique pour l'application de la loi du 27 mai 1885, sur la relégation des récidivistes, dispose que la relégation collective s'exécutera dans les territoires de la colonie de la Guyane et, si les besoins l'exigent, de la Nouvelle-Calédonie ou de ses dépendances qui seront déterminés et limités par décret.

Bien que l'état sanitaire de la première de ces colonies, éprouvée par la fièvre jaune depuis le mois de septembre de l'année dernière se soit sensiblement amélioré, il n'est pas possible, pour le moment, d'y envoyer des récidivistes. Comme il y a lieu, d'autre part, d'appliquer sans délai les dispositions de la loi du 27 mai 1885, j'ai l'honneur de soumettre à votre haute sanction le projet de décret ci-joint qui désigne l'île des Pins (dépendance de la Nouvelle-Calédonie) pour recevoir un certain nombre de relégués à titre collectif.

Veuillez agréer, Monsieur le Président, l'hommage de mon profond respect.

Le Ministre de la marine et des colonies,
AUBE.

DÉCRET

(Du 20 août 1886.)

LE PRÉSIDENT DE LA RÉPUBLIQUE FRANÇAISE,

Sur le rapport du Ministre de la marine et des colonies;

Vu la loi du 27 mai 1885 sur les récidivistes;

Vu l'article 4, § 2, du décret du 26 novembre 1885, portant règlement d'administration publique pour l'application de la loi du 27 mai 1885 sur la relégation des récidivistes;

Vu le décret du 16 août 1884, délimitant le domaine pénitentiaire à la Nouvelle-Calédonie,

DÉCRÈTE:

ARTICLE PREMIER

L'île des Pins (dépendance de la Nouvelle-Calédonie) est désignée pour recevoir les relégués collectifs.

Art. 2

Le Ministre de la marine et des colonies est chargé de l'exécution du présent décret, qui sera inséré au *Bulletin des lois*, au *Journal officiel* et au *Bulletin officiel de la marine*.

Fait à Mont-sous-Vaudrey, le 20 août 1886.

JULES GRÉVY.

Par le Président de la République:

Le Ministre de la marine et des colonies,

AUBE.

RAPPORT AU PRÉSIDENT DE LA RÉPUBLIQUE FRANÇAISE, *suivi d'un* DÉCRET *conforme désignant une partie du territoire pénitentiaire du Maroni (Guyane française) comme lieu d'internement des relégués collectifs.*

(Du 24 mars 1887.)

MONSIEUR LE PRÉSIDENT,

Le décret du 26 novembre 1885, portant règlement d'administration publique pour l'application de la loi sur la relégation des récidivistes, a désigné comme lieu de relégation collective les territoires de la colonie de la Guyane et, si les besoins l'exigent, de la Nouvelle-Calédonie et de ses dépendances qui seront déterminés par décret.

C'est en exécution de la disposition qui précède que l'île des Pins a été, par décret du 20 août 1886, affectée au service de la relégation collective.

Il reste aujourd'hui à déterminer et à délimiter les portions du territoire de la Guyane qui doivent recevoir la même destination.

La relégation collective et la transportation ne pouvant, d'après l'article 5 du décret du 26 novembre, être réunies dans les mêmes circonscriptions territoriales, il y a lieu de distraire du domaine pénitentiaire de la Guyane, constitué en vertu du décret du 5 décembre 1882, une partie qui sera exclusivement réservée aux besoins de la relégation.

J'ai saisi cette occasion pour rectifier une erreur qui s'était glissée dans la rédaction du décret du 5 décembre 1882, en ce qui concerne la limite est du domaine pénitentiaire. Cet acte indiquait que la ligne partant du point A, situé sur la côte, devait suivre une direction nord-est, tandis que tous les documents préparatoires donnent à cette ligne une direction véritable de nord-sud.

Enfin, il m'a paru nécessaire de modifier l'article premier du décret du 16 mars 1880, portant création de la commune pénitentiaire du Maroni, et de ne maintenir dans les limites de cette commune que la partie du territoire affectée à la transportation.

J'ai l'honneur, en conséquence, de soumettre à votre haute sanction le projet de décret ci-joint.

Veuillez agréer, Monsieur le Président, l'hommage de mon profond respect.

Le Ministre de la marine et des colonies,

AUBE.

DÉCRET

(Du 24 mars 1887.)

LE PRÉSIDENT DE LA RÉPUBLIQUE FRANÇAISE,

Vu l'article 18 du sénatus-consulte du 3 mai 1854;

Vu la loi du 30 mai 1854 sur l'exécution de la peine des travaux forcés ;

Vu le décret du 30 mai 1860 affectant une partie du territoire de la Guyane française aux besoins de la transportation.

Vu le décret du 16 mars 1880 portant création de la commune pénitentiaire du Maroni;

Vu le décret du 5 décembre 1882 délimitant le territoire pénitentiaire de la commune du Maroni à la Guyane;

Vu la loi du 27 mai 1887 sur les récidivistes;

Vu l'article 4, § 2. du décret du 26 novembre 1885 portant règlement d'administration publique pour l'application de la loi du 27 mai 1885 sur la relégation des récidivistes;

Sur le rapport du Ministre de la marine et des colonies.

DÉCRÈTE :

ARTICLE PREMIER

La partie du territoire de la Guyane française réservée aux besoins du service pénitentiaire est bornée conformément au plan annexé au présent décret, au nord par la mer, à l'ouest par le Maroni jusqu'au saut Hermina, à l'est par une ligne tracée dans la direction nord-sud en partant du point A situé sur la côte à égale distance de l'embouchure du Maroni et de celle de la Mana, au sud par une ligne ouest et est partant du saut Hermina.

ART. 2

Le territoire spécialement affecté à la relégation des récidivistes est borné à l'ouest par le Maroni entre l'embouchure de la crique Baleté et le saut Hermina, au sud par la ligne ouest et est jusqu'au point B, à l'est par une ligne sud-nord jusqu'au point C, et au nord par une ligne est et ouest allant rejoindre la source de la crique Baleté au point D et par la crique Baleté jusqu'au Maroni.

ART. 3

Toute la partie du territoire pénitentiaire, comprise entre l'embouchure de la crique Baleté, le Maroni, la mer jusqu'au point A, la ligne AB jusqu'au point C et la ligne CD, reste affectée au service de la transportation et constitue la circonscription de la commune pénitentiaire du Maroni.

ART. 4

Sont abrogées les dispositions du décret du 5 décembre 1882 en ce qu'elles ont de contraire au présent décret.

Art. 5

Le Ministre de la marine et des colonies est chargé de l'exécution du présent décret, qui sera inséré au *Journal officiel de la République française* au *Bulletin des lois* et au *Bulletin officiel de l'administration des colonies*.

Fait à Paris, le 24 mars 1887.

JULES GRÉVY.

Par le Président de la République:

Le Ministre de la marine et des colonies,

AUBE.

DÉCRET *affectant au service de la relégation une section spéciale du corps militaire des surveillants des établissements pénitentiaires.*

(Du 24 mars 1887.)

(Administration des colonies; — 2ᵉ Division; — 1ᵉ Bureau: *Administration pénitentiaire colonisation pénale.*)

Vu la loi du 27 mai 1885 sur la relégation des récidivistes;

Vu le décret du 26 novembre 1885, portant règlement d'administration publique pour l'application de la loi susvisée;

Vu le décret du 20 novembre 1867 réorganisant le corps militaire des surveillants des établissements pénitentiaires aux colonies;

Sur le rapport du Ministre de la marine et des colonies,

DÉCRÈTE:

ARTICLE PREMIER

Une section spéciale du corps militaire des surveillants des établissements pénitentiaires aux colonies est chargé du service de police et de sûreté dans les lieux affectés à la relégation des récidivistes.

Art. 2

L'uniforme et les signes distinctifs des surveillants affectés à la relégation seront réglés par décision ministérielle.

Art. 3

Le Ministre de la marine et des colonies est chargé de l'exécution du présent décret, qui sera inséré au *Journal officiel de la République française,* au *Bulletin des lois* et au *Bulletin officiel de l'administration des colonies*.

Fait à Paris, le 24 mars 1887.

JULES GRÉVY.

Par le Président de la République:

Le Ministre de la marine et des colonies,

AUBE.

RAPPORT AU PRÉSIDENT DE LA RÉPUBLIQUE FRANÇAISE, *suivi d'un* DÉCRET *concernant la curatelle d'office des successions et biens vacants des individus condamnés à la relégation.*

(Du 11 juillet 1887.)

Administration des colonies ; — 2ᵉ Division ; — 4ᵉ Bureau : *Administration pénitentiaire. Guyane* et *Nouvelle-Calédonie.*)

MONSIEUR LE PRÉSIDENT,

La mise en vigueur des dispositions de la loi du 27 mai 1885, concernant la relégation, impose au Gouvernement le devoir de réglementer les divers détails du régime intérieur de ce nouveau service. Dans cet ordre d'idées et en vue de sauvegarder les intérêts des familles des récidivistes qui viendront à décéder dans les colonies pénitentiaires, il convient de déterminer, dès maintenant, dans quelles conditions et par quelle autorité les successions de ces individus devront être appréhendées.

Le décret du 4 septembre 1879 qui règle le mode suivant lequel sont gérées les successions des déportés et des transportés en cours de peine ayant donné jusqu'ici de bons résultats, j'ai pensé qu'il pourrait y avoir avantage à en étendre les dispositions aux relégués. Il convient de remarquer, en effet, que, comme le décret précité du 4 septembre 1879 a été appliqué à des hommes subissant une condamnation politique, on peut, sans inconvénient, en faire application aux relégués qui ont tous encouru des peines nombreuses de droit commun. Il y a lieu de considérer, en outre, que la plupart des relégués ne laisseront à leur décès que des sommes minimes pour la curatelle desquelles il est nécessaire d'employer des procédés sommaires et peu coûteux, ainsi que cela se pratique déjà pour les transportés.

Pour ces motifs, j'ai l'honneur de vous prier, Monsieur le Président, de vouloir bien revêtir de votre signature le décret ci-joint, qui rend applicables aux successions des relégués les dispositions du décret du 4 septembre 1879.

Je vous prie d'agréer, Monsieur le Président, l'hommage de mon profond respect.

Le Ministre de la marine et des colonies,
E. BARBEY.

DÉCRET

(Du 11 juillet 1887.)

LE PRÉSIDENT DE LA RÉPUBLIQUE FRANÇAISE,

Vu le décret du 4 septembre 1879, concernant la curatelle d'office des successions et biens vacants des déportés et transportés en cours de peine ;

Vu la loi du 27 mai 1885 sur la relégation des récidivistes

Vu le décret du 26 novembre 1885 portant règlement d'administration publique pour l'application de la loi du 27 mai 1885 sur la relégation des récidivistes;

Sur le rapport du Ministre de la marine et des colonies,

DÉCRÈTE :

ARTICLE PREMIER

Les dispositions du décret du 4 septembre 1879, concernant la curatelle d'office des successions et biens vacants des déportés et transportés en cours de peine, sont rendues applicables aux successions et biens vacants des individus condamnés à la relégation.

ART. 2

Le Ministre de la marine et des colonies est chargé de l'exécution du présent décret, qui sera inséré au *Bulletin des lois* et au *Bulletin officiel de l'administration des colonies.*

Fait à Paris, le 11 juillet 1887.

JULES GRÉVY.

Par le Président de la République:

Le Ministre de la marine et des colonies,

E. BARBEY.

DÉCRET *portant organisation du régime disciplinaire des relégués collectifs aux colonies.*

(Du 22 août 1887.)

(Administration des colonies; — 1re Division; — 2e Bureau: *Guyane et Nouvelle-Calédonie.*)

LE PRÉSIDENT DE LA RÉPUBLIQUE FRANÇAISE.

Sur le rapport du Ministre de la marine et des colonies;

Vu la loi du 27 mai 1885 sur la relégation des récidivistes et notamment l'article 18 ;

Vu le décret du 26 novembre 1885, portant règlement d'administration publique pour l'application de la loi du 27 mai 1885;

Vu l'avis du Ministre de l'intérieur;

Le Conseil d'État entendu,

DÉCRÈTE :

CHAPITRE PREMIER

Des punitions disciplinaires.

ARTICLE PREMIER

Les relégués collectifs maintenus dans les dépôts de préparation et dans les établissements de travail sont soumis aux règles de discipline suivantes:

ART. 2

Sont punis disciplinairement les faits et actes ci-dessous désignés:

Détention de toutes sommes d'argent ou valeurs quelconques;

Inconvenances, insolences, insultes ou menaces envers un agent ou un fonctionnaire;

Mutinerie et rébellion;

Larcins;

Paresse ou mauvaise volonté au travail;

Refus d'obéir ou de travailler;

Ivresse, rixe, coups et violences entre relégués;

Lacération volontaire d'effets réglementaires;

Actes d'immoralité;

Jeu d'argent et généralement toutes infractions aux règlements.

ART. 3

Les punitions disciplinaires infligées aux relégués sont les suivantes :

1° Interdiction des suppléments de nourriture à la cantine;

2° Privation d'une partie du salaire n'excédant pas le tiers du produit total du travail;

3° Prison de nuit;

4° Cellule;

5° Cachot;

ART. 4

Les punitions pour une même faute ne peuvent dépasser :

Un mois pour l'interdiction de la cantine;

Un mois pour la réduction du salaire;

Un mois pour la prison de nuit;

Un mois pour la cellule;

Quinze jours pour le cachot.

En cas de nouvelle infraction dans les trois mois, ces punitions peuvent être doublées.

ART. 5

Les relégués qui sont punis de cellule ou de cachot couchent sur un lit de camp.

Ils sont enfermés isolément.

Ils sont autorisés à se promener dans un préau, une heure le matin et une heure le soir sous la conduite de surveillants.

Ils sont chargés d'un travail dans l'intérieur de leur cellule d'après une tâche déterminée.

Ils ne touchent pas de pécule disponible.

Les jeux de toute sorte sont interdits.

Ils peuvent être punis, en outre, d'une des peines suivantes:

Suppression de salaire;

Interdiction de recevoir des visites ou d'écrire, en dehors des conditions prévues par l'article 40 du décret du 26 novembre 1885.

Art. 6

Les relégués punis de cellule sont mis au pain sec un jour sur trois; la punition du cachot entraine la mise au pain sec deux jours sur trois. Dans ces deux cas, la ration de pain est augmentée, s'il y a lieu.

Art. 7

L'interdiction de supplément de nourriture à la cantine est infligée par les chefs de dépôts ou d'établissements de travail.

Art. 8

La privation de salaire, la prison, la cellule ou le cachot sont infligés par la commission disciplinaire, sans préjudice des mesures nécessaires pour le bon ordre ou la sûreté.

Art. 9

Les surveillants, sauf le cas où ils remplissent les fonctions de chef de dépôt ou d'établissement de travail, ne peuvent prononcer aucune punition; ils se bornent à la demander par un rapport.

Pour les fautes graves et dans l'intérêt de l'ordre et de la discipline, les surveillants peuvent arrêter et mettre préventivement en prison les délinquants. Ils en informent immédiatement l'autorité supérieure.

Art. 10

Toutes les punitions infligées aux relégués sont inscrites sur leur notice.

Un état indiquant le nom du relégué, les motifs, la nature et la durée des punitions est envoyé chaque mois au Ministre de la marine et des colonies.

CHAPITRE II

De la commission disciplinaire.

Art. 11

Il est créé une commission disciplinaire dans chaque dépôt.

Art. 12

La commission est présidée par le fonctionnaire chargé du commandement supérieur, assisté de deux fonctionnaires ou employés de l'Administration pénitentiaire désignés par le Directeur.

Un surveillant militaire remplit les fonctions de greffier.

Tous procès-verbaux, rapports, plaintes ou dénonciations concernant un fait de nature à être déféré au prétoire sont transmis au président.

Art. 13

Le relégué traduit devant la commission est préalablement informé du jour ou il devra y comparaître.

Il lui est donné connaissance du motif pour lequel il est traduit et des dispositions du règlement qui lui sont applicables.

Le président interroge le relégué sur les faits qui lui sont reprochés et entend les personnes qui pourraient fournir des renseignements utiles.

Le relégué est admis à présenter en dernier lieu ses explications.

La décision est prise à la majorité des voix.

Art. 14

La police de la séance appartient au président.

Art. 15

La commission disciplinaire se réunit une fois au moins par semaine.

Elle statue sur les propositions de remise ou réduction de punition et sur la répression des infractions.

Elle examine également les réclamations des relégués et donne son avis qui est transmis au Directeur de l'Administration pénitentiaire.

CHAPITRE III

Du quartier disciplinaire.

Art. 16

Il est créé un quartier de punition où sont envoyés les incorrigibles des divers dépôts et chantiers de la relégation.

La désignation des relégués qui doivent être envoyés au quartier de punition est faite par la commission disciplinaire qui en fixe la durée, sans que celle-ci puisse être supérieure à quatre mois. Il en est rendu compte au Directeur de l'Administration pénitentiaire.

Le fonctionnaire chargé du commandement supérieur peut, avant l'accomplissement de la peine prononcée, ordonner le renvoi du relégué dans les dépôts ou établissements de travail.

Art. 17

A leur arrivée dans le quartier de punition, les relégués sont fouillés. Tout objet dont la possession n'est pas autorisée par les règlements est saisi. Ils sont répartis dans les prisons communes.

Chaque prison est munie d'un lit de camp et de barres de justice.

Art. 18

Le service de sûreté et de garde est confié à des surveillants placés sous l'autorité directe du chef du dépôt de préparation où se trouve le quartier de punition.

Art. 19

Les relégués sont astreints au travail, mais à l'intérieur du quartier.

Art. 20

Ils sont astreints au silence le jour et la nuit, pendant le travail comme pendant le repos.

Sont exceptées de la règle du silence les communications indispensables à l'occasion de leurs travaux ou du service.

Art. 21

Les punitions infligées aux relégués dans les quartiers de punition sont les suivantes :

Privation de promenade de deux à huit jours ;

Cellule à boucle simple de deux jours à un mois ;

Cachot à la double boucle de huit jours à un mois ;

Prolongation de séjour au quartier de quinze jours à un mois.

Art. 22

Toutes ces punitions sont prononcées par la commission disciplinaire, il en est rendu immédiatement compte au Directeur de l'Administration pénitentiaire.

CHAPITRE IV
Dispositions générales.

Art. 23

Les relégués placés soit en cellule, soit au cachot, soit au quartier de punitions sont visités tous les quinze jours au moins par un médecin désigné par le Gouverneur, sans préjudice des visites que celui-ci peut confier aux magistrats, officiers ou fonctionnaires de divers ordres.

A la suite de chaque visite, un rapport est adressé au Gouverneur par l'intermédiaire du fonctionnaire chargé du commandement supérieur et du Directeur de l'Administration pénitentiaire.

Art. 24

Les dispositions de détail sont réglées par des arrêtés du Gouverneur soumis à l'approbation du Ministre de la marine et des colonies.

Art. 25

Le Ministre de la marine et des colonies est chargé de l'exécution du présent décret, qui sera inséré au *Journal officiel de la République française*, au *Bulletin des lois* et au *Bulletin officiel de l'administration des colonies*.

Fait à Mont-sous-Vaudrey, le 22 août 1887.

JULES GRÉVY.

Par le Président de la République :

Le Ministre de la marine et des colonies,
E. BARBEY.

— 312 —

DÉCRET *portant organisation de dépôts de relégués aux colonies.*

(Du 5 septembre 1887.)

Administration des colonies; — 1ʳᵉ Division; — 2ᵉ Bureau : *Guyane et Nouvelle-Calédonie.*)

LE PRÉSIDENT DE LA RÉPUBLIQUE FRANÇAISE,

Sur le rapport du Ministre de l'intérieur et du Ministre de la marine et des colonies;

Vu la loi du 27 mai 1885 sur la relégation des récidivistes et notamment l'article 18;

Vu les articles 3, 31 et 35 du décret du 26 novembre 1885, portant règlement d'administration publique pour l'application de la loi du 27 mai 1885;

Le Conseil d'État entendu,

DÉCRÈTE :

ARTICLE PREMIER

Les dépôts d'arrivée et de préparation, prévus par l'article 21 du décret du 26 novembre 1885, comprennent :

1° Le quartier des relégués;

2° L'hôpital;

3° La prison et les locaux disciplinaires;

4° Les magasins;

5° L'école.

ART. 2

A l'arrivée d'un convoi de relégués, il est procédé à la revue de tout le personnel, par le chef du dépôt et par le médecin.

Les relégués sont immatriculés, par ordre alphabétique, sur les contrôles du dépôt.

A cet effet, chaque condamné doit être accompagné, dans la colonie de l'extrait authentique du jugement qui a prononcé la relégation et d'une notice individuelle indiquant :

1° Son état civil;

2° Son signalement;

3° Sa situation de famille;

4° Le relevé des condamnations encourues et les conditions dans lesquelles elles ont été exécutées;

5° La conduite du relégué dans les différents établissements pénitentiaires où il a subi ses condamnations;

6° Les avis de la commission médicale, du parquet, du Directeur de la circonscription pénitentiaire et du préfet;

7° Les avis de la commission de classement;

8° Les décisions du Ministre de l'intérieur et du Ministre de la marine et des colonies.

ART. 3

La situation des agents sous la surveillance desquels sont placés les relégués collectifs est réglée par un décret rendu sur la proposition du Ministre de la marine et des colonies.

ART. 4

L'État supporte les dépenses de logement, d'habillement, de nourriture et d'hospitalisation.

Le travail des relégués est rétribué par des salaires dont le taux est déterminé par des arrêtés du Gouverneur, rendus en Conseil privé et soumis à l'approbation du Ministre de la marine et des colonies. Ces arrêtés fixent également la proportion de la retenue, prévue par l'article 35 du décret du 26 novembre 1885.

La moitié du produit du travail, déduction faite de la dite retenue, constitue le pécule disponible; l'autre moitié constitue un pécule réservé pour être mis à la disposition du relégué, quand il quitte la relégation collective.

ART. 5

L'habillement des relégués collectifs est uniforme.

La composition du trousseau, la valeur et la durée réglementaire de chaque objet sont fixées par arrêté du Gouverneur approuvé par le Ministre de la marine et des colonies.

ART. 6

Le sac de tout relégué arrivant de France est complété à l'arrivée, s'il y a lieu.

ART. 7

Les relégués sont responsables des effets de couchage et d'habillement qui leur sont délivrés.

ART. 8

Les effets ne sont remplacés qu'à l'expiration de leur durée réglementaire.

En cas de perte ou d'usure anticipée, le commandant du dépôt autorise le remplacement immédiat.

Si la perte ou l'usure anticipée est attribuée à la négligence du relégué, tout ou partie de la dépense est prélevée sur le pécule du relégué, sans préjudice de la peine disciplinaire qui peut être encourue.

ART. 9

Dans le cas où les sommes mises à la charge du relégué, en vertu de l'article précédent, excéderaient le montant du pécule, le relégué peut être assujetti à des heures de travail supplémentaires, dont le maximum et la valeur sont fixés par arrêté du Gouverneur, soumis à l'approbation du Ministre de la marine et des colonies.

ART. 10

La somme mise à la charge du relégué est calculée d'après la valeur attribuée aux effets et d'après le temps qui reste encore à courir, au moment de leur remplacement pour qu'ils atteignent la durée réglementaire.

ART. 11

Les relégués quittant le dépôt par suite de leur passage à la relégation individuelle, peuvent emporter leur sac, leur hamac et leur couverture, mais ils en remboursent la valeur dans les conditions de l'article 10 ci-dessus.

ART. 12

Si les relégués individuels sont réintégrés à la relégation collective, ou s'ils sont employés temporairement, sur leur demande, dans des exploitations, ateliers ou chantiers de l'Administration, les objets de couchage et les effets d'habillement réglementaires leur sont de nouveau délivrés. S'ils ont encore leur sac, la valeur des objets qui le composent est estimée, en tenant compte de l'usure, et le montant en est versé à leur pécule. Le sac est ensuite complété s'il y a lieu.

ART. 13

Le régime de l'alimentation des relégués est déterminé par arrêté du Gouverneur, soumis à l'approbation du Ministre de la marine et des colonies. La ration normale des relégués valides ne comprend ni vin, ni tafia, ni sucre, ni café.

Les relégués peuvent, sur le produit de leur travail, améliorer leur ration, au moyen de bons de cantine.

ART. 14

Des arrêtés locaux assurent l'exécution des règlements et notamment les mesures d'ordre concernant la garde et la surveillance des magasins et des établissements publics, la salubrité, la distribution de l'habillement et des vivres, le service de l'hôpital et des ambulances, celui des prisons et des locaux de punition, et les précautions à prendre contre les évasions et contre l'incendie.

Ces arrêtés sont soumis à l'approbation du Ministre de la marine et des colonies.

ART. 15

Les Ministres de l'intérieur et de la marine et des colonies sont chargés, chacun en ce qui le concerne, de l'exécution du présent décret, qui sera inséré au *Journal officiel de la République française*, au *Bulletin des lois* et au *Bulletin officiel de l'administration des colonies*.

Fait à Mont-sous-Vaudrey, le 5 septembre 1887.

JULES GRÉVY.

Par le Président de la République :

Le Ministre de l'intérieur,　　　　　*Le Ministre de la marine et des colonies,*

FALLIÈRES.　　　　　　　　　　　E. BARBEY.

RAPPORT AU PRÉSIDENT DE LA RÉPUBLIQUE FRANÇAISE, *suivi d'un* DÉCRET *réglant les formalités à remplir pour le mariage des condamnés à la relégation, transférés dans les colonies françaises.*

(Du 11 novembre 1887.)

(Administration des colonies; — 1re Division; — 2e Bureau: *Colonies pénitentiaires, etc.*)

MONSIEUR LE PRÉSIDENT,

L'application des dispositions de la loi du 27 mai 1885 m'a amené à me préoccuper des conditions dans lesquelles pourrait s'accomplir, à l'avenir, le mariage des individus condamnés à la relégation.

Si l'on s'en tenait strictement aux principes posés, en cette matière, par le Code civil, l'Administration serait, dans la plupart des cas, dans l'impossibilité presque absolue de se procurer les pièces de l'état civil, indispensables pour la célébration de ces unions.

Déjà par un décret du 24 mars 1866, les condamnés aux travaux forcés, transportés dans les colonies pénitentiaires, ont été dispensés de quelques-unes des formalités édictées par le Code civil, en matière de mariage. Or, j'estime que les motifs invoqués pour autoriser cette dérogation à la loi sont, *a fortiori*, applicables aux relégués, au sujet desquels l'Administration ne possède pas toujours des renseignements suffisants sur leur état civil et sur le lieu de domicile des ascendants.

En conséquence, après avoir consulté M. le Garde des sceaux, Ministre de la justice, qui a émis un avis favorable, j'ai l'honneur de soumettre à votre haute sanction le projet de décret ci-joint, tendant à dispenser les individus subissant la relégation dans les colonies françaises, des formalités imposées par les articles 151, 152 et 153 du Code civil.

Je vous prie d'agréer, Monsieur le Président, l'hommage de mon profond respect.

Le Ministre de la marine et des colonies,

BARBEY.

DÉCRET

(Du 11 novembre 1887.)

LE PRÉSIDENT DE LA RÉPUBLIQUE FRANÇAISE,

Vu l'article 18 du sénatus consulte du 3 mai 1854;

Vu le décret du 24 mars 1866, réglant les formalités à remplir pour le mariage des condamnés transportés dans les colonies pénitentiaires;

Vu la loi du 27 mai 1885 sur la relégation des récidivistes;

Vu les avis du Garde des sceaux, Ministre de la justice, en date des 3 septembre et 21 octobre 1887;

Sur le rapport du Ministre de la marine et des colonies,

DÉCRÈTE :

ARTICLE PREMIER

Les individus condamnés à la relégation et transférés dans les établissements pénitentiaires créés, dans les colonies françaises, en vertu de la loi du 27 mai 1885, sont, s'ils veulent y contracter mariage, dispensés des obligations imposées par les articles 151, 152 et 153 du Code civil.

ART. 2

Les publications faites dans les colonies seront suffisantes pour la régularité du mariage, même dans le cas où le domicile des parties ne serait pas établi par un séjour de six mois.

ART. 3

Les actes de l'état civil exigés par le Code civil, pour pouvoir contracter mariage, pourront être remplacés soit par un extrait de la feuille matriculaire soit par un acte de notoriété, soit par toute autre pièce jugée suffisante par le Gouverneur, en Conseil privé.

ART. 4

Le Ministre de la Marine et des colonies est chargé de l'exécution du présent décret, qui sera inséré au *Journal officiel de la République française*, au *Bulletin des lois* et au *Bulletin officiel de l'administration des colonies*.

Fait à Paris, le 11 novembre 1887.

JULES GRÉVY.

Par le Président de la République:

Le Ministre de la marine et des colonies,

E. BARBEY.

DÉCRET *portant organisation de la relégation individuelle aux colonies.*
(Du 25 novembre 1887.)

(Administration des colonies; — 1re Division; — 2e Bureau: *Colonies pénitentiaires· Guyane et Nouvelle-Calédonie.*)

LE PRÉSIDENT DE LA RÉPUBLIQUE FRANÇAISE,

Sur le rapport du Ministre de la marine et des colonies;

Vu la loi du 27 mai 1885, sur la relégation des récidivistes et notamment l'article 18 ;

Vu les articles premier, 2, 4, 6, 8, 9, 10, 24, 28, 36, et 39 du décret du 26 novembre 1885, portant règlement d'administration publique pour l'application de la loi du 27 mai 1885;

Vu l'avis du Garde des sceaux, Ministre de la justice, et du Ministre de l'intérieur;

Le Conseil d'État entendu,

DÉCRÈTE :

ARTICLE PREMIER

Tout relégué collectif, qui a demandé à être admis au bénéfice de la relégation individuelle dans les conditions prévues par l'article 9 du décret du 26 novembre 1885 et dont la demande n'a pas été accueillie, ne peut la renouveler, pendant un délai de six mois, à dater de la notification du rejet.

Art. 2

Les Gouverneurs des colonies spécialement affectées à l'internement des relégués collectifs sont autorisés, après avis favorable de la commission instituée par l'article 8 du décret du 26 novembre 1885, à admettre au bénéfice de la relégation individuelle tout relégué collectif qui serait jugé digne de cette faveur, sous réserve de l'approbation du Ministre de la marine et des colonies.

Art. 3

La notification de l'admission d'un relégué à la relégation individuelle est faite à l'intéressé dans les vingt-quatre heures de l'arrivée de la décision ministérielle dans le lieu où il réside. Dès cette notification, le relégué cesse d'être soumis aux règlements disciplinaires imposés aux relégués collectifs. Il peut quitter immédiatement les dépôts, chantiers ou exploitations sur lesquels il est employé, pour se rendre dans le lieu où il aura déclaré entendre se fixer.

Art. 4

Il est délivré au relégué admis au bénéfice de la relégation individuelle un livret contenant:

1° Ses nom, prénoms et surnoms;

2° Son signalement;

3° Son état civil;

4° Sa situation au point de vue judiciaire;

5° La loi du 27 mai 1885 sur la relégation des récidivistes;

6° Le décret du 26 novembre 1885, portant règlement d'administration publique pour l'application de la loi du 27 mai 1885;

7° Le présent décret sur l'organisation de la relégation individuelle aux colonies;

8° L'extrait de la décision du Ministre de la marine et des colonies admettant le relégué au bénéfice de la relégation individuelle et fixant la colonie d'internement;

9° L'indication de l'autorité qui doit viser son livret, conformément à l'article 6;

10° Les lieux qui ont été interdits aux relégués, conformément à l'article 7.

Ce livret doit être présenté par l'intéressé sur toute réquisition des autorités administratives ou judiciaires de la colonie.

Art. 5

Dans les cas prévus à l'article 2, le Gouverneur délivre au relégué une autorisation provisoire portant les indications inscrites sous les numéros 1, 2, 3, 4, et 9 de l'article précédent.

Art. 6

Le relégué individuel est tenu, en janvier et en juillet de chaque année, de faire viser son livret par les autorités qui seront désignées par arrêtés des Gouverneurs des colonies et qui lui auront été notifiées.

Toutefois, le Gouverneur peut, par arrêté spécial, dispenser temporairement un relégué individuel de l'un des visas annuels ou de tous les deux.

Dans le cas où, pour une cause quelconque, le relégué individuel aurait à changer de résidence, il doit donner avis de ce changement, avant qu'il s'effectue, à l'autorité chargée de viser son livret.

Mention de cette déclaration est inscrite sur son livret.

Tout avis de changement de résidence doit être immédiatement notifié au Directeur de l'Administration pénitentiaire dans les colonies spécialement affectées à l'internement des relégués collectifs, ou, à défaut, au Directeur de l'intérieur.

Art. 7

Il peut être interdit par le Gouverneur, sur la proposition du Directeur de l'Administration pénitentiaire, ou, à défaut, du Directeur de l'intérieur, au relégué individuel de résider et de paraître dans certains lieux expressément déterminés et dont la désignation est portée sur son livret.

Art. 8

Toute infraction commise par le relégué individuel aux dispositions précédentes est constatée par procès-verbal ou par rapport à transmettre d'urgence au Gouverneur. Celui-ci peut punir le relégué d'un avertissement qui est inscrit au livret et porté à la connaissance du Ministre de la marine et des colonies.

Si les faits paraissent au Gouverneur de nature à motiver le retrait du bénéfice de la relégation individuelle, il est procédé conformément aux prescriptions de l'article 10 du décret du 26 novembre 1885.

Art. 9

Tout relégué individuel doit constituer, soit immédiatement, soit progressivement, par lui ou par un tiers, un fonds de réserve destiné à faire face aux dépenses qu'occasionnerait son traitement dans les hôpitaux de la colonie.

Cette réserve reste la propriété du relégué. Le chiffre auquel elle doit être portée ou maintenue, ainsi que les conditions dans lesquelles elle est constituée, sont déterminés par un arrêté du Gouverneur, soumis à l'approbation du Ministre de la marine et des colonies.

Le Ministre peut, après avis de la commission de classement, dispenser les relégués du versement du fonds de réserve.

Art. 10

Le relégué individuel qui demande, conformément à l'article 34 du décret du 26 novembre 1885, à être employé temporairement dans des exploitations, ateliers ou chantiers affectés à la relégation collective, est soumis aux règlements disciplinaires intérieurs de ces établissements.

Art. 11

Le Ministre de la marine et des colonies peut, après avis conforme de la commission de classement prévue à l'article 7 du décret du 26 novembre 1885, prononcer l'envoi d'un relégué individuel d'une colonie dans une autre.

Art. 12

Le Ministre de la marine et des colonies est chargé de l'exécution du présent décret, qui sera inséré au *Journal officiel de la République française*, au *Bulletin des lois* et au *Bulletin officiel de l'administration des colonies*.

Fait à Paris, le 25 novembre 1887.

JULES GRÉVY.

Par le Président de la République :

Le Ministre de la marine et des colonies,

E. BARBEY.

DÉCRET *portant organisation des groupes et des détachements des relégués à titre collectif.*

(Du 18 février 1888.)

LE PRÉSIDENT DE LA RÉPUBLIQUE FRANÇAISE,

Sur le rapport du Ministre de la marine et des colonies ;

Vu la loi du 27 mai 1885 sur la relégation des récidivistes et notamment l'article 18 ;

Vu le décret du 26 novembre 1885, portant règlement d'administration publique pour l'application de la loi du 27 mai précédent, et notamment les articles 4 et 33 ;

Vu le décret du 22 août 1885, relatif au régime disciplinaire des relégués collectifs et le décret du 5 septembre 1887, portant organisation de dépôts de relégués aux colonies ;

Vu l'article 18 du sénatus-consulte du 3 mai 1854 ;

Vu l'avis du Ministre de l'intérieur ;

Le Conseil d'État entendu,

DÉCRÈTE :

ARTICLE PREMIER

Les relégués collectifs désignés, conformément à l'article 4 du décret du 26 novembre 1885, pour constituer des groupes ou détachements sont mis, dans les colonies et possessions françaises, à la disposition des services publics ou des particuliers, pour être employés, dans les conditions déterminées par le décret créant chaque section, sur des chantiers de travaux ou sur des exploitations agricoles, minières ou forestières.

Ces groupes ou détachements prennent le titre de « Sections mobiles ».

ART. 2

La désignation des relégués reconnus aptes à être classés dans les sections mobiles a lieu après avis des commissions de classement instituées par les articles 7 et 8 du décret du 26 novembre 1885.

Cette désignation est faite dans la métropole par le Ministre de l'intérieur, dans les colonies, pour les individus qui y ont terminé leur peine principale, par le Ministre de la marine et des colonies; et, pour les relégués collectifs reconnus ultérieurement aptes à être classés dans les sections mobiles, par le Gouverneur, sauf approbation du Ministre de la marine et des colonies.

Ces relégués sont choisis parmi les détenus ayant une constitution vigoureuse et présentant des garanties de bonne conduite.

ART. 3

Les dépenses d'entretien de ces relégués sont supportées, en tout ou partie, par les services publics ou les particuliers qui les emploient, dans une proportion déterminée, pour chaque colonie, par arrêtés du Ministre de la marine et des colonies.

L'habillement des relégués constitués en sections mobiles est uniforme.

ART. 5

Les relégués faisant partie des sections mobiles sont, au point de vue du régime alimentaire, traités comme les disciplinaires coloniaux.

ART. 6

Le travail de ces relégués est rétribué par des salaires dont les tarifs sont fixés provisoirement par arrêtés des Gouverneurs, rendus en Conseil privé et soumis à l'approbation du Ministre de la marine et des colonies.

ART. 7

Les punitions sont infligées aux relégués faisant partie des sections mobiles dans les conditions prévues par le décret du 22 août 1887, relatif au régime disciplinaire des relégués collectifs. Toutefois, la durée maxima de ces punitions est réduite de moitié.

La punition d'interdiction de cantine implique la privation de vin, de tafia ou de café.

Les attributions de la commission disciplinaire, telles qu'elles sont définies par le chapitre II du décret du 22 août 1887, sont dévolues au chef de détachement. Toutefois la punition du cachot ne peut être infligée que par le fonctionnaire désigné, pour chaque section, par un arrêté du Ministre de la marine et des colonies.

Le chapitre III du décret du 22 août 1887 relatif au quartier des punitions n'est pas applicable aux relégués faisant partie des sections mobiles.

Art. 8

Les relégués des sections mobiles, qui se sont signalés par leur bonne conduite, peuvent être autorisés à sortir du cantonnement, en dehors des heures de travail, dans les conditions spéciales qui sont fixées par des consignes locales.

Des permissions, dont la durée est fixée par le Gouverneur, peuvent leur être accordées pour chercher du travail en vue de leur admission à la relégation individuelle.

Art. 9

Tout relégué faisant partie des sections mobiles qui a encouru, en moins d'une année, deux mois de cellule ou un mois de cachot, ou est signalé par sa mauvaise conduite persistante, peut être réintégré dans les établissements affectés aux relégués collectifs.

Cette réintégration est prononcée par le Gouverneur, sur la proposition du chef de détachement, et après avis conforme de la commission de classement de la colonie.

Le relégué, provenant des sections mobiles et qui n'a pas été jugé digne d'y être maintenu, est placé, aux frais du service de la relégation, dans le lieu de détention désigné par le Gouverneur, en attendant qu'il puisse être réintégré dans les établissements affectés aux relégués collectifs.

Art. 10

Tout relégué des sections mobiles qui s'est éloigné, sans autorisation, du chantier ou de l'exploitation où il est employé, est réputé en état d'évasion douze heures après la constatation de sa disparition.

Art. 11

Le décret du 5 septembre 1887, portant organisation des dépôts de relégués aux colonies est applicable aux sections mobiles en tout ce qui n'est pas contraire aux prescriptions du présent décret.

Art. 12

Le Ministre de la marine et des colonies est chargé de l'exécution du présent décret, qui sera inséré au *Journal officiel de la République française*, au *Bulletin des Lois* et au *Bulletin officiel de l'administration des colonies*.

Fait à Paris, le 18 février 1888.

CARNOT.

Par le Président de la République :

Le Ministre de la marine et des colonies,

KRANTZ.

DÉCRET *relatif à la situation, au point de vue militaire, des individus condamnés à la relégation.*

(Du 26 novembre 1888.)

Administration des colonies ; — 1ʳᵉ Division ; — 3ᵉ Bureau : *Administration pénitentiaire et colonisation pénale.*)

LE PRÉSIDENT DE LA RÉPUBLIQUE FRANÇAISE,

Sur le rapport des Ministres de l'intérieur, de la guerre et de la marine et des colonies ;

Vu la loi du 27 mai 1885, sur la relégation des récidivistes ;

Vu le décret du 26 novembre 1885, portant règlement d'administration publique pour l'application de la dite loi ;

Vu les lois des 27 juillet 1872 et 18 novembre 1875 sur le service militaire;

Le Conseil d'État entendu,

DÉCRÈTE :

ARTICLE PREMIER

La situation des relégables, au point de vue des obligations du service militaire, est constatée préalablement à l'envoi, à la commission de classement, du dossier prévu à l'article 6 du décret du 26 novembre 1885.

Il est procédé, s'il y a lieu, à leur inscription sur les listes de tirage au sort et à leur examen par le conseil de revision du chef-lieu du département dans lequel ils subissent leur peine.

ART. 2

Les relégués sont soumis aux mêmes obligations militaires que les hommes de la classe à laquelle ils appartiennent par leur tirage au sort et sans qu'il y ait lieu de tenir compte, pour retarder leur passage dans la réserve ou dans l'armée territoriale, du temps pendant lequel ils n'ont pu, par suite de leur maintien en état de relégation, servir effectivement dans les rangs de l'armée active.

Les relégués sont portés sur le registre matricule comme affectés au Département de la marine et des colonies. Il est tenu à l'administration des colonies un contrôle spécial faisant connaître leur situation au point de vue militaire.

Lorsqu'ils sont relevés de la relégation par la grâce ou par un jugement rendu dans les conditions prévues à l'article 16 de la loi du 27 mai 1885, ils sont remis à la disposition du Département de la guerre

ART. 3

Les relégués individuels qui ont à accomplir du service dans l'armée active sont affectés au corps des disciplinaires coloniaux.

Les relégués individuels sont dispensés des appels pour exercices dans les mêmes conditions que les militaires de la réserve ou de l'armée territoriale résidant aux colonies.

Le Ministre de la marine et des colonies désigne le corps auquel chacun d'eux est affecté en cas de mobilisation.

ART. 4

En temps de paix, les relégués collectifs sont traités comme étant en état de détention et ne sont pas appelés à servir activement.

En cas de mobilisation, ils restent à la disposition du Ministre de la marine et des colonies, qui détermine, par arrêtés, les corps ou les services auxquels ils peuvent être affectés.

ART. 5

Les Ministres de l'intérieur, de la guerre, de la marine et des colonies, sont chargés, chacun en ce qui le concerne, de l'exécution du présent décret qui sera inséré au *Bulletin des Lois*, au *Journal officiel de la République française* et au *Bulletin officiel de la marine et de l'administration des colonies*.

Fait à Paris, le 26 novembre 1888.

CARNOT.

Par le Président de la République :

Le Président du Conseil, Ministre de l'intérieur,

CH. FLOQUET.

Le Ministre de la marine et des colonies,   *Le Ministre de la guerre,*

KRANTZ.   DE FREYCINET.

DÉCRET *portant constitution d'une section mobile de relégués affectée, jusqu'à nouvel ordre, au domaine de la* Ouaménie (*Nouvelle-Calédonie*).

(Du 12 février 1889.)

(Administration des colonies; — 1re Division; — 3e Bureau: *Administration pénitentiaire.*)

LE PRÉSIDENT DE LA RÉPUBLIQUE FRANÇAISE,

Sur le rapport du Ministre de la marine et des colonies;

Vu la loi du 27 mai 1885 sur la relégation des récidivistes;

Vu le décret du 26 novembre 1885, portant règlement d'administration publique pour l'application de la loi du 27 mai précédent, et notamment les articles 4 et 33 ;

Vu le décret du 18 février 1888, portant organisation des sections mobiles de relégués;

Le Conseil d'État entendu,

DÉCRÈTE:

ARTICLE PREMIER

Il est constitué une section mobile de relégués qui prendra le n° 1, et qui sera affectée, jusqu'à nouvel ordre, au domaine de la *Ouaménie* (Nouvelle-Calédonie).

Ces relégués seront employés à des travaux de route, de défrichement et d'assainissement, en vue de l'installation sur ce domaine de colons libres ou de récidivistes admis au bénéfice de la relégation individuelle et choisis principalement parmi les individus faisant partie de la section mobile appelée à exécuter les dits travaux.

ART. 2

L'effectif de la section sera au maximum de quatre cents relégués.

ART. 3

Les fonctions déterminées par l'article 7 du décret du 18 février 1888 sont confiées à un commandant de pénitencier ou à un surveillant principal de la relégation.

Tant que l'effectif ne dépassera pas cent relégués, un surveillant-chef pourra être chargé de la direction de la section.

ART. 4

Le Ministre de la marine et des colonies est chargé de l'exécution du présent décret, qui sera inséré au *Bulletin des Lois*, au *Journal officiel de la République française* et au *Bulletin officiel de l'administration des colonies*.

Fait à Paris, le 12 février 1889.

CARNOT.

Par le Président de la République:

Le Ministre de la marine et des colonies,

KRANTZ.

DÉCRET *portant constitution d'une section mobile de relégués, provisoirement affectée au territoire du Haut-Maroni (Guyane française).*

(Du 12 février 1889.)

(Administration des colonies; — 1re Division; — 3e Bureau: *Administration pénitentiaire.*)

LE PRÉSIDENT DE LA RÉPUBLIQUE FRANÇAISE,

Sur le rapport du Ministre de la marine et des colonies;

Vu le décret du 26 novembre 1885, portant règlement d'administration publique, pour l'application de la loi du 27 mai précédent, notamment les articles 4 et 33;

Vu le décret du 18 février 1888 portant organisation des sections mobiles de relégués;

Le Conseil d'État entendu,

DÉCRÈTE :

ARTICLE PREMIER

Il est constitué une section mobile de relégués qui prendra le n° 2 et qui sera affectée provisoirement au territoire du Haut-Maroni (Guyane).

Ces relégués pourront être employés à l'exploitation des bois et à des travaux de route, de défrichement et d'assainissement.

ART. 2

L'effectif de la section sera au maximum de quatre cents relégués.

ART. 3

Les fonctions déterminées par l'article 7 du décret du 18 février 1888 sont confiées à un commandant de pénitencier ou à un surveillant principal de la relégation.

Tant que l'effectif ne dépassera pas cent relégués, un surveillant-chef pourra être chargé de la direction de la section.

ART. 4

Le Ministre de la marine et des colonies est chargé de l'exécution du présent décret, qui sera inséré au *Bulletin des Lois*, au *Journal officiel de la République française* et au *Bulletin officiel de l'administration des colonies*.

Fait à Paris, le 12 février 1889.

CARNOT.

Par le Président de la République :

Le Ministre de la marine et des colonies,
KRANTZ.

RAPPORT AU PRÉSIDENT DE LA RÉPUBLIQUE FRANÇAISE, *suivi d'un* DÉCRET *désignant la baie du Prony pour recevoir des relégués collectifs.*

(Du 2 mai 1889.)

(Sous-Secrétariat d'État des colonies ; — 1re Division ; — 3e Bureau: *Administration pénitentiaire, relégation.*)

MONSIEUR LE PRÉSIDENT,

Le territoire de l'île des Pins (dépendance de la Nouvelle-Calédonie), affecté par le décret du 20 août 1886 à l'internement des récidivistes condamnés à la relégation, est devenu beaucoup trop restreint pour permettre d'occuper utilement les détenus de cette catégorie qui y ont été transférés et dont l'effectif s'élève aujourd'hui à plus de mille. J'ai été amené, par suite, à rechercher s'il ne serait pas possible de créer sur la grande terre un établissement suffisamment isolé des pénitenciers de la transportation où pourrait être utilisé, conformément à l'article 32 du décret du 26 novembre 1885, un certain nombre de relégués collectifs.

La baie du Prony, où l'Administration pénitentiaire possède une importante exploitation forestière, me paraissant remplir toutes les conditions désirables pour cette destination, j'ai l'honneur de soumettre à votre haute sanction le projet de décret ci-joint qui désigne cette partie du territoire de la Nouvelle-Calédonie pour recevoir des relégués collectifs.

Je vous prie d'agréer, Monsieur le Président, l'hommage de mon profond respect.

Le Président du Conseil,
Ministre du commerce, de l'industrie et des colonies,

TIRARD.

DÉCRET

(Du 2 mai 1889.)

LE PRÉSIDENT DE LA RÉPUBLIQUE FRANÇAISE,

Sur le rapport du Président du Conseil, Ministre du commerce, de l'industrie et des colonies;

Vu la loi du 27 mai 1885, sur la relégation des récidivistes;

Vu le décret du 26 novembre 1885, portant règlement d'administration publique pour l'application de la loi du 27 mai 1885 sur la relégation des récidivistes et notamment les articles 4, 5 et 32;

Vu le décret du 16 août 1884 délimitant le domaine pénitentiaire de la Nouvelle-Calédonie,

DÉCRÈTE :

ARTICLE PREMIER

Le territoire de la baie du Prony situé à l'est sud-est de la Nouvelle-Calédonie et limité par la mer, de l'embouchure de la rivière du Néré à la baie de Ngo, déduction faite des terrains occupés par les indigènes, est désigné pour recevoir des relégués collectifs.

ART. 2

Le Président du Conseil, Ministre du commerce, de l'industrie et des colonies, est chargé de l'exécution du présent décret qui sera inséré *au Bulletin des Lois, au Journal officiel de la République française,* et au *Bulletin officiel de l'administration des colonies.*

Fait à Paris, le 2 mai 1889.

CARNOT.

Par le Président de la République :

Le Président du Conseil,
Ministre du commerce, de l'industrie et des colonies,

P. TIRARD.

Décret *portant organisation des* sections d'exclus, *en conformité de l'article 4 de la loi du 15 juillet 1889 sur le recrutement de l'armée.*

(Du 11 janvier 1892.)

(Direction du personnel: 1ᵉ Bureau; — 2ᵉ Section:
Justice maritime.)

Le Président de la République française,

Vu l'article 3 de la loi du 15 juillet 1889, sur le recrutement de l'armée;

Vu les articles 13, 76 et 77 du Code de justice militaire pour l'armée de mer (loi du 4 juin 1858,

Vu le décret du 21 juin 1858, déterminant les assimilations judiciaires dans les divers services de la marine;

Vu le décret du 4 octobre 1889, portant règlement d'administration publique pour l'application, aux colonies, du Code de justice militaire pour l'armée de mer;

Sur le rapport du Ministre de la marine et du Ministre du commerce, de l'industrie et des colonies.

Décrète :

Article premier

Les hommes exclus des rangs de l'armée et mis à la disposition des autorités maritimes et coloniales, par l'article 4 de la loi du 15 juillet 1889, sont affectés pendant la durée du service actif, à des travaux d'intérêt militaire ou maritime.

Art. 2

Ceux de ces hommes qui se trouvent en France ou en Algérie, lors de leur appel, sont mis à la disposition du Ministre de la marine.

Ceux qui se trouvent aux colonies sont mis à la disposition de l'autorité coloniale. Dans cette catégorie sont compris les relégués collectifs.

Art. 3

Les hommes susdésignés sont groupés en sections spéciales, portant la dénomination de *sections d'exclus.*

Ces sections sont placées sous l'autorité supérieure du chef de service militaire qui les emploie et sous la direction immédiate de surveillants empruntés, en France, au corps militaire des surveillants des prisons maritimes, et, dans les colonies, au corps militaire des surveillants des pénitenciers coloniaux. Ces derniers sont placés hors cadre.

Art. 4

Chaque section comprend, comme cadre minimum, un surveillant chef de travaux et un surveillant par fraction de vingt-cinq hommes.

Le nombre et le stationnement des sections sont déterminés, pour la Métropole, par le Ministre de la marine, et, pour les colonies, par le Ministre chargé des colonies.

Art. 5

Les exclus sont assimilés aux marins et aux militaires et, à ce titre, justiciables des juridictions maritimes pour tous crimes et délits. Lorsqu'il y a lieu de traduire un de ces hommes devant les conseils de guerre, le conseil est composé comme pour le jugement d'un soldat ou d'un apprenti marin.

Les surveillants et tous militaires gradés sont considérés comme les supérieurs des exclus, dans le sens du Code de justice militaire.

En cas d'insoumission, les exclus sont passibles des peines édictées par la loi du 15 juillet 1889. '

Art. 6

Les exclus sont traités, au point de vue des salaires, de l'habillement des vivres et de la discipline générale, comme les fusiliers disciplinaires des colonies.

Ils ne sont pas armés.

Art. 7

Les dépenses occasionnées par le fonctionnement du présent décret, sont payées par les services qui utilisent le travail des sections. Toutefois, la solde et les accessoires de solde du personnel de surveillance continuent a être payés sur les chapitres budgétaires où figure leur corps.

Art. 8

En cas de mobilisation, les exclus rejoignent le point indiqué sur leur livret en même temps que les hommes de la classe de mobilisation à laquelle ils appartiennent. Ils sont formés en sections de deux cent cinquante hommes et plus, et affectés aux travaux de défense.

Aux colonies, les exclus sont utilisés sur place.

Art. 9

Des arrêtés ministériels déterminent les mesures de détail que peut comporter l'exécution du présent décret, notamment le costume des exclus, le service intérieur et la comptabilité des sections.

Art. 10

A titre transitoire et par dérogation aux dispositions qui précèdent, le fonctionnement des sections métropolitaines d'exclus ne commencera qu'en 1895. Jusqu'à cette époque, les individus susceptibles d'y être affectés, seront au fur et à mesure de leur élargissement, maintenus dans leurs foyers en congé temporaire.

Art. 11

Le Ministre de la marine et le Ministre du commerce, de l'industrie et des colonies sont chargés de l'exécution du présent décret.

Fait à Paris, le 11 janvier 1892.

CARNOT.

Par le Président de la République:

Le Ministre du commerce, de l'industrie et des colonies,

Le Sénateur, Ministre de la marine,

Signé: BARBEY.

Signé: JULES ROCHE.

RAPPORT AU PRÉSIDENT DE LA RÉPUBLIQUE FRANÇAISE, *suivi d'un* DÉCRET *déterminant les formes et les conditions des demandes des relégués tendant à se faire relever de la relégation.*

(Du 9 juillet 1892.)

(Sous-Secrétariat d'État des colonies ; — 2ᵉ Division ; — 2ᵉ Bureau : *Administration pénitentiaire colonisation pénale.*)

MONSIEUR LE PRÉSIDENT,

L'article 18 de la loi du 27 mai 1885 a confié à des règlements d'administration publique le soin de déterminer les mesures nécessaires pour assurer l'exécution de la loi.

Dans cet ordre d'idées et en exécution des prescriptions rappelées ci-dessus, le Département s'est préoccupé de déterminer les conditions dans lesquelles la remise de la relégation devrait être accordée conformément aux dispositions de l'article 16 de la loi du 27 mars 1885, ainsi conçu :

Le relégué pourra à partir de la sixième année de sa libération, introduire devant le tribunal de la localité une demande tendant à se faire relever de la relégation en justifiant de sa bonne conduite, des services rendus à la colonisation et des moyens d'existence.

Les formes et conditions de cette demande seront déterminées par le règlement d'administration publique prévu par l'article ci-après.

Cette disposition ne figurait pas dans le projet de loi voté par la Chambre des députés le 29 juin 1883. Un amendement en ce sens avait même été rejeté par elle dans sa séance du 26 juin. C'est le Sénat qui l'a introduite, estimant que l'espoir d'obtenir, sous certaines conditions constatées devant l'autorité judiciaire, leur retour en France, serait pour les relégués le plus puissant stimulant dans la voie de l'amélioration morale.

Lorsque la loi revint devant la Chambre des députés le nouvel article 16 fut définitivement adopté, mais non sans quelque hésitation, ainsi que l'on peut s'en convaincre par l'extrait suivant du rapport de la commission spéciale : *Cette disposition,* dit le rapporteur, *a été très énergiquement critiquée par plusieurs membres de notre commission. Ils la considèrent comme une porte trop largement ouverte à la rentrée des relégués dans la Métropole. Ils craignent que l'espérance d'un retour trop facile en France n'empêche beaucoup d'établissements sérieux et définitifs dans les colonies pénales. La commission tout en adoptant l'article 16, a considéré que les conditions mises à l'obtention du retour, tant par cet article que par le règlement d'administration publique à intervenir, pourront prévenir, dans une large mesure, tout abus du droit conféré par l'article.*

Les idées émises par le rapporteur de la Chambre des députés ont inspiré la rédaction du projet de décret qui fait l'objet du présent rapport et dans lequel ont été indiquées les mesures propres à éviter l'extension d'une faveur qui, dans l'esprit de tous, doit être l'exception et non la règle.

Tout d'abord, il a fallu se préoccuper de la teneur de la demande formée par le relégué. Non seulement il a paru nécessaire d'exiger de ce condamné qu'il fasse connaître le lieu où il a l'intention de se fixer et les ressources dont il dispose, mais encore il lui faudra justifier du payement des frais de justice dont la condamnation l'a rendu débiteur envers le Trésor ou tout au moins produire à l'appui de sa demande un certificat de la commission de classement prévu par l'article 8 du décret du 26 novembre 1885, constatant qu'il est hors d'état de se libérer en tout ou partie de ces frais. L'exonérer de cette dette serait contraire au principe que les frais de justice ne peuvent faire l'objet d'une décision gracieuse.

D'autre part, si l'intéressé doit quitter la colonie au cas d'admission de sa demande, il justifiera, en outre, de ses moyens de faire face aux dépenses de voyage, car, en aucun cas, les frais de passage, de route ou autres ne pourront être supportés par le budget de l'État ou par celui de la colonie.

En effet, suivant que le libéré, relevé de la relégation, se rendra dans une autre colonie ou en France, l'intérêt de la sécurité publique exige que des avis préalables soient demandés, dans la première hypothèse, au Ministre chargé des colonies, et, dans la seconde, au Ministre de l'intérieur.

Passant ensuite à la procédure à suivre, je me suis préoccupé de rechercher si, dans l'article 16 de la loi du 27 mai 1885, le mot « Tribunal » avait le sens qu'on lui attribue juridiquement et si la requête du relégué devait être adressée au président.

Cette manière d'agir n'a pas semblé pouvoir être adoptée, et c'est au procureur de la République que le projet de décret dont il s'agit confie le soin de constituer le dossier du relèvement de la relégation; il le charge, à cet effet de s'entendre avec le Directeur de l'Administration pénitentiaire pour que toutes les pièces de nature à éclairer le tribunal soient mises sous ses yeux. Parmi elles, il en est deux dont l'importance est capitale : l'une constatant que le demandeur n'est pas sous le coup de l'interdiction de séjour, ou que si au contraire, un certain temps de cette peine reste à courir pour lui, il a reçu notification des localités dans lesquelles il lui est défendu de paraître; l'autre justifiant de sa bonne conduite, de ses moyens d'existence et des services rendus à la colonisation. Cette justification, qui servira de base principale à la décision du tribunal, ne peut résulter, semble-t-il, que d'un certificat délivré par la commission de classement instituée aux colonies par l'article 8 du décret du 26 novembre 1885. En résumé, la décision du tribunal ne paraît devoir être revêtue que d'un caractère purement administratif et dont la procédure doit avoir lieu sans frais.

L'article 16 de la loi du 27 mai 1885 n'établissant pas de distinction, au point de vue de la mesure qu'il autorise, entre les relégués collectifs et les relégués individuels, il a paru nécessaire d'exiger, en outre, pour le cas où la demande est formée par un relégué individuel, l'avis motivé du Directeur de l'intérieur.

En ce qui concerne la décision du tribunal, il semble qu'elle pourrait être rendue en chambre du conseil, mais qu'elle devrait toujours être susceptible d'opposition de la part du ministère public agissant seul ou dans l'intérêt de l'Administration pénitentiaire, soit que le tribunal ait accueilli la demande, soit qu'il l'ait rejetée.

Enfin, les décisions de rejet, ne pouvant avoir un caractère irrévocable, il a paru utile de fixer un délai minimum de *trois* ans entre un rejet et le renouvellement de la demande.

Le projet de décret qui concerne ces mesures a été soumis au Conseil d'État qui l'a adopté sous réserve de quelques modifications qui me paraissent devoir être acceptées. M. le Président du Conseil, Ministre de l'intérieur et M. le Garde des sceaux, Ministre de la justice, l'ont revêtu de leur contreseing.

J'ai l'honneur, en conséquence, de vous prier de vouloir bien revêtir de votre haute sanction cet acte qui répond aux vœux du législateur, et qui entoure l'application de l'article 16 de la loi du 27 mai 1885 de toutes les garanties que comportent l'ordre social et l'intérêt de la colonisation.

Veuillez agréer, Monsieur le Président, l'hommage de mon profond respect.

Le Ministre de la marine et des colonies,

G. CAVAIGNAC.

DÉCRET

(Du 9 juillet 1892.)

LE PRÉSIDENT DE LA RÉPUBLIQUE FRANÇAISE,

Sur le rapport du Ministre de la marine et des colonies, du Président du Conseil, Ministre de l'intérieur et du Garde des sceaux, Ministre de la justice et des cultes;

Vu la loi du 27 mai 1885 sur la relégation des récidivistes et notamment l'article 16 ainsi conçu :

« Le relégué pourra, à partir de la sixième année de sa libération, introduire devant le tribunal de la localité une demande tendant à se faire relever de la relégation, en justifiant de sa bonne conduite, des services rendus à la colonisation et de moyens d'existence;

« Les formes et conditions de cette demande seront déterminées par le règlement d'administration publique prévu par l'article 18 ci-après; »

Vu le décret du 26 novembre 1885, portant règlement d'administration publique pour l'application de la loi du 27 mai 1885 ;

Le Conseil d'État entendu,

DÉCRÈTE :

ARTICLE PREMIER

Le relégué qui sollicite son relèvement de la relégation adresse sa demande au procureur de la République près le tribunal de première instance de sa résidence.

Cette demande fait connaître le lieu où le relégué a l'intention de se fixer et les moyens d'existence dont il peut disposer.

Elle est accompagnée de la justification du payement des frais de justice, dont il n'est pas libéré, et qui sont relatifs à la condamnation à la suite de laquelle la relégation a été prononcée.

Dans le cas où le demandeur serait hors d'état de se libérer en tout ou en partie de ces frais, il devra en justifier par un avis de la commission de classement prévu à l'article 8 du décret du 26 novembre 1885.

Si le relégué doit quitter la colonie, au cas d'admission de sa demande, il justifiera, en outre, de ses moyens de faire face aux dépenses du voyage, aucuns frais de passage, de route ou autres ne pouvant être supportés par le budget de l'État ou par celui de la colonie.

Art. 2

La demande est immédiatement transmise par le procureur de la République au Directeur de l'Administration pénitentiaire ou, dans les colonies non pénitentiaires, au Directeur de l'intérieur, qui la renvoie au chef du parquet, dans le plus court délai possible, avec son avis et après y avoir annexé :

1° Le dossier du relégué, ainsi que l'extrait d'arrêt ou de jugement qui a prononcé la relégation ;

2° Un extrait certifié exact du folio de punitions et un relevé des condamnations que le relégué aurait pu encourir dans la colonie ;

3° Un acte constatant que le relégué ne se trouve pas soumis à l'interdiction de séjour ou, dans le cas contraire, qu'il a reçu notification des lieux où il lui est défendu de paraître ;

4° Les certificats et avis prévus aux articles 3 et 4 ;

5° L'avis du Ministre de l'intérieur et celui du Ministre chargé des colonies.

Art. 3

La justification de bonne conduite, de moyens d'existence et de services rendus à la colonisation se fait au moyen d'un certificat délivré par la commission de classement, prévue à l'article 8 du décret du 20 novembre 1885.

Art. 4

Si le demandeur est en état de relégation individuelle, un avis du Directeur de l'intérieur doit toujours être joint aux pièces énoncées aux articles 2 et 3.

Dans le cas où le relégué individuel aura été interné dans plusieurs colonies, l'avis du Directeur de l'intérieur de ces colonies sera annexé au dossier.

Art. 5

Le tribunal réuni en la chambre de conseil, après avoir vérifié si toutes les conditions prévues par le présent décret ont été remplies, et si la justification prescrite par l'article 3 a été faite, décide sur la demande.

Le procureur de la République et le chef du service judiciaire de la colonie, agissant d'office ou à la requête de l'Administration pénitentiaire, peuvent former opposition à la décision du tribunal soit qu'elle accueille la demande, soit qu'elle la rejette.

L'opposition doit être formée dans le délai d'un mois. Elle est portée devant la cour d'appel ou le tribunal supérieur, qui décide dans le mois. La procédure a lieu sans frais.

ART. 6

En cas de rejet, une nouvelle demande en relèvement de la relégation ne peut être formée avant l'expiration d'un délai de trois années.

ART. 7

Le Ministre de la marine et des colonies, le Président du Conseil, Ministre de l'intérieur et le Garde des sceaux, Ministre de la justice et des cultes, sont chargés, chacun en ce qui le concerne, de l'exécution du présent décret, qui sera inséré au *Journal officiel de la République française* et au *Bulletin officiel de l'administration des colonies.*

Fait à Paris, le 9 juillet 1892.

CARNOT.

Par le Président de la République

Le Ministre de la marine et des colonies.

G. CAVAIGNAC.

Le Garde des sceaux,
Ministre de la justice et des cultes,

L. RICARD.

Le Président du Conseil,
Ministre de l'intérieur,

E. LOUBET.

DÉCRET *affectant provisoirement à l'exploitation forestière de la baie du Prony la section mobile de relégués précédemment employée à des travaux de défrichement sur le domaine de la Ouaménie (Nouvelle-Calédonie).*

(Du 12 février 1897.)

(Ministère des colonies ; — Direction de la comptabilité et des services pénitentiaires, 4ᵉ Bureau : *Services pénitentiaires*.)

LE PRÉSIDENT DE LA RÉPUBLIQUE FRANÇAISE,

Sur le rapport du Ministre des colonies,

Vu la loi du 27 mai 1885 sur la relégation des récidivistes ;

Vu le décret du 26 novembre 1885, portant règlement d'administration publique pour l'application de la loi du 27 mai précédent et notamment les articles 4 et 33 ;

Vu le décret du 18 février 1888 portant organisation des sections mobiles de relégués ;

Vu le décret du 12 février 1889 portant constitution d'une section mobile de relégués affectée jusqu'à nouvel ordre au domaine de la Ouaménie (Nouvelle-Calédonie) ;

Le Conseil d'État entendu,

DÉCRÈTE :

ARTICLE PREMIER

La section mobile de relégués nº 1, précédemment employée en vertu du décret du 12 février 1889, à des travaux de défrichement sur le domaine de la Ouaménie, est affectée à l'exploitation du port Boisé, situé sur les bords du canal de la Havannah entre le cap N'doa et le cap Queen Charlotte à l'extrémité nord-est de l'établissement de la baie du Prony).

Les relégués seront employés sur ce centre à des travaux de route, de défrichement et d'assainissement en vue de l'installation sur place de transportés libérés ou récidivistes admis au bénéfice de la relégation individuelle et choisis principalement parmi les individus faisant partie de la section mobile appelée à exécuter les dits travaux.

Ils pourront également être employés à l'exploitation des bois.

Art. 2

Est abrogé l'article premier du décret du 12 février 1889 susvisé.

Art. 3

Le Ministre des colonies est chargé de l'exécution du présent décret, qui sera inséré au *Journal officiel de la République française* et au *Bulletin officiel du Ministère des colonies*.

Fait à Paris, le 12 février 1897.

FÉLIX FAURE.

Par le Président de la République:

Le Ministre des colonies,

ANDRÉ LEBON.

RAPPORT AU PRÉSIDENT DE LA RÉPUBLIQUE FRANÇAISE. — *Proposition d'approuver un décret déterminant les lieux dans lesquels les relégués collectifs subissent la relégation et relatif au délit d'évasion commis par les relégués de cette catégorie.*

(Du 6 janvier 1889)

MONSIEUR LE PRÉSIDENT,

L'article premier de la loi du 27 mai 1885 dispose que la relégation des récidivistes consistera dans l'internement perpétuel sur le territoire des colonies ou possessions françaises, des condamnés à éloigner de France, et l'article 18 de la même loi ajoute que « seront déterminées par décrets rendus en forme de règlement d'administration publique les mesures d'ordre et de surveillance auxquelles les relégués pourront être soumis par mesure de sécurité publique ».

En exécution de cette disposition législative un décret en date du 26 novembre 1885 a créé deux catégories de relégation : la relégation individuelle et la relégation collective.

1° La relégation individuelle consiste dans l'internement, aux colonies, d'individus admis à y résider en état de liberté, à charge par eux de se soumettre aux mesures d'ordre et de surveillance prescrites.

2° La relégation collective consiste dans l'internement sur un territoire déterminé des relégués jugés indignes d'être classés à la relégation individuelle et étant réunis dans des établissements où l'Administration pourvoit à leur subsistance et les astreint au travail.

À la suite des nombreuses évasions de relégués collectifs qui se sont produites principalement à la Guyane, et des condamnations infligées à ces individus par le tribunal correctionnel de la colonie, en exécution de l'article 14 de la loi susvisée, la Cour de cassation appelée à se prononcer au sujet de l'un des arrêts dont il s'agit, a déclaré que le fait pour un relégué collectif d'avoir été rencontré en dehors du camp, où il était interné ne constituait pas le délit d'évasion alors qu'il n'était pas constaté qu'il se trouvait en dehors des limites du territoire affecté à la relégation.

D'autre part, ni dans la loi du 27 mai 1885, ni dans le décret disciplinaire du 22 août 1887, où sont pourtant énumérés les faits passibles de punitions contre les relégués collectifs, ne se trouvent indiquées les punitions qu'il convient d'infliger à ceux de ces individus qui se sont rendus coupables d'absence illégale.

Il m'a paru qu'il y avait là une lacune qu'il convenait de combler afin de prévenir les graves inconvénients et les véritables dangers que l'insuffisance de la législation sur la matière pouvait faire naître pour la sécurité des colonies pénitentiaires.

Dans ce but, la commission permanente du régime pénitentiaire instituée auprès du Département des colonies a été chargée d'étudier la question et de rechercher dans quelles conditions seraient définies et réprimées disciplinairement les tentatives d'évasion commises par les relégués collectifs. Ce comité a pensé qu'il convenait de recourir à un décret rendu en forme de règlement d'administration publique, en s'inspirant des dispositions du décret du 18 février 1888 portant organisation des groupes et des sections mobiles de relégués, c'est-à-dire de relégués à titre collectif, choisis parmi les détenus ayant non seulement une bonne constitution mais présentant encore des garanties de bonne conduite et par cela même plus dignes d'intérêt que la généralité des relégués de cette catégorie.

Or, l'article 10 du décret susvisé dispose que tout relégué des sections mobiles qui s'est éloigné sans autorisation des chantiers ou de l'exploitation où il est employé, est réputé en état d'évasion douze heures après la constatation de sa disparition. Le Conseil d'État a admis cette disposition qui se trouve reproduite dans le projet de décret dont il s'agit.

D'autre part, le Conseil d'État a jugé indispensable que le décret qui fixe le délai à l'expiration duquel l'absence du relégué collectif sera assimilée à l'évasion, détermine, en même temps, les lieux dans lesquels il doit subir la relégation et dont il ne peut s'éloigner sans tomber sous l'application de la peine édictée par l'article 14 de la loi du 27 mai 1885, ainsi conçu : « Le relégué qui, à partir de l'expiration de sa peine, se sera rendu coupable d'évasion, celui qui, sans autorisation sera rentré en France ou aura quitté le territoire de la relégation sera puni d'un emprisonnement de deux ans au plus. »

Le projet de décret adopté par le Conseil d'État me paraissant assurer la protection des graves intérêts sociaux qui sont en jeu dans l'espèce, ainsi que le maintien de la discipline sur les établissements pénitentiaires, j'ai l'honneur, Monsieur le Président, de vous prier de vouloir bien le revêtir de votre haute sanction.

Veuillez agréer, Monsieur le Président, l'hommage de mon profond respect.

Le Ministre des colonies,
GUILLAIN.

DÉCRET

(Du 6 janvier 1899.)

• LE PRÉSIDENT DE LA RÉPUBLIQUE FRANÇAISE,

Sur le rapport du Ministre des colonies ;

Vu la loi du 27 mai 1885 sur la relégation des récidivistes et notamment les articles premier 14 et 18 ;

Vu le décret du 26 novembre 1885 portant règlement d'administration publique pour l'application de la loi du 27 mai 1885 sur la relégation des récidivistes ;

Vu l'article 18 du sénatus-consulte du 3 mai 1854 ;

Vu l'avis du Garde des sceaux, Ministre de la justice ;

Le Conseil d'État entendu,

DÉCRÈTE :

ARTICLE PREMIER

Les lieux dans lesquels les relégués collectifs subissent la relégation sont les dépôts de préparation et les établissements de travail dans lesquels ils sont placés.

Tout relégué collectif qui s'est éloigné, sans autorisation, du dépôt de préparation ou de l'établissement de travail dans lequel il a été placé, est réputé en état d'évasion douze heures après la constatation de sa disparition.

ART. 2

Le Ministre des colonies est chargé de l'exécution du présent décret qui sera publié au *Journal officiel de la République française* et inséré au *Bulletin des Lois* et au *Bulletin officiel des colonies*.

Fait à Paris, le 6 janvier 1899.

FÉLIX FAURE.

Par le Président de la République :

Le Ministre des colonies,

GUILLAIN.

RAPPORT AU PRÉSIDENT DE LA RÉPUBLIQUE FRANÇAISE, *suivi d'un* DÉCRET *portant règlement d'administration publique sur le régime des concessions de terrains à accorder aux relégués dans les colonies pénitentiaires.*

(Du 8 mai 1899.)

(Ministère des colonies ; — Direction de la comptabilité et des services pénitentiaires ; — 4ᵉ Bureau : *Services pénitentiaires.*)

MONSIEUR LE PRÉSIDENT,

La loi du 27 mai 1885 dispose, dans son article 18, § 3, qu'un règlement d'administration publique déterminera les conditions auxquelles des concessions de terrains, provisoires ou définitives, pourront être accordées aux relégués, les avances à faire, s'il y a lieu, pour premier établissement, le mode de remboursement de ces avances, l'étendue des droits de l'époux survivant ou des tiers intéressés.

Jusqu'à présent, il n'y avait pas eu lieu de réglementer cette question, le nombre des relégués en état de bénéficier de la mesure de faveur susvisée étant extrêmement limité; mais, aujourd'hui que les condamnés de cette catégorie se trouvent mieux préparés aux travaux de colonisation et ont subi, d'autre part, une période d'épreuve suffisante, le moment m'a paru venu de déterminer le mode d'attribution des concessions de terrains qui peuvent leur être faites.

Dans ces conditions, j'avais chargé la Commission permanente du régime pénitentiaire instituée auprès du Ministère des colonies de préparer un projet de décret fixant le régime des concessions de terrains à accorder aux r elégués dans les colonies pénitentiaires, et le Conseil d'État, aux délibérations de qui l'acte en question a été soumis, l'a adopté dans son ensemble, sous réserve de quelques modifications de détail auxquelles je ne puis que donner mon assentiment.

J'ai, en conséquence, l'honneur de vous prier de vouloir bien revêtir de votre haute sanction le projet de décret ci-joint, qui a reçu l'adhésion du Garde des sceaux, Ministre de la justice, et du Ministre des finances.

Veuillez agréer, Monsieur le Président, l'hommage de mon profond respect.

Le Ministre des colonies,

GUILLAIN.

Le Garde des sceaux, Ministre de la justice,

GEORGES LEBRET.

DÉCRET *portant règlement d'administration publique sur le régime des concessions de terrains à accorder aux relégués dans les colonies pénitentiaires.*

(Du 8 mai 1899.)

LE PRÉSIDENT DE LA RÉPUBLIQUE FRANÇAISE,

Sur le rapport du Ministre des colonies et du Garde des sceaux, Ministre de la justice,

Vu la loi du 27 mai 1885 sur les récidivistes, et notamment l'article 18, ainsi conçu:

Des règlements d'administration publique détermineront:

1°, 2° ....

3° Les conditions auxquelles des concessions de terrains provisoires ou définitives pourront leur être accordées, les avances à faire, s'il y a lieu, pour premier établissement, le mode de remboursement de ces avances, l'étendue des droits de l'époux survivant ou des tiers intéressés sur les terrains concédés;

Vu le décret du 26 novembre 1885;
Vu le décret du 25 novembre 1887;
Vu l'avis du Ministre des finances;
Le Conseil d'État entendu,

Décrète :

TITRE PREMIER
Envoi en concession.

Article Premier

Des concessions de terrains peuvent être accordées dans les colonies ou possessions françaises, et seulement sur le territoire de la relégation :

1° Aux relégués collectifs de bonne conduite qui ont constitué un pécule suffisant ;

2° Aux relégués individuels qui ont versé à la caisse d'épargne de l'Administration pénitentiaire ou, à défaut, à la caisse des dépôts et consignations un dépôt de garantie.

Le minimum du montant du pécule et celui du dépôt de garantie sont fixés par arrêtés du Gouverneur approuvés par le Ministre des colonies, sans qu'ils puissent être inférieurs à 100 francs.

Les concessions ne sont accordées qu'à titre provisoire ; elles ne deviennent définitives que dans les délais et conditions prévus à la section 2, titre II, du présent décret.

Art. 2

Chaque envoi en concession fait l'objet d'une décision individuelle prise par le Gouverneur en Conseil privé, sur la proposition du Directeur de l'Administration pénitentiaire, d'après avis de la Commission de classement locale. Cette décision, qui, pour les relégués individuels, fixe le montant du dépôt de garantie, est insérée au Bulletin de l'Administration pénitentiaire, et une ampliation en est remise au titulaire ainsi qu'au receveur des domaines.

Il en est immédiatement rendu compte au Ministre des colonies.

Art. 3

Les concessionnaires ou leurs ayants droit sont soumis au payement d'une rente annuelle et perpétuelle qui est fixée, dans la décision portant envoi en concession, eu égard à l'importance des terrains concédés, sans toutefois que ladite rente, par hectare et par an, puisse être supérieure à 20 francs ni inférieure à 10 francs pour les concessions agricoles. En ce qui concerne les concessions prévues à l'article 9 ci-après, le maximum est de 50 francs et le minimum de 10 francs pour l'ensemble de la concession.

Art. 4

Le capital de la rente est également fixé dans chaque décision portant envoi en concession. Ce capital ne peut être supérieur à 600 francs ni inférieur à 400 francs par hectare pour les concessions agricoles. En ce qui concerne les concessions prévues à l'article 9 ci-après, le maximum est de 2.000 francs et le minimum de 500 francs pour l'ensemble de la concession.

ART. 5

Les conditions spéciales à exiger de chaque concessionnaire sont fixées par la décision d'envoi en concession.

ART. 6

Les concessions accordées en exécution du présent décret sont faites sans garantie de mesure, consistance, valeur ou état et sans qu'aucun recours d'aucune nature puisse être exercé contre l'État.

ART. 7

Les concessions sont livrées pourvues d'une maison construite dans les conditions fixées par l'Administration.

ART. 8

La superficie de chaque concession agricole est fixée eu égard à la qualité des terres et au nombre de personnes composant la famille du concessionnaire, sans toutefois que cette superficie puisse être inférieure à 3 hectares ou supérieure à 10 hectares.

Les concessions ne comprennent que des terres défrichées.

ART. 9

Toutefois la superficie de la concession ne peut être supérieure à 20 ares ni inférieure à 10 ares si la concession est accordée en dehors des agglomérations urbaines pour l'exercice d'un commerce, d'une industrie ou d'un métier, jugés nécessaires aux besoins des concessions agricoles et compris dans une nomenclature limitative établie par le Gouverneur, en Conseil privé, et soumise à l'approbation du Ministre des colonies.

Dans ces cas, l'étendue de chaque concession est fixée, dans les limites de superficie ci-dessus, en tenant compte de la situation des terrains et de la profession à exercer par le concessionnaire.

ART. 10

Il est accordé à chaque concessionnaire une première mise, non renouvelable, d'outils aratoires, d'effets de couchage et d'habillement dont la composition et la valeur sont fixées dans chaque colonie par arrêtés pris par le Gouverneur en Conseil privé et soumis à l'approbation du Ministre des colonies.

La valeur des objets ainsi fournis est recouvrable sur les concessionnaires définitifs, dans les conditions prévues aux articles 27 et 28 ci-après.

ART. 11

Il est accordé à chaque concessionnaire la ration de vivres ou une indemnité représentative pendant une durée de six mois pour le concessionnaire agricole et de trois mois pour le concessionnaire qui exerce une des professions prévues à l'article 9.

Pendant les périodes ci-dessus indiquées, le concessionnaire marié a droit, en outre, à une ration de vivres ou à une indemnité représentative pour sa femme et à une demi-ration pour chaque enfant âgé de plus de trois ans.

ART. 12

Les soins médicaux sont donnés gratuitement au concessionnaire et à sa femme pendant une période d'un an à partir du jour de l'entrée en concession.

TITRE II

Régime des concessions.

SECTION PREMIÈRE

Des concessions provisoires.

ART. 13

Les dépenses occasionnées par la mise en concession des relégués, tels que défrichements, construction des habitations et délivrance d'outils aratoires sont supportées par le budget de l'État (Service colonial).

Les remboursements des dépenses faites seulement à titre d'avances, aux termes de l'article 10, sont attribués aux produits divers du budget de l'État.

ART. 14

Le concessionnaire provisoire est tenu de résider sur le terrain concédé; il ne peut ni l'aliéner, ni l'hypothéquer, ni le donner à ferme.

ART. 15

Toute concession de terrains doit être mise en rapport pour la moitié pendant la première année, et pour la totalité pendant la seconde.

ART. 16

Les concessions provisoires sont retirées de plein droit :

1° Pour tout fait ayant entraîné des peines criminelles ;

2° Pour évasion ou tentative d'évasion ;

3° Pour défaut de payement de la rente imposée à chaque concessionnaire dans les six mois qui suivent l'échéance de chaque terme, et sans que l'Administration soit tenue à aucune notification ou sommation préalable. Toutefois un délai supplémentaire de six mois, au maximum, peut être accordé au concessionnaire par le Gouverneur, en Conseil privé, s'il justifie d'un cas de force majeure.

Les concessions provisoires peuvent être retirées :

1° Pour tout fait ayant entraîné des peines correctionnelles ;

2° Pour inconduite ;

3° Pour indiscipline ;

4° Pour défaut de culture des terres ;

5° Pour infraction à l'une quelconque des dispositions des articles 14 et 15 du présent décret, ou des conditions spéciales fixées par la décision d'envoi en concession.

ART. 17

Le retrait de la concession emporte privation des outils aratoires, effets de couchage et d'habillement qui ont été accordés au concessionnaire ; celui-ci ne peut prétendre à aucune indemnité, même pour les constructions ou les améliorations qu'il aura apportées à la concession.

Toutefois la décision de retrait peut ordonner, s'il s'agit d'un relégué collectif, le versement à son pécule de la valeur des fruits de la concession qui se trouvent en nature en sa possession, ou sont encore pendants par branches ou par racines ; s'il s'agit d'un relégué individuel, la décision peut ordonner que les mêmes produits lui seront laissés ou remis.

ART. 18

Les décisions prononçant le retrait des concessions provisoires sont prises par le Gouverneur en Conseil privé, sur la proposition du directeur de l'Administration pénitentiaire, et après avis de la commission de classement locale.

ART. 19

Les décisions prononçant le retrait des concessions provisoires indiquent si le dépôt de garantie doit être retenu en totalité ou en partie seulement.

En tous cas, la retenue à exercer ne peut être inférieure à 100 francs.

ART. 20

En cas de dépossession ou de décès d'un concessionnaire provisoire, les biens concédés font purement et simplement retour au domaine pénitentiaire.

ART. 21

Par dérogation à l'article précédent, la femme ou les enfants peuvent obtenir, s'ils résident dans la colonie, et sans versement d'un nouveau dépôt de garantie, la concession qui avait été accordée à leur époux ou père.

SECTION II

Des concessions définitives.

ART. 22

La propriété de la concession ne devient définitive qu'à l'expiration d'un délai de sept années à compter du jour de la décision d'envoi en concession provisoire, sous la réserve que le relégué ait obtenu, dans ce délai, le bénéfice de la relégation individuelle.

ART. 23

Dans le cas de l'attribution de la concession provisoire à la femme ou aux enfants, prévue par l'article 20, la décision fixe le délai après lequel la concession devient définitive, sans que ce délai puisse être inférieur à trois ans ou supérieur à cinq ans.

ART. 24

Du jour où la concession est devenue définitive, le concessionnaire peut se libérer du payement de la rente à laquelle il est soumis, en versant le capital tel qu'il est déterminé d'après l'article 4 du présent décret.

Toutefois l'Administration ne peut exiger le montant du capital de la rente que dans le cas où la concession, étant devenue définitive, viendrait à être vendue ou donnée.

ART. 25

Le concessionnaire définitif a droit au remboursement du dépôt de garantie prévu par l'article 1er du présent décret, dans le mois qui suit l'époque à laquelle la concession est devenue définitive.

ART. 26

Dans le mois qui suit la date à laquelle chaque concession est devenue définitive, il est établi un titre de propriété.

Ce titre est dressé en minute, signé par le directeur de l'Administration pénitentiaire ou son délégué et par le concessionnaire, et approuvé définitivement par le Gouverneur, en Conseil privé.

Les actes ainsi passés, qui sont enregistrés et transcrits par les soins et aux frais des concessionnaires, sont authentiques et emportent exécution forcée à l'égard des tiers. Il en est délivré des expéditions tant aux parties qu'au receveur des domaines; avis est en outre donné au trésorier-payeur, par simple lettre, de toute mise en concession définitive.

Les minutes de tous les titres définitifs de propriété auxquelles doivent être annexés, avec toutes les mentions nécessaires, les procurations, plans et autres pièces qui sont visés, sont conservées à la direction de l'Administration pénitentiaire.

Art. 27

A défaut de transcription du titre définitif de propriété, l'Administration pénitentiaire doit faire prendre à la conservation des hypothèques, dans les quarante-cinq jours qui suivent la date à laquelle chaque concession est devenue définitive, une inscription destinée à assurer à l'État son privilège pour le recouvrement de la rente à laquelle la concession est soumise, du capital de cette rente, des frais de justice et des remboursements pour avances prévues à l'article 10.

Cette inscription est dispensée du renouvellement décennal et conserve son effet pendant trente années à compter du jour de sa date.

Les bordereaux d'inscription sont appuyés, pour toute pièce justificative, d'une expédition du titre définitif de propriété.

Art. 28

L'action du Trésor ne peut s'exercer sur les biens concédés qu'à l'expiration d'un délai de dix années à compter du jour de la mise en concession définitive.

Toutefois cette action peut s'exercer immédiatement sur lesdits biens :

1° En cas de vente, de donation, de transmission héréditaire, au profit de tout autre que la femme ou les enfants du concessionnaire :

2° A défaut du payement, par ce dernier, sa femme ou ses enfants, de l'annuité qu'ils peuvent être autorisés à verser en représentation, et jusqu'à parfait payement des frais de justice et des remboursements par avances dont ils sont redevables envers le Trésor.

Le montant de cette annuité sera fixé par le Gouverneur, en Conseil privé, sur la proposition du directeur de l'Administration pénitentiaire, après avis du trésorier-payeur.

SECTION III

Dispositions communes aux concessions provisoires et aux concessions définitives.

Art. 29

Les concessionnaires et leurs ayants droit sont tenus d'abandonner les terrains et matériaux de toute nature, jugés, par décision du Gouverneur en Conseil privé, nécessaires à l'ouverture, à la construction, à la rectification et à la réparation des routes, chemins, ponts, canaux et aqueducs.

Les concessionnaires n'ont droit à l'indemnité que s'il y a un dommage direct et matériel causé à des terrains cultivés ou améliorés, à des clôtures, à des habitations ou à des carrières en cours d'exploitation.

En cas de contestation, l'indemnité est déterminée dans les conditions fixées par l'article 33 du présent décret.

ART. 30

Les concessionnaires ne sont tenus au payement de la rente prévue par l'article 3 du présent décret que deux ans après la décision d'envoi en concession.

Le payement de cette rente est effectué par semestre et d'avance au bureau des domaines, le 1er janvier et le 1er juillet de chaque année, en ne tenant compte, pour le premier semestre, que du temps écoulé à partir de l'époque où la rente devient exigible.

ART. 31

Les arrérages des rentes imposées aux concessionnaires ainsi que les capitaux de rachat desdites rentes, sont recouvrés par le receveur des domaines pour le compte du trésorier-payeur qui en fait recette au profit du budget de l'État.

Le recouvrement de ces sommes peut être poursuivi par voie de contrainte, ainsi que par toutes autres voies légales. La contrainte est décernée par le receveur des domaines, visée et rendue exécutoire par le directeur de l'Administration pénitentiaire, signifiée et mise à exécution sans autre formalité.

Le recouvrement de l'annuité représentative des frais de justice et des remboursements pour avances est assuré par les soins du trésorier-payeur et des agents sous ses ordres, pour le compte du budget de l'État.

ART. 31

Pour l'exercice des droits et actions résultant du présent décret, le domicile de tout concessionnaire est au lieu de la concession.

ART. 33

Toutes les contestations qui peuvent s'élever entre les concessionnaires et l'administration au sujet des biens concédés sont jugées par le Conseil du contentieux administratif.

SECTION IV

Déchéance des concessionnaires définitifs.

ART. 34

A défaut de payement des rentes et capitaux de rente dans le mois qui suivra la notification de la contrainte prévue à l'article 31 du présent décret, le concessionnaire est déchu. La déchéance est prononcée par un arrêté du Gouverneur en Conseil privé, sur la proposition du Directeur de l'Administration pénitentiaire. Elle est notifiée au concessionnaire ainsi qu'aux tiers qui auraient acquis des droits sur la concession et qui se seraient conformés aux lois pour les conserver.

Art. 35

La déchéance ne devient définitive que si, dans le délai de trois mois à compter de la notification qui leur est faite de la décision prononçant la déchéance, le concessionnaire ou les tiers n'ont pas effectué le payement de la rente ou de son capital ou n'ont pas formé opposition contre la décision devant le Conseil du contentieux administratif.

En cas de déchéance définitive, les biens concédés font retour au domaine pénitentiaire, francs et quittes de toutes dettes, charges et hypothèques, sans pouvoir donner lieu à aucune répétition d'indemnité, même pour les constructions qui seraient jugées utiles et dont l'État voudrait rester en possession.

L'Administration est tenue de maintenir, mais pour trois ans seulement, les baux passés sans fraude par le concessionnaire déchu, qui auraient acquis date certaine au moment de la déchéance.

Art. 36

La notification de la décision prononçant la déchéance est faite dans la forme administrative à personne et à domicile, si les intéressés sont domiciliés dans la colonie; dans le cas contraire, elle est valablement faite à l'officier de l'état civil de la circonscription dans laquelle les biens concédés sont situés.

Art. 37

La décision prononçant la déchéance est, dès qu'elle devenue définitive, mentionnée en marge de la transcription du titre de propriété par les soins de l'Administration pénitentiaire.

TITRE III
Droits des tiers, de l'époux survivant et des héritiers du concessionnaire sur les terrains concédés.

Art. 38

Les créances antérieures aux concessions, autres que les frais de justice, n'ouvrent pas d'action sur les biens concédés ni sur leurs fruits.

Art. 39

Les terrains concédés forment des conquêts, si le relégué et son conjoint sont mariés en communauté ou avec société d'acquêts.

Art. 40

Lorsque le concessionnaire définitif décède avant le rachat de la rente, les biens concédés passent en pleine propriété aux enfants ou à leurs descendants résidant dans la colonie; toutefois, si le concessionnaire a laissé une veuve habitant également dans la colonie, celle-ci succède pour moitié en usufruit.

A défaut de descendants résidant dans la colonie, la veuve y habitant succède en pleine propriété.

Si le concessionnaire ne laisse ni descendants ni veuve habitant la colonie, la succession des biens concédés appartient aux frères et sœurs ou descendants d'eux qui y résident. Les enfants et leurs descendants, les frères et sœurs et descendants d'eux succèdent, ou de leur chef ou par représentation, ainsi qu'il est réglé aux articles 739 et 745 du Code civil.

A défaut de frères et sœurs ou descendants d'eux résidant dans la colonie, les biens concédés font retour à l'État et rentrent dans le domaine pénitentiaire.

ART. 41

La femme reléguée qui est mariée et à laquelle une concession provisoire ou définitive est accordée, et dont le mari ne réside pas dans la colonie, est dispensée de toute autorisation maritale et de celle de justice pour tous les actes relatifs à l'administration, à l'exploitation et à la jouissance de la concession. Elle peut, dans les mêmes conditions, aliéner ou hypothéquer la concession devenue définitive.

Il en est de même de la femme du relégué lorsqu'elle réclame et obtient la concession dans les conditions de l'article 20.

TITRE IV

Dispositions transitoires et générales.

ART. 42

Les concessions qui auraient été accordées aux relégués antérieurement à la publication du présent décret seront soumises aux prescriptions de ce décret dans les trois mois qui suivront sa publication ; dans le même délai de trois mois, le chiffre de la rente à laquelle devra être soumis le concessionnaire et le capital de cette rente seront fixés dans les conditions des articles 3 et 4.

Les concessions auxquelles il est fait allusion ci-dessus ne pourront devenir définitives qu'après un délai d'un an à compter de la date de la promulgation dans la colonie du présent décret.

ART. 43

L'époux d'une femme reléguée titulaire d'une concession bénéficie, sous les mêmes conditions que la femme du relégué concessionnaire, des avantages accordés à celle-ci par le présent décret.

ART. 44

Sont abrogées toutes dispositions contraires à celles du présent décret.

ART. 45

Le Ministre des colonies et le Garde des sceaux, Ministre de la justice,
sont chargés, chacun en ce qui le concerne, de l'exécution du présent décret,
qui sera publié au *Journal officiel de la République française* et inséré au
Bulletin des lois et au *Bulletin officiel du Ministère des colonies.*

Fait à Paris, le 8 mai 1899.

ÉMILE LOUBET.

Par le Président de la République:

Le Ministre des colonies,   *Le Garde des sceaux. Ministre de la justice,*
GUILLAIN.   GEORGES LEBRET.

———————

RAPPORT AU PRÉSIDENT DE LA RÉPUBLIQUE FRANÇAISE.

Paris, le 23 février 1900.

MONSIEUR LE PRÉSIDENT,

L'article 18 de la loi du 27 mai 1885 dispose que des règlements d'administration publique détermineront, entre autres mesures, les conditions des engagements du travail à exiger des relégués collectifs.

D'autre part, l'article 36 du décret du 26 novembre 1885, portant règlement
d'administration publique pour l'exécution de la loi susvisée, stipule que « les
relégués placés dans les dépôts de préparation peuvent recevoir du dehors des
offres d'occupation et d'emploi et justifier d'engagements de travail ou de service
pour être autorisés à quitter l'établissement ».

Il m'a paru que le moment était venu de réglementer cette importante question; j'ai donc chargé la commission permanente du régime pénitentiaire d'éla-
borer un projet de décret qui a été soumis aux délibérations du Conseil d'État
et que cette haute assemblée a adopté, sous réserve de certaines modifications
de détail auxquelles je ne puis que donner mon entière adhésion.

Dans ces conditions, j'ai l'honneur de vous prier de vouloir bien revêtir de
votre haute sanction le projet de décret annexé au présent rapport.

Je vous prie d'agréer, Monsieur le Président, l'hommage de mon profond
respect.

Le Ministre des colonies,
ALBERT DECRAIS.

DÉCRET

LE PRÉSIDENT DE LA RÉPUBLIQUE FRANÇAISE,

Vu la loi du 27 mai 1885 sur la relégation des récidivistes, et notamment l'article 18, ainsi conçu :

« Des règlements d'administration publique détermineront :

« ....
les conditions des engagements de travail à exiger des relégués » ;

Vu le décret du 26 novembre 1885, portant règlement d'administration publique pour l'exécution de la loi susvisée, et plus spécialement l'article 36 ainsi conçu:

« Les relégués placés dans ces établissements peuvent recevoir du dehors des offres d'occupation et d'emploi et justifier d'engagements de travail ou de service pour être autorisés à quitter l'établissement » :

Sur le rapport du Ministre des colonies ;
Le Conseil d'État entendu,

DÉCRÈTE :

ARTICLE PREMIER

Le bénéfice de l'engagement de travail pour le compte des particuliers est réservé aux relégués collectifs qui s'en sont rendus dignes par leur bonne conduite et leur assiduité au travail pendant six mois au minimum.

Les offres d'emploi sont adressées au Directeur de l'Administration pénitentiaire, qui approuve les contrats et en surveille l'exécution.

ART. 2

Les engagements sont contractés moyennant un salaire dont le minimum est fixé à 50 centimes par homme et par jour.

Ce salaire est ainsi reparti : deux dixièmes pour la part revenant à l'État, quatre dixièmes au pécule réservé de l'engagé et quatre dixièmes au pécule disponible et que l'engagé reçoit directement de son engagiste.

Mention de ces versements est faite au livret de l'engagé.

ART. 3

L'engagiste doit à l'engagé, sous peine de retrait :

Un logement salubre ;

Une ration en nature et au moins égale à la ration réglementaire ;

Les soins médicaux jusqu'à l'hospitalisation s'il y a lieu.

Dans le cas où le nombre des engagés dépasse vingt-cinq, un surveillant militaire est affecté à la garde du contingent mis à la disposition de l'engagiste.

Celui-ci doit à l'agent :

Le logement ;

La ration de vivres en nature ou, à défaut, l'indemnité représentative.

En outre, il remboursera à l'Administration pénitentiaire toutes les allocations résultant du fait du déplacement du surveillant.

Art. 4

Tout engagiste ayant obtenu engagement d'un ou plusieurs relégués collectifs doit, avant l'exécution de l'engagement, verser à la caisse de la transportation un cautionnement de 25 francs par engagé.

Une caution solvable peut être admise.

Le cautionnement n'est remboursé qu'après constatation de l'accomplissement par l'engagiste de toutes les obligations incrites dans l'acte d'engagement.

Art. 5

L'engagement est consenti pour une durée qui ne peut excéder un an. Il peut être renouvelé pour une même période.

L'engagement et le renouvellement sont constatés par écrit.

Art. 6

Les frais de transport au domicile de l'engagiste sont à la charge de ce dernier.

Ceux du voyage de retour au dépôt sont supportés, suivant la cause de la réintégration, par l'engagiste ou par le pécule de l'engagé.

Art. 7

Si l'engagiste se soustrait à l'exécution de l'une des conditions de l'engagement, l'Administration peut lui retirer, après l'avoir entendu, le ou les relégués mis à sa disposition..

Les frais du voyage de retour des relégués au dépôt sont, en ce cas, à la charge de l'engagiste.

Art. 8

Toute demande de réintégration formulée par l'engagiste doit être motivée; il ne peut y être donné suite qu'après décision de l'Administration pénitentiaire.

L'engagiste est tenu, dans ce cas, de conduire ou de faire conduire le relégué au dépôt.

La résiliation de l'engagement, à moins d'évasion caractérisée, ne compte que du jour de la rentrée au dépôt.

Art. 9

Tout relégué engagé, qui abandonne son chantier de travail sans pouvoir invoquer soit une maladie dûment constatée ;soit un motif accepté par l'Administration pénitentiaire, est exclu pour un an du bénéfice d'un nouvel engagement, sans préjudice des peines disciplinaires, s'il y a lieu.

Art. 10

Toute cession d'engagement, tout engagement fictif sont formellement interdits et entrainent de plein droit l'annulation de l'engagement, la saisie du cautionnement et l'exclusion absolue pour l'engagiste de tout nouvel engagement.

Est réputé fictif tout engagement qui, par suite d'un accord frauduleux entre les parties contractantes, permet à un ou plusieurs relégués d'être employés ailleurs que chez l'engagiste.

La nullité de l'engagement est prononcée d'office par le Directeur de l'Administration pénitentiaire et entraîne la réintégration immédiate des engagés.

Art. 11

L'engagiste est tenu de se conformer à toutes les mesures d'ordre et de surveillance inscrites dans la consigne générale qui lui est remise au moment de l'engagement.

Le logement particulier de l'engagé est soumis en tout temps aux visites et aux recherches des agents de l'Administration pénitentiaire dûment autorisés, des gendarmes et de la police.

Art. 12

L'Administration reste toujours libre de réintégrer l'engagé par mesure d'ordre public ou par mesure générale, sans qu'il en résulte aucun droit en faveur de l'engagiste, soit vis-à-vis de l'Administration, soit vis-à-vis de l'engagé.

Les réintégrations sont prononcées, l'engagiste entendu ou dûment appelé, par le Gouverneur, sur la proposition du Directeur de l'Administration pénitentiaire.

Art. 13

Le changement de résidence ou d'emploi d'un engagé opéré sans l'autorisation écrite et préalable de l'Administration entraîne la résiliation du contrat et le retrait de l'engagé.

Art. 14

L'engagiste doit veiller sur la conduite de l'engagé. Chaque mois, il adresse à l'Administration pénitentiaire un avis constatant la présence de l'engagé et les fautes commises. Il doit prévenir sans retard l'Administration du décès, de l'évasion ou de toute autre circonstance grave intéressant la position de l'engagé.

ART. 15

L'engagé doit porter les effets d'habillement qui lui sont fournis par l'Administration.

ART. 16

Le Ministre des colonies est chargé de l'exécution du présent décret, qui sera publié au *Journal officiel de la République française* et inséré au *Bulletin des lois* et au *Bulletin officiel du Ministère des Colonies*.

Fait à Paris, le 23 février 1900.

ÉMILE LOUBET.

Par le Président de la République :

Le Ministre des colonies,
ALBERT DECRAIS.

ANNEXES

ANNEXES

DÉCRET *portant création à la Guyane française d'une Direction de l'Administration pénitentiaire.*

(Du 16 février 1878).

4ᵉ Direction: — Colonies; — 3ᵉ Bureau: — *Justice et Régime pénitentiaire.*

LE PRÉSIDENT DE LA RÉPUBLIQUE FRANÇAISE,

Sur le rapport du Ministre de la marine et des colonies;

Vu l'ordonnance du 29 août 1828, concernant l'organisation de la Guyane française;

Vu le décret du 27 mars 1852, concernant les condamnés aux travaux forcés envoyés à la Guyane française pour y subir leur peine;

Vu l'article 18 du sénatus-consulte de 3 mai 1854;

Vu le décret du 26 septembre 1855, sur le service financier des colonies;

Le Conseil de l'amirauté entendu.

DÉCRÈTE :

ARTICLE PREMIER

Il est créé à la Guyane française une Direction de l'Administration pénitentiaire.

ART. 2

Le Directeur de l'Administration pénitentiaire dirige, sous les ordres du Gouverneur, les différentes parties du service de la transportation. Il est nommé par décret du chef de l'État.

Il est membre du Conseil privé, où il prend rang après le chef du service judiciaire.

ART. 3

Il est personnellement responsable de tous les actes de son Administration, hors le cas où il justifie, soit avoir agi en vertu d'ordres formels du Gouverneur et lui avoir fait, sur ces ordres, des représentations qui n'ont pas été accueillies, soit avoir proposé au Gouverneur des mesures qui n'ont pas été adoptées.

Les dispositions de l'article 81, § 1ᵉʳ, et celles de l'article 82, § 2, de l'ordonnance du 27 août 1828, relatives à la responsabilité du Gouverneur, sont applicables au Directeur de l'Administration pénitentiaire.

ART. 4

Ses attributions comprennent:

1ᵉ La présentation au Chef de la colonie des projets d'arrêtés et règlements concernant son service;

2° Les mesures à prendre pour assurer le maintien de la discipline, l'organisation du travail, du service religieux et de l'instruction publique sur les établissements pénitentiaires ;

3° Les propositions ayant pour objet les autorisations de séjour des transportés hors des lieux de transportation ; les mises en concession, les engagements de travail dans les ateliers publics et chez les habitants, et toutes les mesures qui se rapportent à la colonisation pénale ;

4° La présentation au chef de la colonie de la liste des condamnés jugés dignes d'être recommandés à la clémence du Gouvernement.

5° L'initiative des projets et la direction supérieure des travaux de toutes sortes à exécuter sur les établissements pénitentiaires ;

6° La répartition et l'emploi des effectifs sur les divers établissements, la tenue des matricules et l'état civil des condamnés.

ART. 5

Le Directeur de l'Administration pénitentiaire a sous ses ordres tous les fonctionnaires et agents employés, soit à la Direction centrale, soit sur les établissements pénitentiaires. Les officiers, fonctionnaires et agents du commissariat, du service de santé, des ponts et chaussées, détachés sur les établissements, fonctionnent sous sa direction et ne peuvent être ou désignés ou changés sans qu'il ait été appelé à émettre son avis.

Il dirige le service de surveillance et propose au Gouverneur les nominations des agents inférieurs qui relèvent de son administration.

ART. 6

Il prépare le budget de la transportation et en dirige l'emploi d'après les ordres du Gouverneur. Il rend, chaque année, un compte administratif de l'ensemble des opérations concernant son budget. Ce compte est transmis au Département.

ART. 7

Il prépare le cahier des charges, projets de marchés, demandes de matériel à acheter en France intéressant son service, sauf en ce qui concerne les vivres. Néanmoins, aucune dépense ne peut être proposée par lui à l'approbation du Gouverneur sans avoir été revêtue du visa de l'Ordonnateur, chargé du contrôle de toutes les opérations financières intéressant le budget de l'État.

Les projets revêtus du visa de l'Ordonnateur sont soumis au Gouverneur par le Directeur de l'Administration pénitentiaire, qui reste chargé de l'exécution.

Les achats relatifs aux vivres sont faits, pour l'Administration pénitentiaire comme pour tous les autres services publics, par l'Ordonnateur ; mais ces achats ne peuvent être effectués que sur la demande du Directeur.

Aucune cession intéressant l'Administration pénitentiaire ne peut être faite sans le concours du Directeur.

ART. 8

Le Directeur a dans ses attributions l'administration et la comptabilité de tous les magasins placés sur les établissements pénitentiaires; il règle, d'après les instructions du Gouverneur, la garde, la distribution des denrées et matières renfermées dans lesdits magasins.

Les états constatant les entrées et sorties et les existants sont transmis par les officiers d'administration, mensuellement, à la Direction pour être soumis au contrôle de l'Ordonnateur. Il en est de même des états de revues du personnel.

Il a également dans ses attributions le service administratif et disciplinaire des hôpitaux affectés spécialement à la transportation.

ART. 9

En dehors des établissements pénitentiaires, le Directeur exerce la surveillance sur les condamnés placés dans les services publics ou chez les habitants. Il surveille les libérés astreints à la résidence dont l'entretien est encore en tout ou en partie à la charge du budget pénitentiaire. Il correspond avec la gendarmerie et les chefs de la force publique pour le maintien du bon ordre sur les établissements, et avec les chefs des circonscriptions territoriales pour ce qui se rapporte à la participation de ces chefs aux opérations concernant l'Administration pénitentiaire.

ART. 10

Il a la direction de la caisse dite caisse de la transportation. La comptabilité de cette caisse est soumise au contrôle et à la vérification de l'Ordonnateur.

ART. 11

Il établit et certifie les mémoires et états de paiement constatant les dépenses à la charge du budget pénitentiaire, et qui doivent être remis à l'Ordonnateur pour servir à l'ordonnancement.

ART. 12

Il prend les ordres généraux du Gouverneur sur toutes les parties du service qui lui est confié, dirige et surveille leur exécution en se conformant aux lois, ordonnances, décrets, règlements, et rend compte au Gouverneur, périodiquement et toutes les fois qu'il l'exige, des actes et des résultats de son administration.

Il l'informe immédiatement de tous les cas extraordinaires et circonstances imprévues qui intéressent son service.

ART. 13

Il travaille et correspond seul avec le Gouverneur sur les matières de ses attributions. Seul, il reçoit et transmet ses ordres sur tout ce qui est relatif au service qu'il dirige.

Il représente au Gouverneur, toutes les fois qu'il en est requis, les registres des ordres qu'il a donnés et de sa correspondance officielle.

Il porte à la connaissance du Gouverneur, sans attendre ses ordres, les rapports qui lui sont faits par ses subordonnés, sur les abus à réformer et les améliorations à introduire dans les services qui lui sont confiés.

Art. 14

Il a la présentation·des candidats aux places vacantes dans tous les services dépendant de son administration, en ce qui concerne les emplois et fonctions qui sont à la nomination provisoire ou définitive du Gouverneur.

Il propose, s'il y a lieu, la suspension, la révocation ou la destitution des fonctionnaires et employés sous ses ordres, dont la nomination émane du Gouverneur.

Art. 15

Il nomme directement les agents qui relèvent de son administration et dont la solde joint aux autres allocations n'excède pas 2.000 francs par an.

Il les révoque ou les destitue après avoir pris les ordres du Gouverneur.

Art. 16

Il pourvoit à l'expédition des commissions provisoires ou définitives des congés et des ordres de service qui émanent du Gouverneur et qui sont relatifs aux officiers, fonctionnaires ou agents placés sous ses ordres.

Il les contresigne et pourvoit à leur enregistrement partout où besoin est.

Art. 17

Il prépare et soumet au Gouverneur, en ce qui concerne les services qu'il dirige, les rapports relatifs aux questions douteuses que présente l'application des lois, décrets, ordonnances et règlements, aux mesures à prendre à l'égard des fonctionnaires placés·sous ses ordres dans les cas prévus par les articles 60, 61 et 78 de l'ordonnance du 27 août 1828.

Les contestations entre les fonctionnaires à l'occasion de leurs rang et prérogatives.

Art. 18

Il prépare et propose, en ce qui concerne son administration, la correspondance générale du Gouverneur avec le Ministre et avec les gouverneurs étrangers ; les ordres généraux de service et tous autres travaux de même nature dont le Gouverneur juge à propos de le charger.

Il tient enregistrement de la correspondance générale du Gouverneur relative au service dont il est chargé.

Art. 19

Il contresigne les arrêtés, règlements, ordres généraux de services, décisions, formules exécutoires et autres actes du Gouverneur qui ont rapport à son administration, et veille à leur enregistrement partout où besoin est.

Art. 20

Il correspond avec tous les fonctionnaires et agents du Gouvernement dans la colonie, et les requiert au besoin, de concourir au bien du service qu'il dirige.

Art. 21

Il adresse au Ministre de la marine et des colonies copie des représentations et des propositions qu'il a été dans le cas de faire au Gouverneur, lorsqu'elles ont été écartées ainsi que la décision intervenue. Il en donne avis au Gouverneur et lui remet copie de la lettre d'envoi.

Il adresse également au Ministre par l'intermédiaire du Gouverneur à la fin de chaque année, un compte moral, et raisonné de la situation du service dont il est chargé.

Art. 22

Un arrêté du Gouverneur, rendu sur la proposition du Directeur de l'Administration pénitentiaire, détermine le rapport du service et les règles de subordination entre les divers officiers, fonctionnaires et agents attachés à l'Administration pénitentiaire.

Art. 23

En cas de mort, d'absence ou de tout autre empêchement qui oblige le Directeur de l'Administration pénitentiaire à cesser son service, et à moins qu'il n'y ait été pourvu d'avance par le Chef de l'État, il est provisoirement remplacé par un fonctionnaire au choix du Gouverneur.

Art. 24

Lorsque le Chef de l'Administration pénitentiaire est remplacé dans ses fonctions, il est tenu de remettre à son successeur, en ce qui concerne son service, les pièces et documents mentionnés à l'article 87 de l'ordonnance du 27 août 1828, concernant le Gouvernement de la Guyane française.

Art. 25

Toutes dispositions contraires au présent décret sont et demeurent abrogées.

Art. 26

Le Ministre de la marine et des colonies est chargé de l'exécution du présent décret, qui sera inséré au *Bulletin des lois* et au *Bulletin officiel de la marine*.

Fait à Paris, le 16 février 1878.

M^{al} DE MAC-MAHON.

Par le Président de la République :

Le vice-Amiral, Sénateur,
Ministre de la marine et des colonies,

A. POTHUAU.

DÉCRET *portant organisation de l'Administration pénitentiaire*
à la Nouvelle-Calédonie.

(Du 27 avril 1878.)

(1re Direction : Colonies ; — 3e Bureau, — *Justice et régime pénitentiaire.*)

LE PRÉSIDENT DE LA RÉPUBLIQUE FRANÇAISE,

Sur le rapport du Ministre de la marine et des colonies :
Vu l'article 18 du sénatus-consulte du 3 mai 1854 ;
Vu le décret du 12 décembre 1874, concernant le gouvernement de la Nouvelle-Calédonie ;

DÉCRÈTE :

Le service pénitentiaire est réglé d'après les dispositions suivantes en Nouvelle-Calédonie :

ARTICLE PREMIER

Sous les ordres immédiats du Directeur de l'Administration pénitentiaire sont placés :

Un Sous-Directeur pour la transportation,

Un Sous-Directeur pour la déportation.

Lorsque le Chef d'administration est momentanément empêché ou absent du chef-lieu, il est suppléé par le plus ancien des Sous-Directeurs ou par celui spécialement désigné à cet effet par le Gouverneur.

Art. 2

Il y a, en outre, dans le service de la direction :

Un agent général des cultures, et un inspecteur des camps.

Les Sous-Directeurs, l'agent général des cultures et l'inspecteur des camps sont nommés par le Ministre.

Art. 3

Les bureaux de la Direction sont au nombre de cinq, organisés ainsi qu'il suit :

Un bureau du secrétariat et de la comptabilité,

Un bureau du personnel de la transportation,

Un bureau du personnel de la déportation,

Un bureau du matériel, des hôpitaux et subsistances pour la déportation.

Un bureau du matériel, des hôpitaux et subsistances pour la transportation.

Art. 4

Le service, en ce qui concerne le personnel de ces bureaux, est assuré au moyen d'officiers et d'employés du commissariat de la marine désignés par le Ministre. En cas d'urgence, ce personnel peut être provisoirement détaché, par décision du Gouverneur, du cadre de l'administration de la colonie.

En cas d'insuffisance des employés inférieurs du commissariat, le Ministre, en France, et le Gouverneur, dans la colonie, nomment des commis auxiliaires qui prennent le titre de commis de l'Administration pénitentiaire et se divisent en quatre classes.

Un arrêté du Ministre règle les conditions de recrutement et d'avancement de ce personnel auxiliaire.

Les officiers du commissariat attachés à l'Administration pénitentiaire reçoivent le même traitement que les officiers du même grade employés dans les bureaux de l'administration de l'ordonnateur.

Les officiers du commissariat ne sont pas astreints à servir pendant plus de deux ans de suite dans l'Administration pénitentiaire.

Le cadre et les attributions de chaque bureau sont fixés par des arrêtés du Gouverneur pris en Conseil privé et soumis à l'approbation du Ministre.

Art. 5

Un caissier, ayant sous ses ordres un sous-caissier, est chargé de la Caisse spéciale de la transportation et de la déportation.

Ces agents sont nommés par le Ministre, sur la proposition ou sur la demande du Gouverneur.

Le caissier est soumis à un cautionnement dont la quotité est fixée par le Ministre.

Le service de la Caisse, dont le mode de fonctionnement sera réglé par un arrêté du Gouverneur, en Conseil privé, est placé sous la surveillance du bureau du secrétariat et de la comptabilité.

L'Ordonnateur exerce, en outre, sur ce service, les attributions de contrôle déterminées par l'article 133 du décret du 12 décembre 1874.

Art. 6

La direction des travaux, sauf en ce qui concerne le matériel naval, est confié à un ingénieur ou à un conducteur nommé par le Ministre, qui prend le titre de Chef des travaux pénitentiaires.

Les chantiers et les ateliers établis pour l'entretien et la réparation du matériel naval de l'Administration pénitentiaire sont placés sous la direction d'un officier ou d'un fonctionnaire qui prend le titre de Chef du service de la flottille pénitentiaire.

Les cadres de ces services et les émoluments attachés à chaque emploi sont déterminés par le Ministre sur la proposition du Gouverneur.

Ces deux services sont soumis, quant au mode de fonctionnement, aux mêmes règles que celui des ponts et chaussées dans la colonie et relèvent du Directeur de l'Administration pénitentiaire comme le service des ponts et chaussées relève du Directeur de l'intérieur.

Art. 7

Les commandants de pénitenciers sont choisis parmi les officiers militaires en activité ou en retraite, parmi les officiers des différents corps de la marine et parmi les fonctionnaires civils. Ils sont nommés par le Ministre, mais en cas d'urgence il peut être provisoirement pourvu aux vacances par le Gouverneur.

Les commandants d'arrondissement peuvent être en même temps commandants de pénitencier.

Les commandants d'arrondissement et les commandants de pénitencier qui ne sont pas officiers militaires en activité, ne peuvent avoir que le droit de réquisition à l'égard de la troupe.

Les consignes militaires, spéciales à chaque établissement, sont arrêtées par le Gouverneur, sur la proposition du commandant militaire et l'avis du Directeur de l'Administration pénitentiaire.

Art 8

Des arrêtés du Gouverneur, en Conseil privé, déterminent en détail le mode de fonctionnement des divers services organisés sur les établissements pénitentiaires et les formes dans lesquelles ont lieu les rapports des différents fonctionnaires avec les commandants de pénitencier et avec l'administration centrale.

Art. 9

Le service militaire est assuré par des détachements de troupe, dont la force et la composition sont fixées par le Gouverneur.

Art. 10

Le service administratif, sur chaque pénitencier, est confié à un officier du commissariat désigné par le Gouverneur et pris dans le personnel mis à la disposition du service pénitentiaire. Il prend le titre d'officier d'administration.

L'officier d'administration est le représentant des divers bureaux de la direction et il exerce, dans l'établissement, en se conformant aux règlements, toutes les attributions de surveillance et de contrôle dévolues à ces bureaux.

Indépendamment de son service propre, il est gérant de la Caisse et délégué de l'administration de la marine pour ce qui concerne les successions militaires et l'inscription maritime.

ART. 11

Sous la direction de l'officier d'administration sont placés, suivant l'importance et les besoins des localités :

Des gardes-magasins principaux,

Des gardes-magasins et agents des vivres,

Des gardes-magasins et agents des hôpitaux,

Des gardes-magasins et agents du matériel.

Ces agents dont les dénominations sont fixées au tableau joint au présent décret, sont préposés comptables et soumis aux règles et aux obligations imposées, par les règlements, à tous les détenteurs de matériel.

Les nominations des gardes-magasins principaux et des gardes-magasins sont faites par le Ministre; les avancements en classe de ces derniers agents sont faites par le Gouverneur.

Pour les autres fonctions ou emplois, les nominations ou les avancements des titulaires sont faites par le Gouverneur sur la proposition du Directeur de l'Administration pénitentiaire.

Toutefois, lorsque, sur la demande du Gouverneur, ces agents sont pris dans la Métropole, ils sont nommés par le Ministre, mais ils suivent, ensuite, pour l'avancement, les règles appliquées au personnel dont ils font partie.

Un arrêté du Gouverneur, en Conseil privé, soumis à l'approbation du Ministre, détermine le cadre de ces divers agents pour chaque service et les indemnités de responsabilité à accorder à ceux qui sont appelés à gérer des magasins ou des dépôts d'une certaine importance, ainsi que les cautionnements quand il y a lieu.

Le service des magasins du matériel et des vivres peut être confié par le Gouverneur à des surveillants militaires.

ART. 12

Le service intérieur, pour tout ce qui a trait à l'ordre et à la discipline, à l'emploi, à l'entretien et au bien-être des condamnés, est dirigé sous l'autorité du commandant du pénitencier.

Dans les camps et dans les pénitenciers dépôts par un surveillant principal, un surveillant-chef ou par un surveillant de 1re classe selon l'importance des localités.

Dans les établissements affectés à une exploitation agricole ou industrielle, par un agent de colonisation ou un chef de travaux industriels.

Ces agents ont sous leurs ordres tout le personnel de surveillance ainsi que le personnel spécial que comporte la destination de l'établissement. Ils se conforment pour leurs rapports avec les autres chefs de service, aux arrêtés du Gouverneur et aux instructions du Directeur de l'Administration pénitentiaire.

Art. 13

Il est pourvu au service du culte, sur les pénitenciers et dans les camps, au moyen d'un personnel d'aumôniers dont le traitement et les accessoires de la solde sont fixés par le Ministre.

Les aumôniers relèvent de l'autorité du commandant du pénitencier sur lequel il sont détachés, et, par suite, de celle du Directeur de l'Administration pénitentiaire pour tout ce qui touche à l'exécution matérielle du service religieux, aux obligations de la résidence, et à l'observation des consignes en vigueur sur les pénitenciers; mais ils restent soumis à l'autorité ecclésiastique pour tout ce qui a rapport à l'exercice spécial de leur ministère.

Art. 14

Le service de l'instruction primaire et professionnelle est confié à un personnel d'instituteurs et d'institutrices dont le cadre, le traitement et les accessoires de solde sont arrêtés par le Ministre.

Ces instituteurs et les institutrices sont placés sous les ordres des chefs de pénitenciers.

Art. 15

Le service médical est assuré par des médecins ou des pharmaciens de la marine.

Ils sont placés sous les ordres des commandants de pénitencier et relèvent du Directeur de l'Administration pénitentiaire pour tout ce qui tient à la discipline, à la résidence et aux autres conditions d'exécution matérielle du service; mais ils restent soumis à l'autorité du médecin en chef pour tout ce qui a rapport au côté professionnel de leurs fonctions.

Les désignations pour les divers postes sont faites par le Gouverneur sur la demande du Directeur de l'Administration pénitentiaire, la présentation du médecin en chef et la présentation de l'Ordonnateur.

Art. 16

Le service des travaux sur les pénitenciers est assuré au moyen de conducteurs de piqueurs et de comptables dont le cadre et les émoluments sont fixés par le Ministre sur la demande et la proposition du Gouverneur.

Ces agents sont placés sur les établissements sous les ordres des commandants de pénitenciers en tout ce qui touche la police et la discipline; mais ils relèvent du chef de service des travaux pénitentiaires et correspondent avec lui pour tout ce qui concerne l'exécution matérielle des travaux.

Les nominations et les avancements en classe des conducteurs principaux et des conducteurs sont faits par le Ministre.

Art. 17

Le service des cultures est assuré au moyen d'un personnel d'agents de colonisation et d'agents de cultures.

Ces agents sont placés sous les ordres des commandants de pénitencier en ce qui touche la police et la discipline; mais ils relèvent de l'agent général des cultures et correspondent avec lui pour ce qui concerne l'exécution matérielle des travaux.

Les nominations et les avancements en classe des agents de colonisation et des agents de cultures sont faits par le Ministre sur la demande ou la proposition du Gouverneur.

Le service de surveillance est confié à un personnel de serveillants militaires régis par le décret d'organisation du 20 novembre 1867.

La garde et la surveillance des femmes avant leur mariage ou leur libération sont confiées à des religieuses.

Le service de la police est assuré, en cas de besoin, au moyen d'un personnel d'agents européens ou indigènes exerçant leurs fonctions, soit à l'intérieur, soit à l'extérieur des établissements.

Le cadre et les traitements de ces agents sont fixés par le Gouverneur, sauf approbation du Ministre.

Le personnel de police est placé sous l'autorité directe des commandants de pénitencier.

Les traitements des fonctionnaires et agents de l'Administration pénitentiaire, dont la fixation n'est pas laissée au Ministre et au Gouverneur, ainsi que l'assimilation pour la retraite de ceux qui n'appartiennent pas à un corps organisé ou à un autre service public, sont réglés conformément aux tableaux joints au présent décret.

Ceux de ces fonctionnaires et agents qui jouissent, en ce moment, d'un traitement supérieur à ces fixations conservent ce traitement.

Aucun des fonctionnaires et agents civils de l'Administration pénitentiaire, n'aura droit au cinquième en sus pour douze ans de services dans le dernier grade, quelle que soit l'assimilation donnée pour la pension.

Le Ministre de la marine et des colonies est chargé de l'exécution du présent décret, qui sera inséré au *Bulletin des lois* et au *Bulletin officiel de la marine*.

Fait à Paris, le 27 avril 1878.

Mal DE MAC-MAHON.

Par le Président de la République :

Le Vice-Amiral, Sénateur,
Ministre de la marine et des colonies,

A. POTHUAU.

DÉCRET *relatif à l'affectation de terrains pour le service de la transporta-tion à la Guyane française.*

(Du 30 mai 1860.)

NAPOLÉON, par la grâce de Dieu et la volonté nationale, EMPEREUR DES FRANÇAIS, à tous présents et à venir, SALUT.

Sur le rapport de notre Ministre secrétaire d'État au Département de l'Algérie et des colonies;

Vu l'article 18 du sénatus-consulte du 3 mai 1854 qui règle la constitution des colonies;

Vu la loi du 30 mai 1854 sur l'exécution de la peine des travaux forcés,

AVONS DÉCRÉTÉ ET DÉCRÉTONS ce qui suit:

ARTICLE PREMIER

La partie du territoire de la Guyane française bornée à l'ouest par le Maroni, à l'est par une ligne imaginaire du nord au sud, et partageant en deux parties égales, dans sa longueur, la surface qui se trouve comprise entre les rivières du Maroni et de la Mana est exclusivement réservée pour les besoins de la transportation.

ART. 2

Tout ou partie de ce terrain pourra être distribué en concessions parcel-laires aux transportés, dans les conditions prévues par l'article 11 de la loi du 30 mai 1854.

ART. 3

Notre Ministre secrétaire d'État au Département de l'Algérie et des colonies est chargé de l'exécution du présent décret.

Fait au palais des Tuileries, le 30 mai 1860.

NAPOLÉON.

Par l'Empereur:

Le Ministre secrétaire d'État au Département de l'Algérie et des colonies,

comte P. DE CHASSELOUP-LAUBAT.

DÉCRET *portant délimitation du territoire pénitentiaire à la Guyane.*

(Du 5 décembre 1882.)

LE PRÉSIDENT DE LA RÉPUBLIQUE FRANÇAISE,

Sur le rapport du Ministre de la marine et des colonies;

Vu l'article 18 du sénatus-consulte du 3 mai 1854 qui règle la constitution des colonies;

Vu la loi du 30 mai 1854 sur l'exécution de la peine des travaux forcés;

Vu le décret du 30 mai 1860 affectant une partie du territoire de la Guyane française aux besoins de la transportation;

Vu le décret du 31 août 1878 réglant la condition des transportés concessionnaires de terrains dans les colonies pénitentiaires;

Vu le décret du 18 juin 1880 sur le régime disciplinaire des établissements de travaux forcés;

Vu l'avis émis par le Conseil général de la Guyane dans sa séance du 20 décembre 1880,

DÉCRÈTE :

ARTICLE PREMIER

La partie du territoire de la Guyane française exclusivement réservée pour les besoins de la transportation est bornée, conformément au plan annexé au présent décret, au nord par la mer, à l'ouest par le Maroni jusqu'au saut Hermina, à l'est par une ligne tracée dans la direction nord-est, en partant du point A situé sur la côte à égale distance de l'embouchure du Maroni et de celle de la Mana; au sud par une ligne est et ouest partant du saut Hermina.

ART. 2

Tout ou partie de ce terrain pourra être distribué en concessions parcellaires aux transportés dans les conditions prévues par l'article 11 de la loi du 30 mai 1854, l'article 2 du décret du 18 juin 1880 et le décret du 31 août 1878.

ART. 3

La partie du territoire pénitentiaire actuel comprise en dehors du périmètre déterminé à l'article 1er est remise au domaine local.

ART. 4

Le Ministre de la marine et des colonies est chargé de l'exécution du présent décret qui sera inséré au *Journal officiel,* au *Bulletin des lois* et au *Bulletin officiel de la marine et des colonies.*

Fait à Paris, le 5 décembre 1882.

JULES GRÉVY.

Par le Président de la République:

Le Ministre de la marine et des colonies,

JAURÉGUIBERRY.

TABLE DES MATIÈRES

TABLE DES MATIÈRES

MELUN. IMPRIMERIE ADMINISTRATIVE. — M 792 U

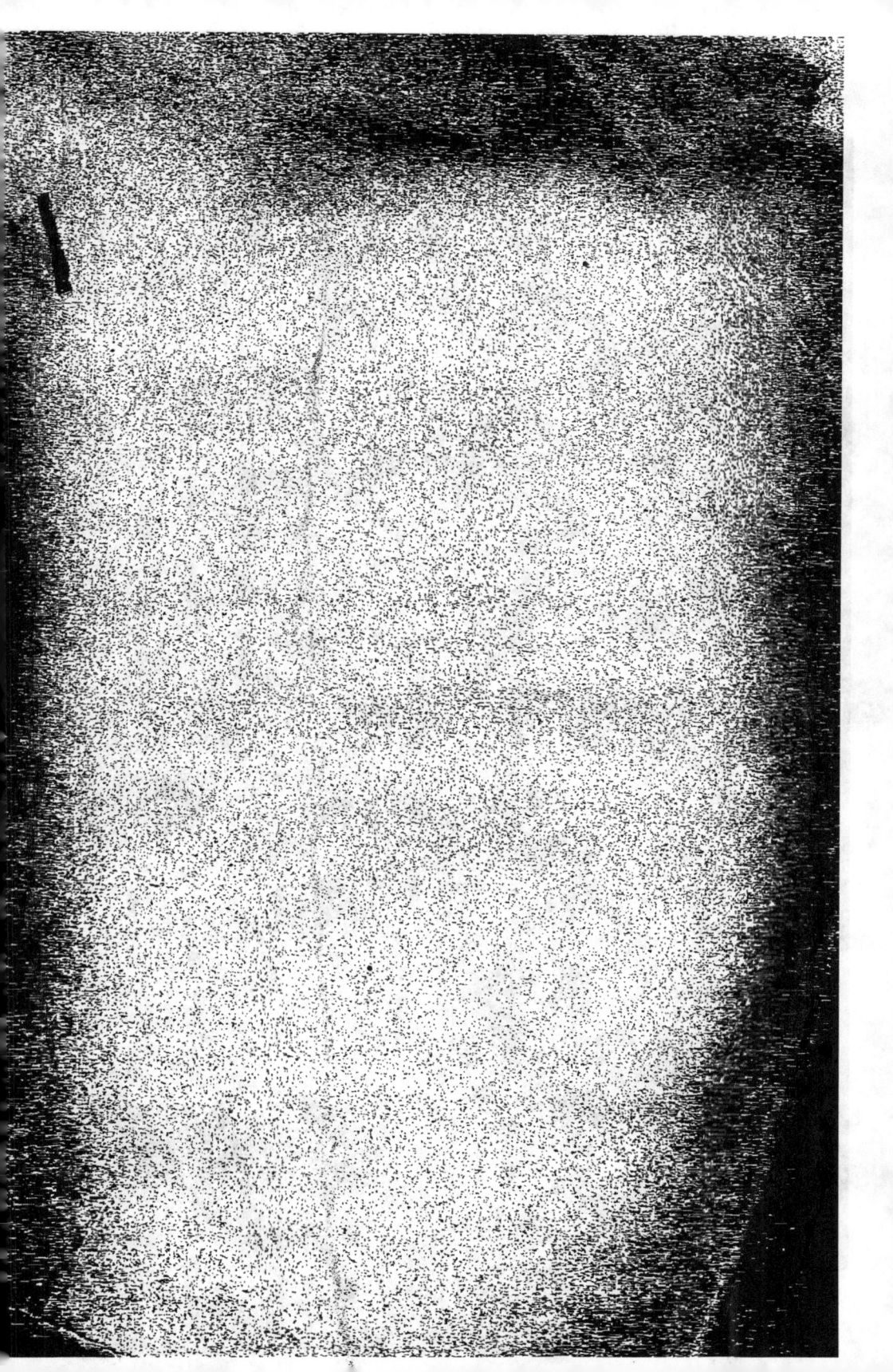

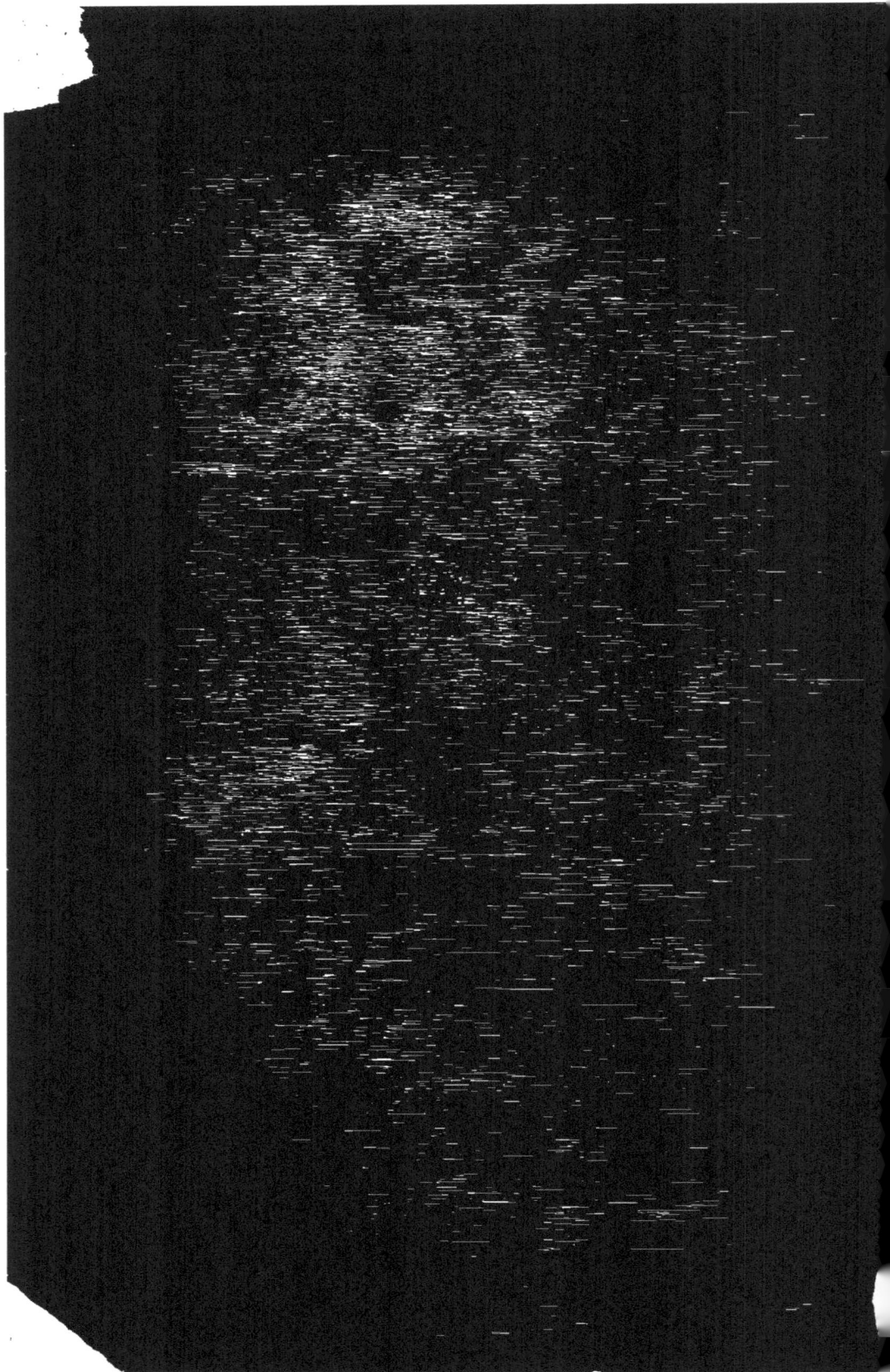

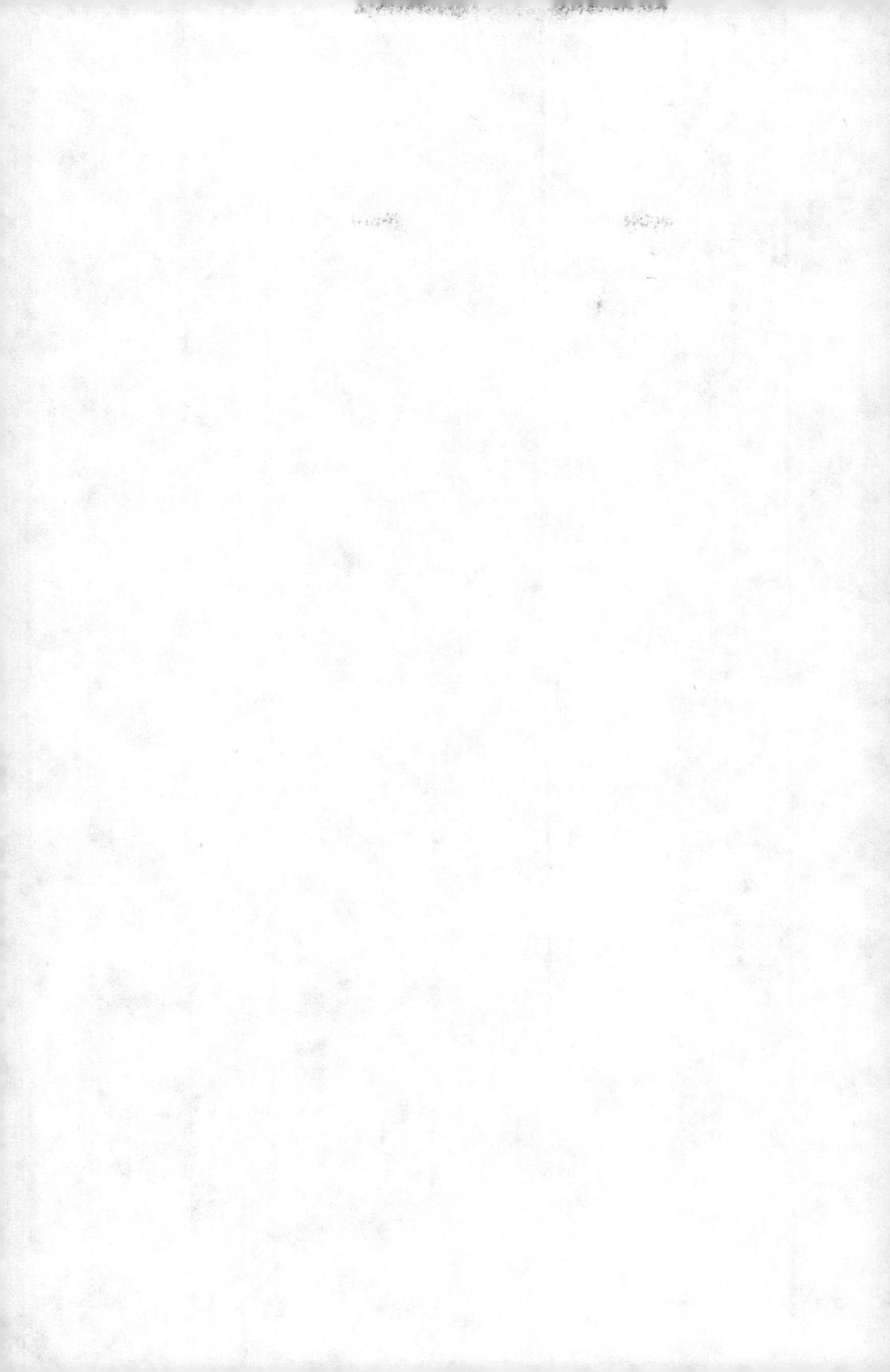

www.ingramcontent.com/pod-product-compliance
Lightning Source LLC
Chambersburg PA
CBHW061114220326
41599CB00024B/4033